ANTHOLOGIE
DE LA
POÉSIE FRANÇAISE

LA PRÉSENTE ÉDITION DE
L'ANTHOLOGIE DE LA POÉSIE
FRANÇAISE, PAR ANDRÉ GIDE,
A ÉTÉ ACHEVÉE D'IMPRIMER LE
TRENTE ET UN MARS MIL NEUF
CENT QUARANTE-NEUF, POUR
PANTHEON BOOKS, NEW YORK,
PAR L'IMPRIMERIE SAINTE-
CATHERINE, BRUGES, BELGIQUE.

ANDRÉ GIDE

ANTHOLOGIE DE LA POÉSIE FRANÇAISE

Tirage spécial fait par la Librairie Gallimard, Paris, pour
PANTHEON BOOKS, NEW YORK

PRÉFACE

BOSWELL : Then, Sir, what is poetry ?
JOHNSON : Why, Sir, it is much easier
to say what it is not. We
all *know* what light is; but
it is not easy to *tell* what
it is.

Boswell, 11 avril 1776.

I

*E*N *1917, me trouvant à Cambridge, je fus aimablement
convié à un de ces lunchs cérémonieux que donnent, régu-
lièrement je crois, les membres de l'Université. L'aspect de
l'immense salle où le repas était servi, aussi bien que la
dignité des convives et leur costume, imposait aux propos un
ton quelque peu solennel. M'étant mis fort tard à l'anglais,
je le parlais alors très mal, le comprenais plus mal encore.
Pourtant j'avais comme voisin de table* A. E. Housman,
dont un petit volume de vers, The Shropshire Lad, *avait
récemment fait mes délices. J'aurais pris plaisir à le lui dire.
Housman s'y montrait, sinon de grande envergure, du moins
« poète pur », comme nous disons aujourd'hui, et délicat
musicien. Qu'il fût de plus un esprit des mieux cultivés,
c'est ce qui devait m'apparaître par la suite ; en attendant
qu'il lui plût de me le montrer, je restais gêné, doutant même
s'il comprenait le français et n'osant me risquer à le compli-
menter dans sa langue. Depuis le commencement du repas,*

*c'est-à-dire depuis un temps qui me paraissait interminable,
nous restions donc silencieux l'un et l'autre et ma gêne était
près de devenir intolérable, lorsque Housman, se tournant
vers moi brusquement, me dit enfin, en un français impec-
cable et presque sans aucun accent :*

*— Comment expliquez-vous, M. Gide, qu'il n'y ait pas
de poésie française ?*

*Et comme, interloqué, j'hésitais à le comprendre, il
précisa :*

*— L'Angleterre a sa poésie, l'Allemagne a sa poésie,
l'Italie a sa poésie. La France n'a pas de poésie...*

*Il vit assurément que je doutais si je devais prendre ces
derniers mots pour une boutade impertinente, et continua de
sorte que je ne pusse croire, de sa part, à de l'ignorance :*

— Oh, je sais bien, vous avez eu Villon, Baudelaire...

*J'entrevis aussitôt ce à quoi il tendait, et pour m'en
assurer :*

— Vous pourriez ajouter Verlaine, dis-je.

*— Assurément, reprit-il ; quelques autres encore ; je les
connais. Mais, entre Villon et Baudelaire, quelle longue et
constante méprise a fait considérer comme poèmes des dis-
cours rimés où l'on trouve de l'esprit, de l'éloquence, de la
virulence, du pathos, mais jamais de la poésie.*

*Je ne sais pas trop ce que je répondis et n'ai pas gardé
souvenir bien net de la suite de notre entretien, mais je
l'imagine sans peine. Il pourrait se poursuivre ainsi :*

— Mais d'abord qu'est-ce que la poésie ?

*— L'on n'en sait parbleu rien, et c'est tant mieux, car
cela permet la méprise. La littérature naît toujours d'un
malentendu. (Il va sans dire que ces propos paradoxaux,
je les prête à l'autre, réservant pour les miens une apparence
de raison. C'est ainsi que je riposterais :)*

*— L'idée que se fait un peuple cultivé de ce qu'est ou de
ce que doit être la poésie varie à chaque génération ; tout
comme, en un même temps, elle varie de peuple à peuple.*

*— Elle n'a pas sensiblement varié pour la France.
Depuis Villon et jusqu'à la période romantique, certaine
ingéniosité verbale, l'art de dire avec élégance et esprit des*

*fadaises, vous a masqué la pénible déficience de votre senti-
ment lyrique.*

— *Puis nos grands romantiques sont venus à la rescousse
et ont généreusement bouleversé tout cela.*

— *Permettez,* (dirait Housman aujourd'hui) *c'est
précisément à vos grands romantiques qu'en ont vos plus
récents théoriciens. Ils se refusent à considérer l'abondante
rhétorique de ceux-ci comme un asile possible pour le
lyrisme. De sorte qu'aujourd'hui, vous ne savez plus du tout
à quoi vous en tenir.*

— *Tout est remis en question, comme il sied. J'étais
près de vous accorder que le peuple français était assez peu
chanteur de nature. « De toutes les nations polies, la nôtre
est la moins poétique »,* écrivait Voltaire *(et son œuvre
lyrique en donnait la preuve). Sans doute cette déficience même
du sentiment lyrique dont vous parliez, et que* Thierry
Maulnier, *dans son* Introduction à la Poésie française, *
constate également et commente fort bien, cette déficience
sans doute nous valut-elle des règles prosodiques beaucoup
plus strictes que ne furent celles des peuples voisins. Ne
pourrait-on dire que ces règles, parfois si gênantes pour
l'essor inconsidéré, si contrariantes pour la spontanéité du
poète, l'amenèrent en récompense à plus d'art, à un art
plus parfait, un art souvent qu'aucun autre pays n'égale.*

— *Votre distinction entre art et poésie me paraît bien
spécieuse.*

— *Peut-être ; mais quelques lignes de* Baudelaire
l'éclairent, que je lis dans un projet de préface pour les
Fleurs du Mal *: « Qu'est-ce que la poésie ? » se demande-
t-il, ainsi que nous faisions tout à l'heure « Quel est son
but ?... » Car il n'est rien, chez* Baudelaire, *qui ne réponde
à quelque interrogation de son esprit critique, à sa constante
investigation, et c'est bien par cette conscience de lui-
même et de son art qu'il s'élève si fort au-dessus des
vagues et faciles transports de ses plus éminents contem-
porains ; nous le comprenons bien lorsqu'il ajoute : « Que
le rythme et la rime répondent dans l'homme aux immortels
besoins de* monotonie, de symétrie et de surprise » *à*

l'encontre « de la vanité et du danger de l'inspiration. » Et dans quelques notes qu'il avait prises pour ce projet de préface, nous lisons encore : « Comment la poésie touche à la musique par une prosodie dont les racines plongent plus avant dans l'âme humaine que ne l'indique aucune théorie classique. »

L'on ne s'aperçut pas aussitôt de l'extraordinaire nouveauté qu'apporta Baudelaire dans le champ de la poésie ; on ne consentit longtemps à voir dans les Fleurs du Mal que la nouveauté des sujets traités (ce qui n'avait que peu d'importance) ; mais c'était une révolution sans précédents que de ne plus s'abandonner au flux lyrique, de résister à la facilité de « l'inspiration », au laisser-aller rhétorique, à l'entraînement des mots, des images et des conventions surannées ; que de traiter la muse en rétive, qu'il faut soumettre au lieu de s'en remettre à elle, esprit et sens critique liés, bref : que d'inviter l'art à maîtriser la poésie. Baudelaire, à l'encontre de ses contemporains, apporta dans son art, encouragé par Poë, science et conscience, patience et résolution.

*
* *

Cependant Housman n'avait pas répondu à la question que je lui posais : « Qu'entendez-vous par Poésie ? » C'est aussi qu'il est fort difficile d'y répondre, la Poésie échappant essentiellement à quelque définition que ce soit.

La Poésie est comparable à ce génie des Nuits Arabes qui, traqué, prend tour à tour les apparences les plus diverses afin d'éluder la prise, tantôt flamme et tantôt murmure ; tantôt poisson, tantôt oiseau ; et qui se réfugie enfin dans l'insaisissable grain de grenade que voudrait picorer le coq.

La Poésie est comparable également à cet exemplaire morceau de cire des philosophes qui consiste on ne sait plus en quoi, du moment qu'il cède l'un après l'autre chacun des attributs, forme, dureté, couleur, parfum, qui le rendaient reconnaissable à nos sens. Ainsi voyons-nous aujourd'hui

*certains poètes, et des meilleurs, refuser à leurs poèmes,
rime et mesure et césure (tout le « sine qua non » des vers,
eût-on cru), les rejeter comme des attributs postiches sur
quoi la Muse prenait appui ; et de même : émotion et pensée,
de sorte que plus rien n'y subsiste, semble-t-il, que préci-
sément cette chose indéfinissable et cherchée : la Poésie,
grain de grenade où se resserre le génie. Et que tout le reste,
auprès, paraisse impur ; tâtonnements pour en arriver là.
C'est de ces tâtonnements toutefois qu'est faite l'histoire de
notre littérature lyrique. Et si d'abord j'ai voulu rapporter
cette grave accusation d'un poète anglais, c'est que le choix
même qui préside à mon anthologie s'efforce surtout d'y
répondre.*

*
* *

*Le grand nombre de recueils de vers qu'on nous avait
donnés précédemment (j'en excepte quelques-uns des plus
récents) semblaient composés de manière à confirmer cette
opinion de l'étranger qu'exprimait Housman : que la poésie
française, artificiellement obtenue, est le produit d'un peuple
de rhéteurs.*

*C'est bien pourquoi, dans celui-ci, j'ai rassemblé les
poèmes où la poésie adultérait le moins son essence, et qui
du reste, sont, je le crois, les plus appréciés aujourd'hui.*

*Toutefois, si le recueil que voici marque sa préférence
pour ce que la poésie française offre exceptionnellement de
plus musical, il ne se fera pas faute de présenter aussi les
exemples les plus parfaits de maîtrise verbale et de suasion
oratoire où les Français ont de tout temps excellé : pour
rhéteur et formaliste que puisse paraître Malherbe, par
exemple, c'est un artiste accompli, prodigieusement
représentatif d'un aspect de la Muse française. Sa vertu
poétique indéniable reste de qualité très particulière. Il n'est
pas de gêne de notre syntaxe ou de notre prosodie dont il ne
sache tirer avantage, sur laquelle il ne prenne élan. Sa
poésie laborieuse, encothurnée, toute d'effort et de contention,
atteint au lyrisme par ce qui lui semble le plus opposé : la*

contrainte. Après quoi notre muse, durant près de deux siècles, n'osa plus cheminer pieds nus.

Il advint alors trop souvent, au cours du développement de notre littérature, que l'ingénuité cédât à l'ingéniosité, le naturel à l'afféterie et le spontané au factice ; et comme, aussi bien, les autres anthologies sont encombrées d'exemples de redondance, d'emphase et de ratiocination, j'ai délibérément repoussé de celle-ci quantité de poèmes où le souci de s'exprimer élégamment tenait lieu d'art. Même je me suis retenu de citer d'habiles et charmants versificateurs dont pourtant l'importance historique est certaine, tels Marot et Régnier, par exemple, qui surent donner à leurs vers une allure allègre et désinvolte des plus plaisantes et que je n'ai garde de dédaigner, mais qui ne me paraissent pas devoir prendre place parmi les chanteurs ou les enchanteurs. A plus forte raison je bannis de ce recueil les déclamateurs. J'en bannis également, sachant combien l'admiration des jeunes gens peut s'égarer, ceux qui, dupant la jeunesse (et nombre de femmes restent enfants toute leur vie), tendent à faire passer pour poésie une sentimentalité complaisante et languissamment attendrie ; bannis également, encore que non sans regrets, un grand nombre de poètes authentiques mais insuffisants, qui ne surent atteindre ou maintenir dans leurs poèmes cet état de perfection en deçà duquel l'art défaille. En art, il n'est point d'à peu près qui vaille ; aussi n'ai-je pas cru devoir tenir compte de maintes velléités, si touchantes qu'elles pussent être. Il est, particulièrement dans ce domaine, beaucoup d'appelés, peu d'élus.

Dans le remarquable avant-propos de ses Lesebücher *(Anthologie de prosateurs allemands),* Hofmannsthal *répond d'avance aux reproches qu'il sait que l'on pourrait lui faire d'avoir laissé de côté quantité d'écrivains qui pourtant ne sont pas sans valeur. Il en est ici, dit-il, comme de ce musée qui, grâce à l'initiative hardie d'un nouveau directeur, sembla se revêtir soudain d'un lustre inattendu. Par quelle opération miraculeuse celui-ci avait-il su redonner* à chacun des tableaux de cette galerie jeunesse et splendeur surprenantes ? Oh, simplement en désencombrant les salles d'une quantité de toiles d'artistes de second ordre, en reléguant au grenier toutes celles qui ne lui paraissaient pas mériter vraiment d'arrêter ou de retenir les regards. Celles qu'il offrait à l'admiration du visiteur parurent aussitôt beaucoup plus belles. Nous avons suivi cet exemple, dit Hofmannsthal. Je l'ai suivi de même, j'ai préféré restreindre ma liste et accorder plus de place aux élus, plutôt que de citer aussi les meilleurs poèmes de quantité de « minores », ainsi que l'on fait d'ordinaire, et qu'il est bon de faire pour obtenir une chaîne ininterrompue. Celle-ci peut instruire, intéresser les critiques et les historiens qui, de même que les bons géologues, doivent tenir compte même des minerais les plus pauvres. Mon point de vue est différent. Je voudrais ne présenter ici que des pépites ; ne citer que des vers que l'on prît plaisir à relire et que l'on souhaitât savoir par cœur.

J'ai naturellement écouté mon goût. Je n'ai pas écouté que lui, me laissant instruire sans cesse. Ce goût, que l'on peut croire infaillible de vingt à trente ans, tandis qu'il est alors plus flexible que les rameaux tendres, ce goût qui devrait aller s'épurant et s'affermissant avec l'âge (on admire peut-être un peu moins, mais pour de meilleures raisons) est devenu chez moi plus craintif. Je suis assez âgé maintenant pour avoir assisté à maintes substitutions dans le Panthéon poétique : l'adoration reste la même, mais ne s'adresse plus aux mêmes dieux. Je ne suis pas bien assuré que certaines dévotions d'aujourd'hui ne feront pas sourire dans vingt ans. Celle qui, du temps de Goethe, invitait les esprits les mieux avertis à porter Béranger au pinacle, nous est devenue à peu près incompréhensible. Celle qui, du temps de ma jeunesse, prenait Sully Prud'homme pour un grand poète-penseur, me fait considérer avec inquiétude les prétentions métaphysiques de quelques-uns de nos nouveaux Orphées.....

Chaque génération, lorsqu'elle s'élance dans la vie, juge avec assurance, et fort discourtoisement parfois, ce qui

*n'abonde pas dans son sens ; elle s'imagine en possession
d'infaillibles critères, moyennant quoi clouer les gens, juger
les œuvres, décerner les brevets... Ayant assez vécu pour
avoir vu se rejouer deux ou trois fois cette comédie, j'ai
perdu de ma suffisance.*

II

— *Vous avez Villon, disait Housman.*

*Oui ; parmi l'extraordinaire fatras pseudo-poétique où
commençait de s'informer notre langue, Villon surgit qui,
dans cette voie lactée aux feux éteints, luit pour nous d'un
éclat incomparable. Car, force est de le reconnaître : la
France n'a pas eu de Chaucer. Pour s'intéresser à nos
« chansons de geste », aux vastes épopées qui du XIème au
XIVème siècle encombrent notre littérature (fût-ce à la
célèbre* Chanson de Roland *qui surnage un peu dans ce
grand naufrage et que, de nos jours, on cherche à renflouer),
il faut effort et complaisance. Pourtant dans le* Roman de
la Rose *(1235) des érudits découvrirent quelques vers si
suaves et musicalement si parfaits que l'on me saura gré,
je suppose, de les dégager à mon tour de ce soporifique poème.*

> Un baiser doux et savoureux
> Ai pris de la rose erramment
>
> . . . . . .
>
> Onques ne me sentis si aise
> Moult est guéri qui tel fleur baise
> Qui est si sade[1] et bien olant[2]
> Je ne serai ja si dolent
> S'il m'en souvient, que je ne soie
> Tout plein de délice et de joie ;
> Et ce pourtant j'ai maint ennui
> Souffert et mainte male nuit
> Depuis qu'ai la rose baisée.

---

1. Agréable, gracieux ; opposé à maussade.
2. De bonne odeur ; v. « bene olens » (Virgile).

En ce temps, et longtemps ensuite, quantité de clercs, tant hommes que femmes, émirent à l'envi des chants sans art, où l'on trouve tout, fors la poésie ; où science (c'est-à-dire : érudition), esprit, raison... (ou du moins ratiocination) triomphent, dont aujourd'hui nous n'avons cure ; et sous ce revêtement d'emprunt, rien de vraiment humain qui nous touche. De toute cette cohorte, Charles d'Orléans fut presque seul à faire entendre, à travers une mièvrerie parfois charmante, des accents de réel émoi. Mais soudain, avec Villon (1431-1489 ?) nous rencontrons un homme. Autant les autres étaient attifés et parés, il est nu ; pauvre, autant que les autres empêtrés dans leurs fausses richesses ; naturel, et près de lui tous ces autres paraissent guindés. Il n'est plus question avec lui de langueurs amoureuses, de soupirs, d'yeux aimantés et de ruisseaux de pleurs, mais bien de chair vive et dolente. Sans vergogne et de mauvaise fréquentation, comme Verlaine plus tard, il balance entre la Sainte Église et le bordel ; les pieds dans la fange, l'âme au ciel ; assoiffé de rachat et maudit. Déjà Rutebeuf nous avait fait entendre de presque semblables accents, mais sa voix n'était pas d'une pureté, d'une musicalité aussi merveilleuses. Pourtant une assez grande part des louanges que nous adressons à Villon, déjà Rutebeuf, deux siècles plus tôt, les mérite ; on en jugera par les quelques passages de lui que je cite, « modernisés un peu » par Gustave Cohen, « juste assez pour être immédiatement compréhensibles ». Même franchise, même dénuement et même dénudement, même misère et grandeur dans une pauvreté dispose à la Grâce. Tous deux d'une égale envergure, directs et qui n'ont laissé fausser leurs voix, ni par préciosité de culture, ni par excès d'intellectualité, comme il advint de tous les autres autour d'eux ou après eux, à commencer par Maurice Scève (1504-1564 ?), le plus important de ces derniers.

Loués soient ceux qui tirèrent de l'ombre l'œuvre de Scève. Elle est très représentative. Mais, ainsi qu'il advient souvent lors des réactions de ce genre, en protestation contre un injuste oubli, s'élevèrent des louanges excessives auxquelles je doute que les jugements à venir souscrivent. Sainte-Beuve,

*lorsqu'il remit Ronsard en honneur, y allait plus modé-
rément, et nous estimons aujourd'hui qu'il est demeuré fort
en deçà du légitime dans l'éloge. C'est au contraire l'œuvre
de Scève qui reste en deçà des louanges que certains à présent
lui accordent, et que méritera mieux que lui, un demi-siècle
plus tard, John Donne (1573-1631), son pendant anglais.
Chez Scève et chez Donne, même confus mélange de paga-
nisme et de chrétienté, de sensualité et d'idéologie ; même
transposition du monde réel, avec pourtant, chez Donne,
une sorte d'ironie malicieuse et surtout une concision, un
rassemblement de vertu poétique auprès de quoi la prolixité
de Scève nous paraît encore plus lassante. Il n'est pas un
dizain de la Délie où ne sévisse une sorte de didactisme
ratiocinateur qui sans doute est le pire ennemi de la poésie.
Après deux vers adorables, des plus naturellement humains
et des plus frémissants de son interminable poème :*

> Toute doulceur d'amour est destrempée
> De fiel amer et de mortel venin

*il se ressaisit aussitôt, se reprend en bride ; l'émotion cède
au concept, et il ajoute, en rimant médiocrement :*

> Soit que l'ardeur en deux cœurs attrempée
> Rende un vouloir mutuel et bénin...

*Et tout le reste du dizain est comme glacé par l'indiscrète
intervention d'un Magister ergoteur qui commente, explique
et reste maître de la place qu'aussitôt la Grâce abandonne.
Quel dommage ! Car parfois Scève laisse entrevoir où,
sans son compagnon en rabat, pourrait l'entraîner son génie.*

*La broussaille de Scève est motivée aussi par la société
lyonnaise à laquelle il avait souci de plaire, par cette cour
d'amour éprise d'érudition, de préciosité, où toute simpli-
cité, tout naturel semblaient vulgaires. Si ardentes que soient
(ou que se veuillent) Pernette du Guillet et Louise Labé,
ces deux savantes muses, « Lors m'est avis »... dira l'une,
et l'autre : « Non que je veuille ...» On ergote et la passion
evident aussitôt matière à discussion et à discours. La poésie,*

dans ce milieu, perd tout élan spontané ; l'on n'y estime que
quintessence et l'on préfère l'idée de la chose à la chose
même, de sorte que le contact ne s'établisse jamais entre
le poète et la nature, mais que s'interpose sans cesse un
écran de raison opaque. Scève va-t-il chercher retraite chez
Pontus de Tyard, aux environs de Chalon-sur-Saône,
c'est pour y retrouver Peletier du Mans qui l'incite aux
plus pures mathématiques. Est-ce à l'influence de ce dernier
que nous devons ces pédantesques vers du Microcosme, où
la muse de Scève achèvera de se guinder :

> De superficiel, coalterve et solide,
> Où en plan quadruplé le sféral consolide,
> De deux lignes premier en trois isopleurant
> Le trilatère égal. Triangle au demeurant
> Isoceler se peut de scalène ambligone
> Se variant de forme, et de nom exigone.
> Puis paralellogramme au supplément se range :
> Le rhombe équilatère en commune losange :
> La rhomboïde après, mensule, et traperie
> Jusqu'au duodegone a sa forme choisie.

Mais Scève, n'a-t-il pas voulé s'amuser ? N'est-ce pas
avec lui, et non à ses dépens, qu'il faut rire ? Je n'en suis
pas bien convaincu. Mais ce que je sais, c'est qu'il n'est que
trop aisé de se moquer et d'obtenir une adhésion épaisse à
tourner en dérision fût-ce les plus nobles choses. Le Fran-
çais ne s'en fait pas faute: il use à tort et à travers de la
gouaille ; il a ri de Mallarmé, de Manet, de Cézanne...
Au surplus, je me méfie toujours du grand nombre, aussi
bien lorsqu'il applaudit que lorsqu'il siffle. L'acquiesce-
ment immédiat du vulgaire ne va qu'à la vulgarité. C'est
même là ce qui parfois me gêne un peu chez Molière: que lui
ne soit pas plus gêné par l'applaudissement des sots. Il raille
le charmant Sonnet d'Oronte et lui oppose une pauvre
petite chanson sans mystère... Mais non ; ce n'est pas lui,
c'est Alceste ; et Molière sait bien que, ce faisant, il rend
à son tour « l'homme aux rubans verts » ridicule, s'il
prétend réduire à cela la poésie. Devrons-nous, d'après
Alceste, interdire à la Muse toute recherche, toute embardée,

toute curiosité des profondeurs, tout risque aventureux dans
la « selve obscure » ? Ne devrais-je plus, pour lui plaire,
admettre dans cette anthologie que les facilités de l'évidence ?

> Mais les amours sont les plus précieuses
> Qu'un long labeur de l'âme et du désir
> Mène à leurs fins délicieuses,

a mille fois raison d'écrire Paul Valéry. Ce qui m'encourage
à avouer que je préfère, et de beaucoup, la mièvrerie de :

> L'espoir il est vrai nous soulage
> Et nous berce un temps notre ennui...

à la bonne franquette de

> Si le roi m'avait donné
> Paris, sa grand'ville...

Mais quoi ! Ne saurait-on préférer sans exclure ? Et
quel désastreux appauvrissement de notre littérature
s'ensuivrait, si nous devions, avec Alceste, ne reconnaître la
poésie que directe et de premier jet, ou, au contraire, avec
Oronte, que réfléchie, réfractée ; que crue, ou que recuite et
distillée.
Aussi bien ce que je reproche à Scève, ce n'est nullement
la contention qu'il impose et à lui-même et au lecteur ; c'est,
au contraire, de s'être arrêté à mi-route, de n'avoir pas
poussé plus loin son exigence, comme fit beaucoup plus tard
Mallarmé, comme fait Valéry, de nos jours. Celui-ci dit
encore : « Nos plus claires idées sont filles d'un travail
obscur » ; et ce que je reproche à Scève, c'est d'accoucher trop
souvent avant terme, d'idées encore mal formées ; c'est aussi
de prendre pour idées des délires de scolastique. Mais, en ce
temps, tous les beaux esprits, du moins ceux de cette société
lyonnaise, se laissaient faussement féconder par une sorte de
mysticisme routinier. Pour eux, penser, c'était, presque
mécaniquement, transposer dans le négatif tout le positif de
la vie. De là tous les « mourir de ne pas mourir », toutes
ces présences qui sont des absences, tous ces soleils obscurs

et ces lumineuses ténèbres, tous les « souffrir se ouffrir »
(le mot est de Scève), les entrer pour sortir, et récipro-
quement, et ainsi de suite. C'est l'époque qu'il faut accuser
plutôt que précisément Scève et, pour son temps, déjà son
effort est énorme. Les cerveaux d'alors sont des alambics
imparfaits qui ne livrent quelques gouttes de pure essence
qu'en laissant échapper beaucoup de vapeur et de fumée ;
d'où l'atmosphère étouffante de la Délie. Qu'il fera bon
respirer enfin plus à l'aise ! Vienne Ronsard qui, d'un souffle
lyrique puissant, nettoiera le ciel du Parnasse de ces asphy-
xiantes nuées !

J'ai fait à Ronsard de larges emprunts. Il domine la
poésie française de très haut et nous ne retrouverons plus
qu'avec Hugo pareilles effusions lyriques. Les poètes qui
l'entourent ou qui lui succèdent paraissent, près de lui,
froids, incertains, compassés, timorés. C'est aussi que les
« honnêtes gens » du XVIIème siècle, ce public d'élite grâce
auquel notre goût s'épura, n'admirent Dionysos qu'appri-
voisé, soumis à des règles ; et la Muse française devint
raisonnable, avant de devenir, au siècle suivant, raison-
neuse, jusqu'à ne présenter plus rien de divin, de panique.
L'extraordinaire génie inventif de Ronsard parut alors tu-
multueux et vulgaire. Son astre éblouissant subit une éclipse
de plus de deux siècles. Fénelon, dans sa fameuse Lettre
à l'Académie, lorsqu'il se hasarde à parler de lui, marque
inconsciemment sa propre déficience et celle de son temps.
« Ronsard, dit-il, avait trop entrepris tout d'un coup. Il
avait forcé notre langue par des inversions trop hardies et
obscures ; c'était un langage cru et informe. » Un peu plus
loin, il émet ce ruineux aphorisme, où je découvre le secret
de tant de lamentables arrêts de croissance : « Il faut
s'arrêter dès qu'on ne se voit pas suivi de la multitude » ;
et il ajoute : « La singularité est dangereuse en tout[1] ».

---

1. Dangereuse pour le singulier peut-être; mais, en dernier
ressort, on ne peut plus profitable à « la multitude ». Ce n'est pas le

Il reconnaît aussitôt, du reste, que « l'excès choquant de Ronsard nous a un peu jetés dans l'extrémité opposée : on a appauvri, desséché et gêné notre langue. » Dans les poèmes de Ronsard, elle est riche d'une verdeur qu'elle ne retrouvera plus de longtemps.

Ce n'est qu'en 1828 que Sainte-Beuve, dans son Tableau historique et critique de la poésie française au Seizième Siècle, *tentera une réhabilitation de Ronsard. Encore fut-elle bien timorée et[1] l'on peut aujourd'hui douter si plus on doit lui savoir gré d'avoir tiré de l'oubli un poète aussi admirable, ou plus lui tenir à grief de l'avoir admiré si peu, avec tant de réserves et de réticences. (Il en ira de même lorsque Melchior de Voguë présentera Dostoïevski à la France.) Sainte-Beuve se félicitait plus tard d'avoir fait*

---

lieu d'insister, et le peu que j'en dis ne se rapporte pas surtout à la poésie dont le profit qu'on en peut tirer reste chose secrète et individuelle. La préoccupation d'être ou de n'être pas suivi n'a jamais retenu les meilleurs. Ronsard put, de son vivant, connaître la gloire, mais ne fut pas longtemps suivi. Il reste un « illustre pionnier » comme dira fort justement Amiel (1849).

1. Rendons justice à Sainte-Beuve : si timorée et insuffisante que nous paraisse aujourd'hui sa louange de Ronsard, pour apprécier l'audace que comportait pourtant son jugement au temps où il parut, il suffit de lire ce qu'écrivait encore Gobineau en 1848, avec l'assentiment du grand nombre de ses contemporains :

« C'est grâce à lui (Sainte-Beuve) que Ronsard, presque aussi oublié des derniers temps que le *Caloandre fidèle* (de Marini, 1641), était devenu, pour ainsi dire, l'Homère des Romantiques et qu'on lui prêtait des mérites et des grâces auxquels il fut toujours bien étranger. Singulièrement dur et rocailleux, peu riche d'idées et pédant au par dessus, le gentilhomme vendômois eut, sans doute, la rare vertu d'aimer sincèrement les lettres et le courage d'entreprendre une métamorphose complète de la langue. Mais l'idée seule de retremper dans l'idiome grec un langage issu du latin, suffit à condamner le bon sens et le goût du poète, et pour quelques vers semés dans ses nombreux volumes, auxquels on reconnaît avec plaisir des agréments de naïveté, débris gaulois restés debout malgré les efforts du maître, il est impossible de nier que Ronsard est à cent lieues de mériter l'honneur qu'on lui a voulu faire. La preuve c'est qu'au moment où je parle, il est retombé de tout son poids dans la très profonde obscurité d'où M. Sainte-Beuve l'avait exorcisé pour servir de patriarche aux générations romantiques. »

Gobineau. *Études critiques* (1844-1848).

*là un « acte de goût » et pensait avoir pu par là « enrichir
la palette de quelques tons agréables à l'œil, ajouter quel-
ques notes aux accents connus, quelques nombres et couplets
aux rythmes en usage ». On voudrait oublier le médiocre
sonnet de 1827 qu'il donnait dans son* Joseph Delorme; *
mais lui-même y revient en 1855 et le cite au cours d'un
article ; loin d'en être confus, il s'en targue :*

. . . . . .
Non que j'espère encore au trône radieux
D'où jadis tu régnais, replacer ta mémoire.
Tu ne peux de si bas remonter à la gloire :
Vulcain *impunément* ne *tombe* pas des cieux. (!)

Mais qu'un peu de pitié console enfin tes mânes ;
Que, déchiré longtemps par des rires profanes,
Ton nom, d'abord fameux, recouvre un peu d'amour.
. . . . . .

*Toutefois, au cours de cet article, écrit à l'occasion d'une
édition nouvelle de Ronsard, il nous livre quelques réflexions
fort sensées, auxquelles nous ne pouvons que souscrire, sur
le « caractère presque exclusivement latin de notre litté-
rature. » Il est vrai ; et qu'il me soit permis de crier :
hélas ! Racine, Chénier même, ne nous en paraîtront que
plus précieux. Mais par là s'explique (ou réciproquement)
la déficience du vrai lyrisme (j'entends : le dionysiaque) et
son remplacement par la rhétorique oratoire qui motivait
le sévère jugement de Housman que je rapportais d'abord.*

*Ce n'est pas un chapitre d'histoire littéraire que j'écris
ici. Simplement j'ai souci d'expliquer et de motiver mon
choix et l'abondance de ce choix pour ce qui est de Ronsard.
J'ai plaisir à entendre Brunetière enfin lui rendre justice. Je
lis dans son* Histoire de la littérature française clas-
sique : *« Personne plus ou autant que ce sourd — car Ronsard
était sourd ou à demi — n'a eu le sentiment des harmonies
de la langue. » (Le souci de ce sentiment musical préside,
je l'ai dit, à la naissance et à la formation de la présente*

*anthologie). « Presque toutes les combinaisons de rythmes
et de mètres dont le français est capable, il les a inventées,
ou — ce qui revient exactement au même — il les a le
premier mises en faveur. » (Je préférerais : mises en valeur,
ou en vigueur). Brunetière ajoute : « C'est là son premier
titre de gloire. » (Son vrai titre de gloire, c'est d'y avoir
pleinement réussi). Nous voici sur un terrain solide : c'est
celui même de l'art.*

*\
*

*Le génie de Ronsard est divers. Il est surtout connu par
ses courts poèmes amoureux, de grâce un peu mignarde,
comme :*

Mignonne, allons voir si la rose...

*où du reste il se montre incomparable. Mais il ne l'est pas
moins, plus magnifique et particulièrement dans ses
Hymnes, lorsque, avec un plus altier propos, il déclare :*

> Tourmenté d'Apollon, qui m'a l'âme échauffée,
> Je veux plein de fureur, suivant les pas d'Orphée,
> Rechercher les secrets de nature et des cieux.

*C'est alors que son lyrisme s'étale ; et si j'ai fait aux
Hymnes des emprunts abondants, c'est parce que les longs
extraits que j'en donne révéleront, je crois, pour un grand
nombre de lecteurs un Ronsard insoupçonné[1] ; c'est aussi
parce que le plus grand Ronsard me paraît à la fois le
meilleur. On a trop vu l'amour alimenter sa poésie ; sa
majeure source d'inspiration, c'est l'ivresse ; une ivresse*

---

1. « Nous ne connaissons pas encore ce Ronsard », écrit Brunetière
qui décidément parle de Ronsard on ne peut mieux ; « il n'était
jusqu'ici qu'un artiste et qu'un amoureux, et à bien des égards un
virtuose. C'est vraiment le poète, et un grand poète, qui commence
à se montrer dans les *Hymnes.* » (*Histoire de la littérature,* tome I, p. 352)

« Les *Hymnes* de Ronsard... si admirés en leur temps, sont d'une
lecture inintelligible et parfaitement ennuyeuse », disait Sainte-Beuve
(*Œuvres choisies* de Ronsard, p. 270), de même que le vicomte
Melchior de Voguë déclarait impossible la lecture des *Possédés,* ce
sommet de Dostoïevski.

mythologique, philosophique, chrétienne même parfois
(mais d'un christianisme qui s'allie étrangement au paga-
nisme) à laquelle il doit cette sorte de transport lyrique,
cette éruption verbale surabondante, intempérée, qui devait
écarter de lui les lecteurs à tête froide des siècles suivants
et qui ne sera retrouvée, égalée, dépassée que, beaucoup plus
tard, par Hugo.

Il faut bien tolérer dès lors que, dans ses grands Hymnes,
tout ne soit pas excellent ; on y trouve de la surcharge et
souvent même du fatras. J'ai dû couper. Je sais bien que
cela n'est pas d'usage, et presque toutes les anthologies ne
donnent, à part quelques rares exceptions, que des pièces
entières. Il vaut évidemment mieux connaître un poème dans
son ensemble et c'est seulement ainsi que l'on peut juger de
sa composition, de son élan, de son allure, fût-ce également
de ses défauts. Pour ce qui est des Hymnes de Ronsard en
particulier, presque tous sont démesurés. Si je ne m'étais
astreint à ne citer qu'in extenso, force eût été de limiter
mon choix. Trancher dans le vif m'a paru préférable, éga-
lement pour cette autre raison : il arrive trop souvent, dans
la lecture d'un long poème, que l'attention se lasse et,
s'essoufflant sur du moins bon, lâche prise avant d'arriver
aux passages excellents qui motivaient le choix du poème.

Le génie de Ronsard reste discursif ; il s'étale en surface
et jamais n'obtient, ne cherche même, par concentration, la
profondeur. Il se contente vite et rime négligemment, fiançant
des vocables de même formation et, pour ainsi dire con-
sanguins, qui ne satisfont que trop facilement l'oreille sans
apporter quoi que ce soit de surprenant et de hardi ; nous
trouvons, dans un seul sonnet : verdoyantes, ondoyantes,
roussoyantes, blondoyantes. C'est méconnaître le ravissement
causé par l'inattendu rapprochement de mots étrangers l'un
à l'autre et par le tour de force de l'esprit qui parvient à
les accointer ; qui, chez Hugo, tiendra souvent lieu de pensée.
Mais cette infirmité n'est pas particulière à Ronsard ; déjà
nous en souffrions avec Maurice Scève, et nous en souffrirons
avec bien d'autres.

Enseigne-moi, Molière, où tu trouves la rime,

*écrit assez platement Boileau. En ce temps et longtemps
ensuite, aucun poète ne songeait encore à aller la chercher
bien loin ; la plus voisine et « sous la main » semblait
presque toujours la mieux venue. Sachons gré à Malherbe
de s'être montré, sur ce point entre autres, plus difficile et
même parfois d'une excessive rigueur.*

III

*Il n'est pas dans mes intentions de présenter ici chacun
des auteurs que je cite. D'un grand nombre d'entre eux, je
n'aurais rien de neuf à dire et d'excellentes histoires de la
littérature renseigneront les lecteurs beaucoup mieux que je
ne saurais faire : il n'est que de s'y reporter.*

*Ceci pourtant : on a, ces derniers temps, surfait à
plaisir la valeur poétique de Louise Labé, parallèlement à
celle de Maurice Scève. J'ai choisi, parmi ses sonnets, ceux
qui m'ont paru les meilleurs et les cite en entier, en dépit
des vers, d'une platitude et d'une gaucherie désolantes, qui
les déparent.*

> Et quand je suis quasi toute cassée
> Et que je suis mise en mon lit lassée...
> O doux sommeil, ô nuit à moi heureuse...
> N'est-il raison te prier de permettre,
> Amour, que puisse à mes tourments fin mettre... *etc.*

*Pour admirer pleinement ces appels amoureux, il faut
certes quelque complaisance et je ne puis me retenir de croire
que la figure même de « la belle Cordière » entre pour beau-
coup dans cette sorte de culte que certains lui vouent, comme
il advint récemment et plus abusivement encore pour la
Comtesse de Noailles.*

*Baïf... dommage qu'il ne fût pas poétiquement mieux
doué. Ses recherches sont intéressantes et j'ai soin de citer
quelques vers de lui, d'un rythme très particulier ; mais il*

semble que son effort, non suivi, allât à l'encontre du génie
même de notre langue ; au surplus, dans toute son œuvre, on
ne cesse point de sentir le labeur et l'application. Tahureau,
mort trop jeune, Passerat, Garnier, Joachim du Bellay
surtout et l'âpre Agrippa d'Aubigné, sont bien autrement
authentiques.

La gloire de Desportes fut, de son temps, presque égale
à celle de Ronsard, mais suivie d'un presque aussi injuste
oubli. On estimera peut-être que, par protestation, je verse
dans un autre excès. J'ai pris plaisir à présenter, de
préférence, certains poèmes de lui moins connus que ceux que
l'on cite communément et, me semble-t-il, non moins beaux
ou non moins dignes d'attention ; en particulier tel sonnet,
où l'exemple d'anacoluthe le plus hardi que je connaisse :

Le temps léger s'enfuit sans m'en apercevoir.

De Molière et de Corneille, de Racine surtout, je
préférerais ne rien donner, plutôt que me borner à quelques
rares pièces lyriques où ne transparaît que bien insuffi-
samment leur génie. D'autre part la poésie dramatique
n'entrait point dans mon programme. En vain j'ai cherché
pour Corneille, dans sa paraphrase rimée de l'Imitation,
quelque strophe digne d'être retenue. Corneille y fait sans
doute œuvre pie ; mais sa piété même y reste conventionnelle
et guindée ; je n'y vois de part en part, que rhétorique, et
encore sans belle invention. Les Hymnes de Racine, certes,
sont autrement émouvantes ; mais qu'est-ce là, près des
accents incomparables de ses tragédies ? Afin de faire
figurer à tout prix son nom dans cette anthologie lyrique,
donner ces quelques vers plutôt que les aveux de Phèdre,
que le discours de Mithridate à ses fils, que les plaintes
de Bérénice ou d'Iphigénie, que le dialogue entre Athalie et
Eliacin… c'est presque le trahir.
Il y a plus : la poésie de Racine, essentiellement dra-

matique, ne déploie sa pleine valeur qu'à la scène. Le vers
appelle le geste et le commande (le bon acteur sait que le
geste, presque toujours, doit précéder le vers qui l'explique :
lorsque Phèdre dit à Œnone : « Arrêtons-nous ici...» c'est
déjà qu'elle s'est arrêtée.) Et sans doute la poésie des
tragédies de Corneille également est ou se voudrait active,
encore qu'elle reste souvent ergoteuse ; mais les gestes qu'elle
dicte ne sont le plus souvent que ceux de grands pantins subli-
mes. Au théâtre de Racine, cette anthologie ne saurait sup-
pléer ; non plus du reste qu'à la collection complète des Fables
de La Fontaine, témoignages elles aussi d'un art parfait.
Peu me chaut le peu de vertu didactique qui devrait m'inviter
à les exclure de ce recueil ; c'est en tant que poèmes que je
les veux considérer. J'en cite une douzaine ; il faudrait en
donner cinquante ; mais non : c'est le recueil complet de ces
Fables dont tout esprit quelque peu cultivé ne saurait se
passer. Quelle spirituelle aisance en chacune ! quelle sou-
riante sagesse ! quelle distinction ! Jamais l'esprit n'y nuit
à une sensibilité frémissante. Celle-ci reste si discrète pour-
tant que le seul lecteur sensible l'y découvre avec ravissement,
aussi subtile et ailée que dans la musique de Mozart. Il ne
se contente pas facilement, mais ne nous livre que l'abou-
tissement exquis de sa recherche ; et, dès qu'il a tracé le
trait juste, il passe outre.

Je sais qu'un éloge de Boileau, ou même simplement une
« défense », paraîtra paradoxal à ceux qui peut-être se sou-
viennent trop de leurs heures de classe durant lesquelles l'Art
Poétique étudié déversait sur eux beaucoup moins de
poésie que d'ennui. De vrai lyrisme il ne peut être question :
Boileau proteste contre lui, sans même bien le comprendre
et sans du tout le ressentir : tout chez lui reste raisonnable
et raisonné, ordonné, clair, pondéré ; mais c'était un bon
ouvrier qui façonnait ses vers à merveille ; au point même
que parfois il donne le change et, lorsqu'on le citerait à part,
tel vers de lui paraîtrait chargé d'authentique lyrisme :

On voit sous les lauriers haleter les Orphées...

mais, dès le vers suivant, la raison reprenant le dessus, tout retombe.

Et puis je suis de ceux qui se plaisent, ou s'amusent, à voir entre Baudelaire et lui, non certes une parenté de génie, mais des analogies de métier flagrantes. On trouve dans les Satires *maints vers qu'on lirait sans étonnement dans les* Fleurs du Mal :

Qui, sous un vrai dehors d'austère piété
De leurs crimes secrets cherchent l'impunité...

Redouter ses baisers pleins d'ail et de tabac...

Car sitôt que du soir les ombres pacifiques
D'un double cadenas font fermer les boutiques;
Que, retiré chez lui, le paisible marchand
Va revoir ses billets et compter son argent;
Que, dans le Marché-Neuf, tout est calme et tranquille,
Les voleurs à l'instant s'emparent de la ville...

Et, réciproquement, certains vers des Fleurs du Mal, *rendent, à s'y méprendre, le son mat et plein de ceux de Boileau.*

Relisant Boileau avec une attention soutenue, j'en viens à douter si ce n'est pas dans le Lutrin *(œuvre que je dédaignais un peu, d'abord) que se trouvent ses meilleurs vers ; mais isolés, de sorte qu'il était difficile de les faire figurer dans mon choix. C'est ici même, dans cette Préface, que j'en veux citer quelques-uns :*

Je ne pourrai donc plus être vu que de Dieu...

Les cloches, dans les airs, de leurs voix argentines...

Une servile peur tient lieu de charité.
Le besoin d'aimer Dieu passe pour nouveauté;
Et chacun à mes pieds conservant sa malice,
N'apporta de vertu que l'aveu de son vice...

L'Ode sur la prise de Namur est une œuvre de commande qui sent l'effort et reste froide ; c'est en vain que Boileau s'y bat les flancs pour l'échauffer ; mais, dans le Discours sur l'Ode *qui la précède, je relève une phrase où Boileau*

loue Pindare d'avoir évité « avec grand soin cet ordre métho-
dique et ces exactes liaisons de sens qui ôteraient l'âme à la
poésie lyrique ». Le grand tort de Boileau est de croire
ensuite, dans la laborieuse confection de son Ode exemplaire,
que le « beau désordre » qu'il prône (et qu'il reconnaît en
Pindare comme d'essence divine et panique) se puisse obtenir
par « un effet de l'art », ni que Malherbe lui-même, qu'il
s'adjoint, s'y essayant dans ses « sages emportements »,
réussisse à nous donner le change. Racine qui, poète authen-
tique, pressentait le péril que cette intrusion constante de
l'intelligence faisait courir au lyrisme, écrivait judicieu-
sement à Boileau : « Chercherons-nous toujours de l'esprit
dans les choses qui en demandent le moins ? »

Et durant un long temps, ce fut l'esprit qui triompha.
La poésie subit une éclipse de plus d'un siècle que l'appli-
cation de Chénier ne put suffire à désoffusquer. Il y fallut toute
la ruée romantique. Ce sursaut fut prodigieux ; sans doute
secrètement préparé comme le sursaut social et politique ;
mais rien, que la prose poétique de Chateaubriand tout au
plus, n'annonçait dans notre littérature et ne pouvait
laisser prévoir, après un siècle de dessèchement et de ratio-
cination, le jaillissement torrentueux de ressources lyriques,
que l'on eût pu croire à jamais taries. C'est aussi, et rien ne me
paraît plus remarquable, que la poésie française, avant 1820,
ne s'était laissée féconder que par des pollens méditerranéens :
grecs, latins ou ibériques. Les esprits s'ouvraient enfin sur
d'autres perspectives, pour de nouvelles curiosités, et les
regards se dirigeaient vers l'Orient et vers le Nord. Notre
littérature, jusqu'alors comme en espalier et ne recevant que
d'un seul côté la lumière, allait enfin connaître le plein air
et l'ombre. Certains esprits, méditerranéens eux-mêmes,
l'ont déploré, ont honni cet élargissement de nos possibilités
françaises, tout prêts à déclarer non-français ce qui n'était
pas d'inspiration grecque, latine ou espagnole. On juge
aujourd'hui le romantisme sans indulgence. On oublie l'ari-
dité précédente, la soif que ce torrent, souvent impur il est
vrai, vint étancher ; on reproche son bouillonnement à ce
flot et l'on en dénonce l'écume...

Bien résolu à ne tenir compte ici que de la valeur poétique des œuvres et à ne point laisser s'incliner tendancieusement les jugements qui dictent mon choix, comment pourrais-je marchander dans ce recueil la place accordée aux grands représentants d'une école à l'opposé de laquelle je me suis toujours tenu ? La nouveauté de leur apport dans notre littérature fut telle, qu'il put sembler que la France avait à peine su jusqu'à ce jour ce que pouvait la poésie, et que soudain se brisât une cloison intellectuelle qui jusqu'alors empêchait tout contact direct avec la Nature, cloison que Rousseau le premier, dans sa prose, avait ébranlée. Nos poètes, voire les meilleurs, cherchaient jusqu'alors non tant les choses mêmes que l'idée de ces choses, épurée ; à croire que la Nature n'existait que pour fournir à l'intellectuel des images. Ruisseau, tempête ou mer, tout restait ou devenait abstrait. Et je sais bien que le génie d'un Hugo est avant tout verbal, mais lorsqu'il écrit :

Les étoiles, points d'or, percent les branches noires.
Le flot huileux et lourd décompose ses moires
      Sur l'océan blêmi.
Les nuages ont l'air d'oiseaux prenant la fuite.
Par moments le vent parle et dit des mots sans suite
      Comme un homme endormi.

ce sont des réalités et non plus des abstractions que ses vers évoquent, que son génie nous force d'entendre et de voir, de sentir.

J'imagine un instant que l'escamotage des romantiques, tenté par quelques récentes anthologies, réussisse ; c'est pour imaginer aussitôt la stupeur des érudits qui les redécouvriraient plus tard, comme on redécouvre aujourd'hui un peu péniblement Maurice Scève ; leur éblouissement devant cette splendeur n'aurait d'égal que leur étonnement devant l'insensibilité des critiques assez têtus ou obtus pour la méconnaître. Si j'ajoute que l'un d'eux méconnaît également Verlaine, on s'étonnera sans doute moins d'un tel déni : c'est le fait d'une surdité moins volontaire peut-être et plus *sincère qu'il ne paraît d'abord ; on comprend dès lors qu'une sorte d'insensibilité musicale la favorise et la protège.*

Pourtant un grand nombre des accusations contre le romantisme reste fondé ; elles paraîtraient plus justes si les précédait la louange. Je reprendrai tout à l'heure ces accusations et tâcherai de les présenter sous un nouveau jour.

Je me souviens d'avoir entendu Verlaine, ce musicien, déclarer que, de beaucoup, il préférait à Hugo Lamartine. En tout cas Lamartine est le premier en date et c'est de lui qu'il convient d'abord de parler. Il a des départs prestigieux et je ne connais rien qui puisse être comparé aux premiers vers du Lac ou du Vallon; mais son essor atteint aussitôt son plafond ; hauteur où il plane ensuite inlassablement, (ou du moins ne lassant que le lecteur), sans sursauts, sans nouveaux coups d'ailes. Ce qui manque le plus à ces suites de vers, d'un bercement égal et quelque peu fastidieux, c'est à quoi Baudelaire excellait avec audace : la surprise. Mais, dans le flasque, c'est encore ce que l'on a fait de mieux ; en France du moins, car je doute si, pour l'abondance dans la flaccidité, Shelley ne lui reste pas supérieur. La harpe de l'un et de l'autre, éolienne, vibre à tous vents du ciel. Les cordes de celle de Lamartine se détendent encore avec l'âge et c'est dans ses poèmes de jeunesse que nous trouvons les plus beaux accents. Par la suite, il se répète sans cesse. Pourtant on entrevoit où parviendrait un peu plus de rigueur, et je ne relis pas sans émotion certains de ces vers dont s'enchantait ma jeunesse :

Et qu'est-ce que la vie ? Un réveil d'un moment;
De naître et de mourir un court étonnement

(Que n'a-t-il dit : « Entre naître et mourir... » ?)

Un mot qu'avec mépris l'Être éternel prononce...

Cet « Être éternel » à quoi se reportent toutes ses pensées, autorise toutes les lenteurs. Je me persuade que maint

artiste, s'il avait avec plus d'assurance osé penser que son
œuvre

Aborde heureusement aux époques lointaines

aurait exigé de lui-même davantage, pris un peu plus de
soin à rendre cette œuvre digne de notre future attention ;
qu'il se serait moins lâchement abandonné à ses dons et à
une paresseuse facilité. Confondre celle-ci avec l'inspiration
est une illusion flatteuse : ce qui vient aussitôt en tête et
sous la plume n'est le plus souvent que réminiscence et
banalité.

   L'art commence à la résistance ; à la résistance vaincue
et le poète s'abuse qui croit exceller sans effort. Aucun
chef-d'œuvre humain, qui ne soit laborieusement obtenu.
Alors même que le poème paraîtrait jaillir d'abondance,
cette abondance thésaurise une lente accumulation d'énergie.
Les romantiques (et c'est notre plus important grief)
mirent en faveur une sorte d'indistincte croyance en une
inspiration qui les eût dispensés du travail ; une infatuée
confiance en l'infaillibilité du génie, un imprudent mépris de
la patience et de la contention. Ils s'en remettaient complai-
samment à « la Muse » ; cela signifiait : sans cette envoyée
du ciel, je ne serais rien ; mais elle est là, qui me visite ;
c'est elle qui parle par ma bouche ; moi, je n'ai pas à me
fouler. En regard de quoi, j'aime à rappeler la boutade de
Flaubert : « L'inspiration consiste à se mettre devant sa
table de travail tous les jours à la même heure. » Cette
Muse *des romantiques, avec qui dialogue Musset dans ses*
Nuits, *nous paraît aussi écaillée aujourd'hui que celle de*
Chérubini dans le portrait d'Ingres. Quoi de plus aisé, de
moins contraint, en apparence, qu'une Fable de La
Fontaine ? *En réalité, quoi de plus savamment concerté, de*
plus laborieusement obtenu ? jusqu'à résorber toute trace
d'effort. Mais Lamartine n'aimait pas les Fables de La
Fontaine. *Hugo non plus ne devait pas en faire grand cas.*

   Au temps de ma jeunesse, mon esprit, soumis aux con-
seils de nos classiques, ne laissait pas de rester péni-

*blement accroché par certaines outrances que je considérais,
chez Hugo, comme des fautes de goût intolérables. Au-
jourd'hui je tiens ces indéniables scories comme la nécessaire
rançon d'un génie qui préférait la gibbosité à la platitude,
la difformité à la conformité banale ; et mes réticences
d'antan m'apparaissent, lorsqu'il m'en souvient, un peu
niaises. Pourtant je ne puis me tenir de juger les ressorts
de ses drames aussi sévèrement, plus sévèrement encore, que
je ne faisais autrefois. La psychologie de ses héros reste à
mes yeux aussi conventionnelle et arbitraire qu'il se doit
pour les effets de contraste scénique qui seuls lui importent,
pour le saisissement qu'il en escompte et qui, trop prévus et
factices, manquent leur but auprès de ceux qui répugnent à
couper dans cette flagrante duperie. Mais qu'importe ! il ne
s'agit ici que du poète : le plus puissant assembleur
d'images, manieur de sonorités et de rythmes, d'évocations
et de symboles, le plus sûr maître de notre syntaxe et des
formes de notre langue que la littérature française ait connu.*

*Quant à dégager de l'énorme amoncellement de ses vers
une philosophie bien consistante... tout effort en ce sens reste
assez vain. Mais est-ce là vraiment ce que nous demandons
aux poètes ? Et y a-t-il de quoi juger Hugo « bête », fût-ce
« comme l'Himalaya », s'il ne se sentait à l'aise que dans
une vague générosité cosmique, credo sans dogmes et sans
contours. Tout ce qui rétrécit en précisant le gêne (sinon dans
les invectives) et il se soucie peu d'organiser. Il lui suffit*

> Qu'on sente le baiser de l'être illimité ;
> Et paix, vertu, bonheur, espérance, bonté,
> O fruits divins, tombez des branches éternelles !

*Quels vers admirables ! Imagine-t-on rien de plus beau, de
plus glorieux... et de plus vide ?*

> Plus vide, plus profond que vous-mêmes, ô cieux !

dira Baudelaire, qui ajoutait :

> Qu'importe ta bêtise ou ton indifférence ?
> Masque ou décor, salut ! J'adore ta beauté.

Mais, dans les accusations qu'on élève contre Hugo, il y a plus. Depuis le début de sa vie littéraire, amant, père éploré, aïeul indulgent et gâteau, citoyen patriote, représentant du peuple et revendicateur des libertés, en exil dans une île-socle sur laquelle il s'érige, Hugo toujours est en représentation. Goethe se sentait et se voulait toujours exemplaire, ce qui est tout différent : Goethe assume en lui tout ce qu'il peut d'humanité ; Hugo se sent et se veut admirable ; c'est en tant qu'homme surtout que Goethe m'occupe et m'intéresse ; en tant qu'homme, Hugo ne m'intéresse que fort peu ; pénétré de son importance, il se campe et se drape en son rôle insigne ; on le sent à la fois acteur et spectateur de son jeu. C'est ce qu'exprime merveilleusement (et avec quelle subtile malice !) ce mot de Jean Cocteau, qui s'y connaît : « Hugo, c'est un fou, qui se croyait Victor Hugo. »

Aussi bien préféré-je, et de beaucoup, ses poèmes d'inspiration panique aux pièces intimes, fût-ce celles si connues et si vantées qu'il écrivit après la mort de sa fille, par exemple, ou la trop célèbre Tristesse d'Olympio, où je ne consens à voir qu'un très remarquable exercice de rhétorique, un développement oratoire faisant pendant au Lac de Lamartine et au Souvenir de Musset, — avec pourtant une strophe et quelques vers incomparables que je n'ai garde d'omettre dans mon choix.

J'avoue mon faible pour les Orientales (1828). Il n'y a, dans ce presque premier recueil de vers, aucune prétention à la profondeur (j'entends : celle de la pensée) ni d'autre émotion que lyrique, d'un enthousiasme juvénile ; qu'une joie de rythmes et de rimes ; une éclosion ravissante, si souriante, si réussie que mon admiration pour elle reste aussi vive et fraîche qu'aux premiers jours. De là les citations assez abondantes que j'en fais.

Sans doute importe-t-il de remarquer que Hugo, ce libérateur professionnel, s'astreint toujours et dès ces premiers temps aux strictes règles de la strophe et de notre alexandrin classique. Je songe particulièrement à celle de ces règles qui nous paraît aujourd'hui la plus arbitraire et artificielle, de *ne jamais faire rimer un substantif ou un adjectif au singulier avec un mot portant la marque du pluriel. Lamartine, Musset, et à leur suite tous les autres romantiques observèrent scrupuleusement cette règle, encore qu'elle ne concerne que la raison et les yeux et ne se soucie nullement de l'oreille. Baudelaire consent aux pires gaucheries plutôt que d'y manquer :*

Et qu'il faut employer la pelle et *les* rateaux...

La rime, chez Hugo, joue un rôle de première importance ; il l'aime surprenante et c'est souvent au plus loin qu'il la cherche ou du plus loin qu'elle s'impose à lui. Loin de le gêner, elle semble souvent précéder sa pensée au point que celle-ci soit à demi suggérée par la rime. Et sans doute fallait-il à Hugo cette barre fixe de la règle, où pouvoir prendre appui pour ses rétablissements les plus hardis. La seule règle classique dont il se joue, c'est celle de la césure[1].

---

1. Je ne songe pas seulement à ces vers bicésurés en tronçons égaux, et dont on trouverait quelques exemples chez nos auteurs les plus classiques, ou parfois plus subtilement que ceux-ci ne l'auraient osé, comme :

La vie augus | te, goutte à gout | te, heure par heure. (Cérigo)

mais à des alexandrins coupés à la manière de celui de Rimbaud, si charmant :

J'aurais voulu montrer aux enfants ces dorades
Du flot bleu, | ces poissons d'or, | ces poissons chantants.

comme celui-ci, du *Satyre* :

Tristes hom | mes ; ils ont vu | le ciel se fermer

ou cet autre, de *Dieu*, où la coupe 3, 4, 5, est plus subtile encore en raison des syllabes faibles :

Dieu médi | te ; le ciel rê | ve ; l'enfer attend.

ou, à l'inverse, césurés en 5, 4, 3 :

Et tout l'univers | n'a qu'un objet : | nommer l'Etre.

ou en 4, 5, 3 :

Plus qu'un augu | re, plus qu'un ponti | fe : un esprit.

(ces quatre derniers exemples, je les cueille dans *Religions et Religion*)
ou en 3, 5, 4 :

Il se ven | ge ; il devient pervers ; | il vole, il ment. (Le Satyre)

Mais jamais il ne laisse tomber au milieu d'un mot, non
plus que sur une syllabe faible[1], l'emplacement de la césure
régulière ; de sorte que celle-ci, même dans ses vers les plus
disloqués en apparence, reste comme sous-entendue et puisse
encore être marquée par un léger arrêt de la voix. Au sur-
plus, chaque fois qu'un de ses vers a pu paraître se jouer
d'elle, le vers suivant aussitôt la rétablit très strictement,
donnant en retour saveur singulière à l'infraction momen-
tanée. Ainsi, loin de mener à mal l'alexandrin, Hugo le
rajeunit et lui infuse une vigueur nouvelle.

De telles réflexions pourront paraître déplacées dans la
préface d'une anthologie ; mais, en art, les questions de
forme restent de première importance. Tout grand artiste
est d'abord un bon ouvrier. C'est ce que semble avoir assez
peu compris, ou assez mal admis, Musset, dont les vers
restent souvent d'une faiblesse écœurante. Je dirais que c'est
un très mauvais maître ; mais qui donc aujourd'hui songe-
rait à écouter des leçons que lui ne songe guère à donner ?
Car il ne se laisse mener que par le sentiment, et des ques-
tions de métier ne se soucie guère.

Ascona. Avril 1947.

J'en étais là de ma préface... La guerre est venue tout
interrompre. Aujourd'hui, je relis ces pages, puis les notes
que j'avais prises... et rien de ce que je m'apprêtais à dire

---

Parfois même, mais très exceptionnellement, il ose une césure
unique à la suite du cinquième pied, (mais avec un accent d'autant
plus marqué sur la syllabe suivante) :

Et que le cheval | fit un écart en arrière... (Soir de bataille).
Va chercher le vrai, | toi qui sus trouver le beau. (Tombeau de Gautier).
Ainsi vous parliez, | voix, grandes voix solennelles (Mugitusque boum).

1. Comme, par exemple, dans ce vers de Jammes :

Pendant que la neige lourde tombait dehors.

Et c'est par cette blessure secrète que notre alexandrin sera le plus
mortellement vulnéré.

encore et de ce que je pensais alors, ne me paraît très juste
aujourd'hui. La guerre précédente n'amena pas, comme
semble faire celle-ci, de rupture avec le passé. Cette guerre-
ci nous isole : à peine ressuyés du désastre, nous contemplons,
sur le sol bouleversé, des ruines ou des faillites, et lorsque
nous relevons la tête, de nouveaux cieux ; les constellations
d'hier ont disparu. Tout répond : Non, à l'anxieuse
interrogation de Hugo que j'étais sur le point de citer :

L'astre est-il le point fixe en ce mouvant problème ?
Le ciel que nous voyons fut-il toujours le même ?
          Le sera-t-il toujours ?
L'homme a-t-il sur son front des clartés éternelles ?
Et verrons-nous toujours les mêmes sentinelles
          Monter aux mêmes tours[1] ?

A Tunis, du temps de l'occupation allemande, je cédai à
un mouvement d'impatience en apprenant que le professeur
de première, au lycée, encourageait chez ses élèves un facile
mépris à l'égard de Victor Hugo. On en riait en classe. Un
des meilleurs de ces élèves, esprit des plus dispos à la
culture, des plus prompts, des plus sensibles à l'art, à la
poésie, vint me trouver : mon attention, la sympathie que je
lui marquai, l'invitaient à la confiance. Il m'avoua ne
connaître de Hugo presque rien, ou que de ces médiocres
morceaux célèbres qui prêtent le plus à la moquerie :

---

1. A propos de quoi je me proposais de montrer combien la
recherche de ce que j'appellerai *la rime lointaine* sert Hugo, se fait
suggestive; la pensée suit comme elle peut, et l'émotion ad libitum.
« Sentinelles » est, ici, comme miraculeusement appelé par « éter-
nelles »; et surgit aussitôt une image hardie, surprenante, évocatrice
de tout ce que notre imagination personnelle peut y verser d'effroi,
de doute et, suivant notre tempérament, d'angoisse ou d'espoir.
   De même et mieux encore, avant le vers :

          Son rire, au fond des bois, en hurlement s'achève

la recherche d'une rime à ce dernier mot l'invite à l'un de ses plus
beaux vers, les plus lourds à la fois d'émotion et de pensée :

          Il descend, réveillé, l'autre côté du rêve.

Car Hugo, à l'ordinaire si prolixe et diffus, a parfois, soudain, de ces
surprenants raccourcis à la Tacite :

Mon père, ce héros au sourire si doux,

ou :

Les Turcs ont passé là..... (*L'enfant grec*)

*Convaincu d'abord que le mépris était, chez ces enfants,
fait d'ignorance, je mis entre les mains de celui-ci le* Satyre,
*cet énorme poème, dont nous savions par cœur, du temps de
Mallarmé, de longs morceaux ; rien ne me paraissait plus
probant ni mieux fait pour le convertir. Quelques jours
plus tard, l'enfant me rapporta la* Légende des Siècles
et me dit, en toute bonne foi, qu'il n'avait vu dans le Satyre
*que redondance, excès de toutes sortes, jeux faciles de rimes,
de rythmes, jeux de mots... il n'éprouvait devant ce vide
que de l'ennui, que du dégoût. Mais le pire, c'est qu'à sa
suite, relisant à mon tour ce poème et cherchant non point à
rentrer dans mon enthousiasme de naguère mais à y apporter
un regard neuf, celui-même de cet enfant (j'excelle à
épouser le sentiment d'autrui, si différent qu'il puisse être
du mien propre), j'en venais à ne plus trop comprendre
moi-même, à ne plus admettre, ce qui d'abord m'y paraissait
si admirable. Ce que je comprenais, c'est qu'il fallait, pour
que le lustre s'allume et brille, que nous y prêtassions notre
propre ferveur, que nous fussions « de mèche » ; faute de
quoi, le lustre éteint, ses plus beaux cristaux ne sont plus
que verroterie.*

*— Quoi ! ces prestigieuses voltiges, ces sauts périlleux
de l'alexandrin, retombant à ravir sur ses douze pieds ?*

*— L'alexandrin ne nous intéresse plus. Il a vécu ; ayant
épuisé ses ressources latentes. Notre curiosité s'en retire ;
nous cherchons notre plaisance ailleurs, et ne sentons plus
que ce que l'accoutumance à son rythme, à ses lois, avait
de factice et de convenu, de consenti. Nous ne trouvons dans
Hugo (il ne nous offre) qu'une très habile, mais monotone*

Ils franchissaient des ponts dont on leur brisait l'arche...
*Achille meurt par où sa mère l'a touché. (Dieu, p. 137, derniers vers.
Mais qui s'intéresse encore à cela ?*

*et vaine, amplification ; il ne sait cacher que du vide sous
sa trompeuse énormité.*

*Et je me sentais furieux contre lui, contre Hugo, contre
moi qui ne trouvais plus par quoi ni comment le défendre.
Se pouvait-il ? Ce poète énorme, allait-il donc devenir
négligeable et s'enfoncer de tout son poids monstrueux
dans l'oubli ? Tout ce que, néanmoins, je citerais de lui
dans cette anthologie, n'aurait donc plus qu'un intérêt
rétrospectif... ?*

Cérigo, qu'as-tu fait de Cithère ? Nuit ! Deuil !
L'éden s'est éclipsé, laissant à nu l'écueil.

*Oubli momentané, me redisais-je ; éclipse provisoire,
comme en avaient subi Scève et Ronsard, Racine même, qui
ressurgiront plus tard de l'ombre où l'indifférence d'ingrates
générations les plongeait. Mais il y a plus. Il y a quelque
chose de beaucoup plus important, de plus grave, qui nous
différencie, nous qui nous en allons, de ceux qui viennent :
il n'est plus question aujourd'hui de durée. L'inconstance en
l'avenir a développé chez les nouveaux venus le goût exclusif
du présent, de l'immédiat ; et tout, dans la littérature et
dans les arts, actuellement s'en ressent. L'ancien système
poétique de naguère, si savamment établi[1] (surtout dans la*

---

1. Et je restais également en contemplation devant cette autre
merveille d'artifice qu'est notre gamme diatonique, cette chaîne
sur laquelle fut tramée toute notre musique occidentale; cette
inégale répartition de tons et de demi-tons à laquelle nous sommes
habitués à ce point qu'elle nous paraît nécessaire et fatale, préétablie ;
à laquelle pourtant restent insensibles les oreilles qui n'y sont point
accoutumées dès l'enfance. Elle permit les tons divers et ce passage
de l'un à l'autre qu'on appelle modulation; de sorte que les plus
subtiles nuances de la passion pussent s'y raconter, s'y transmettre;
de sorte que les peuples divers pussent communier en elle. Et voici
venir le temps où cet instrument prestigieux va nous paraître, sinon
hors d'usage, du moins à ce point usé, usagé, qu'on n'en puisse
attendre plus de révélations. La musique retourne au bruit, dont
l'effort génial de générations mélodieuses l'avait extraite; tout de
même que la poésie, brisant et rejetant toutes conventions acquises
et transmises, tous cadres, tout soutien préposé, hésite et s'éperd
dans l'informe; cherche salut dans la sauvagerie.

*littérature française) pour permettre à la mémoire de retenir les traits où s'inscrit l'émotion, la beauté ; ce nombre régulier, ce retour des rimes et leur alternance, ces temps forts marquant les césures, toutes ces règles enfin, si profondément en nous inculquées qu'elles nous paraissaient fatales, naturelles et indispensables ; tout cela n'a plus raison d'être, dès l'instant que l'instant seul compte et qu'il n'y a plus d'*avenir. *J'écrivais, avant la guerre : « Je ne gagnerai mon procès qu'en appel », ou : « J'écris pour être* relu » — *et cela ne signifie plus rien, du moment qu'il n'y a plus d'appel et qu'il n'est plus question de* relire. *Seuls sont dès lors goûtés les émois de choc, de surprise. Les liens qui nous rattachaient au passé, qui peuvent espérer de rattacher à nous le futur, sont-ils rompus ? Du coup c'en sera fait de notre culture et de cette tradition que nous avons tant lutté pour maintenir. L'art ne peut revenir en arrière. Les anciens canons de la beauté ont vécu. Quelques admirables efforts de restauration, si réussis qu'ils soient (je songe particulièrement à Valéry) paraissent factices et archaïsants, à ceux qui prétendent se délivrer du passé et ne consentent plus à voir dans toute tradition qu'esclavage. Dans ce désastre résolu, que subsiste-t-il ? Rien plus que l'émotion personnelle. Mais le moyen de la propager, de la transmettre ?... Qui dit Art, dit communion.*

Cette anthologie ne représenterait donc plus que le désuet bréviaire d'une génération qui s'en va. Puisse-t-elle du moins apporter témoignage, tant bien que mal, de l'état où nous nous trouvions avant le retour au chaos.

> Quand la violence eut renouvelé le lit des hommes sur la terre,
> Un très vieil arbre, à sec de feuilles, reprit le fil de ses maximes...
> Et un autre arbre de haut rang montait déjà des grandes Indes souterraines.
> Avec sa feuille magnétique et son chargement de fruits nouveaux.
>
> SAINT JOHN PERSE (*Vents*)

NOTES SUR QUELQUES POÈTES

*I*L *n'est pas un des poèmes des* Fleurs du Mal *qui ne contienne quelques vers pour l'amour desquels j'étais tenté de citer toute la pièce ; car il advient souvent qu'ils sont incorporés dans le poème de telle manière qu'on ne les en puisse aisément détacher ; au surplus il ne me plaisait point de faire des citations fragmentaires et je ne l'ai fait que rarement. Mais je devais me limiter et me suis résigné à ne point reproduire ici, par exemple, les quatorze strophes de « La Charogne » dont seule la dernière méritait d'être retenue, mais ne prenait sa parfaite valeur et l'étrangeté de son mystique accent qu'éclosant et s'épanouissant sur le terreau volontairement infect, savamment préparé au long des treize strophes précédentes. Je me console en la citant ici :*

> Alors, ô ma beauté, dites à la vermine
> Qui vous mangera de baisers
> Que j'ai gardé la forme et l'essence divine
> De nos amours décomposés.

J'ai entendu Paul Valéry parler des vers souvent médiocres, parfois exécrables, de Baudelaire. Ce jugement, si autorisé qu'il puisse paraître dans la bouche d'un artiste admirable et qui, sur les techniques du vers, s'y connaît mieux que personne aujourd'hui, me paraît excessif, et même, osons-le dire, assez injuste. Je ne conteste point la faiblesse de certains vers des Fleurs du Mal; *mais il ne me paraît point qu'elle soit inconsciente et aussi involontaire*

qu'on pourrait le croire d'abord : j'y vois surtout un singu-
lier désir de se rapprocher du lecteur (alors que Leconte de
Lisle, Mallarmé, Valéry s'écartent résolument de lui).

GÉRARD DE NERVAL

J'ai fait de grands efforts, de vains efforts, pour m'éprendre
de Gérard de Nerval. Je voudrais pouvoir admirer davan-
tage les écrits de cet esprit délicat et charmant, cette sorte
de Grand Meaulnes de notre littérature ; il apportait un
élément fantasque et fantastique qui, je le reconnais, nous
manquait. Hélas ! le raisonnement (et quoi de plus
prosaïque) vient irrémédiablement relayer une raison
errante[1]. Tout demeure ici concerté, raisonné, obtenu, dans
ses sonnets tant prônés, et récemment encore par Thierry
Maulnier qui consent trop complaisamment à y voir tout
ce que Nerval cherchait à y mettre, et que j'ai le regret de
ne point y sentir — ou par instants seulement, dans sa
Delfica par exemple, que j'ai plaisir pourtant à citer.
Allons ! citons aussi El Desdichado, pour apaiser de
nombreux admirateurs qui vont me honnir si j'avoue ne voir
dans ce fameux sonnet qu'intention poétique, un achemi-
nement contrarié par l'intervention d'une ratiocination anti-
musicienne. L'œuvre rare de Gérard de Nerval n'en reste
pas moins une étape importante de notre littérature lyrique :
plaque tournante qui nous aiguille vers Mallarmé et l'école
des symbolistes ; dommage qu'elle-même tourne si court.

COMTESSE DE NOAILLES

Il me faut faire appel à ma raison, pour rester calme et
juste envers elle. Sur son berceau toutes les fées s'étaient

---

1. « Pas entièrement dépourvue de raisonnement si elle a toujours
manqué de raison », reconnaît-il lui-même sagement dans sa lettre
à Dumas père (1844), qui sert de préface à ses *Filles du Feu*.

*penchées. Elle avait tout pour elle : nom, fortune, beauté ;
mieux encore : grâce exquise faite d'abandon, de défaillance,
de sursauts d'une fureur sacrée ; il suffisait de l'entendre
parler quelques instants pour comprendre qu'un étrange
génie l'habitait qui ne lui permettait à jamais plus d'être
modeste, ni de se taire ; oui, de faire silence en elle, parfois.
Elle était entourée d'adulateurs et ne voyait, en le miroir de
leur esprit, son image que magnifiée, que flattée. Sa grande
erreur est d'avoir toujours préféré les louanges aux critiques.
De là, sans doute, la déplorable inconsistance de ses vers,
son complaisant abandon aux plus faciles pâmoisons.*

*X. me reproche de n'avoir rien donné de Milosz. Y.
s'étonne de l'absence, dans mon anthologie, de Renée Vivien ;
et Z. de René Ghil. Est-ce un oubli ? Non pas. C'est que
je n'ai trouvé de l'une ou des autres, rien qui me parût
particulièrement valoir d'être cité. Je le répète : mon choix
n'a rien d'historique et seule la qualité me détermine. Mon
goût s'est efforcé d'être le moins exclusif qu'il se puisse ;
je dirais même : le moins personnel ; mais il n'est certai-
nement pas infaillible. J'ai surtout cherché à ne le laisser
point incliner par des vogues passagères, de sorte que cette
anthologie ne reflétât point trop la mode et la prédilection
d'un moment, pour risquer de paraître bientôt désuète. L'on
ne peut contenter chacun. Ceux que je préfère ici décevoir,
ce sont les raffinés.*

PÉGUY

*Certains fervents s'étonneront, s'indigneront peut-être, de
ne voir aucun morceau de Péguy figurer dans cette anthologie.
Il faut donc que je m'en explique : si grande que soit mon
admiration pour la figure de Péguy, pour maintes pages de
son œuvre en prose, pour l'injustice de ses pamphlets où
respire une passion si authentique, pour les incomparables*

dialogues de sa Jeanne d'Arc avec Hauviette et avec Madame
Gervaise — je range ses alexandrins en général, et en
particulier ceux de son Eve si souvent cités et si opportu-
nément loués, parmi les plus mauvais qui jamais aient été
bâclés dans aucune langue. La Foi les dicte : il faut la Foi
pour les goûter. Les proposer à l'admiration, c'est inviter
à croire que l'excellence du sentiment suffit, qui les inspire ;
à croire que la conviction fait l'artiste. En dépit de la
culture, du goût, de l'art, c'est souscrire à la barbarie.

Et lorsque ses vers seraient meilleurs, ceci me retien-
drait encore de les citer : entre tant de strophes (d'Eve en
particulier) qui se suivent équivalentes, avec seulement
quelques mots changés, comment oser un choix que Péguy
se refuse à faire. C'est cette répétition même sur laquelle il
compte ; par laquelle il obtient un effet hypnotique de
litanie où la dévotion se complaise.

Ainsi l'enfant dormait dans son premier sommeil
. . . . berceau
. . . . repos
. . . . bercail
. . . . sous ce premier cerceau
. . . . arceau
. . . . au royaume herbivore   (!)
. . . . dans le règne . . . .
. . . . au fond du premier somme
. . . . dans le fond de son. . . . . .
. . . . au fin fond . . . .

Il allait commencer l'immense événement
. . . . avènement
. . . . le grand . . . .
. . . . gouvernement
. . . . ébranlement
. . . . revêtement
. . . . embarquement
. . . . rechargement
. . . . le nouveau réglement
. . . . renouvellement,

etc.

Comme dormait Moïse au bord du père Nil
.... fleuve ....
.... premier ....
.... large ....
.... chaste ....
.... fil de l'eau du ....
.... confluent du ....
.... giron du vieux ....
.... aux rives de Memphis
.... confins ....
.... au pays ....
.... secret ....

Et ce ne sera pas ces fameux (galants, vaillants,
grêles, frêles, maigres, hardis) capitaines
Qui nous emporteront la haute (chaste, droite, roide,
etc.) forteresse
Et ce ne sera pas ces gantés de mitaines *(ici pas moyen
de changer l'épithète ; ce même vers subsiste à travers seize
quatrains)*
Qui nous arracheront d'une juste (basse, impure,
pauvre, molle) détresse.

*Le choix est impossible, lorsque l'incantation est l'effet
même de la répétition. Telle la flûte arabe reprend inlassa-
blement la même phrase mélodique, avec pourtant une très
légère (faible, insensible, imperceptible, subtile) modifi-
cation, comme pour attester qu'elle se maintient vivante et
pantelante. Il fallait citer tout ou rien.*

*Il y eut un temps où, Barrès y aidant, on souffla démesu-
rément l'importance de Moréas. Maurras et ses disciples,
l'opposant à Henri de Régnier, tendaient à voir en lui un
grand poète. Son insuffisance paraît tristement aujourd'hui[1] ;
pourtant je m'étonne de ne le voir même pas cité dans les*

_____

(1) « Jeune printemps », « laboureur champêtre », lit-on dans un
de ses meilleurs poèmes. On n'imagine pas plus inutiles épithètes :
un printemps qui ne serait pas « jeune », un laboureur qui ne serait
pas « champêtre ».

récentes anthologies. Moréas manquait de souffle, certes, mais souvent les trop défaillants accents qu'il tirait de son frêle pipeau sont exquis. Ce n'est que vers la fin de sa vie, avec ses Stances *qu'il consent à être lui-même ; jusqu'alors il chantait « à l'instar » avec parfois une affectation d'archaïsme bizarre et maniéré, charmante et irritante à la fois. Je me refuse à voir quelque profondeur que ce soit dans ses* ultima verba *que rapportait Barrès avec une componction admirative et qui depuis ont été souvent citées : « Au fond, classiques et romantiques... même chose. » C'est brouiller les cartes ou dépouiller les mots de leur sens, alors qu'on commençait à savoir fort bien ce qu'ils voulaient dire.*

Signoret est d'une toute autre vigueur. Je sais fort bien qu'il n'est que splendide et que par sa splendeur même il échappe à l'humanité. Si je le cite avec quelque surabondance, c'est en protestation contre d'injustes silences. Je fais de même à l'égard de Madame Ackermann.

SUR UNE DÉFINITION DE LA POÉSIE[1]

CET elfe charmant, un peu gouailleur mais dont la moquerie même garde quelque chose d'ailé, Théodore de Banville, nous donne incidemment et comme en se jouant une définition de la poésie qui me paraît bien remarquable. Je ne sache pas qu'elle ait été jamais relevée et je la crois peu connue, car elle se lit, non point dans son Traité de Versification[2], mais dans l'introduction à Ronsard qu'il écrivit pour la grande anthologie des Poètes français, en quatre volumes, aujourd'hui presque introuvable et que j'ai vue figurer dans bien peu de bibliothèques. Je l'ai précieusement transcrite et compte l'épingler en épigraphe à la préface de l'Anthologie très différente que m'a demandée la collection de la Pléiade et que je prépare trop indolemment depuis nombre d'années. Les difficultés occasionnées par la guerre en ont déplorablement retardé la publication. Nul livre, hormis l'Évangile, n'eût été de plus grand secours au combattant qu'un recueil de nos meilleurs poèmes, me disais-je, ne l'eût requis, raffermi, rassuré, consolé davantage. Nous ne nous étonnerons pas si, dans l'ennui des camps tout d'abord, pour échapper aux hideurs environnantes, ou par besoin de communion, de réconfort, puis, par delà l'immense déboire, pour ressaisir une part de France immarcescible, tant de jeunes gens, comme d'autres « entrent

---

1. Publié dans Poésie 41, n° 3, février-mars 1941.
2. N'ayant point ce livre sous la main, je ne puis jurer qu'elle ne s'y trouve reproduite.

*en religion », sont, eux, entrés en poésie; si tant de leurs
aînés les ont précédés ou rejoints dans cette cléricature. Les
uns et les autres eussent trouvé dans ce recueil, de Villon
(et pourquoi ne pas remonter jusqu'au grand méconnu
Rutebeuf?) à Apollinaire (j'avais décidé de ne faire
appel qu'à des morts) de quoi satisfaire les aspirations,
étancher les soifs les plus diverses ; car, tout en bannissant
ce qui n'est pas purement lyrique, je me gardais, dans mon
choix, de faire prévaloir exclusivement mon goût personnel,
bien que favorisant (il ne se pouvait autrement) mes
préférences. Mais la question se posait d'abord : Que faut-
il entendre par « purement lyrique » ? Précisément la
phrase de Banville (et que, pour ce, je mettais en épigraphe)
y répondait. La voici, définition parfaite, me semble-t-il,
de la poésie :*

« ...cette magie, qui consiste à éveiller des sensa-
tions à l'aide d'une combinaison de sons... cette
sorcellerie grâce à laquelle des idées nous sont
nécessairement communiquées, d'une manière cer-
taine, par des mots qui cependant ne les expriment
pas. »

N'y a-t-il pas de quoi longuement méditer ?

*Et d'abord il semble qu'il y ait quelque contradiction
entre la première proposition et la seconde ; s'agit-il
d'éveiller des « sensations », ou des « idées » ? Sans doute
les secondes en conséquence et à la suite des premières.* Nil
in intellectu quod non fuerit prius in sensu. *Ce que
je remarque surtout, c'est qu'il est question ici de sensations
et d'idées, mais nullement de sentiments ; et cela est fort
remarquable lorsqu'on songe au temps où ces lignes furent
écrites. De tout temps, mais alors surtout, régnait et règne
une propension, une disposition à faire de la Poésie une
affaire surtout et presque uniquement sentimentale. Louons
Banville d'avoir esquivé cet écueil.*

*Chacun des termes qu'il emploie me semble merveilleu-
sement concerté ; à commencer par les mots « magie » et
« sorcellerie ». Valéry, d'une manière volontairement
ambiguë, dira :* charme. *Le vrai poète est un magicien. Il*

*ne s'agit point tant pour lui d'être ému, mais d'amener son
lecteur à l'être, « à l'aide d'une combinaison de sons », qui
sont des mots. Et que la signification de ces mots importe,
il va sans dire ; mais non point indépendamment de leur
sonorité. L'adorable vers de Racine, si souvent cité en
exemple d'harmonieuse incantation :*

Vous mourûtes aux bords où vous fûtes laissée!

changez les mots : dites :

Vous êtes morte sur le rivage où Thésée vous avait
abandonnée...

*la signification demeure la même, mais le « charme »
est rompu.*

*La seconde proposition du texte que je cite est beaucoup
plus hardie ; partant, beaucoup plus importante ; singu-
lièrement en avance sur son époque. Je doute que les contem-
porains de Banville (non plus, peut-être, que Banville
lui-même) aient pu prévoir combien cette proposition nous
paraîtrait initiatrice, ni vers quels promontoires extrêmes
elle entraînerait la poésie. L'incantation (dans les poèmes
d'Eluard par exemple — et je le cite à bon escient) est
obtenue en dehors, et comme en dépit de la signification
des mots.*

Rose pareille au parricide
Descend de la toile de fond
Et tout en flammes s'évapore.

Ces vers que je lisais hier dans son dernier Blason des
fleurs et des fruits *(Nº de février 1941 de la N. R. F.)
ces vers m'enchantent, et je ne sais pourquoi.*

Seringa masque de l'aveugle
Écorce de la nuit d'été.

*Une telle « combinaison de sons » échappe à la compré-
hension de l'intelligence, à la critique, au bon sens commun.*

*Eluard ne retient des mots que leur pouvoir incantateur ;
pouvoir qui, du reſte, n'eſt dû, en plus de leur sonorité,
qu'au souvenir de leur emploi précédent, alors qu'ils
gardaient signification plus ou moins précise. Ainsi se
forme-t-il autour des mots une sorte d'auréole diffuse ; leurs
contours s'irisent, et le poète obtient son sortilège en juxta-
posant ces diaprures[1]. Le lecteur n'a plus à précisément
comprendre, mais à se prêter. Les sons rythmés évoqueront
en lui je ne sais quel faisceau de sensations où la raison n'a
rien à voir, la raison raisonneuse ; malgré quoi, ou plutôt :
à cause de quoi, une telle poésie devient extraordinairement
spirituelle, émancipée de toute relation avec le monde des
transactions. Car l'ébranlement du patient ne reſte pas
cantonné dans le sensoriel.*

> Gloire du long désir, Idées
> Tout en moi s'exaltait de voir
> La famille des iridées
> Surgir à ce nouveau devoir.

---

1. Un autre exemple d'incantation, qui, lui, précède et de long-
temps Banville, je le prends dans les vers sur lesquels s'ouvre la
tragédie de *Cinna* :

> *Impatients désirs d'une illuſtre vengeance
> Dont le sang de mon père a formé la naissance,
> Enfants impétueux de mon ressentiment
> Que ma douleur séduite embrasse aveuglément...*

Ce début du monologue d'Émilie, merveille d'amphigouri, reſte,
pour l'auditeur non averti, à ce point incompréhensible, que, sou-
vent, à la représentation, on l'escamote ; et bien à tort, me semble-
t-il. Celui qui l'écoute sans l'avoir préalablement étudié ne peut
certainement y découvrir aucun sens précis ; aussi bien, lors de la
représentation, ne s'agit-il pas pour lui de les comprendre. Mais, en
dehors de toute signification raisonnable, l'auditeur abasourdi subit
le *charme* de ces vers admirables. Une sorte de ſtupeur le saisit,
semblable à l'étourdissement que ressent, dit-on, celui sur qui s'abat
soudain la patte aneſthésique d'un grand fauve. Il demeure, par la
suite, l'esprit comme engourdi par ce brusque assaut du génie ; en
état de réceptivité passive. Peu importe l'enchaînement logique des
phrases, mais bien seulement ce qui suffit à leur sortilège : cette
fulguration éblouissante qui surgit au rapprochement des mots :
— impatients désirs — illuſtre vengeance ; enfants impétueux —
ressentiment ; douleur séduite — embrasse aveuglément ; etc., dont
l'esprit ne peut retenir que l'éclatante évocatrice sonorité.

disait Mallarmé. Il n'y a pas à le nier, ce « nouveau devoir »
est d'ordre idéologique. Banville le dit fort bien: « des idées
nous sont nécessairement communiquées d'une manière
certaine ». Chaque mot est, ici, pesé. Et d'abord, lorsqu'il
dit « idées », l'on comprend qu'il ne s'agit pas de concepts
susceptibles de former des syllogismes, qu'il entend par ce
mot toute émanation, j'allais écrire : toute phosphorescence,
si imprécise fût-elle, de l'intellect. « Communiquées » —
la fin même de la poésie est une subtile et mystérieuse
communication, un recours à la sympathie spirituelle.
« Nécessairement » ; « d'une manière certaine » — tout
l'art est d'inventer, de découvrir, telle relation des mots
entre eux, de ces mots avec l'esprit du lecteur par quoi
l'émotion du poète, par quoi ses « idées » se fassent commu-
nicables.

« ... Par des mots qui cependant ne les expriment pas... »
Je reste dans l'admiration de ce petit membre de phrase...
L'on ne peut parler, lorsqu'il s'agit d'art, de progrès ;
prétendre que la poésie d'Apollinaire soit supérieure à celle
de ses prédécesseurs par le seul fait que plus récente ; mais
l'exemple des contemporains de Banville ne l'invitait guère
encore à se prononcer ainsi ; il y fallait un pressentiment,
une attente, l'intuition du génie.

Est-ce dire que la poésie désormais devra « nécessai-
rement » sacrifier à la seule incantation verbale toute
apparence de signification vulgaire ? Je ne le crois, pour ma
part, nullement. Au plus peut-on soutenir que toute poésie
comporte une part d'incantation inexplicable par la raison ;
que sans cette incantation, sans ce « charme », il peut bien y
avoir, rimés ou non, des vers, mais non pas de la poésie.
Par contre, il peut y en avoir parfois dans la prose.

ANTHOLOGIE

RUTEBEUF

1225-1285

La Librairie a publié : « La Bibliothèque de la Pléiade [...] »
sur l'ensemble de la collection reliée, cuir [...] [...]
à La Librairie Française de Paris [?]

RUTEBEUF

LA GRIÈCHE[1] D'HIVER

Au temps où arbres se défeuillent
Et qu'il ne reste en branches feuille
    Qui n'aille à terre,
Pour la pauvreté qui m'atterre,
Qui de partout me fait la guerre
    Au temps d'hiver,
Beaucoup me sont changés les vers
Et mon dit commence divers,
    De pauvre histoire.
Pauvre sens et pauvre mémoire
M'a Dieu donnés, le roi de gloire,
    Et pauvre rente
Et froid au cul quand bise vente.
Le vent me vient, le vent m'évente
    Et très souvent
Plusieurs fois je sens trop le vent.
La Grièche en ses dés me vend
    Ce que me livre.
Bien me paye, bien me délivre :
Pour un sou me rend une livre
    De pauvreté.
Toujours à elle suis livré,
Toujours l'accès m'est accordé.
    Ah! le riche homme!
Je ne dors que le premier somme,
De mon avoir ne sais la somme :
    N'y en a point.
Dieu me fait le temps tout à point.
Noire mouche en été me point,
    En hiver blanche.

---

1. Charge, redevance; et aussi : jeu de dés des Grecs.

Je suis tel l'oiseau sur la branche.
En hiver pleure et me lamente
Et me défeuille ainsi que l'ente
        Au premier gel.
En moi n'y a venin ni fiel.
Ne me reste rien sous le ciel :
        Tout va sa voie.
. . . . . .

LA PAUVRETÉ RUTEBEUF

A Louis IX roi de France

Je ne sais par où je commence
Tant ai de matière abondance
Pour parler de ma pauvreté.
Pour Dieu vous prie, ô roi de France,
Que me donniez quelque chevance,
Si ferez trop grand charité.
J'ai vécu de bien emprunté
Qu'on m'a confié ou prêté,
Si que ne trouve plus créance :
On me sait pauvre et endetté.
Et vous hors du royaume étiez
En qui j'avais mis m'espérance.
. . . . . .

LA COMPLAINTE RUTEBEUF

A Alphonse de Poitiers, frère
de Saint Louis

Que sont mes amis devenus
Que j'avais de si près tenus
        Et tant aimés ?
Je crois qu'ils sont trop clair semés,
Ils ne furent pas bien semés
        Et sont faillis.

De tels amis m'ont mal bailli,
Car dès que Dieu m'eut assailli
            De maint côté,
N'en vis un seul en mon hôtel.
Je crois, le vent les a ôtés,
            L'amour est morte,
Ce sont amis que vent emporte,
Et il ventait devant ma porte.
. . . . . .

LA MORT RUTEBEUF

. . . . . .
Tardif serai au repentir.
Las! moi; onques ne sut sentir
Mon fol cœur ce qu'est repentance
Ni à bien faire consentir!
A moi il vous faut compatir
Car justes même auront doutance.
J'ai toujours engraissé ma panse
Du bien d'autrui, d'autrui substance.
Je serai clerc du mieux mentir
Si je dis : « C'est par ignorance
Car ne sais ce qu'est pénitence »
Cela ne me peut garantir.

Garantir! En quelle manière ?
Ne me fit Dieu bonté entière,
Qui me donna sens et savoir,
Et me fit à sa forme fière ?
Encor me fit bonté plus chère :
Pour moi voulut mort recevoir.
Sens me donna de décevoir
L'ennemi[1] qui me veut avoir
Et mettre en sa prison dernière,
Là d'où nul ne se peut ravoir :
Pour prière ni pour avoir,
N'en vois nul qui revienne arrière.
. . . . . .

Adaptation de Gustave Cohen

_____
1. Le Diable.

CHARLES D'ORLÉANS

1394-1465

CHARLES D'ORLÉANS

RONDEAU

Le temps a laissié son manteau
De vent, de froidure et de pluye,
Et s'est vestu de broderye,
De soleil luyant, cler et beau.

Il n'y a beste, ne oyseau,
Qu'en son jargon ne chante ou crye :
Le temps a laissié son manteau
De vent, de froidure et de pluye.

Rivière, fontaine et ruisseau
Portent, en livree jolie,
Gouttes d'argent d'orfaverie,
Chascun s'abille de nouveau :
La temps a laissié son manteau.

CHANSON

Prenez tost ce baisier, mon cueur,
Que ma maistresse vous presente,
La belle, bonne, jeune et gente,
Par sa tresgrant grace et doulceur.

Bon guet feray, sus mon honneur,
Afin que Dangier riens n'en sente.
Prenez tost ce baisier, mon cueur,
Que ma maistresse vous presente.

Dangier, toute nuit, en labeur,
A fait guet; or gist en sa tente.
Acomplissez brief vostre entente,
Tantdis qu'il dort : c'est le meillieur.
Prenez tost ce baisier, mon cueur.

COMPLAINTE

. . . . . .

Dieu a les bras ouvers pour t'acoler,
Prest d'oublier ta vie pecheresse;
Requier pardon, bien te vendra aidier
Nostre Dame, la trespuissant princesse,
Qui est ton cry et que tiens pour maistresse.
Les sains aussi te vendront secourir,
Desquelz les corps font en toy demourance.
Ne vueilles plus en ton pechié dormir,
Trescrestien, franc royaume de France!

Et je, Charles, duc d'Orlians, rimer
Voulu ces vers au temps de ma jeunesse;
Devant chascun les vueil bien advouer,
Car prisonnier les fis, je le confesse;
Priant à Dieu, qu'avant qu'aye vieillesse,
Le temps de paix partout puist avenir,
Comme de cueur j'en ay la désirance,
Et que voye tous tes maulx brief finir,
Trescrestien, franc royaulme de France!

FRANÇOIS VILLON

1431-1489

FRANÇOIS VILLON

LE PETIT TESTAMENT

I

Mil quatre cens cinquante et six,
Je, François Villon, escollier,
Considérant, de sens rassis,
Le frain aux dents, franc au collier
Qu'on doit ses œuvres conseiller,
Comme Vegèce le racompte,
Saige Romain, grand conseiller,
Ou autrement on se mescompte...

II

En ce temps que j'ay dit devant,
Sur le Noël, morte saison,
Lorsque les loups vivent du vent,
Et qu'on se tient en sa maison,
Pour le frimas, près du tison :
Cy me vint vouloir de briser
La très amoureuse prison
Qui souloit mon cueur desbriser.

VI

Pour obvier à ses dangiers,
Mon mieulx est, ce croy, de partir.
Adieu ! je m'en voys à Angiers,
Puisqu'el ne me veult impartir
Sa grace, ne me departir.
Par elle meurs, les membres sains ;
Au fort, je meurs amant martir,
Du nombre des amoureux saints !

VII

Combien que le départ me soit
Dur, si fault-il que je m'esloingne.
Comme mon pauvre sens conçoit :
Autre que moy est en queloingne,
Dont onc en forest de Bouloingne
Ne fut plus altéré d'humeur.
C'est pour moy piteuse besoingne :
Dieu en veuille ouïr ma clameur !

VIII

Et puisque departir me fault,
Et du retour ne suis certain :
Je ne suis homme sans deffault,
Ne qu'autre d'assier ne d'estaing.
Vivre aux humains est incertain,
Et après mort n'y a relaiz :
Je m'en voys en pays loingtaing ;
Si establiz ce present laiz.

XXV

Derechief, je laisse, en pitié,
A troys petitz enfans tous nudz,
Nommez en ce present traictié,
Paouvres orphelins impourveuz,
Tous deschaussez, tous despourveus,
Et desnuez comme le ver ;
J'ordonne qu'ils seront pourveuz,
Au moins pour passer cest yver.

XXXV

Finalement, en escrivant,
Ce soir, seullet, estant en bonne,
Dictant ces laiz et descripvant,
Je ouyz la cloche de Sorbonne,

Qui toujours à neuf heures sonne
Le Salut que l'Ange predit;
Cy suspendy et cy mis bonne,
Pour pryer comme le cueur dit.

LE GRAND TESTAMENT

I

EN l'an trentiesme de mon aage,
Que toutes mes hontes j'eu beues,
Ne du tout fol, ne du tout sage.
Nonobstant maintes peines eues,

. . . . . .

X

Pour ce que foible je me sens,
Trop plus de biens que de santé,
Tant que je suis en mon plain sens,
Si peu que Dieu m'en a presté,
Car d'autre ne l'ay emprunté,
J'ay ce Testament très estable
Faict, de dernière voulenté,
Seul pour tout et irrevocable.

XI

Escript l'ay l'an soixante et ung,
Que le bon roy me délivra
De la dure prison de Mehun,
Et que vie me recouvra,
Dont suys, tant que mon cœur vivra,
Tenu vers luy me humilier,
Ce que feray jusqu'il mourra :
Bienfaict ne se doibt oublier.

XXII

Je plaings le temps de ma jeunesse,
Ouquel j'ay plus qu'autre gallé,
Jusque à l'entree de viellesse,
Qui son partement m'a celé.
Il ne s'en eſt à pié allé,
N'à cheval; las! et comment donc?
Soudainement s'en eſt vollé,
Et ne m'a laissé quelque don.

XXIII

Allé s'en eſt, et je demeure,
Povre de sens et de sçavoir,
Triſte, failly, plus noir que meure,
Qui n'ay ne cens, rente, n'avoir;
Des miens le moindre, je dy voir,
De me desadvouer s'avance,
Oublyans naturel devoir,
Par faulte d'un peu de chevance.

XXVI

Bien sçay se j'eusse eſtudié
Du temps de ma jeunesse folle,
Et à bonnes meurs dedié,
J'eusse maison et couche molle!
Mais quoy? je fuyoye l'escolle,
Comme faiƈt le mauvays enfant...
En escrivant ceſte parolle,
A peu que le cueur ne me fend.

XXVIII

Mes jours s'en sont allez errant,
Comme, dit Job, d'une touaille
Font les filetz, quand tisserant
Tient en son poing ardente paille.

Lors, s'il y a nul bout qui saille,
Soudainement il le ravit.
Si ne crains rien qui plus m'assaille,
Car à la mort tout s'assouvyst.

XXIX

Où sont les gracieux gallans
Que je suyvoye au temps jadis,
Si bien chantans, si bien parlans,
Si plaisans en faictz et en diz ?
Les aucuns sont mortz et roydiz ;
D'eulx n'est-il plus rien maintenant.
Respit ils ayent en paradis,
Et Dieu saulve le remenant !

XL

Et mourut Paris ou Helène,
Quiconques meurt, meurt à douleur,
Celluy qui perd vent et aleine,
Son fiel se crève sur son cueur,
Puys sue Dieu sçait quelle sueur !
Et n'est qui de ses maulx l'alege :
Car enfans n'a, frère ne sœur,
Qui lors voulsist estre son plege.

XLI

La mort le faict fremir, pallir,
Le nez courber, les veines tendre,
Le col enfler, la chair mollir,
Joinctes et nerfs croistre et estendre.
Corps feminin, qui tant est tendre,
Poly, souef, si precieulx,
Te faudra-il ces maulx attendre ?
Ouy, ou tout vif aller ès cieulx.

BALLADE
DES DAMES DU TEMPS JADIS

DICTES-MOY où, n'en quel pays,
Est Flora, la belle Romaine;
Archipiada, ne Thaïs,
Qui fut sa cousine germaine;
Echo, parlant quand bruyt on maine
Dessus rivière ou sus estan,
Qui beauté eut trop plus qu'humaine?
Mais où sont les neiges d'antan!

Où est la très sage Heloïs,
Pour qui fut chastré et puis moyne
Pierre Esbaillart à Sainct-Denys?
Pour son amour eut cest essoyne.
Semblablement, où est la royne
Qui commanda que Buridan
Fust gecté en ung sac en Seine?
Mais où sont les neiges d'antan!

La royne Blanche comme ung lys,
Qui chantoit à voix de sereine,
Berthe au grand pied, Bietris, Allys;
Harembourges, qui tient le Mayne,
Et Jehanne, la bonne Lorraine,
Qu'Anglois bruslèrent à Rouen;
Où sont-ils, Vierge souveraine?...
Mais où sont les neiges d'antan!

Envoi

Prince, n'enquerez de sepmaine
Où elles sont, ne de cest an,
Que ce refrain ne vous remaine :
Mais où sont les neiges d'antan!

LES REGRETS
DE LA BELLE HEAUMIÈRE
DÉJA PARVENUE A VIEILLESSE

Advis m'est que j'oy regretter
La belle qui fut heaulmière,
Soy jeune fille souhaitter
Et parler en ceste manière :
« Ha! vieillesse felonne et fière,
Pourquoy m'as si tost abatue ?
Qui me tient que je ne me fière,
Et qu'à ce coup je ne me tue ?

« Tollu m'as ma haulte franchise
Que beauté m'avoit ordonné
Sur clercz, marchans et gens d'Eglise;
Car alors n'estoit homme né
Qui tout le sien ne m'eust donné,
. . . . . .

« Qu'est devenu ce front poly,
Ces cheveulx blonds, sourcilz voultyz,
Grand entr'œil, le regard joly,
Dont prenoye les plus subtilz;
Ce beau nez droit, grand ne petiz;
Ces petites joinctes oreilles,
Menton fourchu, cler vis traictis,
Et ces belles lèvres vermeilles ?

« Ces gentes espaules menues,
Ces bras longs et ces mains tretisses;
Petitz tetins, hanches charnues,
Eslevées, propres, faictisses
A tenir amoureuses lysses;
Ces larges reins, ce sadinet
Assis sur grosses fermes cuysses,
Dedans son joly jardinet ?
. . . . . .

« Ainsi le bon temps regrettons
Entre nous, pauvres vieilles sottes,
Assises bas, à croppetons,
Tout en ung tas comme pelottes,
A petit feu de chenevottes,
Tost allumées, tost estainctes;
Et jadis fusmes si mignottes!...
Ainsi en prend à maintz et maintes. »

LXXV

Premier, je donne ma pauvre ame
A la benoiste Trinité,
Et la commande à Nostre Dame,
Chambre de la divinité;
Priant toute la charité
Des dignes neuf Ordres des cieulx,
Que par eulx soit ce don porté
Devant le Trosne precieux.

BALLADE
QUE VILLON FIT A LA REQUÊTE
DE SA MÈRE,
POUR PRIER NOTRE-DAME

Dame du ciel, regente terrienne,
Emperière des infernaulx palux,
Recevez-moy, vostre humble chrestienne,
Que comprinse soye entre voz esleuz,
· · · · · ·

Femme je suis povrette et ancienne,
Ne riens ne sçay; oncques lettre ne leuz,
Au moustier voy dont suis parroissienne
Paradis painct, où sont harpes et luz,
Et ung enfer où damnez sont boulluz;

L'ung me faict paour, l'autre joye et liesse.
La joye avoir fais-moy, haulte Deesse,
A qui pecheurs doivent tous recourir,
Comblez de foy, sans faincte ne paresse.
En ceste foy je vueil vivre et mourir.

XCIV

Filles sont très belles et gentes,
Demourantes à Sainct-Genou,
Près Sainct-Julian des Voventes,
Marches de Bretaigne ou Poictou,
Mais je ne dy proprement où,
Or y pensez trestous les jours,
Car je ne suis mie si fou...
Je pense celer mes amours.

CXL

Item, à la grosse Margot,
Très doulce face et portraicture,
Foy que doy Brelare Bigod,
Assez devote creature.
Je l'ayme de propre nature,
Et elle moy, la doulce sade.
Qui la trouvera d'adventure,
Qu'on luy lise ceste Ballade.

BALLADE DE VILLON
ET DE LA GROSSE MARGOT

. . . . . .

Envoi

Vente, gresle, gelle, j'ay mon pain cuict!
Je suis paillard, la paillarde me duit.

Lequel vault mieux ? chascun bien s'entresuit.
L'ung l'autre vault : c'est à mau chat mau rat.
Ordure amons, ordure nous affuyt.
Nous deffuyons honneur, il nous deffuyt,
En ce bourdel où tenons nostre estat.

CLI

Or sont-ilz mortz, Dieu ayt leurs ames,
Quant est des corps, ils sont pourriz.
Ayent esté seigneurs ou dames,
Souef et tendrement nourriz
De cresme, fromentée ou riz,
Leurs os sont declinez en pouldre,
Auxquelz ne chault d'esbat, ne riz...
Plaise au doulx Jesus les absouldre !

CLÉMENT MAROT

1495-1544

CLÉMENT MAROT

PLUS NE SUIS CE QUE J'AI ÉTÉ

Plus ne suis ce que j'ai été,
Et plus ne saurais jamais l'être.
Mon beau printemps et mon été
Ont fait le saut par la fenêtre.

Amour, tu as été mon maître,
Je t'ai servi sur tous les Dieux.
Ah si je pouvais deux fois naître,
Comme je te servirais mieux !

CHARLES FONTAINE

1505-1588

CHARLES FONTAINE

CHANT
SUR LA NAISSANCE DE JEAN
FILS DE L'AUTEUR

Petit enfant, peux-tu le bien venu
Estre sur terre, où tu n'apportes rien ?
Mais où tu viens comme un petit ver nu ?
Tu n'as ni drap, ni linge qui soit tien,
Or, ni argent, ni aucun bien terrien :
A père et mère apportes seulement
Peine et souci; et voilà tout ton bien.
Petit enfant, tu viens bien pauvrement!

De ton honneur ne veuil plus estre chiche,
Petit enfant de grand bien puissant,
Tu viens au monde aussi grand, aussi riche,
Comme le roi, et aussi florissant.
Ton héritage est le ciel splendissant;
Tes serviteurs sont les anges sans vice;
Ton trésorier, c'est le Dieu tout puissant;
Grace divine est ta mère nourrice.

MAURICE SCÈVE

début du XVIe s.-1564

MAURICE SCÈVE

DÉLIE

LV

L'AIGLE volant plus loing qu'oncques ne fit,
Cuydoit r'entrer en son Empire antique :
Passa la Mer, ou asses tost deffit
Un nouveau Monstre en ce pays d'Aphrique :
Puis print son vol droict au Soleil Gallique,
Duquel l'ardeur ne vive, ne mourante,
Mais en son chault moderé demourante,
Et s'attrempant, peu à peu lentement
La transmua en une Austruche errante,
Qui vole bas, et fuit legerement.

LXXIX

L'Aulbe estaingnoit Estoilles à foison,
Tirant le jour des regions infimes,
Quand Apollo montant sur l'Orison
Des montz cornuz doroit les haultes cymes.
Lors du profond des tenebreux Abysmes,
Ou mon penser par ses fascheux ennuyz
Me fait souvent percer les longues nuictz,
Je revoquay à moy l'ame ravie :
Qui, dessechant mes larmoyants conduictz,
Me feit cler veoir le Soleil de ma vie.

CXCII

Fait paresseux en ma longue esperance,
Avec le Corps l'Esprit est tant remis,
Que l'un ne sent sa mortelle souffrance,

Et l'aultre moins congnoit ses ennemys.
　Parquoy je ignore, estant d'espoir demis,
Si ce mien vivre est vitupere, ou los,
Mais je scay bien, que pour estre forclos
De ta mercy, de mon bien tu me prives :
Et par celà tu veulx, que le mal clos
Vive en l'obscur de mes tristes Archives.

CCLV

De la clere unde yssant hors Cytharée,
Parmy Amours d'aymer non resolue,
En volupté non encor esgarée,
Mais de pensée, et de faict impolue,
Lors que Prognes le beau Printemps salue,
Et la Mer calme aux ventz plus ne s'irrite,
Entre plusieurs veit une marguerite
Dans sa Coquille, et la prenant j'eslys
Ceste, dit elle, en prys, lustre, et merite,
Pour decorer (un temps viendra) le Lys.

CCLXIV

La Mort pourra m'oster et temps, et heure,
Voire encendrir la mienne arse despouille :
Mais qu'elle face, en fin que je ne vueille
Te desirer, encor que mon feu meure ?
Si grand povoir en elle ne demeure.
　Tes fiers desdaingz, toute ta froide essence,
Ne feront point, me nyant ta presence,
Qu'en mon penser audacieux ne vive,
Qui, maulgré Mort, et maulgré toute absence,
Te represente à moy trop plus, que vive.

CCLXXIII

Toute doulceur d'Amour est destrempée
De fiel amer, et de mortel venin,
. . . . . .

CCCX

Tu te verras ton yvoire cresper
Par l'oultrageuse, et tardifve Vieillesse.
Lors sans povoir en rien participer
D'aulcune joye, et humaine liesse,
Je n'auray eu de ta verte jeunesse,
Que la pitié n'à sceu à soy ployer,
Ne du travail, qu'on m'a veu employer
A soustenir mes peines ephimeres,
Comme Apollo, pour merité loyer,
Sinon rameaulx, et fueilles tresameres.

CCCLI

Qui cuyderoit du milieu de tant d'Anges
Trop plus parfaictz, que plusieurs des haultz cieulx,
Amour parfaire aultrepart ses vendanges,
Voire en Hyver, qui jà pernicieux
Va depeuplant les champs delicieux,
De sa fureur faisant premier essay.
   Et qu'il soit vray, et comme je le scay :
Constrainct je suis d'un grand desir extresme
Venir au lieu, non ou je te laissay,
Mais, t'y laissant je m'y perdis moymesme.

CCCLXXVIII

La blanche Aurore à peine finyssoit
D'orner son chef d'or luisant, et de roses,
Quand mon Esprit, qui du tout perissoit
Au fons confus de tant diverses choses,
Revint à moy soubz les Custodes closes
Pour plus me rendre envers Mort invincible.
   Mais toy, qui as (toy seule) le possible
De donner heur à ma fatalité,
Tu me seras la Myrrhe incorruptible
Contre les vers de ma mortalité.

ARION

ÉGLOGUE SUR LE TRÉPAS DE FEU
MONSIEUR LE DAUPHIN

. . . . . .
Donc pour plourer une si grande perte
J'habiteray ceste terre deserte,
Ou ce mien corps de peu, à peu, mourra,
Et avec moy seulement demourra
Pour compaignon sus ceste triste rive,
Ung doulx languir jusqu'à la mort tardive.

LA SAUSSAIE

. . . . . .
Là je me lave et les mains et la face :
Puis me contemple en l'eau par quelque espace
Couché sus l'herbe. Et quand ma soif m'altère,
J'espuise à coup de leur eau fresche et clere
Dens ma main creuse, et en beuvant leur prie,
Que tout ainsi, qu'à eux, Amour me rye :
Ou que leur eau de leur amour coulpable
Puisse assoupir mon feu intolerable.
    Et celà fait, je m'esbas par la plaine,
Ou çà, et là vagabond me pourmaine
Seul avec moy, qui de rien ne me chault.
Et à Mydi pour éviter le chauld
Tost je me renge en la verte Saulsaye,
Que pas à pas je mesure, et m'esgaye
A regarder par admiration
De mainte fleur naïve et proprelette.
Et les voyant si fort je me delecte,
Que mon plein sein une à une en amasse,
Puis je choisis quelque umbrageuse place
Pres du rivage, et ce neantmoins seure

Pour me garder de la poignant' morsure
D'aucune fiere, et oultrageuse beste.
  Lors, je respans mes fleurs dessoubs ma teste,
En attendant qu'à dormir me convie
Le son de l'eau murmurant, comme pluye,
Qui lentement sur les arbres descend :
Ou comme autour de ces estangz on sent
Le vent souef parmi les cannes bruire.
  Le soir venu je m'en revois desduire
Du long de l'eau par les preaux herbus,
Lors que les rayz du tresardant Phebus
Sont abaissez. Et sur la nuict paoureuse
Je me retire en la vallee umbreuse
Soubs quelque roc pendant et caverneux,
Qui point ne soit moiste, ny espineux,
Ou sur ces peaux estendu à l'envers
Je voy du Ciel les mouvements divers,
Et le discours de la Lune croissante
S'elle sera proufitable, ou nuisante,
Contemplant tout selon mon rude sens
Jusques à tant, que ravir je me sens
Par le sommeil en paisible sejour
Sans pensement jusqu'à l'aube du jour,
Qu'elle blanchit, et vers le Matin monte.
. . . . . .

MICROCOSME

AU LECTEUR

LE vain travail de voir divers païs
Aporte estime à qui vagabond erre,
Combien qu'il perde à changer ciel, et terre,
Ses meilleurs jours du tems larron trahis :

Ce tems perdu peut aux plus esbahis
Gaigner encor son merite, et acquerre
Son loyer deu, que mieux peuvent conquerre
Veille, et labeur d'oisiveté haïs.

Ainsi errant dessous ce cours Solaire
Tardif je tasche inutile à te plaire
Ne mendiant de toi autre faveur.

Ainsi le Lys jà flestri refleuronne,
Et le Figuier regette sur l'Autonne
Son second fruict, mais vert, et sans saveur.

JACQUES PELLETIER DU MANS

DU MANS

1517-1582

J. PELLETIER DU MANS

A CEUX QUI BLAMENT
LES MATHÉMATIQUES

Tant plus je vois que vous blâmez
    Sa noble discipline
Plus à l'aimer vous enflammez
    Ma volonté incline.

Car ce qui a moins de suivants,
    D'autant plus il est rare,
Et est la chose entre vivants
    Dont on est plus avare.

Il n'est pas en votre puissance
    Qu'y soyez adonnés;
Car le ciel dès votre naissance
    Vous en a détournés;

Ou ayant persuasion
    Que tant la peine en coûte,
Est la meilleure occasion
    Qui tant vous en dégoûte.

Le ciel orné de tels flambeaux
    N'est-il point admirable?
La notice de corps si beaux
    N'est-elle désirable?

Du céleste ouvrage l'objet,
    Si vrai et régulier,
N'est-il sur tout autre sujet
    Beau, noble et singulier?

N'est-ce rien d'avoir pu prévoir
        Par les cours ordinaires,
L'éclipse que doit recevoir
        L'un des deux Luminaires ?

D'avoir su, par vraies pratiques,
        Les aspects calculer ?
Et connaître les Erratiques
        Marcher ou reculer ?

Toutefois il n'est jà besoin
        Que tant fort je la loue,
Vu que je n'ai vouloir ni soin
        Que de ce l'on m'avoue;

Car que chaut-il à qui l'honore
        Qu'elle soit contemnée[1] ?
Science, de cil qui l'ignore,
        Est toujours condamnée.

Assez regarde l'indocte homme
        Du ciel rond la ceinture,
Mais il s'y connaît ainsi comme
        L'aveugle en la peinture.

Celui qui a l'âme ravie
        Par les cieux va et passe,
Et soudain voit durant sa vie
        D'en haut la terre basse.

Cette science l'homme cueille
        Alors qu'il imagine
La facture et grande merveille
        De la ronde machine.

C'est celle par qui mieux s'apprenne
        L'immense Déité,
Et qui des athées reprenne
        Erreur et vanité.

---

1. Méprisée.

L'ALOUETTE

Alors que la merveille aurore
Le bord de notre ciel colore
L'alouette, en ce même point,
De sa gentille voix honore
La faible lumière qui point.

Tant plus ce blanc matin éclaire
Plus d'elle la voix se fait claire;
Et semble bien, qu'en s'efforçant,
D'un bruit vif elle veuille plaire
Au soleil qui se vient haussant.

Elle guindée de zéphire,
Sublime, en l'air vire et revire
Et déclique un joli cri
Qui rit, guérit et tire l'ire
Des esprits, mieux que je n'écris.

Soit que Junon son air essuie,
Ou bien qu'el' se charge de pluie,
En haut pourtant elle se tient.
Et de gringoter ne s'ennuie,
Fors quand le neigeux hiver vient.

Même n'a point la gorge close
Pour avoir sa nichée éclose;
Et en ses chants si fort se plaît
Que vous diriez que d'autre chose
Ses alouetteaux elle ne paît.

En plein midi, parmi le vide
Fait défaillir l'œil qui la guide,
Puis tantôt comme un peloton,
Subit en terre se dévide,
Et pour un temps plus ne l'oit-on.

PERNETTE DU GUILLET

1520-1545

PERNETTE DU GUILLET

II

Il n'est besoin que plus je me soucie
Si le jour faut ou que vienne la nuit,
Nuit hivernale et sans lune obscurcie;
Car tout cela, certes, rien ne me nuit,
Puisque mon Jour par clarté adoucie
M'éclaire toute, et tant, qu'à la minuit
En mon esprit me fait apercevoir
Ce que mes yeux ne surent oncques voir.

III

Pour contenter celui qui me tourmente,
Chercher ne veux remède à mon tourment :
Car en mon mal voyant qu'il se contente
Contente suis de son contentement.
. . . . . .

VII

C'est un grand mal se sentir offensé
Et ne s'oser ou savoir à qui plaindre;
C'est un grand mal, voire trop insensé
Que d'aspirer où l'on ne peut atteindre,
C'est un grand mal que de son cœur contraindre,
Outre son gré et sa sujétion;
C'est un grand mal qu'ardente affection
Sans espérer de son mal allégeance;
Mais c'est grand bien quand, à sa passion,
Un doux languir sert d'honnête vengeance.

PONTUS DE TYARD

1521-1605

PONTUS DE TYARD

SONNET

Père du doux repos, Sommeil père du songe,
Maintenant que la nuit, d'une grande ombre obscure,
Faict à cet air serain humide couverture,
Viens, Sommeil desiré et dans mes yeux te plonge.

Ton absence, Sommeil, languissamment alonge,
Et me fait plus sentir la peine que j'endure.
Viens Sommeil, l'assoupir et la rendre moins dure,
Viens abuser mon mal de quelque doux mensonge.

Ja le muet Silence un esquadron conduit,
De fantosmes ballans dessous l'aveugle nuict,
Tu me dedaignes seul qui te suis tant devot!

Viens, Sommeil désiré, m'environner la teste,
Car, d'un vœu non menteur, un bouquet je t'appreste
De ta chere morelle et de ton cher pavot.

PIERRE DE RONSARD

1524-1585

PIERRE DE RONSARD

VŒU

Divines Sœurs, qui sur les rives molles
De Castalie, et sur le mont natal,
Et sur le bord du chevalin crystal
M'avez d'enfance instruit en vos escoles;

Si tout ravy des saults de vos caroles,
D'un pied nombreux j'ay guidé vostre bal,
Plus dur qu'en fer, qu'en cuivre et qu'en metal,
Dans vostre Temple engravez ces paroles :

Ronsard, afin que le siècle avenir
De temps en temps se puisse souvenir
Que sa jeunesse à l'amour fist homage,

De la main dextre apand à vostre autel
L'humble présent de son livre immortel
Son cœur de l'autre aux pieds de ceste image.

AMOURS DE CASSANDRE

LXXIX

Si je trespasse entre tes bras, Madame,
Je suis content : aussi ne veux-je avoir
Plus grand honneur au monde, que me voir,
En te baisant, dans ton sein rendre l'ame.

Celuy dont Mars la poictrine renflame,
Aille à la guerre, et d'ans et de pouvoir
Tout furieux, s'esbate à recevoir
En sa poitrine une Espagnole lame.

Moy plus couard, je ne requier sinon,
Apres cent ans sans gloire et sans renom,
Mourir oisif en ton giron, Cassandre.

Car je me trompe, ou c'est plus de bon-heur
D'ainsi mourir, que d'avoir tout l'honneur,
Et vivre peu, d'un monarque Alexandre.

STANCES

Quand au temple nous serons
Agenouillez, nous ferons
Les devots selon la guise
De ceux qui pour loüer Dieu
Humbles se courbent au lieu
Le plus secret de l'Eglise.

Mais quand au lict nous serons
Entrelassez, nous ferons
Les lascifs selon les guises
Des Amans qui librement
Pratiquent folastrement
Dans les draps cent mignardises.

Pourquoy donque, quand je veux
Ou mordre tes beaux cheveux,
Ou baiser ta bouche aimée,
Ou toucher à ton beau sein,
Contrefais-tu la nonnain
Dedans un cloistre enfermée ?

Pour qui gardes-tu tes yeux
Et ton sein delicieux,
Ton front, ta lèvre jumelle ?
En veux-tu baiser Pluton
Là bas, apres que Charon
T'aura mise en sa nacelle ?

Apres ton dernier trespas,
Gresle, tu n'auras là bas
Qu'une bouchette blesmie;
Et quand mort je te verrois
Aux Ombres je n'avou'rois
Que jadis tu fus m'amie.

Ton test n'aura plus de peau,
Ny ton visage si beau
N'aura veines ny arteres :
Tu n'auras plus que les dents
Telles qu'on les voit dedans
Les testes de cimeteres.

Donque tandis que tu vis,
Change, Maistresse, d'avis,
Et ne m'espargne ta bouche.
Incontinent tu mourras,
Lors tu te repentiras
De m'avoir esté farouche.

Ah, je meurs! ah, baise moy!
Ah, Maistresse, approche toy!
Tu fuis comme un fan qui tremble.
Au-moins souffre que ma main
S'esbate un peu dans ton sein,
Ou plus bas, si bon te semble.

CCXIII

Je suis plus aise en mon cœur que les Dieux,
Quand chaudement tu me baises, Maistresse :
De ton baiser la douceur larronnesse
Tout esperdu m'en-vole jusqu'aux Cieux.

Baise moy donc, mon cœur, car j'aime mieux
Ton seul baiser, que si quelque Deesse
Au jeu d'amour d'une accollade espesse
M'embrassoit nud d'un bras delicieux.

Mais ton orgueil a tousjours de coustume
D'accompagner ton baiser d'amertume,
Froid, sans saveur; aussi je ne pourrois

Souffrir tant d'heur, car mon ame qui touche
Mille beautez, s'enfuiroit par ma bouche,
Et de trop d'aise en ton sein je mourrois.

AMOURS DE MARIE

XIX

MARIE, levez-vous, ma jeune paresseuse,
Ja la gaye alouette au ciel a fredonné,
Et ja le rossignol doucement jargonné
Dessus l'espine assis sa complainte amoureuse.

Sus debout! allon voir l'herbelette perleuse,
Et vostre beau rosier de boutons couronné,
Et vos œillets mignons ausquels aviez donné
Hier au soir, de l'eau d'une main si songneuse.

Harsoir en vous couchant vous jurastes vos yeux
D'estre plus-tost que moy ce matin esveillée;
Mais le dormir de l'Aube aux filles gracieux

Vous tient d'un doux sommeil encor les yeux sillée.
Ça! ça! que je les baise et vostre beau tetin
Cent fois, pour vous apprendre à vous lever matin.

CHANSON

. . . . . .
Venus avec son enfant
Triomphant
Au haut de son coche assise,

Laisse ses cygnes voler
Parmy l'air
Pour aller voir son Anchise.

Quelque part que ses beaux yeux
Par les cieux
Tournent leurs lumieres belles,
L'air qui se monstre serein,
Est tout plein
D'amoureuses estincelles.

Puis en descendant à bas,
Sous ses pas
Naissent mille fleurs écloses;
Les beaux liz et les œillets
Vermeillets
Rougissent entre les roses.

Je sens en ce mois si beau
Le flambeau
D'Amour qui m'eschaufe l'ame,
Y voyant de tous costez
Les beautez
Qu'il emprunte de ma Dame.
. . . . . .

Quand je voy les grands rameaux
Des ormeaux
Qui sont lassez de lierre,
Je pense estre pris és laz
De ses bras,
Et que mon col elle serre.
. . . . . .

Quand je voy dans un jardin
Au matin,
S'esclorre une fleur nouvelle,
J'accompare le bouton
Au teton
De son beau sein qui pommelle.
. . . . . .

Quand je sens parmy les prez
            Diaprez
Les fleurs dont la terre est pleine,
Lors je fais croire à mes sens
            Que je sens
La douceur de son haleine.
. . . . . .

Je voudrais, pour la tenir,
            Devenir
Dieu de ces forests desertes,
La baisant autant de fois
            Qu'en un bois
Il y a de fueilles vertes.
. . . . . .

LXVIII

Cesse tes pleurs, mon livre : il n'est pas ordonné
Du Destin, que moy vif, tu sois riche de gloire,
Avant que l'homme passe outre la rive noire,
L'honneur de son travail ne luy est point donné.

Quelqu'un, après mille ans, de mes vers estonné,
Voudra dedans mon Loir, comme en Permesse, boire,
Et voyant mon pays, à peine pourra croire
Que d'un si petit lieu tel Poëte soit né.

Pren, mon livre, pren cœur : la vertu precieuse
De l'homme, quand il vit, est toujours odieuse;
Apres qu'il est absent, chacun le pense un Dieu.

La rancœur nuit tousjours à ceux qui sont en vie;
Sur les vertus d'un mort elle n'a plus de lieu,
Et la posterité rend l'honneur sans envie.

Je vous envoye un bouquet, que ma main
Vient de trier de ces fleurs épanies,
Qui ne les euſt à ce vespre cueillies,
Cheutes à terre elles fussent demain.

Cela vous soit un exemple certain,
Que vos beautez, bien qu'elles soient fleuries,
En peu de tems cherront toutes fletries,
Et, comme fleurs, periront tout soudain.

Le tems s'en va, le tems s'en va, ma Dame,
Las! le tems non, mais nous nous en allons,
Et toſt serons eſtendus sous la lame,

Et des amours, desquelles nous parlons,
Quand serons morts, n'en sera plus nouvelle :
Pource aimez moy, cependant qu'eſtes belle.

Pièces retranchées

STANCES

. . . . . .
Je ressemble au Démon qui ne se veut charger
D'un corps, ou s'il a corps ce n'eſt qu'un air leger,
Pareil à ces vapeurs subtiles et menues,
Que le Soleil desseiche aux chauds jours de l'eſté.
Le mien, du seul penser promptement emporté,
Diſtilé par l'Amour se perd dedans les nues.

Le Peintre qui premier fit d'Amour le tableau,
Et premier le peignit plumeux comme un oiseau,
Cognut bien sa nature en luy baillant des ailes,
Non pour être inconſtant, leger ne vicieux,
Mais comme nay du Ciel, pour retourner aux Cieux,
Et monter au sejour des choses les plus belles.

La matiere de l'homme eſt pesante, et ne peut
Suivre l'esprit en hault, lors que l'esprit le veut,
Si Amour, la purgeant de sa flame eſtrangere,

N'affine son mortel. Voilà, Dame, pourquoy
Je cognois par raison que n'aimez tant que moy :
Si vous aimiez autant, vous seriez plus legere.

Entre les Dieux au Ciel mon corps s'iroit assoir,
Si vous suiviez mon vol quand nous ballons au soir
Flanc à flanc, main à main, imitant l'Androgyne,
Tous deux dançans la Volte, ainsi que les Jumeaux,
Prendrions place au sejour des Astres les plus beaux,
Et serions dits d'Amour à jamais le beau Signe.

. . . . . .

Les vers d'Eurymédon et de Callirée

SONNETS POUR HÉLÈNE

XLIII

Quand vous serez bien vieille, au soir, à la chandelle,
Assise aupres du feu, devidant et filant,
Direz chantant mes vers, en vous esmerveillant :
Ronsard me celebroit du temps que j'estois belle.

Lors, vous n'aurez servante oyant telle nouvelle,
Desja sous le labeur à demy sommeillant,
Qui au bruit de mon nom ne s'aille resveillant,
Benissant vostre nom, de louange immortelle.

Je seray sous la terre et fantôme sans os
Par les ombres myrteux je prendray mon repos;
Vous serez au fouyer une vieille accroupie,

Regrettant mon amour et vostre fier desdain.
Vivez, si m'en croyez, n'attendez à demain :
Cueillez des aujourdhuy les roses de la vie.

STANCES
DE LA FONTAINE D'HÉLÈNE

LE SECOND

Fontaine à tout jamais ta source soit pavée,
Non de menus gravois, de mousses ny d'herbis,
Mais bien de mainte Perle à bouillons enlevée,
De Diamants, Saphirs, Turquoises et Rubis.

LE PREMIER

Le Pasteur en tes eaux nulle branche ne jette,
Le Bouc de son ergot ne te puisse fouler;
Ains comme un beau Crystal, tousjours tranquille et nette
Puisse-tu par les fleurs eternelle couler.

LE SECOND

Les Nymphes de ces eaux et les Hamadryades,
Que l'amoureux Satyre entre les bois poursuit,
Se tenans main à main, de sauts et de gambades,
Aux rayons du Croissant y dansent toute nuit.
. . . . . .

LE PREMIER

Lune, qui as ta robbe en rayons estoilée,
Garde ceste fonteine aux jours les plus ardans;
Defen-la pour jamais de chaud et de gelée,
Remply-la de rosée, et te mire dedans.

LE SECOND

Advienne apres mille ans qu'un Pastoureau desgoise
Mes amours, et qu'il conte aux Nymphes d'icypres,
Qu'un Vandomois mourut pour une Saintongeoise,
Et qu'encores son ame erre entre ces forests.
. . . . . .

ÉLÉGIE

Six ans estoient coulez, et la septieme annee
Estoit presques entiere en ses pas retournee,
Quand loin d'affection, de desir et d'amour,
En pure liberté je passois tout le jour,
Et franc de tout soucy qui les ames devore,
Je dormois des le soir jusqu'au point de l'aurore.
Car seul maistre de moy j'allois plein de loisir,
Où le pied me portoit, conduit de mon desir,
Ayant tousjours es mains pour me servir de guide
Aristote ou Platon, ou le docte Euripide,
Mes bons hostes muets, qui ne faschent jamais :
Ainsi que je les prens, ainsi je les remais.
O douce compagnie et utile et honneste !
Un autre en caquetant m'estourdiroit la teste.
Puis du livre ennuyé, je regardois les fleurs,
Fueilles, tiges, rameaux, especes et couleurs,
Et l'entrecoupement de leurs formes diverses,
Peintes de cent façons, jaunes, rouges et perses,
Ne me pouvant saouler, ainsi qu'en un tableau,
D'admirer la Nature, et ce qu'elle a de beau,
Et de dire en parlant aux fleurettes escloses,
Celuy est presque Dieu qui cognoist toutes choses.
. . . . . .

ODE

A MICHEL DE L'HOPITAL
CHANCELIER DE FRANCE

Strophe I

Errant par les champs de la Grace
Qui peint mes vers de ses couleurs,
Sus les bords Dirceans j'amasse
L'eslite des plus belles fleurs,

A fin qu'en pillant, je façonne
D'une laborieuse main
La rondeur de ceſte couronne
Trois fois torse d'un ply Thebain,
Pour orner le haut de la gloire
Du plus heureux mignon des Dieux,
Qui ça bas ramena des Cieux
Les filles qu'enfanta Memoire.

Antiſtrophe

Memoire, Royne d'Eleuthere,
Par neuf baisers qu'elle receut
De Jupiter qui la fiſt mere,
D'un seul coup neuf filles conceut.
Mais quand la Lune vagabonde
Eut courbé douze fois en rond,
Pour r'enflamer l'obscur du monde,
La double voute de son front,
Memoire, de douleur outrée,
Dessous Olympe se coucha,
Et criant Lucine, accoucha
De neuf filles d'une ventrée,

Épode

En qui respandit le Ciel
Une musique immortelle,
Comblant leur bouche nouvelle
Du jus d'un Attique miel,
Et à qui vrayment aussi
Les vers furent en souci,
Les vers dont flattez nous sommes,
A fin que leur doux chanter
Peuſt doucement enchanter
Le soin des Dieux et des hommes.

Strophe II

Aussi toſt que leur petitesse,
Courant avec les pas du Temps,
Eut d'une rampante viſtesse
Touché la borne de sept ans,

Un sang naturel, qui commande
De voir ses parens, vint saisir
Le cœur de ceste jeune bande,
Chatouillé d'un noble desir,
Si qu'elles, mignardant leur mere,
Neuf et neuf bras furent pliant
Autour de son col, la priant
De voir la face de leur pere.

Antistrophe

Memoire, impatiente d'aise,
Délaçant leur petite main,
L'une apres l'autre les rebaise,
Et les presse contre son sein.
Hors des poumons à lente peine
Une parole luy montoit,
De souspirs allaigrement pleine
Tant l'affection l'agitoit,
Pour avoir desja cognoissance
Combien ses filles auront d'heur,
Ayant de pres veu la grandeur
Du Dieu qui planta leur naissance.

Épode

Apres avoir relié
D'un tortis de violettes
Et d'un cerne de fleurettes
L'or de leur chef delié,
Apres avoir proprement
Troussé leur accoustrement,
Marcha loin devant sa trope,
Et la hastant jour et nuit,
D'un pied dispos, la conduit
Jusqu'au rivage Æthiope.

Strophe III

Ces vierges encore nouvelles,
Et mal-apprises au labeur,
Voyant le front des eaux cruelles,
S'effroyerent d'une grand'peur,

Et toutes pencherent arriere,
Tant elles s'alloyent esmouvant,
Ainsi qu'au bord d'une riviere
Un jonc se penche sous le vent.
Mais leur mere, non eſtonnée
De voir leur sein qui haletoit,
Pour les asseurer les flatoit
De ceſte parole empennée :

Antiſtrophe

« Courage, mes filles, dit-elle,
Et filles de ce Dieu puissant,
Qui seul en sa main immortelle
Souſtient le foudre rougissant.
Ne craignez point les vagues creuses
De l'eau qui bruit profondement,
Sur qui vos chansons doucereuses
Auront un jour commandement;
Mais forcez-moy ces longues rides,
Et ne vous souffrez decevoir,
Que voſtre pere n'alliez voir
Dessous ces Royaumes humides. »

Épode

Disant ainsi, d'un plein saut
Toute dans les eaux s'allonge,
Comme un Cygne qui se plonge
Quand il voit l'aigle d'enhaut,
Ou ainsi que l'arc des Cieux
Qui d'un grand tour spacieux
Tout d'un coup en la mer glisse,
Quand Junon haſte ses pas
Pour aller porter là bas
Un message à sa nourrice.

Strophe IV

Elles adonc, voyant la trace
De leur mere, qui ja sondoit
Le creux du plus humide espace,
Qu'à coup de bras elle fendoit,

A chef baissé sont devalées,
Penchant bas la teste et les yeux
Dans le sein des plaines salées.
L'eau qui jallit jusques aux cieux,
Grondant sus elles se regorge,
Et frisant deça et dela
Mille tortis, les avala
Dedans le goufre de sa gorge.

Antistrophe

En cent façons, de mains ouvertes
Et de pieds voutez en deux pars,
Sillonnoyent les campagnes vertes
De leurs bras vaguement espars.
Comme le plomb, dont la secousse
Traine le filet jusqu'au fond,
L'extreme desir qui les pousse,
Avalle contre-bas leur front,
Tousjours sondant ce vieil repaire
Jusques aux portes du chasteau
De l'Ocean, qui dessous l'eau
Donnoit un festin à leur pere.

Épode

De ce Palais eternel,
Brave en colonnes hautaines
Sourdoyent de mille fontaines
Le vif sourgeon perennel.
Là pendoit sous le portail
Lambrissé de verd esmail
Sa charrette vagabonde,
Qui le roule d'un grand tour,
Soit de nuict ou soit de jour,
Deux fois tout au rond du monde.

Strophe V

Là sont par la Nature encloses
Au fond de cent mille vaisseaux
Les semences de toutes choses,
Eternelles filles des eaux.

Là les Tritons chassant les fleuves,
Sous la terre les escouloyent
Aux canaux de leurs rives neuves,
Puis de rechef les r'appelloyent.
Là ceste troupe est arrivée
Desur le poinct qu'on desservoit,
Et que desja Portonne avoit
La premiere nape levée.

Antistrophe

Phebus, du milieu de la table,
Pour resjouyr le front des Dieux,
Marioit sa voix delectable
A son archet melodieux,
Quand l'œil du Pere qui prend garde
Sus un chacun, se costoyant
A l'escart des autres, regarde
Ce petit troupeau flamboyant,
De qui l'honneur, le port, la grace
Qu'empreint sur le front il portoit,
Publioit assez qu'il sortoit
De l'heureux tige de sa race.

Épode

Luy qui debout se dressa,
Et de plus pres les œillade
Les serrant d'une accollade
Mille fois les caressa,
Tout esgayé de voir peint
Dedans les traits de leur teint
Le naïf des graces siennes.
Puis pour son hoste esjouïr
Les chansons voulut ouïr
De ces neuf Musiciennes.

. . . . . .

Livre I, Ode X

A SA MAITRESSE

Mignonne, allons voir si la rose
Qui ce matin avoit desclose
Sa robe de pourpre au Soleil,
A point perdu ceste vesprée
Les plis de sa robe pourprée,
Et son teint au vostre pareil.

Las! voyez comme en peu d'espace,
Mignonne, elle a dessus la place
Las! las! ses beautez laissé cheoir!
O vrayment marastre Nature,
Puis qu'une telle fleur ne dure
Que du matin jusques au soir!

Donc, si vous me croyez, mignonne,
Tandis que vostre âge fleuronne
En sa plus verte nouveauté,
Cueillez, cueillez vostre jeunesse :
Comme à ceste fleur la vieillesse
Fera ternir vostre beauté.

Livre I, Ode XVII

Ah Dieu! que malheureux nous sommes!
Ah Dieu! que de maux en un temps
Offensent la race des hommes
Semblable aux fueilles du Printemps,
Qui vertes dessus l'arbre croissent,
Puis elles l'Automne suivant,
Seiches à terre n'apparoissent
Qu'un jouët remoqué du vent!

Vrayment l'esperance est meschante
D'apparence elle nous deçoit,
Et tousjours pipant elle enchante
Le pauvre sot qui la reçoit.

Mais le sage qui ne se fie
Qu'en la plus seure verité,
Sçait que le tout de nostre vie
N'est rien que pure vanité.

Tandis que la crespe jouvence
La fleur des beaux ans nous produit,
Jamais le jeune enfant ne pense
A la vieillesse qui le suit,
Ne jamais l'homme heureux n'espere
De se voir tomber en mechef,
Sinon alors que la misere
Desja luy pend dessus le chef.

Homme chetif et miserable,
Pauvre abusé, ne sçais-tu pas
Que la jeunesse est peu durable,
Et que la mort guide nos pas,
Et que nostre fangeuse masse
Si tost s'esvanouït en rien,
Qu'à grand'peine avons-nous l'espace
D'apprendre le mal et le bien ?

Le Destin et la Parque noire
En tous âges sillent nos yeux :
Jeunes et vieux ils meinent boire
Les flots du lac oblivieux.
Mesmes les Rois foudres de guerre,
Despouillez de veines et d'os,
Ainsi que vachers, sous la terre
Viendront au throne de Minos.
. . . . . .

Ah! que maudite soit l'asnesse,
Laquelle pour trouver de l'eau,
Au serpent donna la jeunesse,
Qui tous les ans change de peau!
Jeunesse que le populaire
De Jupiter avoit receu
Pour loyer de n'avoir sceu taire
Le secret larrecin du feu.

Des ce jour devint enlaidie
Par luy la santé des humains
De vieillesse et de maladie,
Des hommes hostes inhumains,
Et des ce jour il fist entendre
Le bruit de son foudre nouveau,
Et depuis n'a cessé d'espandre
Les dons de son mauvais tonneau.

Livre II, Ode XII

CONTRE DENISE, SORCIÈRE

L'INIMITIÉ que je te porte,
Passe celle, tant elle est forte,
    Des chameaux et des ours,
Vieille sorcière deshontée,
Que les bourreaux ont fouettée
    Le long des carrefours.

Tirant apres toy une presse
D'hommes et de femmes espesse,
    Tu monstrois nud le flanc,
Et monstrois nud parmi la rue
L'estomac et l'espaule nue
    Rougissante de sang.

Mais la peine fut bien petite,
Si l'on balance ton merite :
    Le Ciel ne devoit pas
Pardonner à si lasche teste,
Ains il devoit de sa tempeste
    L'acravanter à bas.

La Terre mere encor pleurante
Des Geans la mort violante
    Bruslez du feu des Cieux,
Te laschant de son ventre à peine,
T'engendra, vieille, pour la haine
    Qu'elle portoit aux Dieux.

Tu sçais que vaut mixtionnée
La drogue qui nous est donnée
    Des païs chaleureux,
Et en quel mois, en quelles heures,
Les fleurs des femmes sont meilleures
    Au breuvage amoureux.

Nulle herbe soit elle aux montagnes,
Ou soit venimeuse aux campagnes,
    Tes yeux sorciers ne fuit,
Que tu as mille fois coupée
D'une serpe d'airain courbée,
    Beant contre la nuit.

Le soir, quand la Lune fouëtte
Ses chevaux par la nuict muette,
    Pleine de rage, alors,
Voilant ton execrable teste
De la peau d'une estrange beste,
    Tu t'eslances dehors.

Au seul souspir de ton haleine,
Les chiens effroyez par la plaine,
    Aguisent leurs abois;
Les fleuves contremont reculent,
Les loups suivant ta trace hurlent
    Ton ombre par les bois.

Hostesse des lieux solitaires,
Et par l'horreur des cimetaires
    Où tu hantes le plus,
Au son des vers que tu murmures,
Les corps des morts tu des-emmures
    De leurs tombeaux reclus.

Vestant de l'un l'image vaine
Tu fais trembler et cœur et veine
    Rebarbotant un sort,
A la veufve qui se tourmente,
Ou à la mere qui lamente
    Son seul heritier mort.

Tu fais que la Lune enchantée
Marche par l'air toute argentée,
 Luy dardant d'icy bas
Telle couleur aux jouës palles,
Que le son de mille cymbales
 Ne divertiroit pas.

Tu es la frayeur du village :
Chacun craignant ton sorcelage
 Te ferme sa maison,
Tremblant de peur que tu ne taches
Ses bœufs, ses moutons et ses vaches
 Du jus de ta poison.

J'ay veu souvent ton œil senestre,
Trois fois regardant de loing paistre
 La guide du troupeau,
L'ensorceler de telle sorte,
Que tost apres je la vy morte,
 Et les vers sur la peau.

Comme toy Medee execrable
Fut bien quelquefois profitable :
 Ses venins ont servy,
Reverdissant d'Eson l'escorce :
Au contraire, tu m'as par force
 Mon beau printemps ravy.

Dieux! si là haut pitié demeure,
Pour recompense qu'elle meure,
 Et ses oz diffamez,
Privez d'honneur de sepulture,
Soient des corbeaux goulus pasture,
 Et des chiens affamez.

Livre II, Ode XIV

J'AY l'esprit tout ennuyé
D'avoir trop estudié
Les Phenomenes d'Arate :
Il est temps que je m'esbate,

Et que j'aille aux champs jouër.
Bons Dieux! qui voudroit louer
Ceux qui collez sus un livre
N'ont jamais soucy de vivre?
. . . . . .

Corydon, marche davant,
Sçache où le bon vin se vend,
Fay refraischir la bouteille,
Cerche une ombrageuse treille
Pour souz elle me coucher :
Ne m'achete point de chair,
Car tant soit elle friande,
L'Esté je hay la viande.

Achete des abricôs,
Des pompons, des artichôs,
Des fraises, et de la crême :
C'est en Esté ce que j'aime,
Quand sur le bord d'un ruisseau
Je la mange au bruit de l'eau,
Estendu sus le rivage,
Ou dans un antre sauvage.
. . . . . .

Livre II, Ode XVIII

Du malheur de recevoir
Un estranger sans avoir
De luy quelque cognoissance,
Tu as fait experiance,
Menelas, ayant receu
Pâris dont tu fus deceu.
Et moy je la viens de faire,
Qui ore ay voulu retraire
Sottement un estranger
Dans ma chambre et le loger.

Il estoit minuict et l'Ourse
De son char tournoit la course
Entre les mains du Bouvier,
Quand le somme vint lier

D'une chaine sommeilliere
Mes yeux clos sous la paupiere.

Ja je dormois en mon lit
Lors que j'entr'ouy le bruit
D'un qui frappoit à ma porte,
Et heurtoit de telle sorte
Que mon dormir s'en-alla.
Je demanday : Qu'eſt-ce là
Qui fait à mon huis sa plainte ?
« Je suis enfant, n'aye crainte »,
Ce me dit-il, et adonc
Je luy desserre le gond
De ma porte verrouillee.

« J'ay la chemise mouillee
Qui me trempe jusqu'aux oz,
Ce disoit, dessus le doz
Toute nuiſt j'ay eu la pluie;
Et pource je te supplie
De me conduire à ton feu
Pour m'aller seicher un peu. »

Lors je prins sa main humide,
Et plein de pitié le guide
En ma chambre et le fis seoir
Au feu qui reſtoit du soir;
Puis allumant des chandelles,
Je vy qu'il portoit des ailes,
Dans la main un arc Turquois,
Et sous l'aisselle un carquois.
Adonc en mon cœur je pense
Qu'il avoit quelque puissance,
Et qu'il falloit m'appreſter
Pour le faire banqueter.

Ce-pendant il me regarde
D'un œil, de l'autre il prend garde
Si son arc eſtoit seiché.
Puis me voyant empesché
A luy faire bonne chere,
Me tire une fleche amere

Droict en l'œil : le coup de là
Plus bas au cœur devala,
Et m'y fist telle ouverture,
Qu'herbe, drogue ny murmure
N'y serviroient plus de rien.
Voila, Robertet, le bien,
Mon Robertet qui embrasses
L'heur des Muses et des Graces,
Le bien qui m'est survenu
Pour loger un incognu.

Livre II, Ode XIX

Celuy qui est mort aujourd'huy,
Est aussi bien mort que celuy
Qui mourut aux jours du Deluge :
Autant vaut aller le premier,
Que de sejourner le dernier
Devant le parquet du grand Juge.

Incontinent que l'homme est mort,
Ou jamais ou long temps il dort
Au creux d'une tombe enfouye,
Sans plus parler, ouyr ne voir :
Hé ! quel bien sçauroit-on avoir
En perdant les yeux et l'ouye ?

Or l'ame, selon le bien-fait
Qu'hostesse du corps elle a fait,
Monte au ciel, sa maison natale ;
Mais le corps, nourriture à vers,
Dissoult de veines et de nerfs,
N'est plus qu'une ombre sepulcrale.

Il n'a plus esprit ny raison,
Emboiture ne liaison,
Artere, poux, ny veine tendre,
Cheveul en teste ne luy tient,
Et qui plus est, ne luy souvient
D'avoir jadis aimé Cassandre.

La mort ne desire plus rien.
Donc ce-pendant que j'ay le bien
De desirer vif, je demande
Estre tousjours sain et dispos,
Puis quand je n'auray que les os
La reste à Dieu je recommande.

Homere est mort, Anacreon,
Pindare, Hesiode et Bion,
Et plus n'ont soucy de s'enquerre
Du bien et du mal qu'on dit d'eux :
Ainsi apres un siecle ou deux
Plus ne sentiray rien sous terre.

Mais dequoy sert le desirer
Sinon pour l'homme martirer ?
Le desir n'est rien que martire.
Content ne vit le desireux,
Et l'homme mort est bien-heureux :
Heureux qui plus rien ne desire !

Livre III, Ode XXV

ODELETTE

LES espics sont à Cerés,
Aux chevre-pieds les forés,
A Chlore l'herbe nouvelle,
A Phebus le verd Laurier,
A Minerve l'Olivier,
Et le beau Pin à Cybelle ;
Aux Zephyres le doux bruit,
A Pomone le doux fruit,
L'onde aux Nymphes est sacrée,
A Flore les belles fleurs ;
Mais les soucis et les pleurs
Sont sacrez à Cytherée.

Livre IV, Odelette XV

ODE

Brune Vesper, lumiere dorée,
O Vesper honneur de la serée,
Vesper, dont la belle clairté luit
Autant sur les Astres de la nuit
Que reluit par dessus toy la Lune,
O claire image de la nuit brune,
En lieu du beau Croissant tout ce soir
Donne lumiere, et te laisse choir
Bien tard dedans la marine source.

. . . . . .

Livre IV, Ode XX

Bel aubepin, fleurissant,
                Verdissant
Le long de ce beau rivage,
Tu es vestu jusqu'au bas
                Des longs bras
D'une lambrunche sauvage.

Deux camps de rouges fourmis
                Se sont mis
En garnison sous ta souche;
Dans les pertuis de ton tronc
                Tout du long
Les avettes ont leur couche.

Le chantre rossignolet
                Nouvelet,
Courtisant sa bien-aimée,
Pour ses amours alleger
                Vient loger
Tous les ans en ta ramée.

Sur ta cime il fait son ny
                Tout uny
De mousse et de fine soye,

Où ses petits esclorront,
        Qui seront
De mes mains la douce proye.

Or, vy gentil aubepin,
        Vy sans fin,
Vy sans que jamais tonnerre,
Ou la coignée, ou les vents,
        Ou les temps
Te puissent ruer par terre.

Livre IV, Ode XXII

DISCOURS EN FORME D'ÉLÉGIE

. . . . . .

« Je suis, dis-je, Ronsard, et cela te suffise,
Qui ma belle science ay des Muses apprise,
Bien cognu d'Helicon, dont l'ardant aiguillon
Me fist danser au bal que conduit Apollon.
Alors que tout le sang me boüilloit de jeunesse,
Je fis aux bords de Loire une jeune Maistresse,
Que ma Muse en fureur sa Cassandre appelloit,
A qui mesme Venus sa beauté n'egaloit.
Je m'espris en Anjou d'une belle Marie
Que j'aimay plus que moy, que mon cœur, que ma vie :
Son païs le sçait bien, où cent mille chansons
Je composay pour elle en cent mille façons;
Mais, ô cruel destin! pour ma trop longue absence,
D'un autre serviteur elle a fait accointance,
Et suis demeuré veuf, sans prendre autre parti,
Des l'heure que mon cœur du sien s'est departi.
Maintenant je poursuy toute amour vagabonde :
Ores j'aime la noire, ores j'aime la blonde,
Et, sans amour certaine en mon cœur esprouver,
Je cherche ma fortune où je la puis trouver.
. . . . . . »

DISCOURS

. . .
Que j'aime la saison, où le mari de Rhée
Gouvernoit sous sa faux la terre bien-heurée!
Lors Hymen n'estoit Dieu, et encores le doy
Ne cognoissoit l'anneau, le prestre, ny la loy.
Le plaisir estoit libre, et l'ardeur necessaire
De Venus la germeuse estoit par tout vulgaire,
Sous un arbre, en un antre, en un chemin fourché,
Et la honte, pour lors, n'estoit encor peché.
Encores s'ignoroit l'amour acquise à force,
Dots, anneaux et contracts, la plainte et le divorce,
Et le nom de mari, qui semble si cruel,
Et, pour un petit mot, un mal perpetuel.
Si tu n'eusses, contant, ta liberté vendue,
Je t'eusse plus celebre et plus noble rendue
Que les trois feux des trois, à Rome si cognus,
Precepteurs delicats des enfans de Venus,
Qui ont chanté Lesbie et Cynthie et Corinne,
Et les chantent encor, dessous l'ombre myrtinne.
Telle je t'eusse fait, et me l'avoit promis
Cypris, qui, pour parade, en ses cheveux a mis
Le myrte entortillé, et qui donna pour proye
Helene Amycléenne au beau berger de Troye.
Quand la Mort, dont l'orreur espouvante un chacun,
Nous eust conduit là-bas au passage commun,
Ces trois, en relisant mes vers dessus ta face,
Pour l'honneur de mon nom t'eussent quitté leur place.
. . . . . .

Je resve, et mon esprit s'en-est volé de moy;
Je n'advise en voyant la chose que je voy :
Je faux, c'est estranger ne l'a point espousée,
Venus en ma faveur soudain a composée
Une image en lieu d'elle, à fin que, sans deduict,
Une idole en ses bras se couchast toute nuict,
Un squelette seiché, une carcasse etique,
Un fantosme de corps fiévreux et pulmonique.
Venus l'a transferée aux vergers Cypriens,
Et entre les odeurs des prez Idaliens,

Où, se paissant de fleurs, entretient la deesse,
La conduit en son temple et la sert de preſtresse,
L'encense et la supplie, et le reſte du jour
Comme un petit enfant se joue avecque Amour.
Ha! je ne suis trompé, ha! ce n'eſt pas feintise :
J'oy le peuple amassé qui bruit devant l'Eglise;
J'oy les hault-bois sonner, et la pompe devant;
Je voy ses beaux cheveux, esparpillez au vent.
C'eſt elle, je la voy, je cognoy son visage,
Qui m'a tenu quatre ans en l'amoureux servage;
Je recognoy ses yeux, je voy comme dedans
Amour forge ses traits et ses flambeaux ardans.
Phebus, s'il eſt ainsi que tu sois noſtre pere,
Refuse à ceſte nopce aujourd'huy ta lumiere :
Tenebres soyent par tout, ou si le jour eſt clair,
Que ce soit par le feu d'un flamboyant esclair
Esclatté du tonnerre, et sur la cheminée
Les corbeaux et hiboux chantent son hymenée.
. . . . . .

Élégies

. . . . . .
Escoute, bucheron, arreſte un peu le bras !
Ce ne sont pas des bois que tu jettes à bas,
Ne vois-tu pas le sang, lequel degoute à force
Des Nymphes qui vivoyent dessous la dure escorce ?
Sacrilege meurdrier, si on pend un voleur
Pour piller un butin de bien peu de valeur,
Combien de feux, de fers, de morts, et de deſtresses
Merites-tu, meschant, pour tuer nos Deesses ?
Foreſt, haute maison des oiseaux bocagers,
Plus le cerf solitaire et les chevreuls legers
Ne paiſtront sous ton ombre, et ta verte criniere
Plus du soleil d'eſté ne rompra la lumiere.
Plus l'amoureux paſteur, sur un tronq adossé,
Enflant son flageolet à quatre trous persé,
Son maſtin à ses pieds, à son flanc la houlette,
Ne dira plus l'ardeur de sa belle Janette;
Tout deviendra muet, Echo sera sans voix,
Tu deviendras campagne, et, en lieu de tes bois,
Dont l'ombrage incertain lentement se remue,
Tu sentiras le soc, le coutre et la charrue.

Tu perdras ton silence, et, haletans d'effroy,
Ny Satyres, ny Pans ne viendront plus chez toy.
Adieu, vieille forest, le jouët de Zephyre,
Où premier j'accorday les langues de ma lyre,
Où premier j'entendi les fleches resonner
D'Apollon, qui me vint tout le cœur estonner;
Où premier admirant la belle Calliope,
Je devins amoureux de sa neuvaine trope,
Quand sa main sur le front cent roses me jetta,
Et de son propre laict Euterpe m'allaita.
Adieu, vieille forest, adieu, testes sacrées,
De tableaux et de fleurs autrefois honorées,
Maintenant le desdain des passans alterez,
Qui bruslez en esté des rayons etherez,
Sans plus trouver le frais de tes douces verdures,
Accusent vos meurtriers, et leur disent injures.
Adieu, chesnes, couronne aux vaillans citoyens,
Arbres de Jupiter, germes Dodonéens,
Qui premiers aux humains donnastes à repaistre,
Peuples vrayment ingrats, qui n'ont sceu recognoistre
Les biens receus de vous, peuples vraiment grossiers,
De massacrer ainsi nos peres nourriciers.
Que l'homme est malheureux qui au monde se fie!
O Dieux, que veritable est la philosophie,
Qui dit que toute chose à la fin perira,
Et qu'en changeant de forme une autre vestira.
De Tempé la vallée un jour sera montagne,
Et la cyme d'Athos une large campagne,
Neptune quelquefois de blé sera couvert :
La matière demeure, et la forme se perd.

Élégies, XXIV

HYMNE DE L'ÉTERNITÉ

Tourmenté d'Apollon, qui m'a l'ame eschaufée,
Je veux, plein de fureur, suivant les pas d'Orfée,
Rechercher les secrets de Nature et des Cieux,
Ouvrage d'un esprit qui n'est point ocieux.

Je veux, s'il m'eſt possible, attaindre à la louange
De celle qui jamais par les ans ne se change,
Mais bien qui fait changer les siecles et les temps,
Les mois et les saisons et les jours inconſtans,
Sans jamais se muer, pour n'eſtre point sujette,
Comme Royne et maiſtresse, à la loy qu'elle a faite.

Premier Livre des Hymnes

LES DÉMONS

. . . . . .

Quand l'Eternel baſtit le grand palais du Monde,
Il peupla de poissons les abysmes de l'onde,
D'hommes la terre, et l'air de Daimons, et les cieux
D'Anges, à celle fin qu'il n'y euſt point de lieux
Vuides en l'Univers, et selon leurs natures
Qu'ils fussent tous remplis de propres creatures.
Il miſt aupres de luy, son plaisir le voulut,
L'escadron precieux des Anges, qu'il eslut
Pour citoyens du ciel, qui sans corps y demeurent,
Et, francs de passions, non plus que luy ne meurent;
Esprits intelligens, plus que les noſtres purs,
Qui cognoissent les ans tant passez que futurs,
Et tout l'eſtat mondain, comme voyant les choses
De pres au sein de Dieu, où elles sont encloses.
En l'eſtage de l'air dessous la lune espars,
Air gros, espais, brouillé, qui eſt de toutes pars
Tousjours remply de vents, de foudres et d'orages,
Il logea les Daimons au milieu des nuages,
Leur place deſtinée, ayans un corps leger,
L'un de feu, l'autre d'air, à fin de voyager
Aisément par le vague, et ne tomber en terre,
Et pesant quelque peu, à fin que leur corps n'erre
Trop haut jusques au ciel, abandonnant le lieu
Qui leur eſt deſtiné par le vouloir de Dieu.
Ne plus ne moins qu'on voit l'exercite des nues,
En un temps pluvieux, egalement pendues
D'un juſte poids en l'air, marcher ainsi qu'il faut,
Ny descendre trop bas, ny s'eslever trop haut,

Et tout ainsi qu'on voit qu'elles mesmes se forment
En cent divers portraits, dont les vents les transforment
En Centaures, serpens, oiseaux, hommes, poissons,
Et d'une forme en l'autre errent en cent façons,
Tout ainsi les Daimons, qui ont le corps habile,
Aisé, souple, dispoſt, à se muer facile,
Changent bien toſt de forme, et leur corps agile eſt
Transformé tout soudain en tout ce qu'il leur plaiſt...
. . . . . .

On dit qu'en Norovegue ils se louent à gages,
Et font comme valets des maisons les mesnages,
Ils pansent les chevaux, ils vont tirer le vin,
Ils font cuire le roſt, ils serencent le lin,
Ils filent la fusée, et les robbes nettoyent
Au lever de leur maiſtre, et les places baloyent.
Or, qui voudroit narrer les contes qu'on fait d'eux,
De triſtes, de gaillards, d'horribles, de piteux,
On n'auroit jamais fait, car homme ne se treuve
Qui tousjours n'en raconte une merveille neuve.
Les autres, moins terrains, sont à part habitans,
Torrens, fleuves, ruisseaux, les lacs et les eſtans,
Les marais endormis, et les fontaines vives,
En forme de Sereine apparoissant aux rives.
Tant que les aerins ils n'ont d'affeſtions,
Aussi leur corps ne prend tant de mutations :
Ils n'aiment qu'une forme, et volontiers icelle
Eſt, du nombril en haut, d'une jeune pucelle
Qui a les cheveux longs, et les yeux verts et beaux,
Contre-imitans l'azur de leurs propres ruisseaux.
Pource ils se font nommer Naïades, Nereides,
Les filles de Thetis, les cinquante Phorcides,
Qui errent par la mer sur le dos des dauphins,
Bridans les eſturbots, les fouches et les thins,
Aucunefois vagant tout au sommet des ondes,
Aucunefois au bas des abysmes profondes.
. . . . . .

O Seigneur Eternel, en qui seul giſt ma foy,
Pour l'honneur de ton nom, de grace donne moy,
Donne moy que jamais je ne trouve en ma voye
Ces paniques terreurs, mais, ô Seigneur, envoye

Loin de la Chrestienté, dans le pays des Turcs,
Ces Larves, ces Daimons, ces Lares et Lemurs,
Ou sur le chef de ceux qui oseront mesdire
Des chansons que j'accorde à ma nouvelle lyre.

Premier Livre des Hymnes

HYMNE DE L'ÉTÉ

A Fleurimont Robertet

. . . . . .
L'amoureuse Nature estoit un jour fâchée
De se voir sans rien faire, aupres du Temps couchée :
« Il y a, ce disoit, tant de siecles passez
Que du Temps, mon mary, les membres sont cassez,
Froids, perclus, impotens, la charge de ma couche;
. . . . . .

J'ay beau passer ma main tres-delicate et blanche
Ores dessus son ventre, ores dessus sa hanche,
J'ay beau fourcher ma jambe et chatouiller sa chair,
Il demeure immobile, aussi froid qu'un rocher,
Descharné, deshallé, sans puissance ny force,
N'ayant plus rien de vif sinon un peu d'escorce.
En lieu de me respondre il ronfle, et si ne puis
En tirer seulement un baiser en trois nuicts.
Las! il n'estoit pas tel, quand, pour sa chere espouse,
Il me prist chez mon pere : il n'aimoit autre chouse
Que l'amoureux deduit, duquel les mariez
Se trouvent bras-à-bras à leurs femmes liez.
Tousjours il m'accoloit d'une chaude ambrassée,
Tousjours ma bouche estoit à la sienne pressée,
Et fusmes si gaillars que ce grand Univers
Fut peuplé tout soudain de nos enfans divers,
Car tout cela qui vit et qui habite au monde,
Est yssu du plaisir de nostre amour feconde.
Maintenant il est vieil et je ne le suis pas!
Je sens encor en moy les gracieux appas,
Dont Amour, mon enfant, chatouille la pensée,
Et sa flame en mon cœur n'est encor effacée.

Bref, j'ay deliberé de me donner plaisir,
Aupres de mon mary, je ne veux plus gesir.
La foy de mariage est pour les hommes faite
Grossiers, mal-advisez et de race imparfaite,
Assujettis aux lois, et non pas pour les Dieux
Qui pleins de liberté habitent dans les Cieux.
Quant-à-moy, je suis franche, et Deesse j'estime
Autant un fils bastard, comme un fils legitime. »
Ainsi disoit Nature, et de ce pas alla
Au palais du Soleil, auquel ainsi parla :
« Soleil, de ce grand Tout, l'ame, l'œil et la vie,
Je suis de tes beautez en l'ame si ravie,
Que tu me verras toute en larmes consommer,
S'il ne te plaist guarir mon mal, qui vient d'aimer.
. . . . . .

Te voyant l'autre jour chez mon pere, à la table,
Sans barbe et chevelu, de visage accointable,
Jeune, doux et courtois, tu me gaignas le cœur;
Depuis je n'ay vescu qu'en peine et en langueur,
Souspirante pour toy et pour ton beau visage,
Qui m'a dedans l'esprit imprimé ton image;
Je ne fais que gemir, et pense nuit et jour
Le moyen de guarir mes pleurs et mon amour.
Aux charmes, pour l'oster, j'ay mis ma fantaisie,
Mais mon ame, qui vit de trop d'amour saisie,
Refuse tout confort; mon extreme secours
Est d'avoir, sans tarder, à ta grace recours,
Et t'embrasser tout nud, pendant que la Nuict brune
Conduira par le Ciel les chevaux de la Lune. »
. . . . . .

Second Livre des Hymnes

HYMNE DE L'AUTOMNE

A Claude de l'Aubepine

Le jour que je fu né, Apollon qui preside
Aux Muses, me servit en ce monde de guide,
M'anima d'un esprit subtil et vigoureux,
Et me fist de science et d'honneur amoureux.

En lieu des grans thresors et des richesses vaines,
Qui aveuglent les yeux des personnes humaines,
Me donna pour partage une fureur d'esprit,
Et l'art de bien coucher ma verve par escrit.
Il me haussa le cœur, haussa la fantaisie,
M'inspirant dedans l'ame un don de Poësie,
Que Dieu n'a concedé qu'à l'esprit agité
Des poignans aiguillons de sa Divinité.
Quand l'homme en est touché, il devient un Prophete,
Il predit toute chose avant qu'elle soit faite,
Il cognoist la nature et les secrets des Cieux,
Et d'un esprit bouillant s'eleve entre les Dieux.
Il cognoist la vertu des herbes et des pierres,
Il enferme les vents, il charme les tonnerres :
Sciences que le peuple admire, et ne sçait pas
Que Dieu les va donnant aux hommes d'ici-bas,
Quand ils ont de l'humain les ames separées,
Et qu'à telle fureur elles sont preparées
Par oraison, par jeusne et penitence aussi,
Dont aujourd'huy le monde a bien peu de souci.
Car Dieu ne communique aux hommes ses mysteres,
S'ils ne sont vertueux, devots et solitaires,
Eslongnez des tyrans, et des peuples qui ont
La malice en la main et l'impudence au front,
Brulez d'ambition et tourmentez d'envie,
Qui leur sert de bourreau tout le temps de leur vie.
Je n'avois pas quinze ans que les monts et les bois
Et les eaux me plaisoyent, plus que la Court des Rois,
Et les noires forests en fueillages voutées,
Et du bec des oiseaux les roches picotées;
Une valée, un antre, en horreur obscurci,
Un desert effroyable estoit tout mon souci,
A fin de voir au soir les Nymphes et les Fées,
Danser dessous la Lune en cotte par les prées,
Fantastique d'esprit, et de voir les Sylvains
Estre boucs par les pieds, et hommes par les mains,
Et porter sur le front des cornes en la sorte
Qu'un petit aignelet de quatre mois les porte.
J'allois apres la danse, et craintif je pressois
Mes pas dedans le trac des Nymphes, et pensois
Que pour mettre mon pied en leur trace poudreuse
J'aurois incontinent l'ame plus genereuse,
Ainsi que l'Ascrean qui gravement sonna

Quand l'une des neuf Sœurs du Laurier luy donna.
Or je ne fu trompé de ma jeune entreprise,
Car la gentille Euterpe, ayant ma dextre prise,
Pour m'oſter le mortel, par neuf fois me lava
De l'eau d'une fontaine où peu de monde va,
Me charma par neuf fois, puis, d'une bouche enflée,
Ayant dessus mon chef son haleine soufflée,
Me herissa le poil de crainte et de fureur,
Et me rempliſt le cœur d'ingenieuse erreur,
En me disant ainsi : « Puis que tu veux nous suivre,
Heureux apres la mort, nous te ferons revivre
Par longue renommée, et ton los ennobli,
Accablé du tombeau, n'ira point en oubli.
Tu seras du vulgaire appellé frenetique,
Insensé, furieux, farouche, fantaſtique,
Maussade, mal-plaisant, car le peuple médit
De celuy qui de mœurs aux siennes contredit.
Mais courage, Ronsard ! les plus doctes Poëtes,
Les Sibylles, Devins, Augures et Prophetes,
Huez, siflez, moquez des peuples ont eſté,
Et toutefois, Ronsard, ils disoyent verité.
N'espere d'amasser de grans biens en ce monde :
Une foreſt, un pré, une montaigne, une onde,
Sera ton heritage, et seras plus heureux
Que ceux qui vont cachant tant de thresors chez eux.
Tu n'auras point de peur qu'un Roy, de sa tempeſte,
Te vienne en moins d'un jour escarbouiller la teſte
Ou confisquer tes biens, mais, tout paisible et coy,
Tu vivras dans les bois pour la Muse et pour toy. »
Ainsi disoit la Nymphe, et de là je vins eſtre
Disciple de Dorat, qui long temps fut mon maiſtre,
M'appriſt la Poësie, et me monſtra comment
On doit feindre et cacher les fables proprement,
Et à bien desguiser la verité des choses
D'un fabuleux manteau, dont elles sont encloses.

. . . . . .

Second Livre des Hymnes

HYMNE DE L'HIVER

. . . . . .

Toute Philosophie est en deux divisée,
L'une est aiguë, et vive, et prompte, et advisée,
Qui sans paresse ou peur, d'un vol audacieux,
Abandonne la terre, et se promeine aux Cieux.
Hardis furent les cœurs, qui, les premiers, monterent
Au Ciel, et, d'un grand soin, les Astres affronterent.
Là, sans avoir frayeur des cloistres enflamez
Du monde où tant de corps divers sont enfermez,
Par leur vive vertu s'ouvrirent une entrée,
Et veirent jusqu'au sein la Nature sacrée.
Ils espierent Dieu, puis ils furent apres
Si fiers que de conter aux hommes ses secrets,
Et d'un esprit ardent eurent la cognoissance
De ce qui n'est point né, de ce qui prend naissance,
Et en pillant le Ciel, comme un riche butin,
Mirent dessous leurs pieds Fortune et le Destin.
L'autre Philosophie habite sous la nue
A qui tant seulement ceste terre est cognue
Sans se pousser au Ciel; le cœur, qui luy defaut,
Ne luy laisse entreprendre un voyage si haut.
Elle a pour son sujet les negoces civiles,
L'equité, la justice et le repos des villes,
Et, au chant de sa lyre, a fait sortir des bois
Les hommes forestiers et leur bailla des lois.
Elle sçait la vertu des herbes et des plantes,
Elle va dessous terre, aux crevasses béantes,
Tirer l'argent et l'or, et chercher de sa main
Le fer qui doit rougir en nostre sang humain.
Puis, à fin que le peuple ignorant ne mesprise
La vérité cognue, apres l'avoir apprise,
D'un voile bien subtil, comme les peintres font
Aux tableaux bien portraits, luy couvre tout le front,
Et laisse seulement, tout au travers du voile,
Paroistre ses rayons comme une belle estoile,
A fin que le vulgaire ait desir de chercher
La couverte beauté, dont il n'ose approcher.
Tel j'ay tracé cest Hymne, imitant l'exemplaire
Des fables d'Hesiode et de celles d'Homere.

. . . . . .

Second Livre des Hymnes

HYMNE DE BACCHUS

. . . . . .

O Dieu! je m'esbahis de la gorge innocente
Du bouc, qui tes autels à ta feſte ensanglante;
Sans ce pere cornu, tu n'eusses point trouvé
Le vin, par qui tu as tout le monde abreuvé.
Tu avisas un jour, par l'espais d'un bocage,
Un grand bouc, qui broutoit la lambrunche sauvage,
Et tout soudain qu'il eut de la vigne brouté,
Tu le vis chanceller tout yvre d'un coſté.
A l'heure tu pensas qu'une force divine
Eſtoit en cette plante, et bechant sa racine,
Soigneusement tu fis ses sauvages raisins,
En l'an suivant apres, adoucir en bons vins.
Apres, ayant pitié de noſtre race humaine,
Qui pour lors eſtanchoit sa soif en la fontaine,
Tu voulus tournoyer toute la terre, à fin
D'enseigner aux humains l'usage de ton vin.
Tu montas sur un char que deux Lynces farouches
Trainoyent d'un col felon, maschantes en leur bouches
Un frein d'Or écumeux; leur regard eſtoit feu,
Pareil aux yeux de ceux, qui de nuiſt ont trop beu.
Un manteau Tyrien s'escouloit sur tes hanches,
Un chapelet de lis meslez de roses franches,
Et de fueille de vigne et de lierre espars,
Voltigeant, ombrageoit ton chef de toutes pars.
Devant ton char pompeux marchoyent l'Ire et la Crainte,
Les peu-sobres Propos, et la Colere, teinte
D'un vermillon flambant, le Vice et la Vertu,
Le Somme, et le Discord, d'un corselet veſtu.
Son asne talonnoit le bon vieillard Silene,
Portant le van myſtiq sus une lance pleine
De pampre, et publioit, d'une tremblante voix,
De son jeune enfançon les feſtes et les loix.
A son cri sauteloyent le troupeau des Menades,
Des Pans et des Sylvains, des Lenes et Thyades,
Et, menans un grand bruit de cors et de tabours,
Faisoyent trembler d'effroy les villes et les bours,
Par où le char passoit. Leurs tresses secouées,
A l'abandon du vent, erroyent entre-nouées

De longs serpens privez, et leur main brandissoit
Un dard, qu'un cep de vigne à l'entour tapissoit.
Que tu prenois, Bacchus, en ton cœur de liesse
De voir sauter de nuit une hurlante presse,
Qui, couverte de peaux, sous les antres balloyent,
Quand, les trois ans passez, tes festes appelloyent!
Et quel plaisir de voir les vierges Lydiennes,
Ou celles de Phrygie, ou les Meoniennes,
Dans les prez Asians, carollant à l'entour
Du bord Meandrien, contre-imiter son tour!
Elles, en ton honneur, d'une boucle azurée,
Graffoyent sur les genoux leur cotte figurée,
Et trepignans en rond, ainsi que petits fans,
En ballant, sauteloyent; de tous costez les vents,
Amoureux de leur sein, par soüeves remises,
S'entonnoyent doucement es plis de leurs chemises,
Tout le Ciel respondant, sous le bruit enroué
Des balleurs, qui chantoyent : *Evan ! Iach ! Evoé !*

. . . . . .

Pere, où me traines-tu ? que veux-tu plus de moy ?
Et quoy! n'ay-je pas, Pere, assez chanté de toy ?
Evoé ! je forcene, ah! je sens ma poitrine
Chaude des gros bouillons de ta fureur divine.
Ah! Bassar, je te voy, et tes yeux rougissans,
Et flottant sur ton col tes cheveux blondissans.
J'ay perdu, Cuisse-né, mon vagabond courage,
Qui suit ton saint Orgie, emporté de ta rage;
Je sens mon cœur trembler, tant il est agité
Des poignans aiguillons de ta divinité;
Donne moy d'une part ces cors et ces clochettes,
Ces tabours d'autre part, de l'autre ces sonnettes.
Qu'un beguin serpentin me serre les cheveux,
Herissez de lierre et de vigne aux longs nœuds,
Et que l'esprit d'Æole en soufflant les tourmante
Comme la fueille esparse es chesnes d'Erymanthe.
Il me semble en esprit que, de pieds mal-certains,
Sans mesure et sans art, matassinant des mains,
Dansent autour de moy les folles Edonides,
Par les deserts neigeux des rivages Hebrides,
Hurlant en voix aiguë, et par force joignant
Leurs chefs escervelez sous le thyrse poignant.
Et moy, vague d'esprit, soufflant à grosse haleine,
Conduit de trop de vin, je cours parmi la plaine

A jambe chancelante, allant, Chantre, devant
Ton Orgie sacré, qui mes pas va suivant,
Orgie, ton mystere aux peuples admirable,
Caché secret, au fond d'un panier venerable,
Que porte une Menade, et sur lequel en vain,
Un homme lay mettroit, pour le prendre, la main,
Avant qu'il fust lavé par sept ou neuf soirées
Es sources de Parnasse, aux neuf Muses sacrées.
Jà la terre fremist sous les pieds furieux,
Jà la nue poudreuse oste le jour aux yeux,
Tant les champs sont foulez des troupeaux des Evantes,
Qui vont jusques au Ciel les poudres elevantes.
A leur fol arriver, les oiseaux parmi l'air,
D'un tel bruit estonnez, cessent de plus voler,
Se cachant par les bois, et les feres troublées
De peur se vont tapir au profond des vallées,
Et les fleuves peureux, du bruit esmerveillez,
Appellent sous les eaux leurs peuples escaillez.
La Jeunesse et l'Amour et les Graces te suivent,
Sans ta douce fureur les voluptez ne vivent.
Le jeu, la bonne chere et la danse te suit;
Quelque part où tu sois, le desplaisir s'enfuit,
Le chagrin et l'ennuy, plus soudain que la nue
Ne fuit du vent Boré la contraire venue.
Que diray plus de toy? d'un nœud impatient,
Tu vas hommes et Dieux sous ton thyrse liant.
Alme pere Denys, tu es beaucoup à craindre,
Qui contrains un chacun, et nul te peut contraindre.
. . . . . .
Toy, grand toy, sainct toy, Dieu, tu flechis les rivieres,
Tu appaises les mers, quand plus elles sont fieres.
Tu fis rouler le vin de maint rocher crevé,
Et par toy le doux miel es chesnes fut trouvé.
La Musique te doit; les peuples et les villes
Te doivent leurs rampars et leurs reigles civiles;
La liberté te doit, qui aime mieux s'offrir
A la mort que se voir sous un Tyran souffrir;
La vérité te doit, et te doivent encore
Toutes religions, dont les Dieux on adore.
Tu rens l'homme vaillant, tu adjoins au conseil
De celuy qui te croit, un pouvoir nompareil.
Par toy les Devineurs, troublez en leurs poitrines,
Fremissent sous le joug de tes fureurs divines.

Tu fais germer la terre, et de vives couleurs
Tu bigarres les prez orgueillis de leurs fleurs.
Tu desdaignes l'Enfer, tu restaures le monde
De ta longue jeunesse et de ta tresse blonde :
Tousjours un sans estre un, qui te fais et desfais,
Qui meurs de jour en jour, et si ne meurs jamais.
Par toy, Pere, chargez de ta douce Ambrosie,
Nous elevons au Ciel l'humaine fantaisie,
Portez dedans ton char, et d'hommes vicieux,
Purgez de ta liqueur osons monter aux Cieux,
Et du grand Jupiter nous assoir à la table.
Je te salue, ô Roy, le Lychnite admirable
Des hommes et des Dieux, je te salue encor
En faveur de Brinon, qui, d'une tasse d'or
Pleine de malvoisie, en sa maison t'appelle
Avec ton vieil Silene et ta mere Semele.

Second Livre des Hymnes

HYMNE DE LA MORT

A Louis des Masures

. . . . . .
Que ta puissance, ô Mort, est grande et admirable!
Rien au monde par toy ne se dit perdurable,
Mais, tout ainsi que l'onde aval des ruisseaux fuit
Le pressant coulement de l'autre qui la suit,
Ainsi le temps se coule, et le present fait place
Au futur importun, qui les talons luy trace.

. . . . . .
Mais nostre ame immortelle est tousjours en un lieu,
Au change non sujette, assise aupres de Dieu,
Citoyenne à jamais de la ville etherée,
Qu'elle avoit si long temps en ce corps desirée.
Je te salue, heureuse et profitable Mort,
Des extremes douleurs, medecin et confort.
Quand mon heure viendra, Deesse, je te prie,
Ne me laisse longtemps languir en maladie,

Tourmenté dans un lict; mais puis qu'il faut mourir,
Donne-moy que soudain je te puisse encourir,
Ou pour l'honneur de Dieu, ou pour servir mon Prince,
Navré d'une grand' playe au bord de ma province.

Second Livre des Hymnes

DISCOURS

A TRÈS ILLUSTRE ET VERTUEUSE PRINCESSE MARIE STUART, REINE D'ÉCOSSE

. . . . . .
La Nature a tousjours dedans la mer lointaine,
Par les bois, par les rocs, sous des monceaux d'areine,
Recelé les beautez, et n'a point à nos yeux
Monstré ce qui estoit le plus delicieux :
Les perles, les rubis sont enfans des rivages,
Et tousjours les odeurs sont aux terres sauvages.
. . . . . .

Premier Livre des Poèmes

DISCOURS

A SCEVOLE DE S^{TE} MARTHE

. . . . . .
J'estois un jour amoureux d'une Dame
Qui d'outre en outre avoit percé mon ame
De ses beaux yeux; plus mon cœur s'allumoit
Mourant pour elle, et moins elle m'aimoit,
De mon tourment apparoissant plus belle,
Et sa beauté la rendoit plus cruelle.
. . . . . .

. . . . . .
Quand du haut ciel les ames abaissées
Dedans les corps languissent oppressées
De la matiere et du pesant fardeau,
Je leur esclaire aux rais de mon flambeau;

Je les resveille et leur preste mes ailes
Pour revoler es maisons eternelles
Par le bien-fait de contemplation.
Car de l'Amour la plus belle action
Est de rejoindre en charité profonde
L'ame à son Dieu tandis qu'elle est au monde.
. . . . . .

Premier Livre des Poèmes

L'HYLAS

. . . . . .

Tandis qu'Hylas, jeune, gaillard et brusque,
Aux blanches mains, à la longue perruque,
Au beau visage, à l'œil noir et serain,
Prist une cruche aux deux anses d'airain,
Et seul entra dans la forest prochaine,
Pour chercher l'eau d'une belle fontaine.
Comme il alloit, les freres qui avoyent
Ailes au dos, amoureux, le suivoyent,
Volant sur luy, pour baiser sa chair blanche;
Il destournoit l'embusche d'une branche,
Marchant tousjours pour soudain retourner
Avant qu'Hercule n'arrivast disner.
Il nourrissoit l'enfant pour tel office;
En ce seul fait il luy faisoit service,
Car en mangeant Hercule ne beuvoit
Que la seule eau dont l'enfant l'abreuvoit,
Ny Telamon, comme fortune assemble
Deux grans amis en une table ensemble.
C'est un tresor que la bonne Amitié,
Quand un ami retrouve sa moitié.
Or cest enfant, comme son pied le meine,
Dans la forest ombreuse se pourmeine,
Errant par tout, ains qu'aviser le bord
De la fontaine où l'attendoit la mort.

. . . . . .

Ceste fontaine estoit tout-à-l'entour
Riche d'esmail et de fleurs, que l'Amour
De corps humain fist changer en fleurettes
Peintes du teint des palles amourettes :

Le lis sauvage, et la rose, et l'œillet,
Le roux souci, l'odorant serpoullet,
Le bleu glayeul, les hautes gantelées,
La pasquerette aux feuilles piolées,
La giroflée et le passe-velours,
Et le narcis qui ne vit que deux jours,
Et ceſte fleur que l'avril renouvelle,
Et qui du nom des Satyres s'appelle...

. . . . . .
Un chesne large ombrageoit l'onde noire;
Faunes, Sylvains n'y venoyent jamais boire,
Ains de bien loin s'enfuyoient esbahis;
Maison sacrée aux Nymphes du païs,
Et au Printemps, qui de sa douce haleine
Embasmoit l'air, les foreſts et la plaine,
Que les paſteurs en frayeur honoroyent,
Et de bouquets les rives decoroyent.
Un ombre lent par petite secousse
Erroit dessus, ainsi que le vent pousse,
Pousse et repousse, et pousse sur les eaux
L'entrelassure ombreuse des rameaux.
Là meinte source en bouillons sablonneuse,
Faisant jallir meinte conque perleuse,
Peindoit les bords de passemens divers,
De gravois gris, rouges, jaunes et pers.
Là carolloyent à tresses descoifées
De main à main les Nymphes et les Fées,
Foulant des pieds les herbes d'alentour,
Puis dessous l'eau se cachoyent tout le jour.
. . . . . .

Tandis Hylas de la gauche s'appuye
Dessus le bord, de l'autre tient la buye,
Qu'à front panché laisse tomber en l'eau;
L'eau qui s'engouffre au ventre du vaisseau,
Fiſt un grand bruit; en-ce-pendant Printine,
Ardante au cœur d'une telle rapine,
Sa gauche main finement approcha,
Et du garçon le col elle accrocha;
Coup dessus coup le baise et le rebaise
En l'attirant, à fin que plus à l'aise
Sa pesanteur l'emportaſt contre-bas;

Puis de la dextre elle happa le bras
Dont il tenoit le vaisseau, et s'efforce
De le tirer sous l'onde à toute force.
Hylas crioit et resiſtoit en vain;
Dedans le gouffre il tomba tout soudain.

. . . . . .

Premier Livre des Poèmes

EXCELLENCE DE L'ESPRIT

. . . . . .

Comme une bonne mère, apres que son fils dort
Couché seul au berceau, hors de la chambre sort,
Et dedans un jardin s'esbat et se promeine
Jusqu'à tant que le soin de son fils la r'ameine,
Duquel elle eſt soigneuse, et le trouvant seulet,
Descouvre sa mammelle et luy donne du laiċt;
Ainsi noſtre ame sort, quand noſtre corps repose,
Comme d'une prison où elle eſtoit enclose,
Et en se promenant et jouant par les cieux,
Son pays naturel, banquete avec les Dieux;
Puis, ayant bien mangé de la sainċte Ambrosie,
Redevalle en son corps pour le remettre en vie,
Qui pasmé sommeilloit, et qui soudain mourroit,
Si l'ame à retourner trop long temps demeuroit.
Si toſt qu'elle eſt rentrée, elle luy communique
Ce qu'elle apprend de Dieu, luy monſtre la pratique
Du mouvement du ciel, luy merque les grandeurs
Des Aſtres etherez, leur force et leurs splendeurs,
Des grands et des petits; car, comme en une ville
Où chacun garde bien la police civile,
On voit les Senateurs au premier rang marchans
Tenir leur gravité, au second les marchans,
Au tiers les artizans, au quart la populace;
Ainsi dedans le ciel les Aſtres ont leur place
Et leur propre degré, grands, petits et moyens,
De la maison du ciel eternels citoyens.
Elle luy dit apres s'il y a d'autres Mondes,
Si Nature reçoit les formes vagabondes,
Si le Soleil, si Mars, et si la Lune aussi
D'hommes sont habitez, comme eſt la terre icy

De villes, de forests, de prez et de rivieres;
Si leurs corps sont formez de plus simples matieres
Que les nostres mortels, qui sont faits grossement
Comme habitans ce sombre et grossier Element.
Luy dit comme se fait la foudre dans les nues,
Les gresles, les frimats, et les pluyes menues,
Vents, neiges, tourbillons, et luy fait mesurer
Le ciel, la mer, la terre, à fin de l'assurer
Par mysteres si hauts, que nostre ame est divine,
Ayant prise de Dieu sa premiere origine.
. . . . . .

Second Livre des Poèmes

RÉPONSE AUX INJURES ET CALOMNIES

. . . . . .
M'esveillant au matin, devant que faire rien,
J'invoque l'Eternel, le pere de tout bien,
Le priant humblement de me donner sa grace
Et que le jour naissant sans l'offenser se passe;
Qu'il chasse toute secte et tout erreur de moy,
Qu'il me vueille garder en ma premiere foy,
Sans entreprendre rien qui blesse ma province,
Tres-humble observateur des loix et de mon Prince.
Apres je sors du lict, et quand je suis vestu,
Je me range à l'estude et apprens la vertu,
Composant et lisant suivant me destinée,
Qui s'est des mon enfance aux Muses enclinée;
Quatre ou cinq heures seul je m'arreste enfermé;
Puis, sentant mon esprit de trop lire assommé,
J'abandonne le livre et m'en vais à l'eglise;
Au retour, pour plaisir, une heure je devise,
De là je viens disner, faisant sobre repas,
Je rends graces à Dieu; au reste je m'esbas.
Car, si l'apres-disnée est plaisante et sereine,
Je m'en vais promener tantost parmy la plaine,
Tantost en un village, et tantost en un bois,
Et tantost par les lieux solitaires et cois :
J'aime fort les jardins qui sentent le sauvage,
J'aime le flot de l'eau qui gazouille au rivage.

Là, devisant sur l'herbe avec un mien amy,
Je me suis par les fleurs bien souvent endormy
A l'ombrage d'un saule, ou, lisant dans un livre,
J'ay cherché le moyen de me faire revivre,
Tout pur d'ambition et des soucis cuisans,
Miserables bourreaux d'un tas de mesdisans
Qui font, comme ravis, les prophetes en France,
Pipans les grands seigneurs d'une belle apparence.
Mais quand le Ciel est triste et tout noir d'espesseur,
Et qu'il ne fait aux champs ny plaisant ny bien seur,
Je cherche compagnie, ou je jouë à la prime,
Je voltige ou je saute, ou je lutte ou j'escrime,
Je dy le mot pour rire, et à la verité
Je ne loge chez moy trop de severité.
Puis, quand la nuict brunette a rangé les estoiles,
Encourtinant le ciel et la terre de voiles,
Sans soucy je me couche, et là, levant les yeux
Et la bouche et le cœur vers la voute des cieux,
Je fais mon oraison, priant la Bonté haute
De vouloir pardonner doucement à ma faute.
. . . . . .

Aussi tost que la Muse eust enflé mon courage,
M'agitant brusquement d'une gentille rage,
Je senti dans mon cœur un sang plus genereux,
Plus chaud et plus gaillard, qui me fist amoureux.
A vingt ans je fu pris d'une belle maistresse,
Et, voulant par escrit tesmoigner ma destresse,
Je vy que des François le langage trop bas
A terre se trainoit sans ordre ny compas;
Adonques, pour hausser ma langue maternelle,
Indonté du labeur, je travaillay pour elle,
Je fis des mots nouveaux, je r'appellay les vieux,
Si bien que son renom je poussay jusqu'aux Cieux.
Je fis, d'autre façon que n'avoyent les antiques,
Vocables composez et phrases poëtiques,
Et mis la Poësie en tel ordre qu'apres
Le François fut egal aux Romains et aux Grecs.
. . . . . .

JOACHIM DU BELLAY

1525-1560

JOACHIM DU BELLAY

LA MUSAGNŒOMACHIE

. . . . . .
Les scadrons aventureux
Des abeilles fremissantes
Forment leur miel savoureux
Des fleurs sans ordre naissantes
Par les plaines verdissantes.
Tel est le vol de mes vers,
Qui portent ces noms divers,
Discourant parmi le monde
D'une trace vagabonde.
Mais rien choisir je ne puis
Au grand thesor qui m'abonde,
Tant riche pauvre je suis.

Le grand visage des cieux,
Quand le char de la nuit erre,
Ne rit avecques tant d'yeux
A la face de la terre :
Et l'Inde riche n'enserre
Tant de perles et thesors,
Que la France dans son corps
Cache d'enfans poëtiques :
Qui en sonnez et cantiques,
Qui en tragiques sangloz
Font revivre les antiques
Au seing de la mort enclos.

. . . . . .
Je veux un arc elever
Sur deux colomnes Doriques,
Pour vostre gloire y graver
En cent moulures antiques.

Là, diront mile cantiques
Les jeunes, qui ont choisi
Le thesor presque moisi
De la vieille Poësie,
D'une honneste jalousie
Enflammez par la saveur
Qui distile en l'Ambrosie
De la royale faveur.
En ton nectar adouci,
Muse, enyvre ton eponge,
Pour desaigrir le souci
Qui la poitrine me ronge.

CONTRE LES POÈTES ENVIEUX

. . . . . .
Volez, bienheureux oiseaux,
Messagers de la victoire
Sur les eternelles eaux
Des filles de la Memoire.
Je voy venir la gent noire.
Mile corbeaux envieux,
Qui du bord oblivieux
Et des chaulx rivages Mores
Icy revolans encores,
Troublent d'un son eclattant
Les nouveaux Cignes, qui ores
Par la France vont chantant.
. . . . . .

D'où vient ce plumage blanc,
Qui ma forme premiere emble ?
Desja l'un et l'autre flanc
Dessous une aele me tremble.
Nouveau Cigne, ce me semble,
Je remply l'air de mes criz.
Mes aeles sont mes ecriz,
Et je porte par le monde
La memoire vagabonde
De mon Prince non pareil,
Des l'Aurore jusq'à l'onde
Où se baigne le Soleil.

TOMBEAU
DE MARGUERITE DE NAVARRE

. . . . . .
Devant le Siege eternel
Du grand Throne de victoire
Au Seul qui est supernel
Tu chantes salut et gloire.

Ores tu as en ta main
Les offrandes qui sont sainctes,
Le vrai encens, le vrai pain,
Et les prieres non faintes.

La fain, la soif, et le chault,
Et les froidures malignes
Ne te suyvront point la hault
Parmy les trouppes divines.
. . . . . .

Ja l'Aignau qui va devant
Te guide aux fontaines vives.
Ja du Pain qui est vivant
L'Eternel veult que tu vives.

Qui contera les plaisirs
De la couche composée
Qui joinct d'eternelz desirs
Et l'Epoux et l'Epousée ?

Qui contera les baisers
Conjoinctz d'une saincte flâme,
Et les delices tant chers
De l'Eternel et de l'Ame ?

Qui dira combien seront
De faveurs applaudissantes,
Qui par tout resonneront
Aux salles resplendissantes ?

Tu orras la sainſte voix
De la feſte nuptiale,
Et le Sainct dit par trois fois
Sera la voix geniale.

Chante Lumiere et Honneur,
Grace, Vertu et Sagesse,
Ainsi qu'elle eſt au Seigneur,
Eſtoit, et sera sans cesse.

PROSPHONEMATIQUE
AU ROI TRÈS CHRÉTIEN HENRI II

. . . . . .
Seine dormoit au plus creux de ses ondes,
Mais te sentant de sa rive approcher,
A mis dehors ses belles tresses blondes,
Et s'eſt assise au coupeau d'un rocher.
Ses filles lors, qui à my-corps y nouent,
Diversement à l'entour d'elle jouent.

Marne peignoit ses beaux cheveux liquides,
Qui luy armoint et l'un et l'autre flanc :
Oyze au soleil seichoit les siens humides,
Les separant sur son col net & blanc :
Et de ces jongz, Yonne, que tu portes,
Tu en tissois chapeaux de mile sortes.

Recueil de Poésie

LA COMPLAINTE DU DÉSESPÉRÉ

. . . . . .
Au vaze eſtroiſt, qui degoute
Son eau, qui veult sortir toute,
Ores semblable je suis :
Et fault (o plainte nouvelle)
Que mes plainſtz je renovelle,
Dont plaindre assez je ne puis.

Quand toutes les eaux des nües
Seroient larmes devenues,
Et quand tous les ventz congnuz
De la charette importune,
Qui fend les champs de Neptune,
Seroient soupirs devenuz :

Quand toutes les voix encores
Complaintes deviendroient ores,
Si ne me suffiroient point
Les pleurs, les soupirs, le plaindre
A vivement contrefeindre
L'ennuy qui le cœur me poingt.

Ainsi que la fleur cuillie
Ou par la Bize assaillie
Pert le vermeil de son teinct,
En la fleur du plus doulx aage
De mon palissant visage
La vive couleur s'esteinct.

Une languissante nuë
Me sille desja la vëue,
Et me souvient en mourant
Des doulces rives de Loyre,
Qui les chansons de ma gloyre
Alloit jadis murmurant :

. . . . . .

Les bledz ayment la rousée,
Dont la plaine est arrousée :
La vigne ayme les chaleurs,
Les abeilles les fleurettes,
Et les vaines amourettes
Les complaintes et les pleurs.

Mais la douleur vehemente,
Qui maintenant me tormente,
A repoussé loing de moy
Telle fureur insensée,
Pour enter en ma pensée
Le trait d'un plus juste esmoy.

. . . . . .

Qu'ay-je depuis mon enfance
Sinon toute injuste offence
Senty de mes plus prochains ?
Qui ma jeunesse passée
Aux tenebres ont laissée,
Dont ores mes yeux sont plains.

. . . . . .

Tout ce que le ciel entourne,
Fuyt, refuyt, tourne & retourne,
Comme les flotz blanchissans,
Que la mer venteuse pousse,
Alors qu'elle se courrousse
Contre ses bords gemissans.

. . . . . .

Mais la tristesse profonde,
Qui d'ung pié ferme se fonde
Au plus secret de mon cœur,
Seule immuable demeure,
Et contre moy d'heure en heure
Acquiert nouvelle vigueur.

. . . . . .

Mais le mal, qui me reveille,
Ne permet que je sommeille
Ung seul moment de la nuict,
Sinon que l'ennuy m'assomme
D'ung espoüantable somme,
Qui plus que le veiller nuyt.

. . . . . .

Mauldicte donq' la lumiere
Qui m'esclaira la premiere,
Puys que le ciel rigoreux
Assujetit ma naissance
A l'indomtable puissance
D'ung astre si malheureux.

. . . . . .

Divine majesté haulte,
D'où me viennent, sans ma faulte,

Tant de remors furieux ?
O malheureuse innocence,
Sur qui ont tant de licence
Les astres injurieux !

Heureuse la creature
Qui a fait sa sepulture
Dans le ventre maternel !
Heureux celuy dont la vie
En sortant s'est veu ravie
Par un sommeil eternel !

. . . . . .

L'OLIVE

XIV

Le fort sommeil, que celeste on doibt croyre,
Plus doulx que miel, couloit aux yeulx lassez,
Lors que d'amour les plaisirs amassez
Entrent en moy par la porte d'ivoyre.

J'avoy' lié ce col de marbre, voyre
Ce sein d'albastre, en mes bras enlassez,
Non moins qu'on void les ormes embrassez
Du sep lascif, au fecond bord de Loyre.

Amour avoit en mes lasses mouëlles
Dardé le traict de ses flammes cruelles,
Et l'ame erroit par ces levres de roses,

Preste d'aller au fleuve oblivieux,
Quand le reveil, de mon ayse envieux,
Du doulx sommeil a les portes decloses.

XVII

J'AY veu, Amour, (et tes beaulx traictz dorez
M'en soient tesmoings), suyvant ma souvereine,
Naistre les fleurs de l'infertile arene
Apres ses pas dignes d'estre adorez :

Phebus honteux ses cheveulx honorez
Cacher, alors que les vents par la plaine
Eparpilloient de leur souëfve halaine
Ceulx là qui sont de fin or colorez :

Puis s'en voler de chascun œil d'icelle
Jusques au ciel une vive etincelle,
Dont furent faictz deux astres clers et beaux,

Favorisans d'influences heureuses
(O feux divins! o bienheureux flambeaulx!)
Tous cœurs bruslans aux flammes amoureuses.

LXXXIV

SEUL et pensif par la deserte plaine
Resvant au bien qui me faict doloreux,
Les longs baisers des collombs amoureux
Par leur plaisir firent croître ma peine.

Heureux oiseaux, que vostre vie est pleine
De grand' doulceur! ô baisers savoureux!
O moy deux fois et trois fois malheureux,
Qui n'ay plaisir que d'esperance vaine!

Voyant encor' sur les bords de mon fleuve
Du sep lascif les longs embrassements,
De mes vieulx maulx je fy' nouvelle épreuve.

Suis-je donq' veuf de mes sacrez rameaux?
O vigne heureuse! heureux enlacements!
O bord heureux! o bien heureux ormeaux!

CXIII

Sɪ noſtre vie eſt moins qu'une journée
En l'eternel, si l'an qui faiſt le tour
Chasse nos jours sans espoir de retour,
Si perissable eſt toute chose née,

Que songes-tu, mon ame emprisonnée ?
Pourquoy te plaiſt l'obscur de noſtre jour,
Si pour voler en un plus cler sejour,
Tu as au dos l'aele bien empanée ?

La, eſt le bien que tout esprit desire,
La, le repos où tout le monde aspire,
La, eſt l'amour, la, le plaisir encore.

La, o mon ame au plus hault ciel guidée !
Tu y pouras recongnoiſtre l'Idée
De la beauté, qu'en ce monde j'adore.

LES REGRETS

IX

Fʀᴀɴᴄᴇ, mere des arts, des armes et des loix,
Tu m'as nourry long temps du laiſt de ta mamelle :
Ores, comme un aigneau qui sa nourrisse appelle,
Je remplis de ton nom les antres et les bois.

Si tu m'as pour enfant advoué quelquefois,
Que ne me respons-tu maintenant, o cruelle ?
France, France, respons à ma triſte querelle.
Mais nul, sinon Echo, ne respond à ma voix.

Entre les loups cruels j'erre parmy la plaine,
Je sens venir l'hyver, de qui la froide haleine
D'une tremblante horreur fait herisser ma peau.

Las, tes autres aigneaux n'ont faute de pasture.
Ils ne craignent le loup, le vent ny la froidure:
Si ne suis-je pourtant le pire du troppeau.

XX

Heureux, de qui la mort de sa gloire est suivie,
Et plus heureux celuy dont l'immortalité
Ne prend commencement de la posterité,
Mais devant que la mort ait son ame ravie.

Tu jouis (mon Ronsard) mesmes durant ta vie,
De l'immortel honneur que tu as merité :
Et devant que mourir (rare felicité)
Ton heureuse vertu triomphe de l'envie.

Courage donc (Ronsard) la victoire est à toy
Puis que de ton costé est la faveur du Roy :
Ja du laurier vainqueur tes tempes se couronnent,

Et ja la tourbe espesse à l'entour de ton flanc
Ressemble ces esprits, qui là bas environnent
Le grand prestre de Thrace au long sourpely blanc.

XXXI

Heureux qui, comme Ulysse, a fait un beau voyage,
Ou comme cestuy là qui conquit la toison,
Et puis est retourné, plein d'usage et raison,
Vivre entre ses parents le reste de son aage!

Quand revoiray-je, helas, de mon petit village
Fumer la cheminee, et en quelle saison
Revoiray-je le clos de ma pauvre maison,
Qui m'est une province, et beaucoup d'avantage ?

Plus me plaiſt le sejour qu'ont baſty mes ayeux,
Que des palais Romains le front audacieux :
Plus que le marbre dur me plaiſt l'ardoise fine,

Plus mon Loyre Gaulois que le Tybre Latin,
Plus mon petit Lyré que le mont Palatin,
Et plus que l'air marin la doulceur Angevine.

XXXIV

Comme le marinier, que le cruel orage
A long temps agité dessus la haulte mer,
Ayant finablement à force de ramer
Garanty son vaisseau du danger du naufrage,

Regarde sur le port, sans plus craindre la rage
Des vagues ny des vents, les ondes escumer :
Et quelqu'autre bien loing, au danger d'abysmer
En vain tendre les mains vers le front du rivage :

Ainsi (mon cher Morel) sur le port arreſté
Tu regardes la mer, et vois en seureté
De mille tourbillons son onde renversee :

Tu la vois jusqu'au ciel s'eslever bien souvent,
Et vois ton Dubellay à la mercy du vent
Assis au gouvernail dans une nef persee.

CXXX

Et je pensois aussi ce que pensoit Ulysse,
Qu'il n'eſtoit rien plus doulx que voir encor' un jour
Fumer sa cheminee, et apres long sejour
Se retrouver au sein de sa terre nourrice.

Je me resjouissois d'eſtre eschappé au vice,
Aux Circes d'Italie, aux Sirenes d'amour,
Et d'avoir rapporté en France à mon retour
L'honneur que l'on s'acquiert d'un fidele service.

Las, mais apres l'ennuy de si longue saison,
Mille souciz mordans je trouve en ma maison,
Qui me rongent le cœur sans espoir d'allegeance.

Adieu donques (Dorat) je suis encor' Romain,
Si l'arc que les neuf Sœurs te meirent en la main
Tu ne me preste icy, pour faire ma vengeance.

LES LOUANGES D'AMOUR

Le cler ruysselet courant,
　　　Murmurant
Aupres de l'hospitale umbre
Plaist à ceux qui sont lassez,
　　　Et pressez
De chault, de soif et d'encombre.
. . . . . .

Ces eaux cleres et bruyantes,
　　　Eaux fuyantes
D'un cours assez doulx et lent,
Donneront quelque froideur
　　　A l'ardeur
De mon feu trop violent.
. . . . . .

Le Roy, le Pere des Dieux
　　　Tient les cieux
Dessoubz son obeïssance,
Neptune la mer tempere,
　　　Et son frere
Sur les enfers a puissance.

Mais ce petit Dieu d'aymer,
　　　Ciel et mer,
Et le plus bas de la terre,
D'un sceptre victorieux,
　　　Glorieux,
Soulz son pouvoir tient et serre.
. . . . . .

Par luy tout genre d'oyzeaux
          Sur les eaux
Et par les boys s'entretient.
Tout animal de servaige
          Et sauvaige
De luy son essence tient.

Par ce petit Dieu puissant,
          Delaissant
Le doulx gyron de la mere,
La vierge femme se treuve,
          Et fait preuve
De la flamme doulceamere.

Que me chaut si on le blasme,
          Et sa flamme ?
Amour ne scait abuser :
Et ceux qui mal en recoyvent,
          Ne le doyvent,
Mais eux mesmes, accuser.

Amour eſt tout bon et beau,
          Son flambeau
N'enflamme les vicieux :
Juſte eſt et de simple foy,
          C'eſt pourquoy
Il eſt tout nu & sans yeux.
. . . . . .

La jeunesse (helas) nous fuyt,
          Et la suyt
Le froid aage languissant :
Adonques sont inutiles
          Les scintiles
Du feu d'Amour perissant.

Ode III

DU RETOUR DU PRINTEMPS

A Jean Dorat

De l'hyver la triste froydure
Va sa rigueur adoucissant,
Et des eaux l'ecorce tant dure
Au doulx zephire amolissant.
  Les oyzeaux par les boys
  Ouvrent à cete foys
  Leurs gosiers etreciz,
  Et plus soubz durs glassons
  Ne sentent les poissons
  Leurs manoirs racourciz.

La froide humeur des montz chenuz
Enfle deja le cours des fleuves,
Deja les cheveux sont venuz
Aux forestz si longuement veufves.
  La terre au ciel riant
  Va son teint variant
  De mainte couleur vive :
  Le ciel (pour luy complaire)
  Orne sa face claire
  De grand' beauté nayve.

Venus ose ja sur la brune
Mener danses gayes et cointes
Aux pasles rayons de la lune,
Ses Graces aux Nymphes bien jointes.
  Maint Satyre outraigeux,
  Par les boys umbraigeux,
  Ou du haut d'un rocher,
  (Quoy que tout brusle et arde)
  Etonné les regarde,
  Et n'en ose approcher.

. . . . . .

Ode VIII

D'UN VANNEUR DE BLÉ,
AUX VENTS

A vous troppe legere,
Qui d'aele passagere
Par le monde volez,
Et d'un sifflant murmure
L'ombrageuse verdure
Doulcement esbranlez,

J'offre ces violettes,
Ces lis, et ces fleurettes,
Et ces roses icy,
Ces vermeillettes roses,
Tout freschement écloses,
Et ces œilletz aussi.

De vostre doulce halaine
Eventez ceste plaine,
Eventez ce sejour :
Ce pendant que j'ahanne
A mon blé, que je vanne
A la chaleur du jour.

Jeux Rustiques III

AUTRE BAISER

QUAND ton col de couleur de rose
Se donne à mon embrassement,
Et ton œil languist doulcement
D'une paupiere à demy close,

Mon ame se fond du desir
Dont elle est ardentement pleine,
Et ne peult souffrir à grand'peine
La force d'un si grand plaisir.

Puis quand j'approche de la tienne
Ma levre, et que si pres je suis,
Que la fleur recuillir je puis
De ton haleine Ambrosienne :

Quand le souspir de ces odeurs,
Ou noz deux langues qui se jouënt
Moitement folastrent et nouënt,
Evente nos doulces ardeurs,

Il me semble estre assis à table
Avec les Dieux, tant suis heureux.
Et boire à longs traicts savoureux
Leur doulx breuvage delectable.

Si le bien qui au plus grand bien
Est plus prochain, prendre on me laisse,
Pourquoy ne permets-tu, maistresse,
Qu'encores le plus grand soit mien ?

As-tu peur que la jouissance
D'un si grand heur me face Dieu,
Et que sans toy je vole au lieu
D'eternelle resjouissance ?

Belle, n'aye peur de cela,
Par tout où sera ta demeure,
Mon ciel jusqu'à tant que je meure,
Et mon paradis sera là.

Jeux Rustiques, XXIV

LOUISE LABÉ

1526-1566

LOUISE LABÉ

SONNETS

VI

On voit mourir toute chose animée,
Lorsque du corps l'âme subtile part;
Je suis le corps, toi la meilleure part :
Où es-tu donc, ô âme bien aimée ?

Ne me laisse pas si longtemps pâmée
Pour me sauver après viendrais trop tard,
Las! ne mets point ton corps en ce hasard :
Rends-lui sa part et moitié estimée.

Mais fais, ami, que ne soit dangereuse
Cette rencontre et revue amoureuse,
L'accompagnant, non de sévérité,

Non de rigueur, mais de grâce amiable,
Qui doucement me rende ta beauté,
Jadis cruelle, à présent favorable.

VII

Je vis, je meurs; je me brûle et me noie;
J'ai chaud extrême en endurant froidure :
La vie m'est et trop molle et trop dure.
J'ai grands ennuis entremêlés de joie.

Tout à un coup je ris et je larmoie,
Et en plaisir maint grief tourment j'endure;
Mon bien s'en va, et jamais il ne dure :
Tout en un coup je sèche et je verdoie.

Ainsi Amour inconstamment me mène;
Et quand je pense avoir plus de douleur,
Sans y penser je me trouve hors de peine.

Puis, quand je crois ma joie être certaine,
Et être au haut de mon désiré heur,
Il me remet en mon premier malheur.

VIII

Tout aussitôt que je commence à prendre
Dans le mol lit le repos désiré,
Mon triste esprit, hors de moi retiré,
S'en va vers toi incontinent se rendre.

Lors m'est avis que dedans mon sein tendre
Je tiens le bien où j'ai tant aspiré,
Et pour lequel j'ai si haut soupiré
Que de sanglots ai souvent cuidé fendre.

O doux sommeil, ô nuit à moi heureuse!
Plaisant repos, plein de tranquillité,
Continuez toutes les nuits mon songe;

Et si jamais ma pauvre âme amoureuse
Ne doit avoir de bien en vérité,
Faites au moins qu'elle en ait en mensonge.

XII

Oh! si j'étais en ce beau sein ravie
De celui-là pour lequel vais mourant;
Si avec lui vivre le demeurant
De mes courts jours ne m'empêchait envie;

Si, m'accollant, me disait : « Chère amie,
Contentons-nous l'un l'autre », s'assurant
Que ja tempête, Euripe ni courant,
Ne nous pourra déjoindre en notre vie;

Si de mes bras le tenant accollé,
Comme du lierre est l'arbre encercelé,
La mort venait, de mon aise envieuse,

Lors que souef plus il me baiserait,
Et mon esprit sur ses lèvres fuirait,
Bien je mourrais, plus que vivante, heureuse!

XIII

Tant que mes yeux pourront larmes épandre
A l'heur passé avec toi regretter,
Et qu'aux sanglots et soupirs résister
Pourra ma voix, et un peu faire entendre;

Tant que ma main pourra les cordes tendre
Du mignard luth, pour tes grâces chanter;
Tant que l'esprit se voudra contenter
De ne vouloir rien fors que toi comprendre;

Je ne souhaite encore point mourir,
Mais, quand mes yeux je sentirai tarir,
Ma voix cassée, et ma main impuissante,

Et mon esprit en ce mortel séjour
Ne pouvant plus montrer signe d'amante,
Prierai la mort noircir mon plus clair jour.

JACQUES TAHUREAU

1527-1555

JACQUES TAHUREAU

CHANSON A L'ADMIRÉE

Souvent j'ay menty les esbatz
Des nuicts, t'ayant entre mes bras
    Folâtre toute nue;
Mais telle jouissance, helas!
    M'est encore incongnue.

Pensant contenter mes espriz,
J'ay souvent rempli mes écriz
    De mignardes feintises,
De jeux contrefaitz, de soubzris,
    De feintes mignardises.

Me promectant par fiction
La reciproque affection
    De celle que j'adore,
J'ay trop couvert la passion
    Du mal qui me devore.

Las! je pensoy qu'en déguisant
L'Amour qui va tirannisant
    Mon ame langoureuse,
J'iroy par ce point apaisant
    Sa playe rigoureuse.

Mais je voy bien que ce trompeur,
Cet Amour qui blessa mon cœur,
    Bien qu'il soyt plein de songes,
Ne veut adoucir sa rigueur
    Pour de vaines mensonges.

Les Mignardises

BAISERS

. . . . . .
Ne vois-tu pas comme l'Aurore,
Cette envieuse, recolore
Desja d'un éclat jaunissant
L'avant jour partout blondissant ?
Hélas! hélas! que peu me dure
Cette tant heureuse avanture!
O combien m'est court le deduit
De cette tant mignarde nuit!
Puis doncques que le jour nous presse,
Adieu, ma petite maîtresse,
Adieu, ma gorgette et mon sein,
Adieu, ma delicate main,
Adieu donq, mon teton d'albâtre,
Adieu, ma cuissette folâtre,
Adieu, mon œil, adieu, mon cœur,
Adieu, ma friande douceur!
Mais avant que je me departe,
Avant que plus loin je m'escarte,
Que je taste encore ce flanc
Et le rond de ce marbre blanc.
Tu pleures, hé! ma douce folle,
Tends moy les bras que je t'accolle,
Et que pour ton dueil apaiser
Je te donne encore un baiser,
. . . . . .

Les Mignardises

Qui a leu comme Venus,
Croisant ses beaux membres nus
Sur son Adonis qu'el' baise,
Et luy pressant le doux flanc,
Son col douillettement blanc
Mordille de trop grand'aise;

Qui a leu comme Tibulle,
Et le chatouillant Catulle,
Se baignent en leurs chaleurs;
Comme l'amoureux Ovide,
Sucrant un baiser humide,
En tire les douces fleurs;

Qui a veu le passereau,
Dessus le printemps nouveau,
Pipier, batre de l'esle,
Quand d'un infini retour
Il mignarde, sans séjour,
Sa lascive passerelle;

La colombe roucoulante,
Enflant sa plume tremblante,
Et liant d'un bec mignard
Mille baisers, dont la grâce
Celle du cygne surpasse
Sur sa Loede fretillard;

Les chèvres qui vont broutant,
Et d'un pied leger sautant
Sur la molle verte rive,
Lors que d'un trait amoureux,
Dedans leur flanc chaleureux,
Ell' brulent d'amour lascive;

Celuy qui aura pris garde
A cette façon gaillarde
De tels folastres esbas,
Que, par eux, il imagine
L'heur de mon amour divine,
Quand je meurs entre tes bras.

Les Mignardises

REMY BELLEAU

1528-1577

REMY BELLEAU

LE DÉSIR

Celuy n'est pas heureux qui n'a ce qu'il désire,
Mais bien-heureux celuy qui ne désire pas
Ce qu'il n'a point : l'un sert de gracieux appas
Pour le contentement, et l'autre est un martyre.

Désirer est tourment qui bruslant nous altere
Et met en passion : donc ne désirer rien
Hors de nostre pouvoir, vivre content du sien,
Ores qu'il fust petit, c'est fortune prospere.

Le Désir d'en avoir pousse la nef en proye
Du corsaire, des flots, des roches et des vents :
Le Désir importun aux petits d'estre grands,
Hors du commun sentier bien souvent les dévoye.

L'un poussé de l'honneur, par flatteuse industrie
Désire ambitieux sa fortune avancer :
L'autre se voyant pauvre, à fin d'en amasser
Trahist son Dieu, son Roy, son sang et sa patrie.

L'un pippé du Désir, seulement pour l'envie
Qu'il a de se gorger de quelque faux plaisir,
En fin ne gaigne rien qu'un fascheux desplaisir,
Perdant son heur, son temps, et bien souvent la vie.

L'un pour se faire grand et redorer l'image
A sa triste fortune, espoind de ceste ardeur,
Soupire après un vent qui le plonge en erreur,
Car le Désir n'est rien qu'un périlleux orage.

L'autre esclave d'Amour, désirant l'avantage
Qu'on espère en tirer, n'embrassant que le vent,
Loyer de ses travaux, est payé bien souvent
D'un refus, d'un dédain et d'un mauvais visage.

L'un plein d'ambition, désireux de parestre
Favorit de son Roy, recherchant son bon-heur,
Avançant sa fortune, avance son malheur,
Pour avoir trop sondé le secret de son maistre.

Désirer est un mal, qui vain nous ensorcelle;
C'est heur que de jouïr, et non pas d'espérer :
Embrasser l'incertain, et tousjours désirer
Est une passion qui nous met en cervelle.

Bref le Désir n'est rien qu'ombre et que pur mensonge
Qui travaille nos sens d'un charme ambitieux,
Nous déguisant le faux pour le vray, qui nos yeux
Va trompant tout ainsi que l'image d'un songe.

Petites Inventions

DOUCE ET BELLE BOUCHELETTE

Douce et belle bouchelette
Plus fraische et plus vermeillette
Que le bouton aiglantin
        Au matin,

Plus suave et mieux fleurante
Que l'immortel Amaranthe,
Et plus mignarde cent fois
Que n'est la douce rosee,
Dont la terre est arrosee
Goute à goute au plus doux mois.

Baise-moy ma douce amie,
Baise-moy ma chère vie,
Autant de fois que je voy
        Dedans toy

De peurs, de rigueurs, d'audaces,
De cruautez, et de graces,
Et de sous-ris gracieux,
D'amoureaux, et de Cyprines
Dessus tes lèvres pourprines
Et de morts dedans tes yeux.

Autant que les mains cruelles
De ce dieu qui a des aelles
A fiché de traits ardans
      Au dedans

De mon cœur : autant encore
Que dessus la rive More
Y a de sablons menus :
Autant que dans l'air se jouënt
D'oiseaux, et de poissons nouënt
Dedans les fleuves cornus.

Autant que de mignardises,
De prisons, et de franchises,
De petits mors, de doux ris,
      Et doux cris,

Qui t'ont choisi pour hostesse :
Autant que pour toy, maistresse,
J'ay d'aigreur et de douceur,
De soupirs, d'ennuis, de craintes :
Autant que de justes plaintes
Je couve dedans mon cœur.

Baise-moy donc, ma sucree,
Mon désir, ma Cytheree,
Baise-moy, mignonnement,
      Serrément,

Jusques à tant que je die :
Las, je n'en puis plus, ma vie,
Las, mon Dieu, je n'en puis plus !
Lors ta bouchelette retire,
Afin que mort je soupire,
Puis me donne le surplus.

Ainsi, ma douce guerriere,
Mon cœur, mon tout, ma lumière,
Vivons ensemble, vivons,
            Et suivons

Les doux sentiers de Jeunesse :
Aussi bien une vieillesse
Nous menace sur le port,
Qui toute courbe et tremblante
Nous attraine chancellante
La maladie et la mort.

La première Journée de la Bergerie

OLIVIER DE MAGNY

1529-1561

OLIVIER DE MAGNY

SONNET A MESME

Ce que j'aime au printemps, je te veux dire, Mesme;
J'aime à fleurer la rose, et l'œillet, et le thym,
J'aime à faire des vers, et me lever matin,
Pour, au chant des oiseaux, chanter celle que j'aime.

En esté, dans un val, quand le chaud est extresme,
J'aime à baiser sa bouche et toucher son tétin,
Et, sans faire autre effet, faire un petit festin,
Non de chair, mais de fruit, de fraises et de cresme.

Quand l'automne s'approche et le froid vient vers nous,
J'aime avec la chastaigne avoir de bon vin doux,
Et, assis près du feu, faire une chère lye.

En hiver, je ne puis sortir de la maison,
Si n'est au soir, masqué; mais, en cette saison,
J'aime fort à coucher dans les bras de ma mie.

JEAN-ANTOINE DE BAÏF

1532-1589

JEAN-ANTOINE DE BAIF

Tout s'échauffe d'amour : et la terre amoureuse
Pour plaire au beau Soleil prend sa robe odoureuse
De fleurons damassee : aux vignes le bourgeon
Defourre le grapeau de son tendre coton :
Et l'herbe par les chams reverdit arosee
En ses brins vigoureux de la douce rosee :
De la manne du ciel le doux sucre dessant
Dessus les arbres verds, les fueilles blanchissant.
Puis quand dedans le Cancre il aura faict entree
Pour passer au Lyon et dans la Vierge Astree,
La Cigale enrouee assise par les bois
Choquant ses ailerons crie d'une aigre voix :
La verdure jaunist, et Ceres espie
Trebuchera bien tost par javelle ciee
Sous l'outeron hasté, pour emplir le grenier,
De ses presens dorez au joyeux mestayer.
Lors le gay pastoureau dessous un frais ombrage
Retire son bestail, contre l'ardente rage
Du fievreux Syrien, pres le bruyant ruisseau
Qui de la vive source amene sa claire eau,
Là, remplissant de vent sa douce chalemie,
Va joüer sa chanson de l'amour de s'amie,
Autant pour adoucir l'ennuyeuse chaleur
Come pour rafreschir la flamme de son cœur.

Premier Livre des Météores

VERS BAIFINS

Muse Royne d'Elicon fille de Memoire, ô Deesse
O des Poëtes l'appuy favorise ma hardiesse.
Je veu donner aux François un vers de plus libre accor-
                                              [dance.
Pour le joindre au lut sonné d'une moins contrainte ca-
                                              [dance :
Fay qu'il oigne doucement des oyans les pleines oreilles,
Dedans degoutant flateur un miel doucereux à merveilles :
Je veu d'un nouveau sentier m'ouvrir l'honorable passage
Pour aller sur vostre mont m'ombroyer sous vostre
                                              [bocage,
Et ma soif desalterer en vostre fonteine divine
Qui sourdit du mont cavé dessous la corne Pegasine...
. . . . . .

L'Hippocrène

SONNET

Afin que pour jamais une marque demeure,
A l'age qui viendra, comme vostre je suis,
Je vous fay vœu du peu, mais du tout que je puis,
De peur que la memoire avec nous ne s'en meure.

Je vous donne de moy la part qui est meilleure :
C'est l'esprit et la voix, qui, menez et conduis
Sous le flambeau d'Amour, des eternelles nuits
Sauveront vostre nom paravant que je meure.

Et, si assez à temps je n'ay pas commencé
De m'employer pour vous, puis que la destinée,
Qui vous cachoit à moy, m'en a desavancé :

Je feray, comme fait le devôt Pelerin,
Qui s'estant levé tard, pour faire sa journée,
Regagne à se haster le temps et le chemin.

Amour de Francine

ÉTIENNE JODELLE

1532-1573

ÉTIENNE JODELLE

SONNET

Comme un qui s'est perdu dans la forêt profonde
Loin des chemins, d'orée, et d'adresse, et de gens;
Comme un qui en la mer grosse d'horribles vents
Se voit presque englouti des grands vagues de l'onde,

Comme un qui erre aux champs, lorsque la nuit au monde
Ravit toute clarté, j'avais perdu longtemps
Voie, route et lumière, et presque avec les sens,
Perdu longtemps l'objet, où plus mon heur se fonde.

Mais quand on voit, — ayant ces maux fini leur tour —
Aux bois, en mer, aux champs, le bout, le port, le jour,
Ce bien présent plus grand que son mal on vient croire.

Moi donc qui ai tout tel en votre absence été,
J'oublie, en revoyant votre heureuse clarté,
Forêts, tourmente, et nuit, longue, orageuse et noire.

Les Amours, XXX

JEAN PASSERAT

1534-1602

JEAN PASSERAT

ODE

EN VERS SAPHIQUES ET ADONIQUES
ET ENSEMBLE RYTHMÉE

On demande en vain que la serve raison
Rompe pour sortir l'amoureuse prison :
Plus je veux briser le lien de Cypris,
    Plus je me voy pris.
L'esprit insensé ne se paist que d'ennuis,
Plaintes et sanglots : ne repose les nuits,
Pour guarir ces maux, que l'aveugle vainqueur
    Sorte de mon cœur,
Pren pitié des tiens, tire hors de mon flanc
Tant de traits lancés, enyvrés de mon sang.
Moindre soit l'ardeur de ton aspre flambeau,
    Archerot oyseau.
Ou, si mon tourment renouvelle toujours,
Il me faut trancher le filet de mes jours.
Sur ce traistre Enfant je seray le plus fort
    Quand je seray mort.

ODE

De toute amoureuse poursuite
Quelque plaisir l'on peut tirer :
Mais ce plaisir traine à sa suite
Un penser pour nous martyrer.
    Qui a ce bien de voir sa dame
Son œil y prent un doux repas :
Le baiser peut rappeler l'ame

De l'amant prochain du trespas.
        Le devis l'esprit reconforte,
Tant peut un gracieus propos :
Le seul penser jamais n'apporte
Aux amoureus aucun repos.
        Toujours de sa griffe pointuë
Il me serre, et me pince fort :
Toujours de mille morts me tuë,
Et je renais après ma mort.
        O penser, qui si fort me grefves,
Et de souci mon ame pais :
Donne moy au moins quelques trefves,
Si tu ne veus aucunes pais.
        Fils d'Amour, esbranle tes ailes,
Va penser, va pour moy parler
A la plus belle des plus belles,
Puisque mon pied n'y peut aller.
        Bien propre à tel message faire,
Quand là tu seras arrivé,
Di luy, fidèle secretaire,
Tout mon secret le plus privé.
        Je te supplie en recompense
De ce mal dont tu me poursuis
De faire en sorte qu'elle pense
A quelques uns de mes ennuis.
        Remonstre luy la peine dure,
L'angoisse amere, et le tourment
Qu'un miserable amant endure
Loing de son cœur si longuement.
        Si tost que mon visage blesme
Recouvrera sa guerison,
Di qu'après toi j'yrai moy-mesme
Chercher mon cœur en sa prison.

PRIÈRES DE PASSERAT MOURANT

J E souffre des douleurs qui passent toute rage,
Mais Dieu de les souffrir me preste le courage.
Il tempere l'ardeur et l'inflammation,
Quand je pense à sa mort et à sa passion.

Luy, Fils de l'Eternel, et de la Vierge mere
Mourut pour nous en Croix de douleur tres-amere,
Et monstra le chemin à ses saints bien heureux
De parvenir au Ciel par tourment douloureux.
Souvienne-toy Seigneur de la foiblesse humaine,
Moderant s'il te plaist la rigueur de ma peine.
Je suis sans ton secours de douleur surmonté.
Advienne toutefois ta sainte volonté.

Paix et repos, Seigneur je te demande,
En ma douleur, dont la force est si grande.
Quatre ans passés dans un lict attaché
Et plus encor des liens de peché.
Un plus grand mal que celuy que j'endure,
J'ai mérité : mais la peine est bien dure :
S'il ne te plaist oublier mes forfaits
Je n'en puis plus, et tombe soubs le fais.

Dieu qui as de ton sang lavé tous nos pechés,
Qui les as en mourant à ta croix attachés,
Rends mon ame, ô Seigneur, nette de toute ordure
Luy faisant avoir part au bien qui toujours dure.

           Je quitte la vie humaine :
           Bon espoir au ciel m'emmeine.
           Je ne pense plus à rien
           De mortel et terrien.
           Mon ame, comme divine
           Veut revoir son origine.

A Dieu amis, et ma douce patrie,
Assés content je sors de ceste vie,
Puisqu'en partant ce confort je reçois,
Que j'ay vescu, et suis mort bon François.

ÉPITAPHE

Jean Passerat icy sommeille,
Attendant que l'Ange l'esveille :
Et croit qu'il se resveillera
Quand la trompette sonnera.

ROBERT GARNIER

1535-1601

ROBERT GARNIER

ÉLÉGIE SUR LA MORT DE RONSARD

. . . . . .

Si verrez-vous le fleuve où tout le monde arrive,
  Et payrez le denier
Que prend pour nous passer jusques à l'autre rive
  L'avare nautonier.

Que ne ressemblons-nous aux vagueuses rivieres
  Qui ne changent de cours ?
Ou au branle éternel des ondes marinieres,
  Qui reflotent toujours ?

Et n'est-ce pas pitié que ces roches pointues,
  Qui semblent depiter,
De vents, de flots, d'oraige et de foudres batues,
  L'ire de Jupiter,

Vivent incessamment, incessamment demeurent
  Dans leurs membres pierreux,
Et que des hommes, tels que ce grand Ronsard, meurent
  Par un sort rigoureux ?

O destin lamentable! un homme qui approche
  De la divinité
Est ravy de ce monde, et le front d'une roche
  Dure en éternité.

Adieu, mon cher Ronsard; l'abeille en votre tombe
  Face tousjour son miel;
Que le baume arabic à tout jamais y tombe,
  Et la manne du ciel.

. . . . . .

Vous errez maintenant aux campaignes d'Elise,
    A l'ombre des vergers,
Où chargent en tout tems, asseurez de la bise,
    Les jaunes orengers,

Où les prés sont toujours tapissez de verdure,
    Les vignes de raisins,
Et les petits oyseaus gasouillans au murmure
    Des ruisseaux cristalins.

Là le cèdre gommeus odoreusement sue,
    Et l'arbre du Liban,
Et l'ambre, et Myrrhe, au lit de son père receue
    Pleure le long de l'an.

En grand'foule accourus autour de vous se pressent
    Les heros anciens,
Qui boyvent le nectar, d'ambrosie se paissent
    Aux bords Elisiens.

. . . . . .

VAUQUELIN
DE LA FRESNAYE

1535-1607

VAUQUELIN DE LA FRESNAYE

Du paresseux sommeil où tu gis endormie
Desja par si long temps, ô France, éveille-toy,
Respire dédaigneuse, et tes offenses voy,
Ne sois point ton esclave et ta propre ennemie.

Reprends ta liberté, guéri ta maladie,
Et ton antique honneur, ô France, ramentoy :
Legere, desormais, sans bien sçavoir pourquoy,
Dans un sentier tortu ne donne à l'estourdie.

Si tu regardois bien les annales des rois,
Tu connoistrois avoir triomphé mille fois
De ceux qui veulent or amoindrir ta puissance.

Sans toy, qui contre toy despite ouvre le sein,
Ces ventres de harpie, ejunez par souffrance,
N'auroient jamais osé passer le Rhin germain.

AMADIS JAMYN

1538-1592

AMADIS JAMYN

DES ESPRITS DES MORTS

Les Ombres, les Esprits, les Idoles affreuses
Des Morts chargez d'offense errent durant la nuict :
Et pour monstrer la peine et le mal qui les fuit
Font gemir le silence en longues voix piteuses,

Pource qu'ils sont privez des delices heureuses
Que l'ame apres la mort en Paradis poursuit,
Comme bannis du jour en tenebre ils font bruit,
Implorant du secours à leurs peines honteuses.

Souvent tu peux ouir mon ame tout ainsi
Qui gemist, qui lamente, et pleure de souci
Pour n'estre au Paradis de ta belle pensee.

Deesse pren pitié de son cruel tourment,
Qu'elle ne coure plus autour du monument
Comme une Ombre maudite errante et dechassee.

PHILIPPE DESPORTES

1546-1606

PHILIPPE DESPORTES

Icare est cheut icy, le jeune audacieux,
Qui pour voler au ciel eut assez de courage ;
Icy tomba son corps dégarni de plumage,
Laissant tous braves cœurs de sa cheute envieux.

O bien-heureux travail d'un esprit glorieux,
Qui tire un si grand gain d'un si petit dommage !
O bien-heureux malheur plein de tant d'avantage,
Qu'il rende le vaincu des ans victorieux !

Un chemin si nouveau n'estonna sa jeunesse,
Le pouvoir luy faillit, mais non la hardiesse :
Il eut pour le brûler des astres le plus beau ;

Il mourut poursuivant une haute adventure ;
Le ciel fut son desir, la mer sa sepulture :
Est-il plus beau dessein ou plus riche tombeau ?

Les Amours d'Hippolyte, I

Voicy du gay printans l'heureux advenement,
Qui fait que l'hyver morne à regret se retire :
Dejà la petite herbe, au gré du doux zéphyre,
Navré de son amour, branle tout doucement.

Les forests ont repris leur vert accoustrement,
Le ciel rit, l'air est chaud, le vent mollet soupire ;
Le rossignol se plaint, et des accords qu'il tire,
Fait pâmer les esprits d'un doux ravissement.

Le dieu Mars et l'Amour sont parmi la campagne;
L'un au sang des humains, l'autre en leurs pleurs se bagne;
L'un tient le coutelas, l'autre porte les dars.

Suive Mars qui voudra, mourant entre les armes!
Je veux suivre l'Amour, et seront mes alarmes,
Les courroux, les soupirs, les pleurs et les regars.

Livre de Diane, I, V

MA nef passe au destroit d'une mer courroucée,
Toute comble d'oubly, l'hiver à la minuict;
Un aveugle, un enfant, sans soucy la conduit,
Desireux de la voir sous les eaux renversée.

Elle a pour chaque rame une longue pensée
Coupant, au lieu de l'eau, l'esperance qui fuit;
Les vents de mes soupirs, effroyables de bruit,
Ont arraché la voile à leur plaisir poussée.

De pleurs une grand'pluie, et l'humide nuage
Des dedains orageux, detendent le cordage,
Retors des propres mains d'ignorance et d'erreur.

De mes astres luisans la flame est retirée,
L'art est vaincu du tens, du bruit et de l'horreur.
Las! puis-je donc rien voir que ma perte asseurée?

Livre de Diane, I, LXVIII

LAS! je ne verray plus ces soleils gracieux,
Qui servoient de lumiere à mon ame egarée!
Leur divine clairté s'est de moy retirée
Et me laisse esperdu, dolent et soucieux.

C'est en vain desormais, ô grand flambeau des cieux!
Que tu sors au matin de la plaine azurée,
Ma nuict dure tousjours, et la tresse dorée,
Qui sert de jour au monde est obscure à mes yeux.

Mes yeux, helas! mes yeux, sources de mon dommage,
Vous n'aurez plus de guide en l'amoureux voyage,
Perdant l'astre luisant qui souloit m'esclairer.

Mais, si je ne vois plus sa clairté coustumiere,
Je ne veux pas pourtant en chemin demeurer :
Car du feu de mon cœur je ferai ma lumiere.

Livre de Diane, II, XL

ÉLÉGIE

Comme dedans un bois enrichy de fueillage,
D'herbes, d'eaux et de fleurs, et tout couvert d'ombrage,
Se branchent les oyseaux esmaillez de couleurs,
Soupirans doucement leurs plaisantes douleurs;
Comme on voit dans un pré les fleurettes nouvelles
Monstrer comme à l'envy leurs beautez naturelles,
Ainsi dedans un cœur hautain et genereux
Se repairent tousjours les desirs amoureux,
Les douces passions, les delectables peines,
Et les cheres langueurs dont les amours sont pleines,
Qui ne doivent jamais un amant retenir,
Veu qu'un grand bien ne peut sans travail s'obtenir.
. . . . . .

Élégies I, VII

SONNET

Le tens leger s'enfuit sans m'en apercevoir,
Quand celle à qui je suis mes angoisses console :
Il n'est vieil, ny boiteux, c'est un enfant qui vole,
Au moins quand quelque bien vient mon mal deçevoir.

A peine ai-je loisir seulement de la voir
Et de ravir mon ame en sa douce parole,
Que la nuict à grands pas se haste et me la volle,
M'ostant toute clarte, toute ame et tout pouvoir.

Bien-heureux quatre jours, mais quatre heures soudai-
Que n'avez-vous duré pour le bien de mes paines ?   [nes ?
Et pourquoy vostre cours s'est-il tant avancé ?

Plus la joie est extrême et plus elle est fuitive;
Mais j'en garde pourtant la memoire si vive,
Que mon plaisir perdu n'est pas du tout passé.

Cléonice, XXI

SONNETS

Dieux! que de tourbillons, de gresle et de nuages!
Que je sens en l'esprit un tonnerre grondant!
Est-il en la Sicile un fourneau plus ardant ?
Les marteaux de Vulcan forgent-ils tant d'orages ?

Yeux plus traistres que beaux, qui faisiez les messages
D'une ame ingrate et feinte, à ma mort pretendant,
Si je le pensoy bien, je gaigne en vous perdant;
Mais las! qu'en y pensant je supporte de rages!

Si faut-il se resoudre et, sans plus me flatter,
Retrancher de mon tout ce qui le peut gaster;
Ha! j'en suis resolu, la chose est asseurée!

Aux cœurs sans loyauté sot qui garde sa foy.
Si sa legereté la separa de moy,
Ma constance à jamais l'en tiendra separée.

Diverses Amours, I

Ceux qui liront ces vers qu'en pleurant j'ay chantez,
Non pour gloire ou plaisir, ains forcé du martire,
Voyans par quels destroits Amour m'a sçeu conduire,
Sages à mes dépens, fuiront ses cruautez.

Quels esprits malheureux, nuict et jour tourmentez,
Souffrent un mal si grand que le mien ne soit pire ?
Il ne se peut penser, comment le veux-je dire,
Ou peindre en du papier si grandes nouveautez ?

Je cherchois obstiné des glaçons en la flamme,
Foiblesse au diamant, constance en une femme,
Pitié dans les enfers, le soleil en la nuit.

J'ay joué tout mon âge à ce vain exercice,
J'ay recueilly des pleurs et semé du service,
Et de mes longs travaux repentance est le fruit.

Diverses Amours, XL

CHANSON

Las ! que nous sommes miserables
D'estre serves dessous les loix
Des hommes legers et muables
Plus que le feuillage des bois !

Les pensers des hommes ressemblent
A l'air, aux vens et aux saisons,
Et aux girouettes qui tremblent
Inconstamment sur les maisons.

Leur amour est ferme et constante
Comme la mer grosse de flots,
Qui bruit, qui court, qui se tourmante,
Et jamais n'arreste en repos.
. . . . . .

Sommes-nous donc pas miserables
D'estres serves dessous les loix
Des hommes legers et muables
Plus que le feuillage des bois ?

Diverses Amours

D'UNE FONTAINE

Cette fontaine est froide, et son eau doux-coulante,
A la couleur d'argent, semble parler d'Amour;
Un herbage mollet reverdit tout autour,
Et les aunes font ombre à la chaleur brûlante.
Le fueillage obeyt à Zephyr qui l'évante,
Soupirant, amoureux, en ce plaisant sejour;
Le soleil clair de flame est au milieu du jour,
Et la terre se fend de l'ardeur violante.

Passant, par le travail du long chemin lassé,
Brûlé de la chaleur et de la soif pressé,
Arreste en cette place où ton bon-heur te maine;
L'agreable repos ton corps delassera,
L'ombrage et le vent frais ton ardeur chassera,
Et ta soif se perdra dans l'eau de la fontaine.

Bergeries

VILLANELLE

Rozette, pour un peu d'absence,
Vostre cœur vous avez changé,
Et moy, sçachant cette inconstance,
Le mien autre part j'ay rangé;
Jamais plus beauté si legere
Sur moy tant de pouvoir n'aura :
Nous verrons, volage bergere,
Qui premier s'en repentira.

Tandis qu'en pleurs je me consume,
Maudissant cet esloignement,
Vous, qui n'aimez que par coustume,
Caressiez un nouvel amant.
Jamais legere girouette
Au vent si tost ne se vira;
Nous verrons, bergere Rozette,
Qui premier s'en repentira.

Où sont tant de promesses saintes,
Tant de pleurs versez en partant ?
Est-il vray que ces tristes plaintes
Sortissent d'un cœur inconstant ?
Dieux que vous estes mensongere !
Maudit soit qui plus vous croira !
Nous verrons, volage bergere,
Qui premier s'en repentira.

Celui qui a gaigné ma place,
Ne vous peut aimer tant que moy ;
Et celle que j'aime vous passe
De beauté, d'amour et de foy.
Gardez bien vostre amitié neuve,
La mienne plus ne varira,
Et puis nous verrons à l'espreuve
Qui premier s'en repentira.

Bergeries

PLAINTE

Depuis six mois entiers que ta main courroucée
Se retira, Seigneur, de mon ame oppressée,
Et me laissa debile au pouvoir des malheurs,
J'ay tant souffert d'ennuis, qu'helas ! je ne puis dire
Comment mes tristes yeux aux pleurs ont pu suffire,
Aux complaintes ma bouche et mon cœur aux douleurs.

Je n'y vois point de cesse, et ma peine cruelle,
Que le temps deust vieillir, sans fin se renouvelle,
Poussant maint rejetton espineux et tranchant ;
Une nuict de fureurs rend horrible ma vie,
Le deconfort me suit encor que je le fuye,
Et la raison me fuit plus je la vay cherchant.

O Dieu ! mon seul refuge et ma guide asseurée,
Peux-tu voir sans pitié la brebis esgarée,
Estonnée, abbatue, à la merci des sens,
Qui, comme loups cruels, taschent de s'en repaistre ?
Presque le desespoir s'en est rendu le maistre,
L'effrayant de regars et de cris menaçans.

N'abandonne ton œuvre, ô Dieu plein de clemence !
Si je t'ay courroucé par trop d'impatience,
Plaignant de mes plus chers l'infortuné trespas ;
Si je me suis matté d'excessive tristesse,
Excuse des mortels l'ordinaire faiblesse :
Seigneur, tu es parfait et l'homme ne l'est pas.

Toy-mesme, ô souverain, nostre unique exemplaire,
Quand tu veis ton amy dans le drap mortuaire,
L'œil clos, les membres froids, palle et defiguré,
Ne te peus garantir de ces piteux alarmes ;
Les soleils de tes yeux furent baignés de larmes,
Et du Dieu de la vie un corps mort fust pleuré.

Moy donc qui ne suis rien qu'un songe et qu'un ombrage,
Se faut-il estonner en ce terrible orage,
Si ce qui t'a touché m'a du tout emporté ?
Si pour un de tes pleurs, j'ai versé des rivieres ?
Toy, soleil flamboyant, seul pere des lumieres,
Moy, nuage espaissi, moite d'obscurité ?

Quand de marbre ou d'acier mon ame eust été faite,
Las ! eussé-je peu voir tant d'amitié desfaite,
Sans me dissoudre en pleurs, sans me deconforter ?
Voir de mon seul espoir les racines seichées
Et les plus vives parts de moy-mesme arrachées,
Mon cœur sans se douloir l'eust-il peu supporter ?

Je n'y pense jamais (et j'y pense à toute heure)
Sans maudire la mort, dont la longue demeure
Apres vous, chers esprits, me retient tant ici.
J'estois premier entré dans ce val misérable :
Il me semble, ô Seigneur ! qu'il estoit raisonnable
Que, le premier de tous, j'en deslogeasse aussi.

Mais en tous ces discours vainement je me fonde ;
Tu les avois prestez et non donnez au monde,
Et as peu comme tiens à toy les retirer.
Helas ! je le sçay bien, mais ma foible nature
Trouve pourtant, Seigneur, cette ordonnance dure,
Et ne peut sur son mal d'appareil endurer.

Plaise-toy l'augmenter de force et de courage;
Sers de guide à mes pas, fens l'ombre et le nuage,
Qui m'a faict esgarer si long-temps de mon bien,
Et surtout, ô bon Dieu, donne à mon impuissance
Ou moins de passion, ou plus de patience,
Afin que mon vouloir ne s'esloigne du tien.

Donne que les esprits de ceux que je soupire
N'esprouvent point, Seigneur, ta justice et ton ire;
Rens-les purifiez par ton sang precieux,
Cancelle leurs pechez et leurs folles jeunesses,
Fay-leur part de ta grace, et, suivant tes promesses,
Ressuscite leurs corps et les mets dans les cieux.

Œuvres chrestiennes

PLAINTE

Des abysmes d'ennuis en l'horreur plus extresme,
Sans conseil, sans confort d'autruy, ni de moy-mesme,
(Car, helas! ma douleur n'en sçauroit recevoir),
Outré d'ame et de corps d'incurables atteintes,
Mon cœur, qui n'en peut plus, s'ouvre en ces tristes plaintes
Puisque ma voix, Seigneur, n'en a pas le pouvoir.
. . . . . .

Depuis quatorze jours je n'ay clos les paupieres,
Et le somme, enchanteur des peines journalieres,
De sa liqueur charmée en vain me va mouillant;
Il est vray que l'effort du mal que je supporte
Rend ma teste assommée, et m'assoupit de sorte
Qu'on me jugeroit mort, ou tousjours sommeillant.

En cest estonnement mille figures vaines,
Tousjours d'effroy, de meurtre et d'horreur toutes pleines,
Reveillent coup sur coup mon esprit agité;
Je resve incessamment, et ma vague pensée,
Puis deçà, puis delà, sans arrest est poussée,
Comme un vaisseau rompu par les vents emporté.

Helas! sois-moy propice, ô mon Dieu! mon refuge!
Puny moy comme pere, et non pas comme juge,
Et modere un petit le martyre où je suis;
Tu ne veux point la mort du pecheur plein de vice,
Mais qu'il change de vie et qu'il se convertisse;
Las! je le veux assez, mais sans toy je ne puis.

Je ressemble en mes maux au passant misérable,
Que des brigans pervers la troupe impitoyable
Au val de Jericho pour mort avoit laissé;
Il ne pouvoit s'aider, sa fin estoit certaine,
Si le Samaritain, d'une ame toute humaine,
N'eust estanché sa playe et ne l'eust redressé.

Ainsi, sans toy, Seigneur, vainement je m'essaye,
Donne m'en donc la force et resserre ma playe,
Purge et guari mon cœur que ton ire a touché,
Et que la saincte voix qui força la nature,
Arrachant le Lazare hors de la sepulture,
Arrache mon esprit du tombeau de peché.

Fais rentrer dans le parc ta brebis esgarée,
Donne de l'eau vivante à ma bouche alterée,
Chasse l'ombre de mort qui volle autour de moy,
Tu me vois nu de tout, sinon de vitupere;
Je suis l'enfant prodigue, embrasse-moy, mon pere!
Je le confesse, helas! j'ay peché devant toy.

Pourquoy se fust offert soy-mesme en sacrifice
Ton enfant bien-aimé, Christ, ma seule justice?
Pourquoy par tant d'endroits son sang eust-il versé,
Sinon pour nous, pecheurs, et pour te satisfaire?
Les justes, ô Seigneur! n'en eussent eu que faire,
Et pour eux son sainct corps n'a pas esté percé.

Par le fruict de sa mort j'attends vie eternelle;
Lavée en son pur sang, mon ame sera belle.
Arriere, ô desespoirs! qui m'avez transporté!
Que toute desfiance hors de moy se retire.
L'œil benin du Seigneur pour moy commence à luire;
Mes soupirs à la fin ont esmeu sa bonté.

O Dieu! tousjours vivant, j'ay ferme confiance
Qu'en l'extreme des jours, par ta toute-puissance,
Ce corps couvert de terre, à ta voix se dressant,
Prendra nouvelle vie et, par ta pure grace,
J'auray l'heur de te voir de mes yeux face à face,
Avec les bien-heureux ton sainct nom benissant.

Œuvres chrestiennes

AGRIPPA D'AUBIGNÉ

1551-1630

AGRIPPA D'AUBIGNÉ

LE PRINTEMPS

Vous qui pillez l'émail de ces couleurs,
Friandes mains qui amenez les fraises,
Que de tourments se cachent sous vos aises,
Que de serpents se coulent sur les fleurs !

J'étais plongée en l'océan d'aimer,
Je me noyais au fleuve Achérontide,
J'épans au bord ma robe toute humide
Et sacrifie au grand Dieu de la mer.

Fermez l'oreille aux mortelles douceurs,
Amans, nochers, n'écoutez les Sirènes.
Ma peine fut d'avoir ouï leurs peines
Et ma douleur d'entendre leurs douleurs.

A l'escler viollant de ta face divine,
N'estant qu'homme mortel, ta celeste beaulté
Me fist goutter la mort, la mort et la ruyne
Pour de nouveau venir à l'immortalité.

Ton feu divin brusla mon essence mortelle,
Ton celleste m'esprit et me ravit aux Cieulx,
Ton âme estait divine et la mienne fut telle :
Deesse, tu me mis au ranc des aultres Dieux.

Ma bouche osa toucher la bouche cramoysie
Pour cœiller sans la mort l'immortelle beaulté,
J'ay vescu de nectar, j'ay sucsé l'ambroysie,
Savourant le plus doux de la divinité.
. . . . . .

LES TRAGIQUES

. . . . . .

 « Les moineaux ont leurs nids, leurs nids les hirondelles ;
On dresse quelque fuye aux simples colombelles ;
Tout est mis à l'abri par le soin des mortels,
Et Dieu, seul immortel, n'a logis ni autels.

 « Tu as tout l'univers, où ta gloire on contemple,
Pour marchepied la terre et le ciel pour un temple ;
Où te chassera l'homme, ô Dieu victorieux ?
Tu possèdes le ciel et les cieux des haults cieux !

 « Nous faisons des rochers les lieux où l'on te presche,
Un temple de l'estable, un autel de la creche ;
Eux, du temple une estable aux asnes arrogants,
De la saincte maison la caverne aux brigands.

 « Les premiers des chrestiens prioient aux cimetières :
Nous avons faict ouïr au tombeau nos prières,
Faict sonner aux tombeaux le nom de Dieu le fort,
Et annoncé la vie au logis de la mort.

 « Tu peux faire conter ta louange à la pierre ;
Mais n'as-tu pas tousjours ton marchepied en terre ?
Ne veux-tu plus avoir d'autres temples sacrez
Qu'un blanchissant amas d'os de morts massacrez ?

 « Les morts te loueront-ils ? Tes faicts grands et terribles
Sortiront-ils du creux de ces bouches horribles ?

. . . . . .

 « Mets à couvert ces voix que les pluies enrouent ;
Deschaisne donc ces doigts, que sur ton luth ils jouent ;
Tire nos yeux ternis des cachots ennuyeux,
Et nous montre le ciel pour y tourner les yeux.

 « Soyent tes yeux adoucis à guerir nos misères,
Ton oreille propice ouverte à nos prières,
Ton sein desboutonné à loger nos soupirs
Et ta main liberale à nos justes désirs
. . . . . »

Livre I : Misères

. . . . . .

Si quelqu'un me reprend que mes vers eschauffez
Ne sont rien que de meurtre et de sang estoffez,
Qu'on n'y lit que fureur, que massacre, que rage,
Qu'horreur, malheur, poison, trahison et carnage;
Je lui respons : Ami, ces mots que tu reprens
Sont les vocables d'art de ce que j'entreprens;
Les flatteurs de l'amour ne chantent que leurs vices,
Que vocables choisis à peindre les delices,
Que miel, que ris, que jeux, amours et passe-temps,
Une heureuse folie à consommer son temps.
Quand j'estois fol heureux (si cet heur est folie,
De rire, aiant sur soi sa maison demolie;
Si c'est heur d'appliquer son fol entendement
Au doux, laissant l'utile estre sans sentiment,
Lepreux de la cervelle, et rire des misères
Qui accablent le col du païs et des frères),
Je fleurissois comm' eux de ces mesmes propos,
Quand par l'oisiveté je perdois le repos.
Ce siècle, autre en ses mœurs, demande un autre style.
Cueillons des fruicts amers desquels il est fertile.
Non, il n'est plus permis sa veine desguiser :
La main peut s'endormir, non l'ame reposer.

. . . . . .

Fuyez, Loths, de Sodome et Gomorre bruslantes
N'ensevelissez pas vos ames innocentes
Avec ces reprouvez : car combien que vos yeux
Ne froncent le sourcil encontre les hauts cieux,
Combien qu'avec les rois vous ne hochiez la teste
Contre le Ciel esmeu, armé de la tempeste,
Pource que des tyrans le support vous tirez,
Pource qu'ils sont de vous, comme dieux, adorez,
Lorsqu'ils veullent au pauvre et au juste mesfaire,
Vous estes compagnons du mesfaict pour vous taire.
Lorsque le fils de Dieu, vengeur de son mespris,
Viendra pour vendanger de ces rois les esprits,
De sa verge de fer brisant, espouvantable,
Ces petits dieux enflez en la terre habitable,
Vous y serez compris. Comme, lors que l'esclat
D'un foudre exterminant vient renverser à plat
Les chesnes resistans et les cèdres superbes,
Vous verrez là-dessous les plus petites herbes,

La fleur qui craint le vent, le naissant arbrisseau,
En son nid l'escurieu, en son aire l'oyseau,
Sous ce daix qui changeoit les gresles en rosée,
La bauge du sanglier, du cerf la reposée,
La ruche de l'abeille et la loge au berger,
Avoir eu part à l'ombre, avoir part au danger.

. . . . . .

Livre II : Princes

. . . . . .

Les fleuves sont sechez, la grand mer se desrobe;
Il falloit que la terre allast changer de robe.
Montagnes, vous sentez douleurs d'enfantemens;
Vous fuyez comme agneaux, ô simples eslemens!
Cachez-vous, changez-vous; rien mortel ne supporte
La voix de l'Eternel, sa voix puissante et forte.
Dieu paroist : le nuage entre luy et nos yeux
S'est tiré à l'escart, il s'est armé de feux;
Le ciel neuf retentit du son de ses louanges;
L'air n'est plus que rayons, tant il est semé d'anges.

. . . . . .

Qui se cache ? qui fuit devant les yeux de Dieu ?
Vous, Caïns fugitifs, où trouverez-vous lieu ?
Quand vous auriez les vents collez sous vos aisselles,
Ou quand l'aube du jour vous presteroit ses aisles,
Les monts vous ouvriroient le plus profond rocher,
Quand la nuict tascheroit en sa nuict vous cacher,
Vous enceindre, la mer, vous enlever, la nue,
Vous ne fuirez de Dieu ny le doigt ni la veue.

. . . . . .

« Vous qui m'avez vestu au temps de la froidure,
Vous qui avez pour moy souffert peine et injure,
Qui à ma seiche soif et à mon aspre faim
Donnastes de bon cœur vostre eau et vostre pain,
Venez, races du ciel, venez, esleus du pere;
Vos pechez sont esteints, le juge est vostre frere,
Venez donc, bien-heureux, triompher à jamais
Au royaume éternel de victoire et de paix. »

. . . . . .

Le Soleil veſt de noir le bel or de ses feux;
Le bel œil de ce monde eſt privé de ses yeux.
L'ame de tant de fleurs n'eſt plus espanouye;
Il n'y a plus de vie au principe de vie.
Et, comme un corps humain eſt tout mort terrassé
Dès que du moindre coup au cœur il eſt frappé,
Ainsy faut que le monde et meure et se confonde
Dès la moindre blessure au Soleil, cœur du monde.
La lune perd l'argent de son teint clair et blanc,
La lune tourne en haut son visage de sang;
Toute eſtoille se meurt; les prophetes fidelles
Du Deſtin vont souffrir eclypses eternelles.

. . . . . .

Criez après l'enfer, de l'enfer il ne sort
Que l'eternelle soif de l'impossible mort.

. . . . . .

Les jeux, les passe-temps et les esbats d'icy
N'eſto ent qu'amers chagrins, que colère et soucy
Et que gehenes, auprès de la joye eternelle,
Qui sans trouble, sans fin, sans change, renouvelle.
Là sans tache on verra les amitiés fleurir.
Les amours d'icy bas n'eſtoient rien que haïr
Auprès des hauts amours dont la sainⱥe harmonie
Rend une ame de tous en un vouloir unie :
Tous nos parfaiⱥs amours réduiⱥs en un amour,
Comme nos plus beaux jours réduiⱥs en un beau jour.
. . . . . .

Livre VII : Jugement

L'HIVER

Mon chef blanchit dessous les neiges entassées,
Le soleil, qui reluit, les eschauffe, glacées,
Mais ne les peut dissoudre, au plus court de ses mois,
Fondez, neiges; venez dessus mon cœur descendre,
Qu'encores il ne puisse allumer de ma cendre
Du brazier, comme il fit des flammes autrefois.

Mais quoi! serai-je esteint devant ma vie esteinte?
Ne luira plus sur moi la flamme vive et sainte?
Le zèle flamboyant de la sainte maison?
Je fais aux saints autels holocaustes des restes,
De glace aux feux impurs, et de naphte aux celestes :
Clair et sacré flambeau, non funebre tison!

Voici moins de plaisirs, mais voici moins de peines.
Le rossignol se taist, se taisent les Sereines :
Nous ne voyons cueillir ni les fruits ni les fleurs;
L'espérance n'est plus bien souvent tromperesse;
L'hyver jouit de tout. Bienheureuse vieillesse,
La saison de l'usage, et non plus des labeurs!

Mais la mort n'est pas loin; cette mort est suivie
D'un vivre sans mourir, fin d'une fausse vie :
Vie de nostre vie, et mort de nostre mort.
Qui hait la seureté, pour aimer le naufrage?
Qui a jamais esté si friant de voyage,
Que la longueur en soit plus douce que le port?

STANCES

Liberté douce et gratieuse,
Des petis animaux le plus riche tresor,
Ha liberté, combien tu es plus precieuse
          Ni que les perles ni que l'or!
Suivant par les bois à la chasse
Les escureux sautans, moy qui estois captif,
Envieux de leur bien, leur malheur je prochasse,
          Et en pris un entier et vif.
J'en fis present à ma mignonne
Qui lui tressa de soie un cordon pour prison;
Mais les frians appas du sucre qu'on luy donne
          Luy sont plus mortelz que poison.
Les mains de neige qui le lient,
Les attraians regars qui le vont decepvant
Plustot obstinement à la mort le convient
          Qu'estre prisonnier et vivant.

Las! comment ne suis-je semblable
Au petit escurieu qui eſtant arreſté
Meurt de regretz sans fin et n'a si agréable
      Sa vie que sa liberté.
O douce fin de triſte vie
De ce cueur qui choisiſt sa mort pour les malheurs,
Qui pour les surmonter sacrifie sa vie
      Au regret des champs et des fleurs!
Ainsi apres mille batailles,
Vengeans leur liberté on a veu les Romains
Planter leurs chauds poignards en leurs vives entrailles,
      Se guerir pour eſtre inhumains.
Mais tant s'en fault que je ruine
Ma vie et ma prison qu'elle me plaiſt si fort,
Qu'en riant je gazouille, ainsi que fait le cigne,
      Les douces chansons de ma mort.

STANCES

PLEUREZ avec moi tendres fleurs,
Aportez, ormeaux, les rosees
De vos mignardes espousees,
Meslez vos pleurs avec les pleurs
De moy desolé qui ne puis
Pleurer autant que j'ay d'ennuis!

Pleurez aussi, aube du jour :
Belle Aurore, je vous convie
A mesler une doulce pluye
Parmi les pleurs de mon amour,
D'un amour pour qui je ne puis
Trouver tant de pleurs que d'ennuis!

Cignes mourans, à ceſte foys
Quittez la Touvre Eugoumoisine
Et meslez la plainte divine
Et l'aer de vos divines voys,
Avec moy chetif qui ne puis
Pleurer autant que j'ay d'ennus!

Oiseaux qui languissez marris,
Et vous, Tourterelles fachees,
Ne comptez aux branches sechees
Le veuvage de vos maris
Et pleurez pour moy qui ne puis
Pleurer autant que j'ay d'ennuis!

Pleurez, o rochers, mes douleurs
De vos argentines fonteines
Pour moy qui souffre plus de peines
Que je ne puis trouver de pleurs,
Pour moy douloureux qui ne puis
Pleurer autant que j'ay d'ennuis!

CONSOLATION A Mlle DE SAINT-GERMAIN
POUR LA MORT DE MADAME DE SAINT-ANGEL

. . . . . .
Ta perte, ta pitié pour quelque temps excuse
          Ta douleur et tes pleurs,
Mais craignons que quelcun se vengeant ne t'accuse
          De feindre ces douleurs.

Ils diront : Et à quoy servent ces vaines plaintes
          Qu'enfin il faut finir ?
Belle, cessant tes pleurs, de ces cendres esteintes
          Esteins le souvenir.
. . . . . .

Heureux de voyr encor après un long orage
          Ce soleil désiré,
Plus heureux de trouver aprez un long naufrage
          Un rivage asseuré!
. . . . . .

Ces larmes et ces cris ne la font point revivre
          Estant morte icy bas,
Ny par eux tu ne puis rendre ton cœur delivre
          De si cruels debats.

Tu les nommes cruels, renouvelant la playe
      Sans la pouvoir guerir,
Te laissant à tousjours le seul plaisir pour paye
      De desirer perir;

Et perir tu ne puis, car ta peine plus forte
      Est changée en plaisir :
Ton plaisir est pleurer et ton ame mi-morte
      N'a que ce seul desir.
. . . . . .

Plainte qui chasque fois à tes yeux la renvoye
      Esblouis de leur dueil,
Plainte qui te fait voir ton aimee et ta joye
      Enfermée au cercueil.

Mais son ame est au ciel qui n'estant point humaine
      Triumphe pour tousjours,
Triumphante au bonheur d'une vie certaine
      D'avoyr parfaict son cours.

Donq' que ton corps descende en la mort tenebreuse
      Pour y voyr sa moitié,
Monte ton ame au Ciel plus bell' et plus heureuse
      Parfaire l'amitié.
. . . . . .

Ne prefere le bien d'une vie mortelle
      A l'eternel sejour,
Ne mesprise le bien d'une vie eternelle
      Pour ne l'avoyr qu'un jour.
. . . . . .

Fuyez, tiedes souspirs, et reprenez ces flammes
      Qui decoroient ses yeux;
Vos deux corps sont çà bas, et vos plus belles ames
      Sont au Ciel glorieux.

VISION FUNÈBRE DE SUZANNE

. . . . . .
En vain des mains je veux
Prendre ce vent leger, ceſt ombre et ce nuage :
Ame fuyarde, tourne encore ces beaux yeux,
Tourne à mes cris piteux l'oreille et le visage,
Pour entendre ces vœuz.

J'aracheray mon œil
S'il voyt une beauté, mon cœur s'il la desire,
Je banys mon esprit s'il veut quitter le dueil,
Mon ame, si mon ame un seul soupir souspire
En baizant le cercueil.

A quoy cet euil qui luit
S'il ne m'aproche ? à quoy ces bras s'ilz ne m'accolent ?
Helas ! elle s'eslogne et s'enleve et s'en fuit,
Pareill' aux vens legers et aux songes qui volent
Au vague de la nuit !

Ode XI

EXTASE

Sonnet

. . . . . .
O la faible esperance, inutile souci,
Aussi loin de raison que du Ciel jusqu'ici.
Sur les ailes de foy delivre tout le reſte.

Celeſte amour, qui as mon esprit emporté,
Je me voy dans le sein de la Divinité,
Il ne fault que mourir pour eſtre tout celeſte.

MÉDITATION ET PRIÈRE

Lors qu'au banquet precieux
Je savoure les viandes
Salutaires et friandes
Et des Anges et des Cieux...
. . . . . .

Que ton esprit, ô mon Dieu,
Esprit d'union m'unisse,
Et tout entier me ravisse
De si bas en si haut lieu.

Hausse-moy dessus le rang
De la pauvre humaine race,
Ma chair de ta chair se fasse,
Et mon sang de ton pur sang...
. . . . . .

Que mon cœur enfelonné
Ne s'enfle contre personne :
Donne moy que je pardonne,
Afin d'estre pardonné.

Comme jadis à l'hostie
On arrachait tout le fiel,
Fay que je ne sacrifie
Rien d'amer au Dieu du Ciel.

PRÉPARATIF A LA MORT

En allégorie maritime

C'EST un grand heur en vivant
D'avoir vaincu tout orage,
D'avoir au cours du voyage
Tousjours en poupe le vent :

Mais c'est bien plus de terrir
A la coste désirée,
Et voir sa vie asseurée
Au havre de bien mourir.

Arrière craintes et peurs,
Je ne marque plus ma course
Au Canope, ni à l'Ourse,
Je n'ai souci des hauteurs;

Je n'espie plus le Nord,
Ni pas une des estoiles,
Je n'ai qu'à baisser les voiles
Pour arriver dans le port.

Tombeaux

FRANÇOIS DE MALHERBE

1555-1628

FRANÇOIS DE MALHERBE

CONSOLATION
A MONSIEUR DU PERIER

(1599)

Ta douleur, Du Perier, sera donc eternelle,
    Et les tristes discours
Que te met en l'esprit l'amitié paternelle
    L'augmenteront tousjours!

Le malheur de ta fille au tombeau descenduë
    Par un commun trespas,
Est-ce quelque dedale où ta raison perduë
    Ne se retreuve pas?

Je sçay de quels appas son enfance estoit pleine,
    Et n'ay pas entrepris,
Injurieux ami, de soulager ta peine
    Avecque son mespris.

Mais elle estoit du monde, où les plus belles choses
    Ont le pire destin,
Et rose elle a vescu ce que vivent les roses,
    L'espace d'un matin.

Puis quand ainsi seroit, que selon ta priere,
    Elle auroit obtenu
D'avoir en cheveux blancs terminé sa carriere,
    Qu'en fust-il advenu?

Penses-tu que, plus vieille, en la maison celeste
    Elle eust eu plus d'accueil?
Ou qu'elle eust moins senti la poussiere funeste
    Et les vers du cercueil?

Non, non, mon Du Périer, aussi-tost que la Parque
      Oste l'ame du corps,
L'âge s'évanoüit au deçà de la barque,
      Et ne suit point les morts.

Tithon n'a plus les ans qui le firent cigale,
      Et Pluton aujourd'huy,
Sans égard du passé, les merites égale
      D'Archemore et de luy.

Ne te lasse donc plus d'inutiles complaintes,
      Mais sage à l'advenir,
Aime une ombre comme ombre, et de cendres esteintes
      Esteins le souvenir.
. . . . . .

De moy, desja deux fois d'une pareille foudre
      Je me suis vu perclus,
Et deux fois la raison m'a si bien fait resoudre
      Qu'il ne m'en souvient plus.

Non qu'il ne me soit grief que la tombe possede
      Ce qui me fut si cher;
Mais en un accident qui n'a point de remede,
      Il n'en faut point chercher.

La mort a des rigueurs à nulle autre pareilles :
      On a beau la prier,
La cruelle qu'elle est se bouche les oreilles,
      Et nous laisse crier.

Le pauvre en sa cabane, où le chaume le couvre,
      Est sujet à ses loix,
Et la garde qui veille aux barrieres du Louvre
      N'en défend point nos rois.

De murmurer contr'elle et perdre patience,
      Il est mal à propos :
Vouloir ce que Dieu veut est la seule science
      Qui nous met en repos.

STANCES
AUX OMBRES DE DAMON

(1604)

. . . . . .
L'Orne comme autre-fois nous reverroit encore,
Ravis de ces pensers que le vulgaire ignore,
Égarer à l'écart nos pas et nos discours;
Et, couchez sur les fleurs comme estoilles semées,
Rendre en si doux ébat les heures consumées
        Que les soleils nous seroient cours.

Mais, ô loy rigoureuse à la race des hommes!
C'est un point arresté, que tout ce que nous sommes,
Yssus de peres roys et de peres bergers
La Parque également sous la tombe nous serre;
Et les mieux établis au repos de la terre
        N'y sont qu'hostes et passagers.

Tout ce que la grandeur a de vains équipages,
D'habillements de pourpre et de suitte de pages,
Quand le terme est écheu, n'alonge point nos jours;
Il faut aller tout nus où le destin commande;
Et de toutes douleurs la douleur la plus grande,
        C'est qu'il faut laisser nos amours.
. . . . . .

PRIÈRE POUR LE ROI

ALLANT EN LIMOUSIN

(1605)

. . . . . .
La terreur de son nom rendra nos villes fortes,
On n'en gardera plus ny les murs ny les portes,
Les veilles cesseront aux sommets de nos tours;
Le fer mieux employé cultivera la terre,

Et le peuple qui tremble aux frayeurs de la guerre,
Si ce n'eſt pour baller n'orra plus de tambours.

Loin des meurs de son siecle il bannira les vices,
L'oysive nonchalance et les molles delices
Qui nous avoient portez jusqu'aux derniers hazarts ;
Les vertus reviendront de palmes couronnees,
Et ses juſtes faveurs aux merites donnees
Feront ressusciter l'excellence des arts.

. . . . . .

Tu nous rendras alors nos douces deſtinees :
Nous ne reverrons plus ces fascheuses annees
Qui pour les plus heureux n'ont produit que des pleurs.
Toute sorte de biens comblera nos familles,
La moisson de nos champs lassera les faucilles,
Et les fruiéts passeront la promesse des fleurs.

. . . . . .

ODE AU FEU ROI
SUR L'HEUREUX SUCCÈS
DU VOYAGE DE SEDAN

(1606)

. . . . . .
Ce sera là[1] que ma lire,
Faisant son dernier effort,
Entreprendra de mieux dire
Qu'un cyne pres de sa mort ;
Et se rendant favorable
Ton oreille incomparable,
Te forcera d'avoüer
Qu'en l'aise de la viétoire,
Rien n'eſt si doux que la gloire
De se voir si bien loüer.

Il ne faut pas que tu pense⸱
Treuver de l'eternité

---

1. Dans le Piémont.

En ces pompeuses depenses
Qu'invente la vanité :
Tous ces chefs-d'œuvres antiques
Ont à peine leurs reliques;
Par les Muses seulement
L'homme eſt exempt de la Parque,
Et ce qui porte leur marque
Demeure eternellement.

Par elles traçant l'hiſtoire
De tes faiéts laborieux,
Je deffendray ta mémoire
Du trespas injurieux,
Et quelque assaut que te face
L'oubly par qui tout s'efface,
Ta loüange, dans mes vers,
D'amarante couronnee,
N'aura sa fin terminee
Qu'en celle de l'univers.

STANCES AU ROI HENRI LE GRAND

POUR DE PETITES NYMPHES
QUI MÈNENT L'AMOUR PRISONNIER

(1610)

A LA FIN tant d'amants, dont les ames blessees
      Languissent nuit et jour,
Verront sur leur auteur leurs peines renversees,
Et seront consolez aux despens de l'Amour.

Ce publicque ennemy, cette peſte du monde,
      Que l'erreur des humains
Fait le maiſtre absolu de la terre et de l'onde,
Se treuve à la mercy de nos petites mains.

Nous le vous amenons dépoüillé de ses armes;
      O Roy, l'aſtre des rois,
Quittez voſtre bonté, mocquez-vous de ses larmes,
Et luy faites sentir la rigueur de vos lois.

. . . . . .
Mars, qui met sa loüange à deserter la terre
      Par des meurtres espais,
N'a rien de si tragique aux fureurs de la guerre
Comme ce desloyal aux douceurs de la paix.
. . . . . .

Ne meslez rien de lasche à vos hautes pensees,
      Et par quelques appas
Qu'il demande mercy de ses fautes passees,
Imitez son exemple à ne pardonner pas.
. . . . . .

VERS FUNÈBRES

SUR LA MORT DE HENRI LE GRAND

(1610)

Stances

En fin l'ire du ciel et sa fatale envie,
Dont j'avois repoussé tant d'injustes efforts,
Ont détruit ma fortune, et, sans m'oster la vie,
      M'ont mis entre les morts.

Henry, ce grand Henry, que les soins de nature
Avoient fait un miracle aux yeux de l'univers
Comme un homme vulgaire est dans la sepulture
      A la mercy des vers!

Belle ame, beau patron des celestes ouvrages,
Qui fus de mon espoir l'infaillible recours,
Quelle nuict fut pareille aux funestes ombrages
      Où tu laisses mes jours!

C'est bien à tout le monde une commune playe,
Et le malheur que j'ay, chacun l'estime sien;
Mais en quel autre cœur est la douleur si vraye
      Comme elle est dans le mien?

Ta fidele compagne, aspirant à la gloire
Que son affliction ne se puisse imiter,
Seule de cet ennuy me debat la victoire,
   Et me la fait quitter.

. . . . . .

Nulle heure de beau temps ses orages n'essuye,
Et sa grace divine endure en ce tourment
Ce qu'endure une fleur que la bise ou la pluie
   Bat excessivement.

. . . . . .

ODE A LA REINE
MARIE DE MÉDICIS

POUR LES HEUREUX SUCCÈS DE SA RÉGENCE

(1610)

. . . .
Les Muses, les neuf belles fees,
Dont les bois suivent les chansons,
Rempliront de nouveaux Orfées
La trouppe de leurs nourrissons;
Tous leurs vœux seront de te plaire;
Et si ta faveur tutélaire
Fait signe de les avoüer,
Jamais ne partit de leurs veilles
Rien qui se compare aux merveilles
Qu'elles feront pour te loüer.

En ceste hautaine entreprise,
Commune à tous les beaux esprits,
Plus ardent qu'un athlete à Pise,
Je me feray quitter le pris;
Et quand j'auray peint ton image,
Quiconque verra mon ouvrage,
Avoûra que Fontaine-bleau,
Le Louvre, ny les Tuileries,
En leurs superbes galeries,
N'ont point un si riche tableau.

Apollon à portes ouvertes
Laisse indifferemment cueillir
Les belles feuilles tousjours vertes
Qui gardent les noms de vieillir;
Mais l'art d'en faire les couronnes
N'est pas sceu de toutes personnes,
Et trois ou quatre seulement,
Au nombre desquels on me range,
Peuvent donner une loüange
Qui demeure eternellement.

CHANSON

(1614)

Sus debout la merveille des belles,
Allons voir sur les herbes nouvelles
Luire un esmail dont la vive peinture
Deffend à l'art d'imiter la nature.

L'air est plein d'une haleine de roses,
Tous les vents tiennent leurs bouches closes,
Et le Soleil semble sortir de l'onde
Pour quelque amour plus que pour luire au monde.

On diroit, à luy voir sur la teste
Ses rayons comme un chapeau de feste,
Qu'il s'en va suivre en si belle journée
Encore un coup la fille de Pénée.
. . . . . .

Il fait chaud, mais un fueillage sombre
Loin du bruit nous fournira quelque ombre,
Où nous ferons, parmy les violettes,
Mespris de l'ambre et de ses cassolettes.

Pres de nous, sur les branches voisines
Des genets, des houx et des espines,
Le rossignol, desployant ses merveilles,
Jusqu'aux rochers donnera des oreilles.

Et peut-être, à travers des fougeres,
Verrons-nous de bergers à bergeres,
Sein contre sein et bouche contre bouche,
Naiſtre et finir quelque douce escarmouche.

. . . . . .

POUR LA REINE MÈRE DU ROI

PENDANT SA RÉGENCE

(1614)

Ode

. . . . . .
Si quelque avorton de l'envie
Ose encore lever les yeux,
Je veux bander contre sa vie
L'ire de la terre et des cieux;
Et dans les savantes oreilles
Verser de si douces merveilles
Que ce miserable corbeau,
Comm' oiseau d'augure siniſtre,
Banny des rives de Caïſtre,
S'aille cacher dans le tombeau.

Venez donc, non pas habillées,
Comm' on vous trouve quelquefois,
En jupes dessous les fueillées,
Dansant au silence des bois.
Venez en robes, où l'on voye
Dessus les ouvrages de soye
Les rayons d'or étinceller;
Et chargez de perles vos teſtes,
Comme quand vous allez aux feſtes
Où les dieux vous font appeller.

Quand le sang, boüillant en mes veines,
Me donnoit de jeunes desirs,
Tantoſt vous souspiriez mes peines,
Tantoſt vous chantiez mes plaisirs;

Mais aujourd'huy que mes années
Vers leur fin s'en vont terminées,
Sieroit-il bien à mes écris
D'ennuyer les races futures
Des ridicules adventures
D'un amoureux en cheveux gris ?

Non, vierges, non; je me retire
De tous ces frivoles discours :
Ma Reine est un but à ma lire
Plus juste que nulles amours;
Et, quand j'auray, comme j'espere,
Fait ouïr, du Gange à l'Ibere,
Sa loüange à tout l'univers,
Permesse me soit un Cocyte,
Si jamais je vous sollicite
De m'aider à faire des vers!

Aussi-bien chanter d'autre chose,
Ayant chanté de sa grandeur,
Seroit-ce pas, après la rose,
Aux pavots chercher de l'odeur,
Et des loüanges de la lune
Descendre à la clairté commune
D'un de ces feux du firmament
Qui, sans profiter et sans nuire,
N'ont receu l'usage de luire
Que par le nombre seulement ?
. . . . . .

Ce n'est point aux rives d'un fleuve
Où dorment les vents et les eaux
Que fait sa veritable preuve
L'art de conduire les vaisseaux;
Il faut, en la plaine salée,
Avoir lutté contre Malée,
Et pres du naufrage dernier
S'estre vu dessous les Pléiades,
Éloigné de ports et de rades,
Pour estre creu bon marinier.

Ainsi, quand la Grece, partie
D'où le mol Anaure couloit,

Traversa les mers de Scithie
En la navire qui parloit,
Pour avoir sceu des Cyanées
Tromper les vagues forcenées,
Les pilotes du fils d'Eson,
Dont le nom jamais ne s'efface,
Ont gaigné la premiere place
En la fable de la Toison.

Ainsi, conservant cet empire
Où l'infidelité du sort,
Jointe à la noſtre, encore pire,
Alloit faire un dernier effort,
Ma Reine acquiert à ses merites
Un nom qui n'a point de limites,
Et ternissant le souvenir
Des reines qui l'ont precedée,
Devient une eternelle idée
De celles qui sont à venir.

Aussi-toſt que le coup tragique,
Dont nous fusmes presque abbatus,
Euſt fait la fortune publique
L'exercice de ses vertus,
En quelle nouveauté d'orage
Ne fut éprouvé son courage,
Et quelles malices de flots,
Par des murmures effroyables,
A des vœux à peine payables
N'obligerent les matelots ?

Qui n'ouït la voix de Bellonne,
Lasse d'un repos de douze ans,
Telle que d'un foudre qui tonne,
Appeller tous ses partisans,
Et déja les rages extremes,
Par qui tombent les diademes,
Faire apprehender le retour
De ces combats dont la manie
Eſt l'eternelle ignominie
De Jarnac et de Moncontour ?

Qui ne voit encor à cette heure
Tous les infidelles cerveaux
Dont la fortune est la meilleure
Ne chercher que troubles nouveaux,
Et ressembler à ces fontaines
Dont les conduites souterraines
Passent par un plomb si gasté
Que, tousjours ayant quelque tare,
Au mesme temps qu'on les repare,
L'eau s'enfuit d'un autre costé ?

La paix ne voit rien qui menace
De faire renaistre nos pleurs,
Tout s'accorde à notre bonace,
Les hivers nous donnent des fleurs;
Et, si les pasles Eumenides,
Pour réveiller nos parricides,
Toutes trois ne sortent d'enfer,
Le repos du siecle où nous sommes
Va faire à la moitié des hommes
Ignorer que c'est que le fer.

Themis, capitale ennemie
Des ennemis de leur devoir,
Comme un rocher est affermie
En son redoutable pouvoir;
Elle va d'un pas et d'un ordre
Où la censure n'a que mordre;
Et les loix, qui n'exceptent rien
De leur glaive et de leur balance,
Font tout perdre à la violance
Qui veut avoir plus que le sien.

Nos champs mesme ont leur abondance
Hors de l'outrage des voleurs;
Les festins, les jeux et la danse
En bannissent toutes douleurs.
Rien n'y gemit, rien n'y souspire;
Chaque Amarille a son Tityre;
Et, sous l'épaisseur des rameaux,
Il n'est place où l'ombre soit bonne
Qui soir et matin ne resonne
Ou de voix ou de chalumeaux.

Puis, quand ces deux grands hymenées,
Dont le fatal embrassement
Doit applanir les Pyrenées,
Auront leur accomplissement,
Devons-nous douter qu'on ne voye,
Pour accompagner cette joye,
L'encens germer en nos buissons,
La myrrhe couler en nos rues,
Et, sans l'usage des charrues,
Nos plaines jaunir de moissons?
. . . . . .

ODE AU ROI LOUIS XIII

ALLANT CHÂTIER LA REBELLION DES ROCHELOIS
ET CHASSER LES ANGLAIS
QUI EN LEUR FAVEUR ÉTAIENT DESCENDUS
EN L'ILE DE RÉ

(1627)

Doncq un nouveau labeur à tes armes s'appreste;
Pren ta foudre, Louys, et va comm' un lion
Donner le dernier coup à la derniere teste
  De la rebellion.

Fay choir en sacrifice au demon de la France
Les fronts trop eslevez de ces ames d'enfer,
Et n'espargne contr'eux pour notre delivrance
  Ny le feu ny le fer.

Assez de leurs complots l'infidelle malice
A nourry le desordre et la sedition;
Quitte le nom de Juste, ou fay voir ta justice
  En leur punition.

Le centiesme decembre a les plaines ternies,
Et le centiesme avril les a peintes de fleurs,
Depuis que parmy nous leurs brutales manies
  Ne causent que des pleurs.

Dans toutes les fureurs des siecles de tes peres,
Les monstres les plus noirs firent-ils jamais rien,
Que l'inhumanité de ces cueurs de viperes
      Ne renouvelle au tien ?

Par qui sont aujourd'huy tant de villes desertes,
Tant de grands bastimens en masures changez,
Et de tant de chardons les campagnes couvertes,
      Que par ces enragez ?

Les sceptres devant eux n'ont point de privileges;
Les immortels eux-mesmes en sont persecutez :
Et c'est aux plus saints lieux que leurs mains sacrileges
      Font plus d'impietez.

Marche, va les destruire; esteins-en la semence,
Et suy jusqu'à leur fin ton courroux genereux,
Sans jamais escouter ny pitié ny clemence
      Qui te parle pour eux.

Ils ont beau vers le ciel leurs murailles accroistre,
Beau d'un soin assidu travailler à leurs forts,
Et creuser leurs fossez jusqu'à faire paroistre
      Le jour entre les morts.

Laisse-les esperer, laisse-les entreprendre :
Il suffit que ta cause est la cause de Dieu,
Et qu'avecque ton bras ell'a pour la deffendre
      Les soings de Richelieu :

Richelieu, ce prelat de qui toute l'envie
Est de voir ta grandeur aux Indes se borner,
Et qui visiblement ne fait cas de sa vie
      Que pour te la donner.

Rien que ton interest n'occupe sa pensée;
Nuls divertissements ne l'appellent ailleurs,
Et de quelques bons yeux qu'on ait vanté Lyncée,
      Il en a de meilleurs.

Son ame toute grande est une ame hardie,
Qui pratique si bien l'art de nous secourir,
Que pourveu qu'il soit creu, nous n'avons maladie
    Qu'il ne sçache guerir.

Le Ciel, qui doit le bien selon qu'on le merite,
Si de ce grand oracle il ne t'eust assisté,
Par un autre present n'eust jamais esté quitte
    Envers ta pieté.

Va, ne differe plus tes bonnes destinées :
Mon Apollon t'asseure, et t'engage sa foy,
Qu'employant ce Tiphys, Syrtes et Cyanées
    Seront havres pour toy.

Certes, ou je me trompe, ou desja la Victoire,
Qui son plus grand honneur de tes palmes attent,
Est aux bords de Charante en son habit de gloire,
    Pour te rendre content.

Je la voy qui t'appelle, et qui semble te dire :
« Roy, le plus grand des rois, et qui m'es le plus cher,
Si tu veux que je t'aide à sauver ton empire,
    Il est temps de marcher. »

Que sa façon est brave et sa mine asseurée !
Qu'elle a fait richement son armure estoffer !
Et qu'il se connoist bien, à la voir si parée,
    Que tu vas triompher !

Telle en ce grand assaut, où des fils de la Terre
La rage ambitieuse à leur honte parut,
Elle sauva le ciel, et rua le tonnerre
    Dont Briare mourut.

Desja de tous costez s'avançoient les approches ;
Icy couroit Mimas, là Typhon se battoit,
Et là suoit Euryte à détacher les roches
    Qu'Encelade jettoit.
. . . . . .

Neptune, importuné de ses voiles infames,
Comme tu parestras au passage des flots,
Voudra que ses Tritons mettent la main aux rames,
    Et soient tes matelots.

Là rendront tes guerriers tant de sortes de preuves,
Et d'une telle ardeur pousseront leurs efforts,
Que le sang estranger fera monter nos fleuves
   Au-dessus de leurs bords.

Par cest exploit fatal en tous lieux va renaistre
La bonne opinion des courages françois,
Et le monde croira, s'il doit avoir un maistre,
   Qu'il faut que tu le sois.

O que pour avoir part en si belle adventure,
Je me souhaiterois la fortune d'Eson,
Qui, vieil comme je suis, revint contre nature
   En sa jeune saison !

De quel peril extreme est la guerre suivie,
Où je ne fisse voir que tout l'or du levant
N'a rien que je compare aux honneurs d'une vie
   Perduë en te servant ?

Toutes les autres morts n'ont merite ny marque :
Celle cy porte seule un éclat radieux,
Qui fait revivre l'homme, et le met de la barque
   A la table des dieux.

Mais quoy ? tous ces pensers dont les ames bien nées
Excitent leur valeur et flattent leur devoir,
Que sont-ce que regrets, quand le nombre d'années
   Leur oste le pouvoir ?

Ceux à qui la chaleur ne bout plus dans les veines
En vain dans les combats ont des soins diligens ;
Mars est comme l'Amour : ses travaux et ses peines
   Veulent de jeunes gens.

Je suis vaincu du temps, je cede à ses outrages ;
Mon esprit seulement, exempt de sa rigueur,
A de quoy tesmoigner en ses derniers ouvrages
   Sa premiere vigueur.

Les puissantes faveurs dont Parnasse m'honore
Non loin de mon berceau commencerent leur cours ;
Je les posseday jeune, et les possede encore
   A la fin de mes jours.

Ce que j'en ay receu, je veux te le produire;
Tu verras mon adresse, et ton front ceste fois
Sera ceint de rayons qu'on ne vit jamais luire
                    Sur la teste des rois.

Soit que de tes lauriers ma lyre s'entretienne,
Soit que de tes bontez je la face parler,
Quel rival assez vain pretendra que la sienne
                    Ait de quoy m'égaler ?

Le fameux Amphion, dont la voix nompareille,
Batissant une ville estonna l'univers,
Quelque bruit qu'il ait eu, n'a point fait de merveille
                    Que ne facent mes vers.

Par eux de tes beaux faicts la terre sera pleine,
Et les peuples du Nil qui les auront ouys,
Donneront de l'encens, comme ceux de la Seine,
                    Aux autels de Louys.

STANCES

PARAPHRASE D'UNE PARTIE
DU PSAUME CXLV

N'esperons plus, mon ame, aux promesses du monde :
Sa lumiere est un verre, et sa faveur une onde,
Que tousjours quelque vent empesche de calmer;
Quittons ces vanitez, lassons-nous de les suivre :
                    C'est Dieu qui nous faict vivre,
                    C'est Dieu qu'il faut aimer.

En vain, pour satisfaire à nos lasches envies,
Nous passons pres des rois tout le temps de nos vies,
A souffrir des mespris et ployer les genoux;
Ce qu'ils peuvent n'est rien: ils sont comme nous sommes,
                    Veritablement hommes,
                    Et meurent comme nous.

Ont-ils rendu l'esprit, ce n'est plus que poussiere
Que cette majesté si pompeuse et si fiere
Dont l'esclat orgueilleux estonne l'univers;
Et dans ces grands tombeaux où leurs ames hautaines
   Font encore les vaines,
   Ils sont mangez des vers.

Là se perdent ces noms de maistres de la terre,
D'arbitres de la paix, de foudres de la guerre :
Comme ils n'ont plus de sceptre, ils n'ont plus de flatteurs,
Et tombent avecque eux d'une cheute commune
   Tous ceux que leur fortune
   Faisoit leurs serviteurs.

JACQUES DAVY DU PERRON

Au bord tristement doux des eaux, je me retire
Et vois couler ensemble et les eaux, et mes jours,
Je m'y vois sec, et pâle, et si j'aime toujours
Leur rêveuse mollesse où ma peine se mire.

Au plus secret des bois je conte mon martyre,
Je pleure mon martyre en chantant mes amours,
Et si j'aime les bois, et les bois les plus sourds
Quand j'ai jeté mes cris, me les viennent redire.

Dame dont les beautés me possèdent si fort
Qu'étant absent de vous, je n'aime que la mort,
Les eaux, en votre absence, et les bois me consolent :

Je vois dedans les eaux, j'entends dedans les bois
L'image de mon teint, et celle de ma voix
Toutes peintes de mort qui nagent et qui volent.

JEAN DE SPONDE

1557-1594

JEAN DE SPONDE

LES AMOURS

V

Je meurs, et les soucis qui sortent du martyre
Que me donne l'absence, et les jours, et les nuicts
Font tant, qu'à tous momens je ne sçay que je suis
Si j'empire du tout ou bien si je respire.

Un chagrin survenant mille chagrins m'attire
En me cuidant aider moy-mesme je me nuis,
L'infini mouvement de mes roulants ennuis
M'emporte et je le sens, mais je ne le puis dire.

Je suis cet Acteon de ces chiens deschiré !
Et l'esclat de mon ame est si bien alteré
Qu'elle qui me devroit faire vivre me tuë :

Deux Deesses nous ont tramé tout nostre sort
Mais pour divers sujet nous trouvons mesme mort
Moy de ne la voir point, et lui de l'avoir veuë.

XXVI

Les vents grondoyent en l'air, les plus sombres nuages
Nous desroboyent le jour pesle mesle entassez
Les abismes d'enfer estoyent au ciel poussez
La mer s'enfloit des monts, et le monde d'orages :

Quand je vy qu'un oyseau delaissant nos rivages
S'envole au beau milieu de ces flots courroucez,
Y pose de son nid les festus ramassez
Et rappaise soudain ses escumeuses rages.

L'amour m'en fit autant, et comme un Alcion
L'autre jour se logea dedans ma passion
Et combla de bon-heur mon ame infortunee.

Après le trouble, en fin, il me donna la paix
Mais le calme de mer n'est qu'une fois l'annee
Et celuy de mon ame y sera pour jamais.

MATHURIN RÉGNIER

1573-1613

MATHURIN RÉGNIER

STANCES

Quand sur moy je jette les yeux,
A trente ans me voyant tout vieux,
Mon cœur de frayeur diminue :
Estant vieilli dans un moment,
Je ne puis dire seulement
Que ma jeunesse est devenue.

Du berceau courant au cercueil,
Le jour se dérobe à mon œil,
Mes sens troublez s'évanouissent.
Les hommes sont comme des fleurs,
Qui naissent et vivent en pleurs,
Et d'heure en heure se fanissent.

Leur âge à l'instant écoulé,
Comme un trait qui s'est envolé
Ne laisse après soy nulle marque ;
Et leur nom si fameux icy,
Si-tost qu'ils sont morts, meurt aussi,
Du pauvre autant que du Monarque.

N'agueres, verd, sain et puissant,
Comme un aubespin florissant,
Mon printemps estoit délectable.
Les plaisirs logeoient en mon sein ;
Et lors estoit tout mon dessein
Du jeu d'Amour et de la table.

Mais, las! mon sort est bien tourné;
Mon age en un rien s'est borné,
Foible languit mon esperance :
En une nuit, à mon malheur,
De la joye et de la douleur
J'ay bien appris la difference!

La douleur aux traits veneneux,
Comme d'un habit épineux
Me ceint d'une horrible torture.
Mes beaux jours sont changés en nuits;
Et mon cœur tout flestry d'ennuis
N'attend plus que la sepulture.

Enyvré de cent maux divers,
Je chancelle et vay de travers.
Tant mon ame en regorge pleine;
J'en ay l'esprit tout hebété,
Et si peu qui m'en est resté,
Encor me fait-il de la peine.

La memoire du temps passé,
Que j'ay follement dépencé,
Espand du fiel en mes ulcères :
Si peu que j'ay de jugement,
Semble animer mon sentiment,
Me rendant plus vif aux misères.

Ha! pitoyable souvenir!
Enfin, que dois-je devenir ?
Où se reduira ma constance ?
Estant ja defailly de cœur,
Qui me donira de la vigueur,
Pour durer en la penitence ?

Qu'est-ce de moy ? foible est ma main,
Mon courage, helas! est humain,
Je ne suis de fer ni de pierre;
En mes maux monstre-toy plus doux;
Seigneur; aux traits de ton courroux
Je suis plus fragile que verre.

Je ne suis à tes yeux, sinon
Qu'un festu sans force et sans nom,
Qu'un hibou qui n'ose paroistre;
Qu'un fantosme icy bas errant,
Qu'une orde escume de torrent,
Qui semble fondre avant que naistre.

Où toy, tu peux faire trembler
L'Univers, et desassembler
Du Firmament le riche ouvrage;
Tarir les flots audacieux,
Ou, les elevant jusqu'aux Cieux,
Faire de la Terre un naufrage.

Le Soleil fléchit devant toy,
De toy les Astres prennent loy,
Tout fait joug dessous ta parole,
Et cependant tu vas dardant
Dessus moy ton courroux ardent,
Qui ne suis qu'un bourrier qui vole.

Mais quoy! si je suis imparfait,
Pour me defaire m'as-tu fait?
Ne sois aux pecheurs si sévère.
Je suis homme, et toi Dieu Clement:
Sois donc plus doux au châtiment,
Et punis les tiens comme Père.

ÉPITAPHE DE RÉGNIER

J'ay vescu sans nul pensement,
Me laissant aller doucement
A la bonne loy naturelle,
Et si m'estonne fort pourquoy
La mort daigna songer à moy,
Qui n'ay daigné penser à elle.

FRANÇOIS MAYNARD

1582-1646

FRANÇOIS MAYNARD

SONNET

MON Ame, il faut partir. Ma vigueur est passée,
  Mon dernier jour est dessus l'horizon.
Tu crains ta liberté. Quoy ? n'es-tu pas lassée
  D'avoir souffert soixante ans de prison ?

Tes desordres sont grands. Tes vertus sont petites,
  Parmy tes maux on treuve peu de bien.
Mais si le bon Jesus te donne ses merites,
  Espere tout et n'apprehende rien.

Mon Ame, repens-toy d'avoir aymé le Monde ;
  Et de mes yeux fay la source d'une Onde
Qui touche de pitié le Monarque des Rois.

  Que tu serois courageuse et ravie
Si j'avoy soûpiré durant toute ma vie
  Dans le Desert sous l'ombre de la Croix.

HONORAT DE RACAN

1589-1670

HONORAT DE RACAN

LES BERGERIES

ALCIDOR

Que cette nuiçt est longue et fascheuse à passer !
Que de sortes d'ennuis me viennent traverser !
Depuis qu'un bel objet a ma raison blessée,
Incessamment je voy des yeux de ma pensée
Cet aymable Soleil autheur de mon amour,
Qui fait qu'incessamment je pense qu'il soit jour,
Je saute à bas du liçt, je cours à la fenestre,
J'ouvre et hausse la veuë, et ne voy rien parestre,
Que l'ombre de la nuiçt, dont la noire pasleur
Peint les champs et les prez d'une mesme couleur :
Et cette obscurité, qui tout le monde enserre,
Ouvre autant d'yeux au Ciel, qu'elle en ferme en la terre.
Chacun jouyt en paix du bien qu'elle produiçt,
Les coqs ne chantent point, je n'entens aucun bruit,
Sinon quelques Zephirs, qui le long de la plaine
Vont cajolant tout bas les Nymphes de la Seine.
Maint phantosme hideux, couvert de corps sans corps,
Visite en liberté la demeure des morts.
Les troupeaux, que la faim a chassez des bocages,
A pas lents et craintifs entrent dans les gagnages.
Les funestes oyseaux, qui ne vont que la nuiçt,
Annoncent aux mortels le malheur qui les suit.
Les flambeaux eternels, qui font le tour du monde
Percent à longs rayons le noir cristal de l'onde,
Et sont veus au travers si luisans et si beaux,
Qu'il semble que le Ciel soit dans le fonds des eaux.
O nuiçt ! dont la longueur semble porter envie
Au seul contentement, que possède ma vie :

Retire un peu tes feux, et permets que le jour
Vienne sur l'horizon éclairer à son tour,
Afin que ces beaux yeux pour qui mon cœur souspire,
Sçachent avant ma mort l'excez de mon martyre.
. . . . . .

Acte I, Scène I

YDALIE

. . . . . .
Je n'avois pas douze ans quand la première flame
Des beaux yeux d'Alcidor s'alluma dans mon ame;
Il me passoit d'un an, et de ses petits bras
Cueilloit desja des fruicts dans les branches d'embas;
L'amour qu'à ce berger je portois des l'enfance
Creut insensiblement sa douce violence,
Et jusques à tel poinct s'augmenta dans mon cœur
Qu'à la fin de la place il se rendit vainqueur.
Deslors, je prins un soin plus grand qu'à l'ordinaire
De le voir plus souvent et tascher à luy plaire;
Mais, ignorant le feu qui depuis me brusla,
Je ne pouvois juger d'où me venoit cela.
Soit que dans la prairie il vist ses brebis paistre,
Soit que sa bonne grace au bal le fist paroistre,
Ou soit que dans le temple il fist priere aux Dieux,
Je le suivois partout de l'esprit et des yeux.
A cause de mon âge et de mon innocence,
Je le voyois alors avec plus de licence,
Et souvent tous deux seuls, libres de tout soupçon,
Nous passions tous les jours à l'ombre d'un buisson.
Il m'appelloit sa sœur, je l'appellois mon frere;
Nous mangions mesme pain au logis de mon pere.
Cependant qu'il y fut nous vescumes ainsi;
Tout ce que je voulois, il le vouloit aussi;
Il m'ouvroit ses pensers jusqu'au fond de son ame;
De baisers innocens il nourrissoit ma flame.
Mais, dans ces privautez dont l'Amour nous masquoit,
Je me doutois tousjours de celle qui manquoit;
Et, combien que desja l'amoureuse manie
M'augmentast le plaisir d'estre en sa compagnie,
Je goustois néanmoins avec moins de douceur

Ces noms respectueux de parente et de sœur.
Combien de fois alors ay-je dis en moy-mesme,
Ayant les yeux baissés et le visage blesme :
« Beau chef-d'œuvre des cieux, agréable pasteur,
Qui du mal que je sens estes le seul autheur,
Avec moins de respect soyez moy favorable;
Ne soyez point mon frere, ou soyez moins aimable.
. . . . . .

Acte II, Scène II

STANCES

Thirsis, il faut penser à faire la retraite :
La course de nos jours est plus qu'à demy faite.
L'age insensiblement nous conduit à la mort.
Nous avons assez veu sur la mer de ce monde
Errer au gré des flots nostre nef vagabonde;
Il est temps de jouir des délices du port.

Le bien de la fortune est un bien perissable;
Quand on bastit sur elle on bastit sur le sable.
Plus on est eslevé, plus on court de dangers :
Les grands pins sont en bute aux coups de la tempeste,
Et la rage des vents brise plustost le faiste
Des maisons de nos roys que les toits des bergers.

O bien-heureux celuy qui peut de sa mémoire
Effacer pour jamais ce vain espoir de gloire
Dont l'inutile soin traverse nos plaisirs,
Et qui, loin retiré de la foule importune,
Vivant dans sa maison content de sa fortune,
A selon son pouvoir mesuré ses désirs.

Il laboure le champ que labouroit son pere;
Il ne s'informe point de ce qu'on delibere
Dans ces graves conseils d'affaires accablez;
Il voit sans interest la mer grosse d'orages,
Et n'observe des vents les sinistres presages
Que pour le soin qu'il a du salut de ses bleds.
. . . . . .

PSAUME XXII

Loin de moy, tragiques pensées
Dont mes infortunes passées
Nourrissoient mon affliction !
Puisque le Tout-Puissant est touché de mes plaintes,
Dois-je pas esperer sous sa protection
De bannir pour jamais mes ennuis et mes craintes ?

Ce pasteur tout bon et tout sage
Nous conduit dans un pasturage
Plein de délices et d'attraits,
Et là des pures eaux d'une source féconde
Nos esprits en repos en beuvant à longs traits,
Noîront le souvenir des vanitez du monde.

Lorsqu'il voit nostre ame égarée
Et de son troupeau séparée
Se conduire à sa volonté,
Qu'elle est preste à se perdre aux abysmes du vice,
Son soin, pour l'obliger à bénir sa bonté,
La remet au chemin tracé par sa justice.

Aussi, dans l'horreur des tenebres
Et des ennuis les plus funebres
Que la mort presente à nos yeux,
J'iray sans m'effrayer aux antres les plus sombres,
Quand pour guide j'auray le Monarque des cieux,
Qui peut vaincre la mort et dissiper ses ombres.

Il me presente sur sa table
Cette viande delectable
Qu'il appreste pour ses éleus;
Et de mes ennemis rend l'envie immortelle,
Lors que par leur orgueil ils se verront exclus
De ce mets qui m'eleve à la vie éternelle.

L'exces des graces qu'il me donne
M'honore autant que ma couronne,
Dont il est l'equitable appuy :
Toutes deux m'ont comblé de plaisir et de gloire
Dans son sacré banquet, où, pour m'unir à luy,
Son sang estoit le vin qu'il me versoit à boire.

En la seule misericorde
Que sa clemence nous accorde
Est l'asyle des criminels ;
Sa grace et sa puissance ont nostre ame assurée
De se voir au-dessus des flambeaux éternels
Habiter la maison qu'il nous a preparée.

PSAUME XLIII

Les enfants d'âge en âge apprendront de leurs peres
Comme autrefois, Seigneur, ta puissance voulut
Contre les artisans de nos longues miseres
Combattre pour ta gloire et pour notre salut.

Ils sauront comme apres nos guerres étouffées
Nos ayeuls ont posé leurs arcs et leurs écus,
Et que leurs bras, lassez d'élever des trophées,
Ont imprimé le soc dans le champ des vaincus.

Ils ne l'eussent pas fait par la force des armes ;
Mais tes mains et tes yeux, par des effets divers,
Ne s'armèrent pour eux que d'attraits et de charmes,
Et pour leurs ennemis de foudres et d'éclairs.

O mon Maistre ! ô mon Roy ! si-tost que ta presence
Rend le cœur à ton Oint et la force à son bras,
L'orgueil de l'univers a-t-il quelque puissance
Qu'il ne puisse choquer, briser et mettre à bas ?

Ce n'est ni par les dards, ce n'est ni par la lance
Qu'on soumet l'ennemi sans l'avoir combattu :
Toy qui mets le respect où regnoit l'insolence,
Rends son esprit confus et son cœur abattu.

Apres cette victoire en merveilles féconde,
Je publiray sans fin tes bontez en tous lieux,
Et mon ressentiment fera le tour du monde,
Tandis que le soleil fera le tour des cieux.

Mais à quoy nous sert-il de sortir d'esclavage
Pour vivre sous un maistre aussi juste que doux,
S'il faut qu'en le perdant nous perdions le courage
Et fuyions devant ceux qui fuyoient devant nous ?

Quoy donc ? ta bergerie à jamais vagabonde
Se verra loin des bords du Jourdain et du Nil
Errer en tant de lieux qu'à peine tout le monde
Pourra dans sa grandeur contenir son exil ?
· · · · · ·

Es-tu donc insensible en voyant de la sorte
Qu'on traite en cet exil nostre invincible foy,
Toy qui sçais qu'icy bas la haine qu'on nous porte
Ne vient que de l'amour que nous avons pour toy ?
· · · · · ·

PSAUME XLVIII

· · · · · ·
        Justes, ne soyez pas jaloux
De voir qu'au pecheur en ce monde
Le bien de toutes parts abonde,
Il en sort aussi nud que vous;
Son esprit, plongé dans les vices,
Qui ne croit point d'autres délices
Que celles que goûte son corps,
Ne s'attachant qu'aux choses basses,
Croit que Dieu le comble de graces
Quand il le comble de thresors.

Et, combien que dans les douceurs
Exemptes de trouble et d'envie
Il puisse prolonger sa vie
Autant que ses predecesseurs,
Il a la mesme sepulture
Que les bestes que la Nature
Fait dessous la fange pourrir,
Sinon que l'on verra son ame
Mourir à jamais dans la flame
Du regret de ne point mourir.

THÉOPHILE DE VIAU

1590-1626

THÉOPHILE DE VIAU

LA SOLITUDE

Ode

. . . . . .
Mon Dieu! que tes cheveux me plaisent!
Ils s'esbattent dessus ton front
Et, les voyant beaux comme ils sont,
Je suis jaloux quand ils te baisent.

Belle bouche d'ambre et de rose
Ton entretien est desplaisant
Si tu ne dis, en me baisant,
Qu'aymer est une belle chose.

D'un air plein d'amoureuse flamme,
Aux accens de ta douce voix,
Je voy les fleuves et les bois
S'embrazer comme a faict mon ame.
. . . . . .

Preste-moy ton sein pour y boire
Des odeurs qui m'embasmeront;
Ainsi mes sens se pasmeront
Dans les lacs de tes bras d'yvoire.

Je baigneray mes mains folastres
Dans les ondes de tes cheveux,
Et ta beauté prendra les vœux
De mes œillades idolastres.
. . . . . .

LA MAISON DE SYLVIE

ODE III

Dans ce parc un vallon secret,
Tout voilé de ramages sombres,
Où le soleil est si discret
Qu'il n'y force jamais les ombres,
Presse d'un cours si diligent
Les flots de deux ruisseaux d'argent,
Et donne une fraîcheur si vive
A tous les objets d'alentour,
Que même les martyrs d'amour
Y trouvent leur douleur captive.

Un étang dort là tout auprès
. . . . . .

Zéphyre en chasse les chaleurs.
Rien que les cygnes n'y repaissent;
On n'y trouve rien sous les fleurs
Que la frescheur dont elles naissent;
Le gazon garde quelquefois
Le bandeau, l'arc et le carquois
De mille amours qui se despouillent
A l'ombrage de ces roseaux,
Et dans l'humidité des eaux
Trempent leurs jeunes corps qui bouillent.

L'estang leur preste sa frescheur,
La Naïade leur verse à boire;
Toute l'eau prend de leur blancheur
L'esclat d'une couleur d'yvoire.
On voit là ces nageurs ardents,
Dans les ondes qu'ils vont fendants,
Faire la guerre aux Nereydes,
Qui, devant leur teint mieux uni,
Cachent leur visage terni
Et leur front tout coupé de rides.

Or ensemble, ores dispersez,
Ils brillent dans ce crespe sombre
Et sous les flots qu'ils ont percez
Laissent esvanouir leur ombre,
Par fois dans une claire nuict,
Qui du feu de leurs yeux reluit
Sans aucun ombrage de nues,
Diane quitte son berger
Et s'en va là-dedans nager
Avecque ses estoilles nues.

Les ondes, qui leur font l'amour,
Se refrisent sur leurs espaules,
Et font danser tout à l'entour
L'ombre des roseaux et des saules.
. . . . . .

ODE IV

Chaste oyseau, que ton amitié
Fut malheureusement suivie!
Ta mort est digne de pitié,
Comme ta foy digne d'envie.
Que ce précipité tombeau
Qui t'en laissa l'object si beau
Fut cruel à tes destinées!
Si la mort l'eust laissé vieillir,
Tes passions alloient faillir,
Car tout s'esteint par les années.

Mais quoy! le sort a des revers
Et certains mouvements de haine
Qui demeurent tousjours couverts
Aux yeux de la prudence humaine.
Si, pour fuyr ce repentir,
Ton jugement eut peu sentir
Le jour qui vous devait disjoindre,
Tu n'eusse jamais veu le jour,
Et jamais le traict de l'amour
Ne se fust meslé de te poindre.

Pour avoir aymé ce garçon
Encor après la sepulture,
Ne crains pas le mauvais soupçon
Qui peut blasmer ton adventure :
Les courages des vertueux
Peuvent d'un vœu respectueux
Aymer toutes beautez sans crime,
Comme, donnant à tes amours
Ce chaste et ce commun discours,
Mon cœur n'a point passé ma rime.

Certains critiques curieux
En trouvent les mœurs offensées;
Mais leurs soupçons injurieux
Sont les crimes de leurs pensées :
Le dessein de la chasteté
Prend une honneste liberté,
Et franchit les sottes limites
Que prescrivent les imposteurs
Qui, sous des robes de docteurs,
Ont des ames de sodomites.

Le Ciel nous donne la beauté
Pour une marque de sa grace :
C'est par où la divinité
Marque tousjours un peu sa trace.
Tous les objets les mieux formez
Doivent être les mieux aimez,
Si ce n'est qu'une ame maline,
Esclave d'un corps vicieux,
Combatte les faveurs des Cieux
Et demente son origine.

O que le desir aveuglé
Où l'ame du brutal aspire
Est loin du mouvement reglé
Dont le cœur vertueux souspire!
Que ce feu que nature a mis
Dans le cœur de deux vrais amis
A des ravissements estranges!
Nature a fondé cest amour :
Ainsi les yeux aiment le jour,
Ainsi le Ciel aime les anges.

Ainsi, malgré ces tristes bruits
Et leur imposture cruelle,
Thyrsis et moi goustons les fruits
D'une amitié chaste et fidelle.
Rien ne sépare nos desirs,
Ny nos ennuis ny nos plaisirs;
Nos influences enlassées
S'estreignent d'un mesme lien,
Et mes sentimens ne sont rien
Que le miroir de ses pensées.

. . . . . .

ODE VIII

. . . . . .
Dieux! que c'est un contentement
Bien doux à la raison humaine
Que d'exhaler si doucement
La douleur que nous fait la haine!
. . . . . .

STANCES

Maintenant que Cloris a juré de me plaire
    Et de m'aimer mieux que devant,
Je despite le sort, et crains moins sa colere
    Que le soleil ne craint le vent.

Cloris, renouvellant ma chaisne presque usée
    Et renforçant mes doux liens,
M'a rendu plus heureux que l'amy de Thesée,
    Quant Pluton relascha les siens.

Desja ma liberté faisoit trembler mon ame,
    Mon salut me faisoit perir;
Je mourois du regret d'avoir tué ma flamme,
    Combien qu'elle me fist mourir.

Sortant de ma prison, je me trouvois sauvage,
    J'estois tout esblouy du jour;
De tous mes sentimens j'avois perdu l'usage,
    En perdant celuy de l'amour.

Ainsi l'oyseau de cage, alors qu'il se delivre
    Pour se remettre dans les bois,
Treuve qu'il a perdu l'usage de son vivre,
    De ses aisles et de sa voix.

Dieux! où cet adventure avoit porté ma vie!
    Je fremissois de son orgueil;
Cependant je sentois que je mourois d'envie
    De l'adorer jusqu'au cercueil.

Cloris, travaillez bien à desnouer ma chaisne :
    Mon joug est très bien asseuré;
Vous seriez fort long-temps pour me mettre en la peine
    Dont vous m'avez si tost tiré.

Je ne suis pas si fol que d'escouter encore
    Les censures de ma raison,
Et, combien que mon mal eust besoin d'ellebore,
    Je prendrois plustost du poison.

ÉLÉGIE

Cloris, lorsque je songe, en te voyant si belle,
Que ta vie est subjette à la loy naturelle,
Et qu'à la fin les traicts d'un visage si beau
Avec tout leur esclat iront dans le tombeau,
Sans espoir que la mort nous laisse en la pensée
Aucun ressentiment de l'amitié passée,
Je suis tout rebuté de l'aise et du soucy
Que nous fait le destin qui nous gouverne icy,
Et, tombant tout à coup dans la mélancholie,
Je commence à blasmer un peu nostre folie,
Et fay vœu de bon cœur de m'arracher un jour
La chere reverie où m'occupe l'amour.

Aussi bien faudra-t-il qu'une vieillesse infame
Nous gele dans le sang les mouvemens de l'ame,
Et que l'aage, en suivant ses revolutions,
Nous oſte la lumière avec les passions.
Ainsi je me resous de songer à ma vie
Tandis que la raison m'en fait venir l'envie;
Je veux prendre un objeĉt où mon libre desir
Discerne la douleur d'avecques le plaisir,
Où mes sens tous entiers, sans fraude et sans contrainte,
Ne s'embarrassent plus ny d'espoir ny de crainte,
Et, de sa vaine erreur mon cœur desabusant,
Je gouſteray le bien que je verray present;
Je prendray les douceurs à quoy je suis sensible,
Le plus abondamment qu'il me sera possible.

. . . . . .

LETTRE A SON FRÈRE

. . . . . .
J'espère toutes fois au ciel.
Il fit que ce troupeau farouche,
Tout preſt à devorer Daniel,
Ne trouva ny griffe ny bouche :
C'eſt le mesme qui fit jadis
Descendre un air de paradis
Dans l'air bruslant de la fournaize
Où les sainĉts, parmy les chaleurs,
Ne sentirent non plus la braize
Que s'ils eussent foulé des fleurs.

. . . . . .

Je verray ces bois verdissans
Où nos isles et l'herbe fresche
Servent aux troupeaux mugissans
Et de promenoir et de creche.
L'aurore y trouve à son retour
L'herbe qu'ils ont mangé le jour.
Je verray l'eau qui les abreuve,
Et j'oirray plaindre les graviers
Et repartir l'escho du fleuve
Aux injures des mariniers.

. . . . . .

Je verray sur nos grenadiers
Leurs rouges pommes entr'ouvertes,
Où le ciel, comme à ses lauriers,
Garde toujours des fueilles vertes.
Je verray ce touffu jasmin
Qui fait ombre à tout le chemin
D'une assez spacieuse allée,
Et la parfume d'une fleur
Qui conserve dans la gelée
Son odorat et sa couleur.

Je verray refleurir nos prez;
Je leur verray couper les herbes;
Je verray quelque temps après
Le paysan couché sur les gerbes;
Et, comme ce climat divin
Nous est très libéral de vin,
Après avoir rempli la grange,
Je verray du matin au soir,
Comme les flots de la vendange
Escumeront dans le pressoir.

. . . . . .

Ce sont les droicts que mon pays
A meritez de ma naissance,
Et mon sort les auroit trahis
Si la mort m'arrivoit en France.
Non, non, quelque cruel complot
Qui de la Garonne et du Lot
Vueille esloigner ma sepulture,
Je ne dois point en autre lieu
Rendre mon corps à la nature
Ny resigner mon ame à Dieu.

L'esperance me confond point;
Mes maux ont trop de vehemence,
Mes travaux sont au dernier point :
Il faut que mon repos commence.
Quelle vengeance n'a point pris
Le plus fier de tous ces esprits

Qui s'irritent de ma constance!
Ils m'ont veu, laschement soubmis,
Contrefaire une repentance
De ce que je n'ay point commis.

Ha! que les cris d'un innocent,
Quelques longs maux qui les exercent,
Trouvent mal aisement l'accent
Dont ces ames de fer se percent!
Leur rage dure un an sur moy
Sans trouver ny raison ny loy
Qui l'appaise ou qui luy resiste.
Le plus juste et le plus chrestien
Croit que sa charité m'assiste
Si sa haine ne me fait rien.

L'enorme suitte de malheurs!
Dois-je donc aux races meurtrieres
Tant de fievres et tant de pleurs,
Tant de respects, tant de prieres,
Pour passer mes nuicts sans sommeil,
Sans feu, sans air et sans soleil,
Et pour mordre icy les murailles!
N'ay-je encore souffert qu'en vain?
Me dois-je arracher les entrailles
Pour soûler leur dernière faim?

Derechef, mon dernier appuy,
Toy seul dont le secours me dure,
Et qui seul trouves aujourd'huy
Mon adversité longue et dure,
Rare frere, amy genereux,
Que mon sort le plus malheureux
Picque d'avantage à le suivre,
Achève de me secourir:
Il faudra qu'on me laisse vivre
Après m'avoir fait tant mourir.

ODE

Un fier démon qui me menace,
De son triste et funeste accent,
Contre mon amour innocent
Ne bruit que hayne et que disgrâce.

On m'a rapporté que tes yeux,
Dans leurs paupières languissantes,
N'avaient plus ces flammes puissantes
Qui blessoient les âmes des Dieux.

Nature est vraiement bien hardie
Et le sort bien faux et malin,
D'assubjectir le sang divin
A l'effort d'une maladie.

En détestant ses cruautés,
Quelque peur qui m'en divertisse,
Je crie contre l'injustice
Que le Ciel fait à tes beautés.

Depuis ce mal-heureux message
Qui m'a privé de tout repos,
La tristesse a mis dans mes os
Un tourment d'amour et de rage.

Malade au lict, d'où je ne sors,
Je songe que je vois la Parque,
Et que dans une mesme barque
Nous passons le fleuve des morts.

Si tu te deuils de mon absence,
C'est un supplice d'amitié
Qui mérite autant de pitié
Qu'elle a de peine et d'innocence.

Je mourray si tu meurs pour moi;
Autrement je serois un traistre,
Car le destin ne m'a faict naistre
Que pour mourir avecques toi.

Délices satyriques

TRISTAN L'HERMITE

1601-1655

TRISTAN L'HERMITE

LE PROMENOIR DES DEUX AMANTS

Auprès de cette grotte sombre
Où l'on respire un air si doux,
L'onde lutte avec les cailloux
Et la lumière avecque l'ombre.

Ces flots lassés de l'exercisse
Qu'ils ont fait dessus ce gravier,
Se reposent dans ce vivier
Où mourut autrefois Narcisse.
. . . . . .

L'ombre de cette fleur vermeille
Et celle de ces joncs pendans
Paraissent être là dedans
Les songes de l'eau qui sommeille.
. . . . . .

Dans ce bois ny dans ces montagnes
Jamais chasseur ne vint encor :
Si quelqu'un y sonne du cor,
C'est Diane avec ses compagnes.

. . . . . .
Ce rossignol mélancolique
Du souvenir de son malheur
Tasche de charmer sa douleur
Mettant son histoire en musique.

Il reprend sa note première
Pour chanter d'un art sans pareil
Sous ce rameau que le Soleil
A doré d'un trait de lumière.

Sur ce fresne deux tourterelles
S'entretiennent de leurs tourmens
Et font les doux apointemens
De leurs amoureuses querelles.

. . . . . .

Climeine, ce baiser m'enyvre,
Cet autre me rend tout transi;
Si je ne meurs de celuy-cy,
Je ne suis pas digne de vivre.

DES BARREAUX

1602-1673

DES BARREAUX

SONNET CHRÉTIEN

Grand Dieu, tes jugements sont remplis d'équité,
Toujours tu prends plaisir à nous être propice;
Mais j'ai fait tant de mal que jamais ta bonté
Ne peut me pardonner qu'en choquant ta justice.

Oui, mon Dieu, la grandeur de mon impiété
Ne laisse à ton pouvoir que le choix du supplice :
Ton intérêt s'oppose à ma félicité
Et ta clémence même attend que je périsse.

Contente ton désir puisqu'il t'est glorieux :
Offense-toi des pleurs qui coulent de mes yeux,
Tonne, frappe, il est temps; rends-moi guerre pour guerre.

J'adore en périssant la raison qui t'aigrit :
Mais dessus quel endroit tombera ton tonnerre
Qui ne soit tout couvert du sang de Jésus-Christ ?

SONNET

Trompeurs miroirs des cœurs, infidèles lumières,
Ah! beaux yeux, êtes-vous si tristes et si beaux ?
Quoi, c'était donc pour moi de funestes flambeaux
Que ces feux innocents brillant sous vos paupières ?

De Nature et d'Amour, ô miracles nouveaux,
Astres doux et bénins, vos flammes sont meurtrières;
Vous promettez de l'heur et creusez des tombeaux,
Trompeurs miroirs des cœurs, infidèles lumières.

Oui, vous êtes trompeurs, mais vous êtes si beaux
Que je vous tiens des Dieux, quoique vous soyez faux.
Hélas ! faut-il qu'au lieu de vœux et de prières

Je sois contraint de dire, à la honte des Cieux,
Aux plus beaux et plus clairs des Astres et des Dieux :
Trompeurs miroirs des cœurs, infidèles lumières ?

R. P. CYPRIEN

1605-1680

R. P. CYPRIEN

CANTIQUE ENTRE L'AME
ET JÉSUS-CHRIST SON ÉPOUX

. . . . . .
Nostre lict est semé de fleurs,
Les lyons y ont leur retraite,
Le pourpre fournit ses couleurs :
Et basty d'une paix parfaite
De boucliers d'or environné,
Il est de gloire couronné.

Sur les traces de ton marcher
Vont courans les filles pudiques;
De l'estincelle un seul toucher,
Un goust de vins aromatiques,
Escoulement délicieux
D'un baume dérivé des Cieux.

Dans le cellier plus retiré
De mon Amy j'ai beu sans peine
Et par ce nectar desiré
Surprise, sortant en la pleine,
J'oubliay ce que je sçavois
Jusqu'au troupeau que je suivois.

Là donc il me donna son sein,
Là il m'apprit une science
Savoureuse, et sur son dessein,
Me livrant toute en confiance
Promis le servir désormais,
Comme l'espousant pour jamais.

Mon ame avec tout mon pouvoir,
S'employent à son seul service,
Maintenant je ne veux pourvoir
Les troupeaux, ny tenir office :
Aymer eſt ma vocation,
Et n'ay plus d'autre passion.

. . . . . .

*Cantiques spirituels de Saint Jean de la
Croix traduits en vers français*

JEAN DE LA FONTAINE

1621-1695

JEAN DE LA FONTAINE

DISCOURS
A MADAME DE LA SABLIÈRE

Désormais que ma Muse, aussi bien que mes jours,
Touche de son déclin l'inévitable cours,
Et que de ma raison le flambeau va s'éteindre,
Irai-je en consumer les restes à me plaindre,
Et, prodigue d'un temps par la Parque attendu,
Le perdre à regretter celui que j'ai perdu ?
Si le Ciel me réserve encor quelque étincelle
Du feu dont je brillois en ma saison nouvelle,
Je la dois employer, suffisamment instruit
Que le plus beau couchant est voisin de la nuit.
Le temps marche toujours ; ni force, ni prière,
Sacrifices ni vœux, n'allongent la carrière :
Il faudroit ménager ce qu'on va nous ravir.
Mais qui vois-je que vous sagement s'en servir ?
Si quelques-uns l'ont fait, je ne suis pas du nombre ;
Des solides plaisirs je n'ai suivi que l'ombre :
J'ai toujours abusé du plus cher de nos biens ;
Les pensers amusants, les vagues entretiens,
Vains enfants du loisir, délices chimériques ;
Les romans, et le jeu, peste des républiques,
Par qui sont dévoyés les esprits les plus droits,
Ridicule fureur qui se moque des lois ;
Cent autres passions, des sages condamnées,
Ont pris comme à l'envi la fleur de mes années.
. . . . . .

Épître XVII

PSYCHÉ

. . . . . .
« Ruisseaux, enseignez-moi l'objet de mon amour;
Guidez vers lui mes pas, vous dont l'onde est si pure;
Ne dormiroit-il point en ce sombre séjour,
Payant un doux tribut à votre doux murmure ?
En vain, pour le savoir, Psyché vous fait la cour,
En vain elle vous vient conter son aventure,
Vous n'osez déceler cet ennemi du jour,
Qui rit en quelque coin du tourment que j'endure.
. . . . . .

Livre I

. . . . . .
Volupté, Volupté, qui fus jadis maîtresse
            Du plus bel esprit de la Grece,
Ne me dédaigne pas, viens-t-en loger chez moi;
            Tu n'y seras pas sans emploi :
J'aime le jeu, l'amour, les livres, la musique;
La ville et la campagne, enfin tout; il n'est rien
            Qui ne me soit souverain bien,
Jusqu'au sombre plaisir d'un cœur mélancolique.
Viens donc; et de ce bien, ô douce Volupté,
Veux-tu savoir au vrai la mesure certaine ?
Il m'en faut tout au moins un siècle bien compté;
            Car trente ans, ce n'est pas la peine.
. . . . . .

Livre II

ADONIS

. . . . . .
Tout ce qui naît de doux en l'amoureux empire,
Quand d'une égale ardeur l'un pour l'autre on soupire,
Et que, de la contrainte ayant banni les lois,
On se peut assurer au silence des bois,

Jours devenus moments, moments filés de soie,
Agréables soupirs, pleurs enfants de la joie,
Vœux, serments et regards, transports, ravissements,
Mélange dont se fait le bonheur des amants,
Tout par ce couple heureux fut lors mis en usage.
Tantôt ils choisissoient l'épaisseur d'un ombrage :
Là, sous des chênes vieux où leurs chiffres gravés
Se sont avec les troncs accrus et conservés,
Mollement étendus ils consumoient les heures,
Sans avoir pour témoins, en ces sombres demeures,
Que les chantres des bois, pour confidents qu'Amour,
Qui seul guidoit leurs pas en cet heureux séjour.
Tantôt sur des tapis d'herbe tendre et sacrée
Adonis s'endormoit auprès de Cythérée,
Dont les yeux, enivrés par des charmes puissants,
Attachoient au héros leurs regards languissants.
Bien souvent ils chantoient les douceurs de leurs peines :
Et quelquefois assis sur le bord des fontaines,
Tandis que cent cailloux, luttant à chaque bond,
Suivoient les longs replis du cristal vagabond,
« Voyez, disoit Vénus, ces ruisseaux et leur course;
Ainsi jamais le Temps ne remonte à sa source :
Vainement pour les dieux il fuit d'un pas léger;
Mais vous autres mortels le devez ménager,
Consacrant à l'Amour la saison la plus belle. »
Souvent, pour divertir leur ardeur mutuelle,
Ils dansoient aux chansons, de Nymphes entourés.
Combien de fois la lune a leurs pas éclairés,
Et, couvrant de ses rais l'émail d'une prairie,
Les a vus à l'envi fouler l'herbe fleurie!
Combien de fois le jour a vu les antres creux
Complices des larcins de ce couple amoureux!
Mais n'entreprenons pas d'ôter le voile sombre
De ces plaisirs amis du silence et de l'ombre.
. . . . . .

Vénus l'implore en vain par de tristes accents;
Son désespoir éclate en regrets impuissants;
Ses cheveux sont épars, ses yeux noyés de larmes;
Sous d'humides torrents ils resserrent leurs charmes,
Comme on voit au printemps les beautés du soleil
Cacher sous des vapeurs leur éclat sans pareil.

Après mille sanglots enfin elle s'écrie :
« Mon amour n'a donc pu te faire aimer la vie!
Tu me quittes, cruel! Au moins ouvre les yeux,
Montre-toi plus sensible à mes tristes adieux;
Vois de quelles douleurs ton amante est atteinte!
Hélas! j'ai beau crier : il est sourd à ma plainte.
Une éternelle nuit l'oblige à me quitter;
Mes pleurs ni mes soupirs ne peuvent l'arrêter.
Encor si je pouvois le suivre en ces lieux sombres!
Que ne m'est-il permis d'errer parmi les ombres!
Destins, si vous vouliez le voir si tôt périr,
Falloit-il m'obliger à ne jamais mourir?
Malheureuse Vénus, que te servent ces larmes?
Vante-toi maintenant du pouvoir de tes charmes :
Ils n'ont pu du trépas exempter tes amours;
Tu vois qu'ils n'ont pu même en prolonger les jours.
Je ne demandois pas que la Parque cruelle
Prît à filer leur trame une peine éternelle;
Bien loin que mon pouvoir l'empêchât de finir,
Je demande un moment, et ne puis l'obtenir.
. . . . . . »

LE LOUP ET L'AGNEAU

La raison du plus fort est toûjours la meilleure.
      Nous l'allons montrer tout à l'heure.

      Un Agneau se desalteroit
      Dans le courant d'une onde pure.
Un Loup survient à jeun qui cherchoit avanture,
      Et que la faim en ces lieux attiroit.
Qui te rend si hardi de troubler mon breuvage?
      Dit cet animal plein de rage :
Tu seras châtié de ta temerité.
— Sire, répond l'Agneau, que vostre Majesté
      Ne se mette pas en colere;
      Mais plûtost qu'elle considere
      Que je me vas desalterant
        Dans le courant

Plus de vingt pas au dessous d'Elle,
Et que par consequent en aucune façon
Je ne puis troubler sa boisson.
— Tu la troubles, reprit cette beste cruelle,
Et je sçai que de moi tu médis l'an passé.
— Comment l'aurois-je fait, si je n'estois pas né ?
Reprit l'Agneau; je tete encor ma mere.
— Si ce n'est toy, c'est donc ton frere.
— Je n'en ay point. — C'est donc quelqu'un des tiens :
Car vous ne m'épargnez gueres,
Vous, vos bergers et vos chiens,
On me l'a dit : il faut que je me vange.
Là-dessus au fond des forests
Le Loup l'emporte, et puis le mange
Sans autre forme de proces.

Fables, Livre I

LE CHAT, LA BELETTE ET LE PETIT LAPIN

Du palais d'un jeune Lapin
Dame Belette, un beau matin,
S'empara : c'est une rusée.
Le Maistre estant absent, ce luy fut chose aisée.
Elle porta chez luy ses pénates un jour
Qu'il estoit allé faire à l'Aurore sa cour
Parmi le thym et la rosée.
Apres qu'il eut brouté, troté, fait tous ses tours,
Janot Lapin retourne aux soûterrains sejours.
La Belette avoit mis le nez à la fenestre.
O Dieux hospitaliers, que vois-je icy paroistre ?
Dit l'animal chassé du paternel logis.
O là ! Madame la Belette,
Que l'on déloge sans trompette,
Ou je vais avertir tous les rats du païs.
La Dame au nez pointu répondit que la terre
Estoit au premier occupant.
C'estoit un beau sujet de guerre
Qu'un logis où luy-mesme il n'entroit qu'en rampant.
Et quand ce seroit un Royaume,

Je voudrois bien sçavoir, dit-elle, quelle loy
    En a pour toûjours fait l'octroy
A Jean, fils ou nepveu de Pierre ou de Guillaume,
    Plustost qu'à Paul, plustost qu'à moy.
Jean Lapin allegua la coutume et l'usage :
Ce sont, dit-il, leurs loix qui m'ont de ce logis
Rendu maistre et seigneur, et qui, de pere en fils,
L'ont de Pierre à Simon, puis à moy Jean, transmis.
Le premier occupant, est-ce une loy plus sage ?
    — Or bien, sans crier davantage,
Rapportons-nous, dit-elle, à Raminagrobis.
C'estoit un chat vivant comme un devot hermite,
    Un chat faisant la chatemite,
Un saint homme de chat, bien fourré, gros et gras,
    Arbitre expert sur tous les cas.
    Jean Lapin pour juge l'agrée.
    Les voilà tous deux arrivez
    Devant sa majesté fourrée.
Grippeminaud leur dit : « Mes enfans, approchez,
Approchez; je suis sourd; les ans en sont la cause.
L'un et l'autre approcha ne craignant nulle chose.
Aussi-tost qu'à portée il vid les contestans
    Grippeminaud le bon apostre,
Jettant des deux costez la griffe en mesme temps,
Mit les plaideurs d'accord en croquant l'un et l'autre.

Ceci ressemble fort aux debats qu'ont parfois
Les petits souverains se rapportans aux Rois.

Fables, Livre VII

LE HÉRON
LA FILLE

Un jour sur ses longs pieds alloit je ne sçais où
Le Héron au long bec emmanché d'un long cou.
    Il costoyoit une riviere.
L'onde estoit transparente ainsi qu'aux plus beaux jours;
Ma commere la Carpe y faisoit mille tours
    Avec le Brochet son compere.

Le Héron en eust fait aisément son profit :
Tous approchoient du bord, l'oiseau n'avoit qu'à prendre ;
   Mais il crût mieux faire d'attendre
    Qu'il eût un peu plus d'appetit.
Il vivoit de regime, et mangeoit à ses heures.
Apres quelques momens l'appetit vint ; l'oiseau
   S'approchant du bord vid sur l'eau
Des Tanches qui sortoient du fond de ces demeures.
Le mets ne luy plut pas ; il s'attendoit à mieux,
   Et montroit un goust dédaigneux,
   Comme le rat du bon Horace.
Moy, des Tanches ? dit-il, moy, Héron, que je fasse
Une si pauvre chere ? Et pour qui me prend-on ?
La Tanche rebutée, il trouva du goujon.
« Du goujon ! C'est bien-là le disné d'un Héron !
J'ouvrirois pour si peu le bec ! Aux Dieux ne plaise !
Il l'ouvrit pour bien moins : tout alla de façon
   Qu'il ne vid plus aucun poisson.
La faim le prit ; il fut tout heureux et tout aise
   De rencontrer un Limaçon.

   Ne soyons pas si difficiles :
Les plus accomodans ce sont les plus habiles ;
On hazarde de perdre en voulant trop gagner.
   Gardez-vous de rien dédaigner,
Sur tout quand vous avez à peu près vostre compte.
Bien des gens y sont pris ; ce n'est pas aux Hérons
Que je parle ; écoutez, humains, un autre conte :
Vous verrez que chez vous j'ay puisé ces leçons.

   CERTAINE fille un peu trop fiere
  Prétendoit trouver un mary
Jeune, bien-fait, et beau, d'agreable maniere,
Point froid et point jaloux : notez ces deux points-cy.
   Cette fille vouloit aussi
   Qu'il eust du bien, de la naissance,
De l'esprit, enfin tout ; mais qui peut tout avoir ?
Le destin se montra soigneux de la pourvoir :
   Il vint des partis d'importance.
La belle les trouva trop chetifs de moitié.

Quoy moy ? quoy ces gens-là ? L'on radote, je pense.
A moy les proposer! Helas ils font pitié.
      Voyez un peu la belle espece!
L'un n'avoit en l'esprit nulle delicatesse;
L'autre avoit le nez fait de cette façon-là;
      C'estoit cecy, c'estoit cela,
      C'estoit tout : car les précieuses
      Font dessus tout les dédaigneuses.
Apres les bons partis les mediocres gens
      Vinrent se mettre sur les rangs.
Elle de se moquer. Ah vrayment, je suis bonne
De leur ouvrir la porte : ils pensent que je suis
      Fort en peine de ma personne.
      Grace à Dieu, je passe les nuits
      Sans chagrin, quoy qu'en solitude.
La belle se sceut gré de tous ces sentimens.
L'âge la fit déchoir; adieu tous les amans.
Un an se passe et deux avec inquietude.
Le chagrin vient ensuite : elle sent chaque jour
Déloger quelques Ris, quelques jeux, puis l'amour;
      Puis ses traits choquer et déplaire;
Puis cent sortes de fards. Ses soins ne pûrent faire
Qu'elle échapât au temps, cet insigne larron.
      Les ruines d'une maison
Se peuvent reparer : que n'est cet avantage
      Pour les ruines du visage!
Sa preciosité changea lors de langage.
Son miroir luy disoit : Prenez viste un mari.
Je ne sçais quel desir le luy disoit aussi :
Le desir peut loger chez une precieuse :
Celle-cy fit un choix qu'on n'auroit jamais crû,
Se trouvant à la fin tout aise et tout heureuse
      De rencontrer un malotru.

Fables, Livre VII

LES DEUX AMIS

Deux vrais amis vivoient au Monomotapa :
L'un ne possedoit rien qui n'appartinst à l'autre.
   Les amis de ce païs-là
   Valent bien, dit-on, ceux du nostre.
Une nuit que chacun s'occupoit au sommeil,
Et mettoit à profit l'absence du Soleil,
Un de nos deux amis sort du lit en alarme;
Il court chez son intime, éveille les valets :
Morphée avoit touché le seüil de ce palais.
L'amy couché s'estonne; il prend sa bourse, il s'arme;
Vient trouver l'autre, et dit : Il vous arrive peu
De courir quand on dort; vous me paroissiez homme
A mieux user du temps destiné pour le somme.
N'auriez-vous point perdu tout vostre argent au jeu ?
En voicy; s'il vous est venu quelque querelle,
J'ay mon épée, allons. Vous ennuyez-vous point
De coucher toûjours seul ? Une esclave assez belle
Estoit à mes costez : voulez-vous qu'on l'appelle ?
— Non, dit l'amy, ce n'est ny l'un ny l'autre poinct :
   Je vous rend grace de ce zele.
Vous m'estes en dormant un peu triste apparu;
J'ay craint qu'il ne fust vrai, je suis viste accouru.
   Ce maudit songe en est la cause.

Qui d'eux aimoit le mieux ? que t'en semble, Lecteur ?
Cette difficulté vaut bien qu'on la propose.
Qu'un amy veritable est une douce chose !
Il cherche vos besoins au fond de vostre cœur;
   Il vous épargne la pudeur
   De les luy découvrir vous-mesme.
   Un songe, un rien, tout luy fait peur
   Quand il s'agit de ce qu'il aime.

Fables, Livre VIII

DISCOURS
A MADAME DE LA SABLIÈRE

Iris, je vous loüerois, il n'est que trop aisé;
Mais vous avez cent fois nostre encens refusé;
En cela peu semblable au reste des mortelles,
Qui veulent tous les jours des loüanges nouvelles.
Pas une ne s'endort à ce bruit si flatteur.
Je ne les blâme point, je souffre cette humeur;
Elle est commune aux Dieux, aux Monarques, aux belles.
Ce breuvage vanté par le peuple rimeur,
Le Nectar que l'on sert au maistre du Tonnerre,
Et dont nous enyvrons tous les Dieux de la terre,
C'est la loüange, Iris. Vous ne la goustez point;
D'autres propos chez vous recompensent ce point,
          Propos, agreables commerces,
Où le hazard fournit cent matieres diverses,
          Jusque-là qu'en vostre entretien
La bagatelle a part : le monde n'en croit rien.
          Laissons le monde, et sa croyance :
          La bagatelle, la science,
Les chimeres, le rien, tout est bon. Je soûtiens
          Qu'il faut de tout aux entretiens :
      C'est un parterre, où Flore épand ses biens;
Sur differentes fleurs l'Abeille s'y repose,
          Et fait du miel de toute chose.
Ce fondement posé, ne trouvez pas mauvais
Qu'en ces Fables aussi j'entremêle des traits
          De certaine Philosophie
          Subtile, engageante, et hardie.
On l'appelle nouvelle. En avez-vous ou non
          Oüy parler ? Ils disent donc
          Que la beste est une machine;
Qu'en elle tout se fait sans choix et par ressorts :
Nul sentiment, point d'ame, en elle tout est corps.
          Telle est la monstre qui chemine,
A pas toûjours égaux, aveugle et sans dessein;
          Ouvrez-la, lisez dans son sein :
Mainte roüe y tient lieu de tout l'esprit du monde.
          La premiere y meut la seconde,

Une troisieme suit, elle sonne à la fin.
Au dire de ces gens, la beſte eſt toute telle :
   L'objet la frape en un endroit;
   Ce lieu frapé s'en va tout droit,
Selon nous, au voisin en porter la nouvelle;
Le sens de proche en proche aussi-toſt la reçoit.
L'impression se fait, mais comment se fait-elle ?
   Selon eux, par necessité,
   Sans passion, sans volonté :
   L'animal se sent agité
  De mouvements que le vulgaire appelle
Triſtesse, joye, amour, plaisir, douleur cruelle,
   Ou quelque autre de ces eſtats.
Mais ce n'eſt point cela; ne vous y trompez pas.
Qu'eſt-ce donc ? Une monſtre. Et nous ? C'eſt autre chose.
Voicy de la façon que Descartes l'expose;
Descartes, ce mortel dont on euſt fait un Dieu
  Chez les Payens, et qui tient le milieu [l'homme
Entre l'homme et l'esprit, comme entre l'huiſtre et
Le tient tel de nos gens, franche beſte de somme.
Voici, dis-je, comment raisonne cet Auteur.
Sur tous les animaux enfans du Createur,
J'ay le don de penser, et je sçais que je pense.
Or vous sçavez, Iris, de certaine science,
   Que quand la beſte penseroit,
   La beſte ne refléchiroit
   Sur l'objet, ny sur sa pensée.
Descartes va plus loin, et soûtient nettement
   Qu'elle ne pense nullement.
   Vous n'eſtes point embarassée
De le croire, ny moy. Cependant quand aux bois
   Le bruit des cors, celuy des voix
N'a donné nul relâche à la fuyante proye,
   Qu'en vain elle a mis ses efforts
   A confondre, et broüiller la voye,
L'animal chargé d'ans, vieux Cerf, et de dix cors,
En suppose un plus jeune, et l'oblige par force
A presenter aux chiens une nouvelle amorce.
Que de raisonnemens pour conserver ses jours!
Le retour sur ses pas, les malices, les tours,
   Et le change, et cent ſtratagemes
Dignes des plus grands chefs, dignes d'un meilleur sort!
   On le déchire apres sa mort :

Ce sont tous ses honneurs suprêmes.

Quand la Perdrix
Void ses petits
En danger, et n'ayant qu'une plume nouvelle,
Qui ne peut füir encor par les airs le trépas,
Elle fait la blessée, et va traisnant de l'aisle,
Attirant le Chasseur, et le Chien sur ses pas,
Détourne le danger, sauve ainsi sa famille,
Et puis quand le Chasseur croit que son Chien la pille,
Elle luy dit adieu, prend sa volée, et rit
De l'homme, qui confus des yeux en vain la suit.

Non loin du Nort il est un monde
Où l'on sçait que les habitans
Vivent ainsi qu'aux premiers temps
Dans une ignorance profonde :
Je parle des humains; car quant aux animaux,
Ils y construisent des travaux,
Qui des torrens grossis arrestent le ravage,
Et font communiquer l'un et l'autre rivage.
L'edifice resiste, et dure en son entier;
Apres un lit de bois, est un lit de mortier.
Chaque Castor agit; commune en est la tâche;
Le vieux y fait marcher le jeune sans relâche.
Maint maistre d'œuvre y court, et tient haut le baston.
La République de Platon
Ne seroit rien que l'apprentie
De cette famille amphibie.
Ils sçavent en hyver elever leur maison
Passent les estangs sur des ponts,
Fruit de leur art, sçavant ouvrage;
Et nos pareils ont beau le voir,
Jusqu'à present tout leur sçavoir
Est de passer l'onde à la nage.

Que ces Castors ne soient qu'un corps vuide d'esprit,
Jamais on ne pourra m'obliger à le croire;
Mais voicy beaucoup plus : ecoutez ce recit,
Que je tiens d'un Roy plein de gloire.
Le défenseur du Nort vous sera mon garand:
Je vais citer un Prince aimé de la victoire;
Son nom seul est un mur à l'empire Ottoman;

C'est le Roy Polonais, jamais un Roy ne ment.
          Il dit donc que sur sa frontiere
Des animaux entr'eux ont guerre de tout temps :
Le sang qui se transmet des peres aux enfans
          En renouvelle la matiere.
Ces animaux, dit-il, sont germains du Renard.
          Jamais la guerre avec tant d'art
          Ne s'est faite parmy les hommes,
          Non pas mesme au siecle où nous sommes.
Corps de garde avancé, vedettes, espions,
Embuscades, partis et mille inventions
D'une pernicieuse et maudite science,
          Fille du Stix et mere des heros,
          Exercent de ces animaux
          Le bon sens et l'experience.
Pour chanter leur combat, l'Acheron nous devroit
          Rendre Homere. Ah s'il le rendoit,
Et qu'il rendît aussi le rival d'Epicure!
Que diroit ce dernier sur ces exemples-cy ?
Ce que j'ay déja dit, qu'aux bestes la nature
Peut par les seuls ressorts operer tout cecy;
          Que la memoire est corporelle,
Et que, pour en venir aux exemples divers,
          Que j'ay mis en jour dans ces vers,
          L'animal n'a besoin que d'elle.
L'objet lorsqu'il revient, va dans son magazin
          Chercher par le mesme chemin
          L'image auparavant tracée,
Qui sur les mesmes pas revient pareillement,
          Sans le secours de la pensée,
          Causer un mesme evenement.
          Nous agissons tout autrement,
          La volonté nous détermine
Non l'objet, ny l'instinct. Je parle, je chemine;
          Je sens en moy certain agent;
          Tout obeït dans ma machine
          A ce principe intelligent.
Il est distinct du corps, se conçoit nettement,
          Se conçoit mieux que le corps même :
De tous nos mouvemens c'est l'arbître suprême.
          Mais comment le corps l'entend-il ?
          C'est là le point : je vois l'outil
Obeïr à la main; mais la main, qui la guide ?

Eh! qui guide les Cieux, et leur course rapide ?
Quelque ange est attaché peut-estre à ces grands corps.
Un esprit vit en nous, et meut tous nos ressorts :
L'impression se fait. Le moyen, je l'ignore.
On ne l'apprend qu'au sein de la Divinité;
Et s'il faut en parler avec sincerité,
              Descartes l'ignoroit encore.
Nous et luy la-dessus nous sommes tous égaux.
Ce que je sçais, Iris, c'est qu'en ces animaux
              Dont je viens de citer l'exemple,
Cet esprit n'agit pas, l'homme seul est son temple.
Aussi faut-il donner à l'animal un poinct
              Que la plante apres tout n'a point.
              Ce pendant la plante respire :
Mais que répondra-t-on à ce que je vais dire ?

Deux rats cherchoient leur vie, ils trouverent un Œuf.
Le disné suffisoit à gens de cette espece :
Il n'estoit pas besoin qu'ils trouvassent un Bœuf.
              Pleins d'appetit, et d'allegresse,
Ils alloient de leur œuf manger chacun sa part,
Quand un Quidam parut. C'estoit maistre Renard;
              Rencontre incommode et fascheuse.
Car comment sauver l'œuf ? Le bien empaqueter,
Puis des pieds de devant ensemble le porter,
              Ou le rouler, ou le traisner,
C'estoit chose impossible autant que hazardeuse.
              Necessité l'ingenieuse
              Leur fournit une invention.
Comme ils pouvoient gagner leur habitation,
L'écornifleur estant à demy quart de lieuë,
L'un se mit sur le dos, prit l'œuf entre ses bras,
Puis malgré quelques heurts, et quelques mauvais pas,
              L'autre le traisna par la queuë.
Qu'on m'aille soûtenir après un tel récit,
              Que les bestes n'ont point d'esprit.
              Pour moy, si j'en estois le maistre,
Je leur en donnerois aussi bien qu'aux enfans.
Ceux-cy pensent-ils pas dés leurs plus jeunes ans ?

Quelqu'un peut donc penser ne se pouvant connoistre.
      Par un exemple tout égal,
      J'attribuërois à l'animal
Non point une raison selon nostre maniere,
Mais beaucoup plus aussi qu'un aveugle ressort :
Je subtiliserois un morceau de matiere,
Que l'on ne pourroit plus concevoir sans effort,
Quintessence d'atome, extrait de la lumiere,
Je ne sçais quoy plus vif et plus mobile encor
Que le feu : car enfin, si le bois fait la flâme,
La flâme en s'épurant peut-elle pas de l'ame
Nous donner quelque idée, et sort-il pas de l'or
Des entrailles du plomb ? Je rendrois mon ouvrage
Capable de sentir, juger, rien davantage,
      Et juger imparfaitement,
Sans qu'un Singe jamais fist le moindre argument.
      A l'égard de nous autres hommes,
Je ferois nostre lot infiniment plus fort:
      Nous aurions un double tresor;
L'un cette ame pareille en tous tant que nous sommes,
      Sages, fous, enfans, idiots,
Hostes de l'univers sous le nom d'animaux;
L'autre encore une autre ame, entre nous et les Anges
      Commune en un certain degré;
      Et ce tresor à part créé
Suivroit parmy les airs les celestes phalanges,
Entreroit dans un poinct sans en être pressé,
Ne finiroit jamais quoy qu'ayant commencé,
      Choses reelles quoy qu'estranges.
      Tant que l'enfance dureroit,
Cette fille du Ciel en nous ne paroistroit
      Qu'une tendre et foible lumiere;
L'organe estant plus fort, la raison perceroit
      Les tenebres de la matiere,
      Qui toûjours enveloperoit
      L'autre ame, imparfaite et grossiere.

Fables, Livre IX

LE SONGE D'UN HABITANT DU MOGOL

Jadis certain Mogol vid en songe un Vizir,
Aux champs Elyziens possesseur d'un plaisir
Aussi pur qu'infini, tant en prix qu'en durée;
Le mesme songeur vid en une autre contrée
          Un Hermite entouré de feux,
Qui touchoit de pitié mesme les mal-heureux.
Le cas parut étrange, et contre l'ordinaire;
Minos en ces deux morts sembloit s'estre mépris.
Le dormeur s'éveilla tant il en fut surpris.
Dans ce songe pourtant soupçonnant le mystere,
          Il se fit expliquer l'affaire.
L'interprete luy dit : Ne vous étonnez point,
Vostre songe a du sens, et si j'ay sur ce poinct
          Acquis tant soit peu d'habitude,
C'est un avis des Dieux. Pendant l'humain séjour,
Ce Vizir quelquesfois cherchoit la solitude;
Cet Hermite aux Vizirs alloit faire sa cour.

Si j'osois ajoûter au mot de l'interprete,
J'inspirerois icy l'amour de la retraite :
Elle offre à ses amans des biens sans embarras,
Biens purs, presens du Ciel, qui naissent sous les pas.
Solitude où je trouve une douceur secrete,
Lieux que j'aimay toûjours, ne pourray-je jamais,
Loin du monde et du bruit, goûter l'ombre et le frais ?
O qui m'arrestera sous vos sombres aziles!
Quand pourront les neuf Sœurs, loin des cours et des [Villes
M'occuper tout entier, et m'apprendre des Cieux
Les divers mouvemens inconnus à nos yeux,
Les noms et les vertus de ces clartez errantes,
Par qui sont nos destins et nos mœurs differentes ?
Que si je ne suis né pour de si grands projets,
Du moins que les ruisseaux m'offrent de doux objets!
Que je peigne en mes Vers quelque rive fleurie!
La Parque à filets d'or n'ourdira point ma vie;
Je ne dormiray point sous de riches lambris;
Mais void-on que le somme en perde de son prix ?

En est-il moins profond, et moins plein de délices ?
Je luy voüe au desert de nouveaux sacrifices.
Quand le moment viendra d'aller trouver les morts,
J'auray vescu sans soins, et mourray sans remords.

Fables, Livre XI

LE PAYSAN DU DANUBE

Il ne faut point juger des gens sur l'apparence.
Le conseil en est bon; mais il n'est pas nouveau :
          Jadis l'erreur du Souriceau
Me servit à prouver le discours que j'avance.
          J'ay pour le fonder à present
Le bon Socrate, Esope, et certain Païsan
Des rives du Danube, homme dont Marc-Aurele
          Nous fait un portrait fort fidele.
On connoist les premiers; quant à l'autre, voicy
          Le personnage en racourci.
Son menton nourrissoit une barbe touffuë,
          Toute sa personne veluë
Representoit un Ours, mais un Ours mal léché.
Sous un sourcil épais il avoit l'œil caché,
Le regard de travers, nez tordu, grosse levre,
          Portoit sayon de poil de chevre
          Et ceinture de joncs marins.
Cet homme ainsi basty fut deputé des Villes
Que lave le Danube : il n'estoit point d'aziles
          Où l'avarice des Romains
Ne penestrast alors, et ne portast les mains.
Le deputé vint donc, et fit cette harangue :
Romains, et vous, Senat, assis pour m'écoûter
Je supplie avant tout les Dieux de m'assister :
Veûillent les immortels, conducteurs de ma langue,
Que je ne dise rien qui doive estre repris.
Sans leur ayde il ne peut entrer dans les esprits
          Que tout mal et toute injustice :
Faute d'y recourir on viole leurs loix.
Témoin nous, que punit la Romaine avarice :
Rome est par nos forfaits, plus que par ses exploits,
          L'instrument de nostre supplice.

Craignez, Romains, craignez que le Ciel quelque jour
Ne transporte chez vous les pleurs et la misere,
Et mettant en nos mains par un juste retour
Les armes dont se sert sa vengeance severe,
     Il ne vous fasse en sa colere
     Nos esclaves à vostre tour.
Et pourquoy sommes-nous les vostres ? Qu'on me die
En quoy vous valez mieux que cent peuples divers.
Quel droit vous a rendus maistres de l'Univers ?
Pourquoy venir troubler une innocente vie ?
Nous cultivions en paix d'heureux champs, et nos mains
Estoient propres aux Arts ainsi qu'au labourage :
     Qu'avez-vous appris aux Germains ?
     Ils ont l'adresse et le courage;
     S'ils avoient eu l'avidité,
     Comme vous, et la violence,
Peut estre en vostre place ils auroient la puissance,
Et sçauroient en user sans inhumanité.
Celle que vos Preteurs ont sur nous exercée
     N'entre qu'à peine en la pensée.
     La majesté de vos Autels
     Elle mesme en est offensée :
     Car sçachez que les immortels
Ont les regards sur nous. Graces à vos exemples,
Ils n'ont devant les yeux que des objets d'horreur,
     De mépris d'eux, et de leurs Temples,
D'avarice qui va jusques à la fureur.
Rien ne suffit aux gens qui nous viennent de Rome :
     La terre, et le travail de l'homme
Font pour les assouvir des efforts superflus.
     Retirez-les : on ne veut plus
     Cultiver pour eux les campagnes;
Nous quittons les Citez, nous fuyons aux montagnes,
     Nous laissons nos cheres compagnes;
Nous ne conversons plus qu'avec des Ours affreux,
Découragez de mettre au jour des mal-heureux,
Et de peupler pour Rome un païs qu'elle opprime.
     Quant à nos enfans déja nez,
Nous soûhaitons de voir leur jours bientost bornez :
Vos Preteurs au mal-heur nous font joindre le crime.
     Retirez-les, ils ne nous apprendront
     Que la mollesse, et que le vice;
     Les Germains comme eux deviendront

Gens de rapine et d'avarice.
C'est tout ce que j'ay veu dans Rome à mon abord :
　　　N'a-t-on point de present à faire ?
Point de pourpre à donner ? C'est en vain qu'on espere
Quelque refuge aux loix : encore leur ministere
A-t'il mille longueurs. Ce discours un peu fort
　　　Doit commencer à vous déplaire.
　　　Je finis. Punissez de mort
　　　Une plainte un peu trop sincere.
A ces mots, il se couche, et chacun étonné
Admire le grand cœur, le bon sens, l'éloquence,
　　　Du sauvage ainsi prosterné.
On le créa Patrice ; et ce fut la vengeance,
Qu'on crut qu'un tel discours méritoit. On choisit
　　　D'autres Preteurs, et par écrit
Le Senat demanda ce qu'avoit dit cet homme,
Pour servir de modele aux parleurs à venir.
　　　On ne sçeut pas long-temps à Rome
　　　Cette éloquence entretenir.

Fables, Livre XI

LA MATRONE D'ÉPHÈSE

S'il est un conte usé, commun, et rebatu,
C'est celuy qu'en ces vers j'accommode à ma guise.
　　　— Et pourquoy donc le choisis-tu ?
　　　Qui t'engage à cette entreprise ?
N'a-t'elle point déja produit assez d'écrits ?
　　　Quelle grace aura ta Matrone
　　　Au prix de celle de Pétrone ?
Comment la rendras-tu nouvelle à nos esprits ?
— Sans répondre aux censeurs, car c'est chose infinie,
Voyons si dans mes Vers je l'auray rajeunie.

　　　Dans Ephese il fut autrefois
Une Dame en sagesse et vertus sans égale,
　　　Et selon la commune voix
Ayant sceu rafiner sur l'amour conjugale.
Il n'etoit bruit que d'elle et de sa chasteté :
　　　On l'alloit voir par rareté :

C'étoit l'honneur du sexe : heureuse sa patrie!
Chaque mere à sa bru l'alleguoit pour Patron;
Chaque époux la prônoit à sa femme cherie;
D'elle descendent ceux de la prudoterie,
   Antique et celebre maison.
   Son mari l'aimoit d'amour folle.

   Il mourut. De dire comment,
   Ce seroit un détail frivole;
   Il mourut, et son testament
N'étoit plein que de legs qui l'auroient consolée,
Si les biens réparoient la perte d'un mari
   Amoureux autant que cheri.
Mainte veuve pourtant fait la déchevelée,
Qui n'abandonne pas le soin du demeurant,
Et du bien qu'elle aura fait le compte en pleurant.
Celle-cy par ses cris mettoit tout en allarme;
   Celle-cy faisoit un vacarme,
Un bruit, et des regrets à perçer tous les cœurs;
   Bien qu'on sçache qu'en ces malheurs
De quelque desespoir qu'une ame soit atteinte,
La douleur est toûjours moins forte que la plainte,
Toûjours un peu de faste entre parmi les pleurs.
Chacun fit son devoir de dire à l'affligée
Que tout a sa mesure, et que de tels regrets
   Pourroient pécher par leur excés :
Chacun rendit par là sa douleur rengregée.
Enfin ne voulant plus joüir de la clarté
   Que son époux avoit perduë,
Elle entre dans sa tombe, en ferme volonté
D'accompagner cette ombre aux enfers descenduë.

Et voyez ce que peut l'excessive amitié;
(Ce mouvement aussi va jusqu'à la folie)
Une esclave en ce lieu la suivit par pitié,
   Prête à mourir de compagnie.
Prête, je m'entends bien; c'est à dire en un mot
N'ayant examiné qu'à demi ce complot,
Et jusques à l'effet courageuse et hardie.
L'esclave avec la Dame avoit été nourrie.
Toutes deux s'entraimoient, et cette passion
Etoit cruë avec l'âge au cœur des deux femelles :
Le monde entier à peine eut fourni deux modeles
   D'une telle inclination.

Comme l'esclave avoit plus de sens que la Dame,
Elle laissa passer les premiers mouvemens;
Puis tâcha, mais en vain, de remettre cette ame
Dans l'ordinaire train des communs sentimens.
Aux consolations la veuve inaccessible
S'appliquoit seulement à tout moyen possible
De suivre le defunt aux noirs et tristes lieux :
Le fer auroit été le plus court et le mieux,
Mais la Dame vouloit paître encore ses yeux
   Du tresor qu'enfermoit la biere,
   Froide dépoüille, et pourtant chere.
   C'étoit là le seul aliment
   Qu'elle prist en ce monument.
   La faim donc fut celle des portes
   Qu'entre d'autres de tant de sortes,
Nostre veuve choisit pour sortir d'icy bas.
Un jour se passe, et deux sans autre nourriture
Que ses profonds soûpirs, que ses frequents helas,
   Qu'un inutile et long murmure
Contre les Dieux, le sort, et toute la nature.
   Enfin sa douleur n'obmit rien,
   Si la douleur doit s'exprimer si bien.

Encore un autre mort faisoit sa residence
Non loin de ce tombeau, mais bien differemment,
   Car il n'avoit pour monument
   Que le dessous d'une potence.
Pour exemple aux voleurs on l'avoit là laissé.
   Un Soldat bien recompensé
   Le gardoit avec vigilance.
   Il étoit dit par Ordonnance
Que si d'autres voleurs, un parent, un ami
L'enlevoient, le Soldat nonchalant, endormi
   Rempliroit aussi-tôt sa plaçe,
   C'étoit trop de severité;
   Mais la publique utilité
Deffendoit que l'on fist au garde aucune grace.

Pendant la nuit il vid aux fentes du tombeau
Briller quelque clarté, spectacle assez nouveau.
Curieux il y court, entend de loin la Dame
   Remplissant l'air de ses clameurs.

Il entre, est étonné, demande à cette femme,
>> Pourquoy ces cris, pourquoy ces pleurs,
>> Pourquoy cette triste musique,
Pourquoy cette maison noire et melancolique.
Occupée à ses pleurs à peine elle entendit
>> Toutes ces demandes frivoles,
>> Le mort pour elle y répondit;
>> Cet objet sans autres parolles
>> Disoit assez par quel malheur
La Dame s'enterroit ainsi toute vivante.
Nous avons fait serment, ajoûta la suivante,
De nous laisser mourir de faim et de douleur.
Encor que le soldat fust mauvais orateur,
Il leur fit concevoir ce que c'est que la vie.
La Dame cette fois eut de l'attention;
>> Et déja l'autre passion
>> Se trouvoit un peu ralentie.
Le tems avoit agi. Si la foy du serment,
Poursuivit le soldat, vous deffend l'aliment,
>> Voyez-moy manger seulement,
Vous n'en mourrez pas moins. Un tel temperament
>> Ne déplut pas aux deux femelles :
>> Conclusion qu'il obtint d'elles
Une permission d'apporter son soupé;
Ce qu'il fit; et l'esclave eut le cœur fort tenté
De renoncer délors à la cruelle envie
>> De tenir au mort compagnie.
Madame, ce dit-elle, un penser m'est venu :
Qu'importe à vostre époux que vous cessiez de vivre ?
Croyez-vous que luy-mesme il fût homme à vous suivre
Si par vostre trépas vous l'aviez prevenu ?
Non Madame, il voudroit achever sa carriere.
La nôtre sera longue encor si nous voulons.
Se faut-il à vingt-ans enfermer dans la biere ?
Nous aurons tout loisir d'habiter ces maisons.
On ne meurt que trop tôt; qui nous presse ? attendons;
Quant à moy je voudrois ne mourir que ridée.
Voulez-vous emporter vos appas chez les morts ?
Que vous servira-t'il d'en être regardée ?
>> Tantôt en voyant les tresors
Dont le Ciel prit plaisir d'orner vostre visage,
>> Je disois : helas! c'est dommage,
Nous mêmes nous allons enterrer tout cela.

A ce discours flateur la Dame s'éveilla.
Le Dieu qui fait aimer prit son temps; il tira
Deux traits de son carquois; de l'un il entama
Le soldat jusqu'au vif; l'autre effleura la Dame :
Jeune et belle elle avoit sous ses pleurs de l'éclat,
   Et des gens de goût délicat
Auroient bien pû l'aimer, et mesme eſtant leur femme.
Le garde en fut épris : les pleurs et la pitié,
   Sorte d'amours ayant ses charmes,
Tout y fit : Une belle, alors qu'elle eſt en larmes
   En eſt plus belle de moitié.
Voilà donc noſtre veuve écoutant la loüange,
Poison qui de l'amour eſt le premier degré;
   La voilà qui trouve à son gré
Celuy qui le luy donne; il fait tant qu'elle mange,
Il fait tant que de plaire, et se rend en effet
Plus digne d'être aimé que le mort le mieux fait.
   Il fait tant enfin qu'elle change;
Et toûjours par degrez, comme l'on peut penser :
De l'un à l'autre il fait cette femme passer;
   Je ne le trouve pas étrange :
Elle écoute un amant, elle en fait un mari;
Le tout au nez du mort qu'elle avoit tant cheri.

Pendant cet hymenée un voleur se hazarde
D'enlever le dépoſt commis aux soins du garde.
Il en entend le bruit; il y court à grands pas;
   Mais en vain, la chose étoit faite.
Il revient au tombeau conter son embarras,
   Ne sçachant où trouver retraite.
L'esclave alors luy dit le voyant éperdu :
   L'on vous a pris voſtre pendu ?
Les Loix ne vous feront, dites-vous, nulle grâce ?
Si Madame y consent j'y remedieray bien.
   Mettons noſtre mort en la place,
   Les passans n'y connoîtront rien.
La Dame y consentit. O volages femelles!
La femme eſt toûjours femme; il en eſt qui sont belles,
   Il en eſt qui ne le sont pas.
   S'il en étoit d'assez fideles,
   Elles auroient assez d'appas.

. . . . . .

        Contes et Nouvelles

LE FAUCON

Nouvelle tirée de Bocace

Je me souviens d'avoir damné jadis
L'amant avare; et je ne m'en dédis.
Si la raison des contraires est bonne,
Le liberal doit estre en Paradis :
Je m'en rapporte à Messieurs de Sorbonne.

Il estoit donc autrefois un Amant
Qui dans Florence aima certaine femme.
Comment ? aimer ? c'estoit si follement,
Que pour luy plairre il eust vendu son ame.
S'agissoit-il de divertir la Dame,
A pleines mains il vous jetoit l'argent :
Sçachant tres-bien qu'en amour comme en guerre
On ne doit plaindre un métail qui fait tout;
Renverse murs; jette portes par terre;
N'entreprend rien dont il ne vienne à bout;
Fait taire chiens; et quand il veut servantes;
Et quand il veut les rend plus éloquentes
Que Ciceron, et mieux persuadantes :
Bref ne voudroit avoir laissé debout
Aucune place, et tant forte fust-elle.
Si laissa-t'il sur ses pieds nostre Belle.
Elle tint bon; Federic échoüa
Pres de ce roc, et le nez s'y cassa;
Sans fruit aucun vendit et fricassa
Tout son avoir; comme l'on pourroit dire
Belles Comtez, beaux Marquisats de Dieu,
Qu'il possédoit en plus et plus d'un lieu.
Avant qu'aimer on l'appelloit Messire
A longue queuë; enfin grace à l'Amour
Il ne fut plus que Messire tout court.
Rien ne resta qu'une ferme au pauvre homme;
Et peu d'amis; mesme amis, Dieu sçait comme.
Le plus zelé de tout se contenta,
Comme chacun, de dire : c'est dommage.

Chacun le dit, et chacun s'en tint-là :
Car de prester, à moins que sur bon gage,
Point de nouvelle : on oublia les dons,
Et le merite, et les belles raisons
De Federic, et sa premiere vie.
Le Protestant de Madame Clitie
N'eut du credit qu'autant qu'il eut du fonds.
Tant qu'il dura, le Bal, la Comédie
Ne manqua point à cet heureux objet :
De maints tournois elle fut le sujet;
Faisant gagner marchands de toutes guises,
Faiseurs d'habits, et faiseurs de devises,
Musiciens, gens du sacré valon :
Federic eut à sa table Apollon.
Femme n'estoit ny fille dans Florence,
Qui n'employast, pour débaucher le cœur
Du Cavalier, l'une un mot suborneur,
L'autre un coup d'œil, l'autre quelqu'autre avance :
Mais tout cela ne faisoit que blanchir.
Il aimoit mieux Clitie inexorable,
Qu'il n'auroit fait Helene favorable.
Conclusion, qu'il ne la pût fléchir.
Or en ce train de dépense effroyable,
Il envoya les Marquisats au diable
Premierement; puis en vint aux Comtez,
Titres par luy plus qu'aucuns regretez,
Et dont alors on faisoit plus de conte.
De-là les monts chacun veut estre Comte,
Icy Marquis, Baron peut estre ailleurs.
Je ne sçay pas lesquels sont les meilleurs :
Mais je sçay bien qu'avecque la patente
De ces beaux noms on s'en aille au marché,
L'on reviendra comme on estoit allé :
Prenez le titre, et laissez-moy la rente.
Clitie avoit aussi beaucoup de bien.
Son mary mesme estoit grand terrien.
Ainsi jamais la belle ne prit rien,
Argent ny dons; mais souffrit la dépense,
Et les cadeaux; sans croire pour cela
Estre obligée à nulle recompense.
S'il m'en souvient, j'ay dit qu'il ne resta
Au pauvre Amant rien qu'une métairie,
Chetive encor, et pauvrement bastie.

Là Federic alla se confiner;
Honteux qu'on viſt sa misere en Florence;
Honteux encor de n'avoir sceu gagner
Ny par amour, ny par magnificence,
Ny par six ans de devoirs et de soins,
Une beauté qu'il n'en aimoit pas moins.
Il s'en prenoit à son peu de merite,
Non à Clitie; elle n'oüit jamais,
Ny pour froideurs, ny pour autres sujets,
Plainte de luy ny grande ny petite.
Noſtre amoureux subsiſta comme il pût
Dans sa retraite; où le pauvre homme n'eut
Pour le servir qu'une vieille édentée;
Cuisine froide et fort peu frequentée;
A l'écurie un cheval assez bon,
Mais non pas fin : sur la perche un Faucon,
Dont à l'entour de cette métairie
Défunt Marquis s'en alloit sans valets
Sacrifiant à sa mélancolie
Mainte perdrix, qui, las! ne pouvoit mais
Des cruautez de Madame Clitie.
Ainsi vivoit le mal-heureux Amant;
Sage s'il euſt, en perdant sa fortune,
Perdu l'amour qui l'alloit consumant;
Mais de ses feux la memoire importune
Le talonnoit; toûjours un double ennuy
Alloit en croupe à la chasse avec luy.
Mort vint saisir le mary de Clitie.
Comme ils n'avoient qu'un fils pour tous enfans,
Fils n'ayant pas pour un pouce de vie,
Et que l'Epoux dont les biens eſtoient grands
Avoit toûjours consideré sa femme,
Par teſtament il declare la Dame
Son heritiere, arrivant le deceds
De l'enfançon; qui peu de temps apres
Devint malade. On sçait que d'ordinaire
A ses enfans mere ne sçait que faire,
Pour leur montrer l'amour qu'elle a pour eux;
Zele souvent aux enfans dangereux.
Celle-cy tendre et fort passionnée,
Autour du sien eſt toute la journée
Luy demandant, ce qu'il veut, ce qu'il a,
S'il mangeroit volontiers de cela,

Si ce joüet, enfin si cette chose
Est à son gré. Quoy que l'on luy propose
Il le refuse; et pour toute raison
Il dit qu'il veut seulement le Faucon
De Federic; pleure et meine une vie
A faire gens de bon cœur detester :
Ce qu'un enfant a dans la fantaisie,
Incontinent il faut l'executer,
Si l'on ne veut l'oüir toûjours crier.

Or il est bon de sçavoir que Clitie
A cinq cens pas de cette métairie,
Avoit du bien, possedoit un Chasteau :
Ainsi l'enfant avoit pû de l'oyseau
Oüir parler : on en disoit merveilles;
On en contoit des choses nompareilles :
Que devant luy jamais une perdrix
Ne se sauvoit, et qu'il en avoit pris
Tant ce matin, tant cette apresdinée :
Son maistre n'eust donné pour un tresor,
Un tel Faucon. Qui fut bien empeschée,
Ce fut Clitie. Aller oster encor
A Federic l'unique et seule chose
Qui luy restoit! Et supposé qu'elle ose
Luy demander ce qu'il a pour tout bien,
Aupres de luy meritoit-elle rien ?
Elle l'avoit payé d'ingratitude :
Point de faveurs; toûjours hautaine et rude
En son endroit. De quel front s'en aller
Apres cela le voir et luy parler,
Ayant esté cause de sa ruine ?
D'autre costé l'enfant s'en va mourir;
Refuse tout; tient tout pour medecine :
Afin qu'il mange il faut l'entretenir
De ce Faucon : il se tourmente, il crie :
S'il n'a l'oiseau, c'est fait que de sa vie.

Ces raisons-cy l'emporterent enfin.
Chez Federic la Dame un beau matin
S'en va sans suite, et sans nul équipage.
Federic prend pour un Ange des Cieux
Celle qui vient d'apparoistre à ses yeux.
Mais cependant, il a honte, il enrage,

De n'avoir pas chez soy pour luy donner
Tant seulement un mal-heureux disner.
Le pauvre estat où sa Dame le treuve
Le rend confus. Il dit donc à la veuve :
Quoy venir voir le plus humble de ceux
Que vos beautez ont rendus amoureux!
Un Villageois, un haire, un miserable!
C'est trop d'honneur; vostre bonté m'accable.
Assurément vous alliez autre part.
A ce propos nostre veuve repart :
Non non, Seigneur, c'est pour vous la visite.
Je viens manger avec vous ce matin.
    — Je n'ay, dit-il, cuisinier ni marmite :
Que vous donner ? — N'avez-vous pas du pain ?
Reprit la Dame. Incontinent luy-mesme
Il va chercher quelque œuf au poulailler,
Quelque morceau de lard en son grenier.
Le pauvre Amant en ce besoin extreme
Void son Faucon, sans raisonner le prend,
Luy tord le cou, le plume, le fricasse,
Et l'assaisonne, et court de place en place.
Tandis la vieille a soin du demeurant;
Foüille au bahu; choisit pour cette feste
Ce qu'ils avoient de linge plus honeste;
Met le couvert; va cueillir au jardin
Du serpolet, un peu de romarin,
Cinq ou six fleurs, dont la table est jonchée.
Pour abreger, on sert la fricassée.
La Dame en mange, et feint d'y prendre goust.
Le repas fait, cette femme resoud
De hazarder l'incivile Requeste,
Et parle ainsi : Je suis folle, Seigneur,
De m'en venir vous arracher le cœur
Encore un coup : il ne m'est guere honneste
De demander à mon défunt Amant
L'oiseau qui fait son seul contentement :
Doit-il pour moy s'en priver un moment ?
Mais excusez une mere affligée,
Mon fils se meurt : il veut vostre Faucon :
Mon procedé ne merite un tel don :
La raison veut que je sois refusée.
Je ne vous ay jamais accordé rien.
Vostre repos, vostre honneur, vostre bien,

S'en sont allez aux plaisirs de Clitie.
Vous m'aimiez plus que voſtre propre vie.
A cet amour j'ay tres-mal répondu :
Et je m'en viens pour comble d'injuſtice
Vous demander... et quoy ? c'eſt temps perdu;
Voſtre Faucon. Mais non, pluſtoſt perisse
L'enfant, la mere, avec le demeurant,
Que de vous faire un déplaisir si grand.
Souffrez sans plus que cette triſte mere
Aimant d'amour la chose la plus chere
Que jamais femme au monde puisse avoir,
Un fils unique, une unique esperance,
S'en vienne au moins s'acquitter du devoir
De la nature; et pour toute allegeance
En voſtre sein décharge sa douleur.
Vous sçavez bien par voſtre experience
Que c'eſt d'aimer, vous le sçavez Seigneur.
Ainsi je crois trouver chez vous excuse.
— Helas! reprit l'Amant infortuné,
L'oiseau n'eſt plus; vous en avez disné.
— L'oiseau n'eſt plus! dit la veuve confuse.
— Non, reprit-il, pluſt au Ciel vous avoir
Servy mon cœur, et qu'il euſt pris la place
De ce Faucon : mais le sort me fait voir
Qu'il ne sera jamais en mon pouvoir
De meriter de vous aucune grace.
En mon pailler rien ne m'eſtoit reſté,
Depuis deux jours la beſte a tout mangé.
J'ay veu l'oiseau; je l'ay tué sans peine :
Rien couſte-t-il quand on reçoit sa Reine ?
Ce que je puis pour vous eſt de chercher
Un bon Faucon; ce n'eſt chose si rare
Que dés demain nous n'en puissions trouver.
— Non Federic, dit-elle, je déclare
Que c'eſt assez. Vous ne m'avez jamais
De voſtre amour donné plus grande marque.
Que mon fils soit enlevé par la Parque,
Ou que le Ciel le rende à mes souhaits,
J'auray pour vous de la reconnoissance.
Venez me voir, donnez m'en l'esperance.
Encore un coup venez nous visiter :

Elle partit, non sans luy presenter
Une main blanche; unique témoignage
Qu'Amour avoit amolly ce courage.
Le pauvre Amant prit la main, la baisa.
Et de ses pleurs quelque temps l'arrosa.

Deux jours apres l'enfant suivit le pere.
Le deüil fut grand : la trop dolente mere
Fit dans l'abord force larmes couler.
Mais comme il n'eſt peine d'ame si forte
Qu'il ne s'en faille à la fin consoler,
Deux Medecins la traiterent de sorte
Que sa douleur eut un terme assez court :
L'un fut le Temps, et l'autre fut l'Amour.
On épousa Federic en grand pompe;
Non seulement par obligation;
Mais qui plus eſt par inclination,
Par amour mesme. Il ne faut qu'on se trompe
A cet exemple, et qu'un pareil espoir
Nous fasse ainsi consumer noſtre avoir.
Femmes ne sont toutes reconnoissantes.
A cela pres ce sont choses charmantes.
Sous le Ciel n'eſt un plus bel animal;
Je n'y comprens le sexe en general.
Loin de cela j'en vois peu d'avenantes.
Pour celles-cy, quand elles sont aymantes,
J'ay les desseins du monde les meilleurs :
Les autres n'ont qu'à se pourvoir ailleurs.

Contes et Nouvelles

LAURENT DRELINCOURT

1626-1680

LAURENT DRELINCOURT

SUR LE VOYAGE DE LA MADELEINE
AU SÉPULCRE DE NOTRE-SEIGNEUR

Où t'emporte ton Zèle, aveugle Madeleine !
L'excès de ton Amour a-t-il fermé tes yeux ?
Laisse de ton Projet les Soins injurieux :
Ton travail est sans fruit, ta prévoyance est vaine.

Tu perds, également, ta Dépense et ta Peine ;
Garde, garde pour toi, tes Parfums précieux :
Et viens plutôt, d'un Pas saintement curieux,
Admirer du Sauveur la Vertu souveraine.

Quoi, tu crains que le Corps du Roi de l'Univers
Souffre la Pourriture et soit rongé des Vers !
Songe à sa Pureté, songe à son Origine.

Jésus, le Saint de Dieu, bannissant ton Erreur,
Parfume le Tombeau de son Odeur divine :
Et lors qu'il y descend, il en ôte l'Horreur.

Sonnets chrétiens

NICOLAS BOILEAU

1636-1711

NICOLAS BOILEAU

ART POÉTIQUE

. . . . . .
Avant que la raison, s'expliquant par la voix,
Eût instruit les humains, eût enseigné des lois,
Tous les hommes suivoient la grossière nature,
Dispersés dans les bois couroient à la pâture.
La force tenait lieu de droit et d'équité;
Le meurtre s'exerçoit avec impunité.
Mais du discours enfin l'harmonieuse adresse,
De ces sauvages mœurs adoucit la rudesse;
Rassembla les humains dans les forêts épars,
Enferma les cités de murs et de remparts;
De l'aspect du supplice effraya l'insolence,
Et sous l'appui des lois mit la faible innocence.
Cet ordre fut, dit-on, le fruit des premiers vers.
De-là sont nés ces bruits reçus dans l'univers,
Qu'aux accents, dont Orphée emplit les monts de Thrace,
Les tigres amollis dépouilloient leur audace:
Qu'aux accords d'Amphion les pierres se mouvoient,
Et sur les murs Thebains en ordre s'élevoient.
L'harmonie en naissant produisit ces miracles.
Depuis le ciel en vers fit parler les oracles;
Du sein d'un prêtre ému d'une divine horreur,
Apollon par des vers exhala sa fureur.
Bientôt ressuscitant les héros des vieux âges,
Homère aux grands exploits anima les courages.
Hésiode à son tour, par d'utiles leçons,
Des champs trop paresseux vint hâter les moissons.
En mille écrits fameux la sagesse tracée,
Fut, à l'aide des vers, aux mortels annoncée;
Et par tout des esprits ses preceptes vaincœurs,
Introduits par l'oreille, entrerent dans les cœurs.

Pour tant d'heureux bienfaits, les Muses révérées
Furent d'un juste encens dans la Grece honorées;
Et leur art, attirant le culte des mortels,
A sa gloire en cent lieux vit dresser des autels.
. . . . . .

Chant IV

SATIRES

. . . . . .
Maudit soit le premier dont la verve insensée
Dans les bornes d'un vers renferma sa pensée,
Et donnant à ses mots une étroite prison,
Voulut avec la rime enchaîner la raison !
Sans ce metier fatal au repos de ma vie,
Mes jours pleins de loisirs couleroient sans envie :
Je n'aurois qu'à chanter, rire, boire d'autant,
Et comme un gras chanoine, à mon aise, et content,
Passer tranquillement, sans souci, sans affaire,
La nuit à bien dormir et le jour à rien faire.
. . . . . .

Satire II

. . . . . .
Tout conspire à la fois à troubler mon repos,
Et je me plains ici du moindre de mes maux :
Car à peine les coqs, commençant leur ramage,
Auront de cris aigus frapé le voisinage
Qu'un affreux serrurier, laborieux Vulcain,
Qu'éveillera bientôt l'ardente soif du gain,
Avec un fer maudit qu'à grand bruit il apprete,
De cent coups de marteau me va fendre la tête.
J'entends dejà partout les charrettes courir,
Les maçons travailler, les boutiques s'ouvrir :
Tandis que dans les airs mille cloches émues,
D'un funèbre concert font retentir les nues;
Et se mélant au bruit de la grèle et des vents,
Pour honorer les morts, font mourir les vivants.
. . . . . .

La frayeur de la nuit précipite mes pas.
Car sitôt que du soir les ombres pacifiques
D'un double cadenas font fermer les boutiques,
Que, retiré chez lui, le paisible marchand
Va revoir ses billets et compter son argent;
Que dans le Marché-Neuf tout est calme et tranquille,
Les voleurs à l'instant s'emparent de la ville.
. . . . . .

Satire VI

ÉPITRES

. . . . . .
Mais quoi? toujours la honte en esclaves nous lie!
Oui, c'est toi qui nous perds, ridicule folie :
C'est toi qui fis tomber le premier malheureux,
Le jour que d'un faux bien sottement amoureux,
Et n'osant soupçonner sa femme d'imposture,
Au demon par pudeur il vendit la nature.
Hélas! avant ce jour qui perdit ses neveux,
Tous les plaisirs couroient au devant de ses vœux.
La faim aux animaux ne faisoit point la guerre.
Le bled, pour se donner, sans peine ouvrant la terre,
N'attendoit point qu'un bœuf pressé de l'aiguillon
Traçât à pas tardifs un pénible sillon.
La vigne offroit partout des grappes toujours pleines
Et des ruisseaux de lait serpentoient dans les plaines.
Mais dés ce jour Adam, déchu de son état,
D'un tribut de douleur paya son attentat.
. . . . . .
La canicule en feu désole les campagnes.
. . . . . .

Épitre III

A MON JARDINIER

. . . . . .
Approche donc, et viens; qu'un paresseux t'apprenne,
Antoine, ce que c'est que fatigue et que peine.
L'homme ici-bas toujours inquiet et géné,
Est dans le repos même au travail condamné.
La fatigue l'y suit. C'est en vain qu'aux Poëtes
Les neufs trompeuses Sœurs, dans leurs douces retraites,
Promettent du repos sous leurs ombrages frais :
Dans ces tranquilles bois pour eux plantés exprés,
La cadence aussitôt, la rime, la césure,
La riche expression, la nombreuse mesure,
Sorcieres dont l'amour sçait d'abord les charmer,
De fatigues sans fin viennent les consumer.
Sans cesse poursuivant ces fugitives fées,
On voit sous les lauriers haleter les Orphées.
Leur esprit toutefois se plait dans son tourment,
Et se fait de sa peine un noble amusement.
Mais je ne trouve point de fatigue si rude,
Que l'ennuyeux loisir d'un mortel sans étude,
Qui, jamais ne sortant de sa stupidité,
Soutient, dans les langueurs de son oisiveté,
D'une lâche indolence esclave volontaire,
Le pénible fardeau de n'avoir rien à faire.

. . . . . .
Suis-moi donc. Mais je vois sur ce début de prône,
Que ta bouche déja s'ouvre large d'une aune;
Et que les yeux fermés tu baisses le menton.
Ma foi le plus sur est de finir ce sermon.
Aussi bien j'aperçois ces melons qui t'attendent,
Et ces fleurs qui là-bas entr'elles se demandent
S'il est fête au village, et pour quel saint nouveau
On les laisse aujourd'hui si longtemps manquer d'eau.

Épitre XI

JEAN RACINE
1639-1699

JEAN RACINE

CANTIQUES SPIRITUELS

I

A LA LOUANGE DE LA CHARITÉ

Les Méchans m'ont vanté leurs mensonges frivoles :
    Mais je n'aime que les paroles
    De l'éternelle Vérité.
    Plein du feu divin qui m'inspire,
    Je consacre aujourd'hui ma Lyre
    A la celeste Charité.

En vain je parlerois le langage des Anges.
    En vain, mon Dieu, de tes louanges
    Je remplirois tout l'Univers :
    Sans amour, ma gloire n'egale
    Que la gloire de la cymbale,
    Qui d'un vain bruit frappe les airs.

Que sert à mon esprit de percer les abîmes
    Des mystères les plus sublimes,
    Et de lire dans l'avenir ?
    Sans amour, ma science est vaine,
    Comme le songe, dont à peine
    Il reste un leger souvenir.

Que me sert que ma Foy transporte les montagnes ?
    Que dans les arides campagnes
    Les torrens naissent sous mes pas;
    Ou que ranimant la poussiere
    Elle rende aux Morts la lumiere,
    Si l'amour ne l'anime pas ?

Ouy, mon Dieu, quand mes mains de tout mon héritage
    Aux pauvres feroient le partage;
    Quand même pour le nom Chreſtien,
    Bravant les croix les plus infames,
    Je livrerais mon corps aux flames,
    Si je n'aime, je ne suis rien.

Que je voy de Vertus qui brillent sur ta trace,
    Charité, fille de la Grace!
    Avec toy marche la Douceur,
    Que suit avec un air affable
    La Patience inseparable
    De la Paix son aimable sœur.

Tel que l'Aſtre du jour écarte les tenebres
    De la Nuit compagnes funebres,
    Telle tu chasses d'un coup d'œil
    L'Envie aux humains si fatale,
    Et toute la troupe infernale
    Des Vices enfans de l'Orgueil.

Libre d'ambition, simple, et sans artifice,
    Autant que tu hais l'Injuſtice,
    Autant la Vérité te plaiſt.
    Que peut la Colere farouche
    Sur un cœur, que jamais ne touche
    Le soin de son propre intereſt?

Aux faiblesses d'autruy loin d'être inexorable,
    Toujours d'un voile favorable
    Tu t'efforces de les couvrir.
    Quel triomphe manque à ta gloire?
    L'amour sçait tout vaincre, tout croire,
    Tout espérer, et tout souffrir.

Un jour Dieu cessera d'inspirer les oracles.
    Le don des langues, les miracles
    La science aura son déclin.
    L'amour, la charité divine,
    Eternelle en son origine
    Ne connoiſtra jamais de fin.

Nos clartez ici bas ne sont qu'enigmes sombres,
  Mais Dieu sans voiles, et sans ombres
  Nous éclairera dans les cieux.
  Et ce Soleil inaccessible,
  Comme à ses yeux je suis visible,
  Se rendra visible à mes yeux.

L'amour sur tous les Dons l'emporte avec justice,
  De nostre celeste édifice
  La Foy vive est le fondement.
  La sainte Esperance l'élève,
  L'ardente Charité l'achève,
  Et l'assure éternellement.

Quand pourray-je t'offrir, ô Charité suprême,
  Au sein de la lumiere même
  Le Cantique de mes soupirs;
  Et toujours brûlant pour ta gloire,
  Toujours puiser, et toujours boire
  Dans la source des vrais plaisirs!

II

SUR LE BONHEUR DES JUSTES
ET SUR LE MALHEUR DES RÉPROUVÉS

Heureux, qui de la Sagesse
Attendant tout son secours,
N'a point mis en la Richesse
L'espoir de ses derniers jours.
La mort n'a rien qui l'estonne;
Et dès que son Dieu l'ordonne,
Son ame prenant l'essor
S'eleve d'un vol rapide
Vers la demeure, où réside
Son veritable thresor.

De quelle douleur profonde
Seront un jour penetrez
Ces insensez, qui du monde,
Seigneur, vivent enyvrez;
Quand par une fin soudaine
Détrompez d'une ombre vaine,
Qui passe, et ne revient plus,
Leurs yeux du fond de l'abîme
Près de ton thrône sublime
Verront briller tes Elus!

Infortunez que nous sommes,
Ou s'égaroient nos esprits?
Voilà, diront-ils, ces hommes,
Vils objets de nos mépris,
Leur sainte et pénible vie
Nous parut une folie.
Mais aujourd'huy triomphans,
Le Ciel chante leur louange,
Et Dieu luy-même les range
Au nombre de ses Enfans.

Pour trouver un bien fragile
Qui nous vient d'estre arraché,
Par quel chemin difficile
Hélas! nous avons marché!
Dans une route insensée
Nostre ame en vain s'est lassée,
Sans se reposer jamais,
Fermant l'œil à la lumière,
Qui nous monstroit la carriere
De la bien-heureuse Paix.

De nos attentats injustes
Quel fruit nous est-il resté?
Où sont les titres augustes,
Dont nostre orgueil s'est flatté?
Sans amis, et sans défense,
Au thrône de la vengeance
Appelez en jugement,
Foibles et tristes victimes
Nous y venons de nos crimes
Accompagnez seulement.

Ainsi d'une voix plaintive
Exprimera ses remords
La Penitence tardive
Des inconsolables Morts.
Ce qui faisoit leurs delices,
Seigneur, fera leurs supplices.
Et par une égale loy,
Tes Saints trouveront des charmes
Dans le souvenir des larmes
Qu'ils versent icy pour toy.

III

PLAINTE D'UN CHRÉTIEN,
SUR LES CONTRARIÉTÉS QU'IL ÉPROUVE
AU DEDANS DE LUI-MÊME

Mon Dieu, quelle guerre cruelle!
Je trouve deux hommes en moy.
L'un veut que plein d'amour pour toy
Mon cœur te soit toujours fidelle.
L'autre à tes volontez rebelle
Me revolte contre ta loy.

L'un tout esprit, et tout celeste,
Veut qu'au Ciel sans cesse attaché,
Et des biens éternels touché,
Je compte pour rien tout le reste.
Et l'autre par son poids funeste
Me tient vers la Terre panché.

Hélas! en guerre avec moy-même,
Où pourray-je trouver la paix?
Je veux, et n'accomply jamais.
Je veux. Mais, ô misere extrême!
Je ne fais pas le bien que j'aime,
Et je fais le mal que je hais.

O Grace, ô rayon salutaire,
Vien me mettre avec moy d'accord :
Et domtant par un doux effort
Cet homme qui t'est si contraire,
Fay ton esclave volontaire
De cet esclave de la mort.

IV

SUR LES VAINES OCCUPATIONS
DES GENS DU SIÈCLE

Quel charme vainqueur du monde,
Vers Dieu m'eleve aujourd'huy ?
Malheureux l'homme, qui fonde
Sur les hommes son appuy.
Leur gloire fuit, et s'efface
En moins de temps que la trace
Du vaisseau qui fend les mers,
Ou de la fleche rapide,
Qui loin de l'œil qui la guide
Cherche l'oiseau dans les airs.

De la Sagesse immortelle
La voix tonne, et nous instruit.
Enfans des hommes, dit-elle,
De vos soins quel est le fruit ?
Par quelle erreur, Ames vaines,
Du plus pur sang de vos veines
Acceptez-vous si souvent,
Non un pain qui vous repaisse,
Mais une ombre, qui vous laisse
Plus affamez que devant ?

Le pain que je vous propose
Sert aux Anges d'Aliment :
Dieu lui-même le compose
De la fleur de son froment.
C'est ce pain si delectable
Que ne sert point à sa table

Le monde que vous suivez.
Je l'offre à qui veut me suivre.
Approchez. Voulez-vous vivre ?
Prenez, mangez, et vivez.

O Sagesse, ta parole
Fit éclore l'Univers,
Posa sur un double Pole
La Terre au milieu des Mers.
Tu dis. Et les Cieux parurent,
Et tous les Astres coururent
Dans leur ordre se placer.
Avant les siecles tu regnes.
Et qui suis-je que tu daignes
Jusqu'à moy te rabaisser ?

Le Verbe, image du Pere,
Laissa son thrône éternel.
Et d'une mortelle Mere
Voulut naistre homme, et mortel.
Comme l'orgueil fut le crime,
Dont il naissoit la Victime,
Il dépouilla sa splendeur,
Et vint pauvre et miserable,
Apprendre à l'homme coupable
Sa veritable grandeur.

L'ame heureusement captive
Sous ton joug trouve la paix,
Et s'abreuve d'une eau vive
Qui ne s'épuise jamais.
Chacun peut boire en cette onde.
Elle invite tout le monde.
Mais nous courons follement,
Chercher des sources bourbeuses,
Ou des cisternes trompeuses
D'où l'eau fuit à tout moment.

JEAN-FRANÇOIS DUCIS

1733-1816

JEAN-FRANÇOIS DUCIS

STANCES

ÉCRITES PAR DUCIS
PEU DE JOURS AVANT SA MORT

O beata solitudo
O sola beatitudo !
St. Bernard

Heureuse solitude,
Seule béatitude,
Que votre charme est doux!
De tous les biens du monde,
Dans ma grotte profonde,
Je ne veux plus que vous!

Qu'un vaste empire tombe,
Qu'est-ce au loin pour ma tombe
Qu'un vain bruit qui se perd;
Et les rois qui s'assemblent,
Et leurs sceptres qui tremblent,
Que les joncs du désert ?

Mon Dieu! la croix que j'aime,
En mourant à moi-même,
Me fait vivre pour toi.
Ta force est ma puissance,
Ta grâce ma défense,
Ta volonté ma loi.

Déchu de l'innocence,
Mais par la pénitence
Encor cher à tes yeux,
Triomphant par tes armes,

Baptisé par tes larmes,
J'ai reconquis les cieux.

Souffrant octogénaire,
Le jour pour ma paupière
N'est qu'un brouillard confus.
Dans l'ombre de mon être,
Je cherche à reconnaître
Ce qu'autrefois je fus.

O mon père! ô mon guide!
Dans cette Thébaïde
Toi qui fixas mes pas,
Voici ma dernière heure;
Fais, mon Dieu, que je meure
Couvert de ton trépas!

Paul, ton premier ermite,
Dans ton sein qu'il habite,
Exhala ses cent ans.
Je suis prêt; frappe, immole,
Et qu'enfin je m'envole
Au séjour des vivants.

FLORIAN

1755-1794

FLORIAN

LA CARPE ET LES CARPILLONS

Prenez garde, mes fils, côtoyez moins le bord,
         Suivez le fond de la rivière;
         Craignez la ligne meurtrière,
         Ou l'épervier plus dangereux encor.
C'est ainsi que parlait une carpe de Seine
A de jeunes poissons qui l'écoutaient à peine.
C'était au mois d'avril : les neiges, les glaçons,
Fondus par les zéphyrs, descendaient des montagnes.
Le fleuve, enflé par eux, s'élève à gros bouillons,
         Et déborde dans les campagnes.
         Ah! ah! criaient les carpillons,
         Qu'en dis-tu, carpe radoteuse?
         Crains-tu pour nous les hameçons?
Nous voilà citoyens de la mer orageuse;
Regarde : on ne voit plus que les eaux et le ciel,
         Les arbres sont cachés sous l'onde,
         Nous sommes les maîtres du monde,
         C'est le déluge universel.
Ne croyez pas cela, répond la vieille mère;
Pour que l'eau se retire il ne faut qu'un instant :
Ne vous éloignez point, et, de peur d'accident
Suivez, suivez toujours le fond de la rivière.
Bah! disent les poissons, tu répètes toujours
         Mêmes discours.
Adieu, nous allons voir notre nouveau domaine.
         Parlant ainsi, nos étourdis
         Sortent tous du lit de la Seine,
Et s'en vont dans les eaux qui couvrent le pays.
     Qu'arriva-t-il? Les eaux se retirèrent,
     Et les carpillons demeurèrent;
         Bientôt ils furent pris,
         Et frits.

> Pourquoi quittaient-ils la rivière?
> Pourquoi? je le sais trop, hélas!
> C'eſt qu'on se croit toujours plus sage que sa mère,
> C'eſt qu'on veut sortir de sa sphère,
> C'eſt que... c'eſt que... Je ne finirais pas.

Fables, Livre I

L'AVEUGLE ET LE PARALYTIQUE

> Aidons-nous mutuellement,
> La charge des malheurs en sera plus légère;
> Le bien que l'on fait à son frère
> Pour le mal que l'on souffre eſt un soulagement.
> Confucius l'a dit; suivons tous sa doctrine.
> Pour la persuader aux peuples de la Chine,
> Il leur contait le trait suivant.

> Dans une ville de l'Asie
> Il exiſtait deux malheureux,
> L'un perclus, l'autre aveugle, et pauvres tous les deux.
> Ils demandaient au ciel de terminer leur vie :
> Mais leurs cris étaient superflus,
> Ils ne pouvaient mourir. Notre paralytique,
> Couché sur un grabat dans la place publique,
> Souffrait sans être plaint; il en souffrait bien plus.
> L'aveugle, à qui tout pouvait nuire,
> Était sans guide, sans soutien,
> Sans avoir même un pauvre chien
> Pour l'aimer et pour le conduire.
> Un certain jour il arriva
> Que l'aveugle à tâtons, au détour d'une rue,
> Près du malade se trouva;
> Il entendit ses cris, son âme en fut émue.
> Il n'eſt tels que les malheureux
> Pour se plaindre les uns les autres.
> J'ai mes maux, lui dit-il, et vous avez les vôtres :
> Unissons-les, mon frère, ils seront moins affreux.
> Hélas! dit le perclus, vous ignorez, mon frère,
> Que je ne puis faire un seul pas;

Vous-même vous n'y voyez pas :
A quoi nous servirait d'unir notre misère ?
A quoi ? répond l'aveugle, écoutez : à nous deux
Nous possédons le bien à chacun nécessaire;
    J'ai des jambes et vous des yeux :
Moi, je vais vous porter; vous, vous serez mon guide :
Vos yeux dirigeront mes pas mal assurés;
Mes jambes, à leur tour, iront où vous voudrez.
Ainsi, sans que jamais notre amitié décide
Qui de nous deux remplit le plus utile emploi,
Je marcherai pour vous, vous y verrez pour moi.

Fables, Livre I

LE GRILLON

UN pauvre petit grillon
    Caché dans l'herbe fleurie,
    Regardait un papillon
    Voltigeant dans la prairie.
L'insecte ailé brillait des plus vives couleurs;
L'azur, la pourpre et l'or éclataient sur ses ailes;
Jeune, beau, petit-maître, il court de fleurs en fleurs,
    Prenant et quittant les plus belles.
Ah! disait le grillon, que son sort et le mien
    Sont différents! Dame nature
    Pour lui fit tout, et pour moi rien.
Je n'ai point de talent, encor moins de figure,
Nul ne prend garde à moi, l'on m'ignore ici-bas :
    Autant vaudrait n'exister pas.
    Comme il parlait, dans la prairie
    Arrive une troupe d'enfants :
    Aussitôt les voilà courants
Après ce papillon dont ils ont tous envie.
Chapeaux, mouchoirs, bonnets, servent à l'attraper;
L'insecte vainement cherche à leur échapper,
    Il devient bientôt leur conquête.
L'un le saisit par l'aile, un autre par le corps;
Un troisième survient, et le prend par la tête :
    Il ne fallait pas tant d'efforts
    Pour déchirer la pauvre bête.

Oh! oh! dit le grillon, je ne suis plus fâché;
Il en coûte trop cher pour briller dans le monde.
Combien je vais aimer ma retraite profonde!
      Pour vivre heureux, vivons caché.

Fables, Livre II

LE LAPIN ET LA SARCELLE

    Unis dès leurs jeunes ans
    D'une amitié fraternelle,
    Un lapin, une sarcelle,
    Vivaient heureux et contents.
Le terrier du lapin était sur la lisière
    D'un parc bordé d'une rivière.
    Soir et matin nos bons amis,
    Profitant de ce voisinage,
Tantôt au bord de l'eau, tantôt sous le feuillage,
    L'un chez l'autre étaient réunis.
Là, prenant leurs repas, se contant des nouvelles,
    Ils n'en trouvaient point de si belles
Que de se répéter qu'ils s'aimeraient toujours.
Ce sujet revenait sans cesse en leurs discours.
Tout était en commun, plaisir, chagrin, souffrance.
Ce qui manquait à l'un, l'autre le regrettait;
Si l'un avait du mal, son ami le sentait;
Si d'un bien, au contraire, il goûtait l'espérance,
    Tous deux en jouissaient d'avance.
Tel était leur destin, lorsqu'un jour, jour affreux,
Le lapin, pour dîner venant chez la sarcelle,
Ne la retrouve plus; inquiet, il l'appelle;
Personne ne répond à ses cris douloureux.
Le lapin, de frayeur l'âme toute saisie,
Va, vient, fait mille tours, cherche dans les roseaux,
    S'incline par-dessus les flots,
Et voudrait s'y plonger pour trouver son amie.
« Hélas! s'écriait-il, m'entends-tu? réponds-moi,
    Ma sœur, ma compagne chérie;
    Ne prolonge pas mon effroi :
Encor quelques moments, c'en est fait de ma vie;

J'aime mieux expirer que de trembler pour toi. »
   Disant ces mots, il court, il pleure,
   Et, s'avançant le long de l'eau,
   Arrive enfin près du château
   Où le seigneur du lieu demeure.
   Là notre désolé lapin
   Se trouve au milieu d'un parterre,
   Et voit une grande volière
Où mille oiseaux divers volaient sur un bassin.
   L'amitié donne du courage :
Notre ami, sans rien craindre, approche du grillage,
Regarde, et reconnaît... ô tendresse! ô bonheur!...
La sarcelle : aussitôt il pousse un cri de joie,
Et, sans perdre de temps à consoler sa sœur,
   De ses quatre pieds il s'emploie
   A creuser un secret chemin
Pour joindre son amie; et, par ce souterrain,
Le lapin tout à coup entre dans la volière,
Comme un mineur qui prend une place de guerre,
Dans son obscur sentier, la conduit sous la terre,
Et, la rendant au jour, il est prêt à mourir
   De plaisir.
Quel moment pour tous deux ? Que ne sais-je le peindre
   Comme je saurais le sentir!
Nos bons amis croyaient n'avoir plus rien à craindre;
Ils n'étaient pas au bout. Le maître du jardin,
En voyant le dégât commis dans sa volière,
Jure d'exterminer jusqu'au dernier lapin :
Mes fusils, mes furets! criait-il en colère.
   Aussitôt fusils et furets
   Sont tout prêts.
Les gardes et les chiens vont dans les jeunes tailles,
   Fouillant les terriers, les broussailles;
Tout lapin qui paraît trouve un affreux trépas :
Les rivages du Styx sont bordés de leurs mânes;
   Dans le funeste jour de Cannes
   On mit moins de Romains à bas.
La nuit vient; tant de sang n'a point éteint la rage
Du seigneur, qui remet au lendemain matin
   La fin de l'horrible carnage.
   Pendant ce temps, notre lapin,
Tapi sous des roseaux auprès de la sarcelle,
   Attendait, en tremblant, la mort,

Mais conjurait sa sœur de fuir à l'autre bord,
     Pour ne pas mourir devant elle.
Je ne te quitte point, lui répondait l'oiseau;
Nous séparer serait la mort la plus cruelle.
     Ah! si tu pouvais passer l'eau!
Pourquoi pas ? Attends-moi... La sarcelle le quitte,
     Et revient traînant un vieux nid
Laissé par des canards; elle l'emplit bien vite
De feuilles de roseau, les presse, les unit
Des pieds, du bec; en forme un batelet capable
     De supporter un lourd fardeau;
     Puis elle attache à ce vaisseau
     Un brin de jonc qui servira de câble.
     Cela fait, et le bâtiment
Mis à l'eau, le lapin entre doucement
Dans le léger esquif, s'assied sur son derrière;
Tandis que devant lui la sarcelle, nageant,
Tire le brin de jonc, et s'en va dirigeant
     Cette nef à son cœur si chère.
On aborde, on débarque, et jugez du plaisir!
     Non loin du port on va choisir
Un asile où, coulant des jours dignes d'envie,
     Nos bons amis, libres, heureux,
     Aimèrent d'autant plus la vie,
     Qu'ils se la devaient tous les deux.

Fables, Livre IV

ANDRÉ CHÉNIER

1762-1794

ANDRÉ CHÉNIER

PASIPHAÉ

Tu gémis sur l'Ida, mourante, échevelée,
O reine, ô de Minos épouse désolée,
Heureuse si jamais, dans ses riches travaux.
Cérès n'eût pour le joug élevé des troupeaux,
Certe aux antres d'Amnise assez votre Lucine
Donnait de beaux neveux aux mères de Gortyne,
Certes vous élevez aux gymnases crétois
D'autres jeunes troupeaux plus dignes de ton choix.
Tu voles épier sous quelle yeuse obscure,
Tranquille, il ruminait son antique pâture,
Quel lit de fleurs reçut ses membres nonchalants,
Quelle onde a ranimé l'albâtre de ses flancs.
O Nymphes, entourez, fermez, Nymphes de Crète,
De ces vallons, fermez, entourez la retraite,
Si peut être vers lui des vestiges épars
Ne viendront point guider mes pas et mes regards.
Insensée, à travers ronces, forêts, montagnes,
Elle court. O fureur! dans les vertes campagnes,
Une belle génisse à son superbe amant
Adressait devant elle un doux mugissement.
La perfide mourra. Jupiter la demande.
Elle-même à son front attache la guirlande,
L'entraîne, et sur l'autel prenant le fer vengeur :
« Sois belle maintenant et plais à mon vainqueur. »
Elle frappe et sa haine en la flamme lustrale
Rit de voir palpiter le cœur de sa rivale.

NÉÆRE

Mais telle qu'à sa mort pour la dernière fois
Un beau cygne soupire, et de sa douce voix,
De sa voix qui bientôt lui doit être ravie,
Chante, avant de partir, ses adieux à la vie :
Ainsi, les yeux remplis de langueur et de mort,
Pâle, elle ouvrit la bouche en un dernier effort.
« O vous, du Sébethus Naïades vagabondes,
Coupez sur mon tombeau vos chevelures blondes.
Adieu, mon Clinias ; moi, celle qui te plus,
Moi, celle qui t'aimai, que tu ne verras plus.
O cieux, ô terre, ô mer, prés, montagnes, rivages,
Fleurs, bois mélodieux, vallons, grottes sauvages,
Rappelez-lui souvent, rappelez-lui toujours
Néære, tout son bien, Néære ses amours,
Cette Néære, hélas ! qu'il nommait sa Néære,
Qui pour lui criminelle abandonna sa mère ;
Qui pour lui fugitive, errant de lieux en lieux,
Aux regards des humains n'osa lever les yeux.
O ! soit que l'astre pur des deux frères d'Hélène
Calme sous ton vaisseau la vague ionienne ;
Soit qu'aux bords de Pœstum, sous ta soigneuse main,
Les roses deux fois l'an couronnent ton jardin,
Au coucher du soleil, si ton âme attendrie
Tombe en une muette et molle rêverie,
Alors, mon Clinias, appelle, appelle-moi.
Je viendrai, Clinias, je volerai vers toi.
Mon âme vagabonde à travers le feuillage
Frémira. Sur les vents ou sur quelque nuage
Tu la verras descendre, ou du sein de la mer,
S'élevant comme un songe, étinceler dans l'air ;
Et ma voix, toujours tendre et doucement plaintive,
Caresser en fuyant ton oreille attentive. »

LA JEUNE TARENTINE

Pleurez, doux alcyons, ô vous, oiseaux sacrés,
Oiseaux chers à Thétis, doux alcyons, pleurez.
Elle a vécu, Myrto, la jeune Tarentine.
Un vaisseau la portait aux bords de Camarine.
Là, l'hymen, les chansons, les flûtes, lentement
Devaient la reconduire au seuil de son amant.
Une clef vigilante a, pour cette journée,
Dans le cèdre enfermé sa robe d'hyménée
Et l'or dont au festin ses bras seraient parés
Et pour ses blonds cheveux les parfums préparés.
Mais, seule sur la proue, invoquant les étoiles,
Le vent impétueux qui soufflait dans les voiles
L'enveloppe. Étonnée, et loin des matelots,
Elle crie, elle tombe, elle est au sein des flots.
Elle est au sein des flots, la jeune Tarentine.
Son beau corps a roulé sous la vague marine.
Thétis, les yeux en pleurs, dans le creux d'un rocher
Aux monstres dévorants eut soin de le cacher.
Par ses ordres bientôt les belles Néréides
L'élèvent au-dessus des demeures humides,
Le portent au rivage, et dans ce monument
L'ont, au cap du Zéphir, déposé mollement.
Puis de loin à grands cris appelant leurs compagnes,
Et les Nymphes des bois, des sources, des montagnes,
Toutes frappant leur sein, et traînant un long deuil,
Répétèrent : « Hélas! » autour de son cercueil.
Hélas! chez ton amant tu n'es point ramenée.
Tu n'as point revêtu ta robe d'hyménée.
L'or autour de tes bras n'a point serré de nœuds.
Les doux parfums n'ont point coulé sur tes cheveux.

LA MORT D'HERCULE

Œta, mont ennobli par cette nuit ardente,
Quand l'infidèle époux d'une épouse imprudente

Reçut de son amour un présent trop jaloux,
Victime du Centaure immolé par ses coups,
Il brise tes forêts. Ta cime épaisse et sombre
En un bûcher immense amoncelle sans nombre
Les sapins résineux que son bras a ployés.
Il y porte la flamme. Il monte; sous ses pieds
Étend du vieux lion la dépouille héroïque,
Et l'œil au ciel, la main sur sa massue antique,
Attend sa récompense et l'heure d'être un Dieu.
Le vent souffle et mugit. Le bûcher tout en feu
Brille autour du héros; et la flamme rapide
Porte aux palais divins l'âme du grand Alcide.

ÉPIGRAMMES

XIII

Néære, ne va plus te confier aux flots
De peur d'être Déesse, et que les matelots
N'invoquent, au milieu de la tourmente amère,
La blanche Galatée et la blanche Néære.

XV

Accours, jeune Chromis, je t'aime et je suis belle;
Blanche comme Diane et légère comme elle,
Comme elle grande et fière; et les bergers, le soir,
Quand, le regard baissé, je passe sans les voir,
Doutent si je ne suis qu'une simple mortelle;
Et, me suivant des yeux, disent : « Comme elle est belle! »

FRAGMENTS DE BUCOLIQUES

XVII

Toujours ce souvenir m'attendrit et me touche,
Quand lui-même appliquant la flûte sur ma bouche,

Riant et m'asseyant sur lui, près de son cœur,
M'appelait son rival et déjà son vainqueur.
Il façonnait ma lèvre inhabile et peu sûre
A souffler une haleine harmonieuse et pure.
Et ses savantes mains prenant mes jeunes doigts,
Les levaient, les baissaient, recommençaient vingt fois,
Leur enseignant ainsi, quoique faibles encore,
A fermer tour à tour les trous du buis sonore.

FRAGMENTS D'ÉLÉGIES

XXIV

Sous le roc sombre et frais d'une grotte ignorée,
D'où coule une onde pure aux Nymphes consacrée,
Je suivis l'autre jour un doux et triste son
Et d'un Faune plaintif j'ouïs cette chanson :
« Amour, aveugle enfant, quelle est ton injustice !
Hélas ! j'aime Naïs ; je l'aime sans espoir.
Comme elle me tourmente, Hylas fait son supplice ;
Écho plaît au berger ; il vole pour la voir.
Écho loin de ses pas suit les pas de Narcisse,
Qui la fuit, pour baiser un liquide miroir. »

VARIA

VII

Voila ce que chantait aux Naïades prochaines
Ma Muse jeune et fraîche, amante des fontaines,
Assise au fond d'un antre aux Nymphes consacré,
D'acanthe et d'aubépine et de lierre entouré.
L'Amour, qui l'écoutait caché dans le feuillage,
Sortit, la salua Sirène du bocage.
Ses blonds cheveux flottants par lui furent pressés,
D'hyacinthe et de myrte en couronne tressés :
« Car ta voix, lui dit-il, est douce à mon oreille
Comme le doux cytise à la mielleuse abeille. »

HERMÈS

. . . . . .

Ainsi quand de l'Euxin la Déesse étonnée
Vit du premier vaisseau son onde sillonnée,
Aux héros de la Grèce, à Colchos appelés,
Orphée expédiait les mystères sacrés
Dont sa mère immortelle avait daigné l'instruire.
Près de la poupe assis, appuyé sur sa lyre,
Il chantait quelles lois à ce vaste univers
Impriment à la fois des mouvements divers,
Quelle puissance entraîne ou fixe les étoiles,
D'où le souffle des vents vient animer les voiles,
Dans l'ombre de la nuit, quels célestes flambeaux
Sur l'aveugle Amphitrite éclairent les vaisseaux.
Ardents à recueillir ces merveilles utiles,
Autour du demi-dieu les princes immobiles
Aux accents de sa voix demeuraient suspendus,
Et l'écoutaient encor quand il ne chantait plus.

. . . . . .

Chant III

L'ASTRONOMIE

. . . . . .

Salut, ô belle nuit, étincelante et sombre,
Consacrée au repos. O silence de l'ombre
Qui n'entends que la voix de mes vers, et les cris
De la rive arèneuse où se brise Thétis.
Muse, muse nocturne, apporte-moi ma lyre.
Comme un fier météore, en ton brûlant délire,
Lance-toi dans l'espace; et pour franchir les airs,
Prends les ailes du vent, les ailes des éclairs,
Les bonds de la comète aux longs cheveux de flamme.
Mes vers impatients élancés de mon âme
Veulent parler aux Dieux, et volent où reluit
L'enthousiasme errant, fils de la belle nuit.
Accours, grande nature, ô mère du génie.
Accours, reine du monde, éternelle Uranie,

Soit que tes pas divins sur l'astre du Lion
Ou sur les triples feux du superbe Orion
Marchent, ou soit qu'au loin, fugitive emportée,
Tu suives les détours de la voie argentée,
Soleils amoncelés dans le céleste azur
Où le peuple a cru voir les traces d'un lait pur ;
Descends, non, porte-moi sur ta route brûlante ;
Que je m'élève au ciel comme une flamme ardente.
Déjà ce corps pesant se détache de moi.
Adieu, tombeau de chair, je ne suis plus à toi.
Terre, fuis sous mes pas. L'éther où le ciel nage
M'aspire. Je parcours l'océan sans rivage.
Plus de nuit. Je n'ai plus, d'un globe opaque et dur
Entre le jour et moi, l'impénétrable mur.
Plus de nuit, et mon œil et se perd et se mêle
Dans les torrents profonds de lumière éternelle.
Me voici sur les feux que le langage humain
Nomme Cassiopée et l'Ourse et le Dauphin.
Maintenant la Couronne autour de moi s'embrase.
Ici l'Aigle et le Cygne et la Lyre et Pégase.
Et voici que plus loin le Serpent tortueux
Noue autour de mes pas ses anneaux lumineux.
Féconde immensité, les esprits magnanimes
Aiment à se plonger dans tes vivants abîmes ;
Abîmes de clartés, où, libre de ses fers,
L'homme siège au conseil qui créa l'univers ;
Où l'âme remontant à sa grande origine
Sent qu'elle est une part de l'essence divine.

MARCELINE
DESBORDES-VALMORE

1786-1859

M. DESBORDES-VALMORE

RÊVE INTERMITTENT D'UNE NUIT TRISTE

. . . . . .
Vers vos nids chanteurs laissez-les donc aller :
L'enfant sait déjà qu'ils naissent pour voler.

Déjà son esprit, prenant goût au silence,
Monte où sans appui l'alouette s'élance,

Et s'isole et nage au fond du lac d'azur
Et puis redescend le gosier plein d'air pur.

Que de l'oiseau gris l'hymne haute et pieuse
Rende à tout jamais son âme harmonieuse!

Que vos ruisseaux clairs, dont les bruits m'ont parlé,
Humectent sa voix d'un long rythme perlé!

Avant de gagner sa couche de fougère,
Laissez-la courir, curieuse et légère,

Au bois où la lune épanche ses lueurs
Dans l'arbre qui tremble inondé de ses pleurs,

Afin qu'en dormant sous vos images vertes
Ses grâces d'enfant en soient toutes couvertes.
. . . . . .

Le Livre des Mères

LE MAL DU PAYS

Je veux aller mourir aux lieux où je suis née :
Le tombeau d'Albertine est près de mon berceau,
Je veux aller trouver son ombre abandonnée;
Je veux un même lit près du même ruisseau.

Je veux dormir. J'ai soif de sommeil, d'innocence,
D'amour! d'un long silence écouté sans effroi,
De l'air pur qui soufflait au jour de ma naissance,
Doux pour l'enfant du pauvre et pour l'enfant du roi.
. . . . . .

D'où vient-on quand on frappe aux portes de la terre ?
Sans clarté dans la vie, où s'adressent nos pas ?
Inconnus aux mortels qui nous tendent les bras,
Pleurants, comme effrayés d'un sort involontaire.

Où va-t-on quand, lassé d'un chemin sans bonheur,
On tourne vers le ciel un regard chargé d'ombre ?
Quand on ferme sur nous l'autre porte, si sombre ?
Et qu'un ami n'a plus que nos traits dans son cœur ?

Ah! quand je descendrai rapide, palpitante,
L'invisible sentier qu'on ne remonte pas,
Reconnaîtrai-je enfin la seule âme constante
Qui m'aimait imparfaite et me grondait si bas ?
. . . . . .

Viens encor, viens! j'ai tant de choses à te dire!
Ce qu'on t'a fait souffrir, je le sais, j'ai souffert.
O ma plus que sœur, viens! ce que je n'ose écrire,
Viens le voir palpiter dans mon cœur entr'ouvert!

QU'EN AVEZ-VOUS FAIT?

Vous aviez mon cœur,
Moi, j'avais le vôtre :
Un cœur pour un cœur,
Bonheur pour bonheur!

Le vôtre est rendu,
Je n'en ai plus d'autre;
Le vôtre est rendu,
Le mien est perdu!

La feuille et la fleur
Et le fruit lui-même,
La feuille et la fleur,
L'encens, la couleur,

Qu'en avez-vous fait,
Mon Maître suprême?
Qu'en avez-vous fait,
De ce doux bienfait?

Comme un pauvre enfant
Quitté par sa mère,
Comme un pauvre enfant
Que rien ne défend,

Vous me laissez là,
Dans ma vie amère,
Vous me laissez là
— Et Dieu voit cela!

Savez-vous qu'un jour
L'homme est seul au monde?
Savez-vous qu'un jour
Il revoit l'Amour?

Vous appellerez
Sans qu'on vous réponde,
Vous appellerez
Et vous songerez!...

Vous viendrez rêvant
Sonner à ma porte,
Ami comme avant,
Vous viendrez rêvant,

Et l'on vous dira :
« Personne!... elle est morte. »
On vous le dira,
Mais qui vous plaindra ?

Élégies

SOUVENIR

Quand il pâlit un soir, et que sa voix tremblante
S'éteignit tout à coup dans un mot commencé;
Quand ses yeux, soulevant leur paupière brûlante,
Me blessèrent d'un mal dont je le crus blessé;
Quand ses traits plus touchants, éclairés d'une flamme
        Qui ne s'éteint jamais,
S'imprimèrent vivants dans le fond de mon âme,
        Il n'aimait pas, j'aimais!

Élégies

L'ABSENCE

Quand je me sens mourir du poids de ma pensée,
Quand sur moi tout mon sort assemble sa rigueur,
D'un courage inutile affranchie et lassée,
Je me sauve avec toi dans le fond de mon cœur!

Je ne sais; mais je crois qu'à tes regrets rendue,
Dans ces seuls entretiens tu m'as bien entendue.
Tu ne dis pas : « Ce soir! » Tu ne dis pas : « Demain! »
Non! mais tu dis : « Toujours! » en pleurant sur ma main.

Fragments

LES ROSES DE SAADI

J'AI voulu ce matin te rapporter des roses;
Mais j'en avais tant pris dans mes ceintures closes
Que les nœuds trop serrés n'ont pu les contenir.

Les nœuds ont éclaté. Les roses envolées
Dans le vent, à la mer s'en sont toutes allées.
Elles ont suivi l'eau pour ne plus revenir;

La vague en a paru rouge et comme enflammée.
Ce soir, ma robe encore en est tout embaumée...
Respires-en sur moi l'odorant souvenir.

Poésies posthumes

ALPHONSE DE LAMARTINE

1790-1869

ALPHONSE DE LAMARTINE

LE DÉSERT
OU L'IMMATÉRIALITÉ DE DIEU

Méditation poétique

VI

Tel que le nageur nu, qui plonge dans les ondes,
Dépose au bord des mers ses vêtements immondes,
Et, changeant de nature en changeant d'élément,
Retrempe sa vigueur dans le flot écumant;
Il ne se souvient plus, sur ces lames énormes,
Des tissus dont la maille emprisonnait ses formes,
Des sandales de cuir, entraves de ses pieds,
De la ceinture étroite où ses flancs sont liés,
Des uniformes plis, des couleurs convenues
Du manteau rejeté de ses épaules nues;
Il nage, et, jusqu'au ciel par la vague emporté,
Il jette à l'Océan son cri de liberté!...
Demandez-lui s'il pense, immergé dans l'eau vive,
Ce qu'il pensait naguère accroupi sur la rive!
Non, ce n'est plus en lui l'homme de ses habits,
C'est l'homme de l'air vierge et de tous les pays.
En quittant le rivage, il recouvre son âme :
Roi de sa volonté, libre comme la lame!...

VIII

. . . . . .
La lune, cette nuit, visitait le désert;
D'un brouillard sablonneux son disque recouvert
Par le vent du *simoun*, qui soulève sa brume,
De l'océan de sable en transperçant l'écume,

Rougissait comme un fer de la forge tiré;
Le sol lui renvoyait ce feu réverbéré;
D'une pourpre de sang l'atmosphère était teinte,
La poussière brûlait, cendre au pied mal éteinte :
Ma tente, aux coups du vent, sur mon front s'écroula,
Ma bouche sans haleine au sable se colla;
Je crus qu'un pas de Dieu faisait trembler la terre,
Et, pensant l'entrevoir à travers le mystère,
Je dis au tourbillon : « O Très-Haut! si c'est toi,
Comme autrefois à Job, en chair apparais-moi! »
. . . . . .

IX

Mais son esprit en moi répondit :
. . . . . .

X

. . . . . .
« Insectes bourdonnants, assembleurs de nuages,
« Vous prendrez-vous toujours au piège des images ?
« Me croyez-vous semblable aux dieux de vos tribus ?
« J'apparais à l'esprit, mais par mes attributs!
« C'est dans l'entendement que vous me verrez luire,
« Tout œil me rétrécit qui croit me reproduire.
« Ne mesurez jamais votre espace et le mien,
« Si je n'étais pas tout je ne serais plus rien!

« Non ce second chaos qu'un panthéiste adore
« Où dans l'immensité Dieu même s'évapore,
« D'éléments confondus pêle-mêle brutal
« Où le bien n'est plus bien, où le mal n'est plus mal;
« Mais ce tout, *centre-Dieu* de l'âme universelle,
« Subsistant dans son œuvre et subsistant sans elle :
« Beauté, puissance, amour, intelligence et loi,
« Et n'enfantant de lui que pour jouir de soi!...

« Voilà la seule forme où je puis t'apparaître!
« Je ne suis pas un être, ô mon fils, je suis l'Être!

« Plonge dans ma hauteur et dans ma profondeur,
« Et conclus ma sagesse en pensant ma grandeur !
« Tu creuseras en vain le ciel, la mer, la terre,
« Pour m'y trouver un nom ; je n'en ai qu'un... MYSTÈRE. »
. . . . . .

LE SOIR

Le soir ramène le silence.
Assis sur ces rochers déserts,
Je suis dans le vague des airs
Le char de la nuit qui s'avance.

Vénus se lève à l'horizon ;
A mes pieds l'étoile amoureuse
De sa lueur mystérieuse
Blanchit les tapis de gazon.

De ce hêtre au feuillage sombre
J'entends frissonner les rameaux :
On dirait autour des tombeaux
Qu'on entend voltiger une ombre.

Tout à coup, détaché des cieux,
Un rayon de l'astre nocturne,
Glissant sur mon front taciturne,
Vient mollement toucher mes yeux.

Doux reflet d'un globe de flamme,
Charmant rayon, que me veux-tu ?
Viens-tu dans mon sein abattu
Porter la lumière en mon âme ?

Viens-tu dévoiler l'avenir
Au cœur fatigué qui l'implore ?
Rayon divin, es-tu l'aurore
Du jour qui ne doit pas finir ?

Mon cœur à ta clarté s'enflamme,
Je sens des transports inconnus,
Je songe à ceux qui ne sont plus :
Douce lumière, es-tu leur âme ?

Peut-être ces mânes heureux
Glissent ainsi sur le bocage ?
Enveloppé de leur image,
Je crois me sentir plus près d'eux !

Ah ! si c'est vous, ombres chéries !
Loin de la foule et loin du bruit,
Revenez ainsi chaque nuit
Vous mêler à mes rêveries.

Ramenez la paix et l'amour
Au sein de mon âme épuisée,
Comme la nocturne rosée
Qui tombe après les feux du jour.

Venez !... mais des vapeurs funèbres
Montent des bords de l'horizon :
Elles voilent le doux rayon,
Et tout rentre dans les ténèbres.

Méditations poétiques, IV

LE VALLON

Mon cœur, lassé de tout, même de l'espérance,
N'ira plus de ses vœux importuner le sort ;
Prêtez-moi seulement, vallons de mon enfance,
Un asile d'un jour pour attendre la mort.

Voici l'étroit sentier de l'obscure vallée :
Du flanc de ces coteaux pendent des bois épais
Qui, courbant sur mon front leur ombre entremêlée,
Me couvrent tout entier de silence et de paix.

Là, deux ruisseaux cachés sous des ponts de verdure,
Tracent en serpentant les contours du vallon;
Ils mêlent un moment leur onde et leur murmure,
Et non loin de la source ils se perdent sans nom.

La source de mes jours comme eux s'est écoulée,
Elle a passé sans bruit, sans nom, et sans retour :
Mais leur onde est limpide, et mon âme troublée
N'aura pas réfléchi les clartés d'un beau jour.

La fraîcheur de leurs lits, l'ombre qui les couronne
M'enchaînent tout le jour sur les bords des ruisseaux;
Comme un enfant bercé par un chant monotone,
Mon âme s'assoupit au murmure des eaux.

Ah! c'est là qu'entouré d'un rempart de verdure,
D'un horizon borné qui suffit à mes yeux,
J'aime à fixer mes pas, et, seul dans la nature,
A n'entendre que l'onde, à ne voir que les cieux.

J'ai trop vu, trop senti, trop aimé dans ma vie,
Je viens chercher vivant le calme du Léthé;
Beaux lieux, soyez pour moi ces bords où l'on oublie :
L'oubli seul désormais est ma félicité.

Mon cœur est en repos, mon âme est en silence!
Le bruit lointain du monde expire en arrivant,
Comme un son éloigné qu'affaiblit la distance,
A l'oreille incertaine apporté par le vent.

D'ici je vois la vie, à travers un nuage,
S'évanouir pour moi dans l'ombre du passé;
L'amour seul est resté : comme une grande image
Survit seule au réveil dans un songe effacé.

Repose-toi, mon âme, en ce dernier asile,
Ainsi qu'un voyageur, qui, le cœur plein d'espoir,
S'asseoit avant d'entrer aux portes de la ville,
Et respire un moment l'air embaumé du soir.

Comme lui de nos pieds secouons la poussière :
L'homme par ce chemin ne repasse jamais;
Comme lui, respirons au bout de la carrière
Ce calme avant-coureur de l'éternelle paix.

Tes jours, sombres et courts comme des jours d'automne,
Déclinent comme l'ombre au penchant des coteaux;
L'amitié te trahit, la pitié t'abandonne,
Et, seule, tu descends le sentier des tombeaux.

Mais la nature eſt là qui t'invite et qui t'aime;
Plonge-toi dans son sein qu'elle t'ouvre toujours :
Quand tout change pour toi, la nature eſt la même,
Et le même soleil se lève sur tes jours.

De lumière et d'ombrage elle t'entoure encore;
Détache ton amour des faux biens que tu perds :
Adore ici l'écho qu'adorait Pythagore,
Prête avec lui l'oreille aux céleſtes concerts.

. . . . . .

Méditations poétiques, VI

L'ENTHOUSIASME

Ainsi, quand l'aigle du tonnerre
Enlevait Ganymède aux cieux,
L'enfant, s'attachant à la terre,
Luttait contre l'oiseau des dieux;
Mais entre ses serres rapides
L'aigle pressant ses flancs timides,
L'arrachait aux champs paternels;
Et, sourd à la voix qui l'implore,
Il le jetait, tremblant encore,
Jusques aux pieds des immortels.

Ainsi quand tu fonds sur mon âme,
Enthousiasme, aigle vainqueur,
Au bruit de tes ailes de flamme
Je frémis d'une sainte horreur;
Je me débats sous ta puissance,
Je fuis, je crains que ta présence
N'anéantisse un cœur mortel,
Comme un feu que la foudre allume,
Qui ne s'éteint plus, et consume
Le bûcher, le temple, et l'autel.

Mais à l'essor de la pensée
L'instinct des sens s'oppose en vain;
Sous le dieu, mon âme oppressée
Bondit, s'élance, et bat mon sein.
La foudre en mes veines circule :
Étonné du feu qui me brûle,
Je l'irrite en le combattant,
Et la lave de mon génie
Déborde en torrents d'harmonie,
Et me consume en s'échappant.

Muse, contemple ta victime!
Ce n'est plus ce front inspiré,
Ce n'est plus ce regard sublime
Qui lançait un rayon sacré :
Sous ta dévorante influence,
A peine un reste d'existence
A ma jeunesse est échappé.
Mon front, que la pâleur efface,
Ne conserve plus que la trace
De la foudre qui m'a frappé.

Heureux le poète insensible!
Son luth n'est point baigné de pleurs,
Son enthousiasme paisible
N'a point ces tragiques fureurs.
De sa veine féconde et pure
Coulent, avec nombre et mesure,
Des ruisseaux de lait et de miel;
Et ce pusillanime Icare
Trahi par l'aile de Pindare,
Ne retombe jamais du ciel.

Mais vous, pour embraser les âmes,
Il faut brûler, il faut ravir
Au ciel jaloux ses triples flammes.
Pour tout peindre, il faut tout sentir.
Foyers brûlants de la lumière,
Nos cœurs, de la nature entière,
Doivent concentrer les rayons;
Et l'on accuse notre vie!
Mais ce flambeau qu'on nous envie
S'allume au feu des passions.

. . . . . .

Méditations poétiques, XI

LE LAC

Ainsi, toujours poussés vers de nouveaux rivages,
Dans la nuit éternelle emportés sans retour,
Ne pourrons-nous jamais sur l'océan des âges
      Jeter l'ancre un seul jour ?

O lac ! l'année à peine a fini sa carrière,
Et près des flots chéris qu'elle devait revoir,
Regarde ! je viens seul m'asseoir sur cette pierre
      Où tu la vis s'asseoir !

Tu mugissais ainsi sous ces roches profondes,
Ainsi tu te brisais sur leurs flancs déchirés,
Ainsi le vent jetait l'écume de tes ondes
      Sur ses pieds adorés.

Un soir, t'en souvient-il ? nous voguions en silence,
On n'entendait au loin, sur l'onde et sous les cieux,
Que le bruit des rameurs qui frappaient en cadence
      Tes flots harmonieux.

Tout à coup des accents inconnus à la terre
Du rivage charmé frappèrent les échos :
Le flot fut attentif, et la voix qui m'est chère
      Laissa tomber ces mots :

« O temps ! suspends ton vol ; et vous, heures propices !
      Suspendez votre cours :
Laissez-nous savourer les rapides délices
      Des plus beaux de nos jours !

« Assez de malheureux ici-bas vous implorent,
      Coulez, coulez pour eux ;
Prenez avec leurs jours les soins qui les dévorent,
      Oubliez les heureux.

« Mais je demande en vain quelques moments encore,
   Le temps m'échappe et fuit;
Je dis à cette nuit : Sois plus lente; et l'aurore
   Va dissiper la nuit.

Aimons donc, aimons donc! de l'heure fugitive,
   Hâtons-nous, jouissons!
L'homme n'a point de port, le temps n'a point de rive;
   Il coule, et nous passons! »

Temps jaloux, se peut-il que ces moments d'ivresse,
Où l'amour à longs flots nous verse le bonheur,
S'envolent loin de nous de la même vitesse
   Que les jours du malheur?

Eh quoi! n'en pourrons-nous fixer au moins la trace?
Quoi! passés pour jamais! quoi! tout entiers perdus!
Ce temps qui les donna, ce temps qui les efface,
   Ne nous les rendra plus!

Éternité, néant, passé, sombres abîmes,
Que faites-vous des jours que vous engloutissez?
Parlez : nous rendrez-vous ces extases sublimes
   Que vous nous ravissez?

O lac! rochers muets! grottes! forêt obscure!
Vous que le temps épargne ou qu'il peut rajeunir,
Gardez de cette nuit, gardez, belle nature,
   Au moins le souvenir!

Qu'il soit dans ton repos, qu'il soit dans tes orages,
Beau lac, et dans l'aspect de tes riants coteaux,
Et dans ces noirs sapins, et dans ces rocs sauvages
   Qui pendent sur tes eaux.

Qu'il soit dans le zéphyr qui frémit et qui passe,
Dans les bruits de tes bords par tes bords répétés,
Dans l'astre au front d'argent qui blanchit ta surface
   De ses molles clartés.

Que le vent qui gémit, le roseau qui soupire,
Que les parfums légers de ton air embaumé,
Que tout ce qu'on entend, l'on voit ou l'on respire,
   Tout dise : Ils ont aimé!

Premières Méditations poétiques

LE PAPILLON

Naitre avec le printemps, mourir avec les roses :
Sur l'aile du zéphyr nager dans un ciel pur;
Balancé sur le sein des fleurs à peine écloses,
S'enivrer de parfums, de lumière et d'azur;
Secouant, jeune encor, la poudre de ses ailes,
S'envoler comme un souffle aux voûtes éternelles :
Voilà du papillon le destin enchanté.
Il ressemble au désir, qui jamais ne se pose,
Et, sans se satisfaire, effleurant toute chose,
Retourne enfin au ciel chercher la volupté.

Nouvelles Méditations

CHANT D'AMOUR

. . . . . .
Aux bords d'un lac d'azur il est une colline
Dont le front verdoyant légèrement s'incline
            Pour contempler les eaux;
Le regard du soleil tout le jour la caresse,
Et l'haleine de l'onde y fait flotter sans cesse
            Les ombres des rameaux.

Entourant de ses plis deux chênes qu'elle embrasse,
Une vigne sauvage à leurs rameaux s'enlace,
            Et, couronnant leurs fronts,
De sa pâle verdure éclaircit leur feuillage,
Puis sur des champs coupés de lumière et d'ombrage
            Court en riants festons.

Là, dans les flancs creusés d'un rocher qui surplombe
S'ouvre une grotte obscure, un nid où la colombe
            Aime à gémir d'amour;
La vigne, le figuier, la voilent, la tapissent;
Et les rayons du ciel, qui lentement s'y glissent,
            Y mesurent le jour.

La nuit et la fraîcheur de ces ombres discrètes
Conservent plus longtemps aux pâles violettes
      Leurs timides couleurs;
Une source plaintive en habite la voûte,
Et semble sur vos fronts distiller goutte à goutte
      Des accords et des pleurs.

Le regard, à travers ce rideau de verdure,
Ne voit rien que le ciel et l'onde qu'il azure,
      Et sur le sein des eaux
Les voiles du pêcheur, qui, couvrant sa nacelle,
Fendent ce ciel limpide, et battent comme l'aile
      Des rapides oiseaux.

L'oreille n'entend rien qu'une vague plaintive
Qui, comme un long baiser, murmure sur sa rive,
      Ou la voix des Zéphyrs,
Ou les sons cadencés que gémit Philomèle,
Ou l'écho du rocher, dont un soupir se mêle
      A nos propres soupirs.

Nouvelles Méditations

POURQUOI MON AME EST-ELLE TRISTE?

Pourquoi gémis-tu sans cesse,
O mon âme? réponds-moi.
D'où vient ce poids de tristesse
Qui pèse aujourd'hui sur toi?
Au tombeau qui nous dévore,
Pleurant, tu n'as pas encore
Conduit tes derniers amis;
L'astre serein de ta vie
S'élève encore; et l'envie
Cherche pourquoi tu gémis.
. . . . . .

Et qu'est-ce que la terre ? Une prison flottante,
Une demeure étroite, un navire, une tente
Que son Dieu dans l'espace éleva pour un jour,
Et dont le vent du ciel en trois pas fait le tour ;
Des plaines, des vallons, des mers et des collines
Où tout sort de la poudre et retourne en ruines
Et dont la masse à peine est à l'immensité
Ce que l'heure qui sonne est à l'éternité :
Fange en palais pétrie, hélas ! mais toujours fange,
Où tout est monotone et cependant tout change !

Et qu'est-ce que la vie ? Un réveil d'un moment,
De naître et de mourir un court étonnement,
Un mot qu'avec mépris l'Être éternel prononce :
Labyrinthe sans clef, question sans réponse,
Songe qui s'évapore, étincelle qui fuit,
Éclair qui sort de l'ombre et rentre dans la nuit,
Minute que le temps prête et retire à l'homme,
Chose qui ne vaut pas le mot dont on la nomme !

Et qu'est-ce que la gloire ? Un vain son répété,
Une dérision de notre vanité,
Un nom qui retentit sur des lèvres mortelles,
Vain, trompeur, inconstant, périssable comme elles,
Et qui, tantôt croissant et tantôt affaibli,
Passe de bouche en bouche à l'éternel oubli :
Nectar empoisonné dont notre orgueil s'enivre,
Qui fait mourir deux fois ce qui veut toujours vivre !

Et qu'est-ce que l'amour ? Ah ! prêt à le nommer,
Ma bouche en le niant craindrait de blasphémer !
Lui seul est au-dessus de tout mot qui l'exprime,
Éclair brillant et pur du feu qui nous anime,
Étincelle ravie au grand foyer des cieux,
Char de feu qui, vivants, nous porte au rang des dieux,
Rayon, foudre des sens, inextinguible flamme
Qui fond deux cœurs mortels et n'en fait plus qu'une âme,
Il est... il serait tout, s'il ne devait finir,
Si le cœur d'un mortel le pouvait contenir,
Ou si, semblable au feu dont Dieu fit son emblème,
Sa flamme en s'exhalant ne l'étouffait lui-même !

Mais, quand ces biens que l'homme envie
Déborderaient dans un seul cœur,
La mort seule au bout de la vie
Fait un supplice du bonheur :
Le flot du temps qui nous entraîne
N'attend pas que la joie humaine
Fleurisse longtemps sur son cours.
Race éphémère et fugitive,
Que peux-tu semer sur la rive
De ce torrent qui fuit toujours ?

Il fuit, et ses rives fanées
M'annoncent déjà qu'il est tard ;
Il fuit, et mes vertes années
Disparaissent de mon regard !
Chaque projet, chaque espérance
Ressemble à ce liège qu'on lance
Sur la trace des matelots,
Qui ne s'éloigne et ne surnage
Que pour mesurer le sillage
Du navire qui fend les flots.
. . . . . .

Et pourtant, il faut vivre encore,
Dormir, s'éveiller tour à tour,
Et traîner d'aurore en aurore
Ce fardeau renaissant du jour ;
Quand on a bu jusqu'à la lie
La coupe écumante de vie,
Ah ! la briser serait un bien !
Espérer, attendre, c'est vivre !
Que sert de compter et de suivre
Des jours qui n'apportent plus rien ?

Voilà pourquoi mon âme est lasse
Du vide affreux qui la remplit,
Pourquoi mon cœur change de place
Comme un malade dans son lit ;
Pourquoi mon errante pensée,
Comme une colombe blessée,
Ne se repose en aucun lieu ;
Pourquoi j'ai détourné la vue

De cette terre ingrate et nue,
Et j'ai dit à la fin : « Mon Dieu! »

Comme un souffle d'un vent d'orage
Soulevant l'humble passereau
L'emporte au-dessus du nuage,
Loin du toit qui fut son berceau;
Sans même que son aile tremble,
L'aquilon le soutient, il semble
Bercé sur les vagues des airs :
Ainsi cette seule pensée
Emporta mon âme oppressée
Jusqu'à la source des éclairs.
. . . . . .

J'ai cherché le Dieu que j'adore
Partout où l'instinct m'a conduit,
Sous les voiles d'or de l'aurore,
Chez les étoiles de la nuit;
Le firmament n'a point de voûtes,
Les feux, les vents n'ont point de routes
Où mon œil n'ait plongé cent fois;
Toujours présent à ma mémoire,
Partout où se montrait sa gloire,
Il entendait monter ma voix.
. . . . . .

Et maintenant, dans ma misère,
Je n'en sais pas plus que l'enfant
Qui balbutie après sa mère
Ce nom sublime et triomphant;
Je n'en sais pas plus que l'aurore
Qui de son regard vient d'éclore,
Et le cherche en vain en tout lieu;
Pas plus que toute la nature
Qui le raconte et le murmure,
Et demande : « Où donc est mon Dieu ? »

Voilà pourquoi mon âme est triste,
Comme une mer brisant la nuit sur un écueil,
Comme la harpe du Psalmiste,
Quand il pleure au bord d'un cercueil,
Comme l'Horeb voilé sous un nuage sombre,
Comme un ciel sans étoile, ou comme un jour sans ombre,

Ou comme ce vieillard qu'on ne put consoler,
Qui, le cœur débordant d'une douleur farouche,
Ne pouvait plus tarir la plainte sur sa bouche,
      Et disait : « Laissez-moi parler! »

Mais que dis-je ? Est-ce toi, vérité, jour suprême,
      Qui te caches sous ta splendeur ?
Ou n'est-ce pas mon œil qui s'est voilé lui-même
      Sous les nuages de mon cœur ?
. . . . . .

Harmonies poétiques et religieuses

JOCELYN

(8 août 1801)

. . . . . .
   « L'aigle de la montagne un jour dit au soleil :
« Pourquoi luire plus bas que ce sommet vermeil ?
« A quoi sert d'éclairer ces prés, ces gorges sombres,
« De salir tes rayons sur l'herbe dans ces ombres ?
« La mousse imperceptible est indigne de toi!...
« — Oiseau, dit le soleil, viens et monte avec moi!...»

L'aigle, avec le rayon s'élevant dans la nue,
Vit la montagne fondre et baisser à sa vue;
Et, quand il eut atteint son horizon nouveau,
A son œil confondu tout parut de niveau.
« Eh bien! dit le soleil, tu vois, oiseau superbe,
« Si pour moi la montagne est plus haute que l'herbe ?
« Rien n'est grand ni petit devant mes yeux géants :
« La goutte d'eau me peint comme les océans;
« De tout ce qui me voit je suis l'astre et la vie;
« Comme le cèdre altier l'herbe me glorifie;
« J'y chauffe la fourmi, des nuits j'y bois les pleurs,
« Mon rayon s'y parfume en traînant sur les fleurs! »

LES VISIONS

O NUIT délicieuse! ô nuit dont mon amour
Porte le souvenir jusqu'à mon dernier jour!
Le vaste dais du ciel, peuplé d'astres sans nombre,
Nous versait à la fois sa lumière et son ombre;
Le lac, abandonné par la brise du soir,
S'étendait sous les cieux comme un sombre miroir,
Au long balancement de ses vagues plus lentes
Berçait en murmurant mille étoiles brillantes,
Et sur les bords muets qui semblaient l'assoupir
Le flot en expirant ne rendait qu'un soupir;
Les zéphirs en glissant sur l'ondoyante plaine
Tempéraient sa fraîcheur avec leur tiède haleine,
Et l'oiseau dont la voix gémit comme l'amour,
Et celui dont les chants meurent avec le jour,
Sur des rameaux voisins où leur nid se balance,
De l'ombre harmonieuse enchantaient le silence.
Aux charmes de ces lieux nos âmes répondaient;
Entre le monde et nous les vagues s'étendaient.
Je venais d'arracher Hermine à la tempête,
Je sentais sur mon sein le doux poids de sa tête,
Je contemplais ce front, ces paupières, ces yeux,
Ces lèvres qu'entrouvrait leur souffle harmonieux,
Ces lèvres qui naguère, en paroles de flamme,
Avaient trahi pour moi le secret de son âme,
J'entendais son haleine, en soupir cadencé,
S'échapper doucement de son sein oppressé,
Et, dans la tendre erreur où le sommeil la plonge,
Murmurer faiblement un nom cher même en songe;
Les cheveux, qu'au hasard l'air faisait voltiger,
Nous entouraient tous deux comme un voile léger,
Au gré du doux zéphir qui dans leurs boucles joue
Faisaient frémir mon âme en effleurant ma joue,
Et, nouant quelquefois mon front avec le sien,
Semblaient nous enchaîner d'un amoureux lien.

Oh! pourquoi l'Océan de sa vaste ceinture
Ne nous séparait-il de toute la nature?

Pourquoi sur cet écueil, perdus au sein des mers,
Nous formant l'un à l'autre un magique univers,
Ne pouvions-nous, hélas! au gré de notre envie,
Aux regards des mortels dérober notre vie,
Et, formant un Éden de ce charmant séjour,
Nous y nourrir en paix de notre seul amour!

Saint-Point, 29 mars-10 juin 1824

Chant XIX

VERS SUR UN ALBUM

Le livre de la vie est le livre suprême
Qu'on ne peut ni fermer, ni rouvrir à son choix;
Le passage attachant ne s'y lit pas deux fois,
Mais le feuillet fatal se tourne de lui-même;
On voudrait revenir à la page où l'on aime
Et la page où l'on meurt est déjà sous vos doigts.

CASIMIR DELAVIGNE

1793-1843

CASIMIR DELAVIGNE

LES LIMBES

Comme un vain rêve du matin,
Un parfum vague, un bruit lointain,
C'est je ne sais quoi d'incertain
      Que cet empire;
Lieux qu'à peine vient éclairer
Un jour qui, sans rien colorer,
A chaque instant près d'expirer,
      Jamais n'expire.

Partout cette demi-clarté
Dont la morne tranquillité
Suit un crépuscule d'été,
      Ou de l'aurore
Fait pressentir que le retour
Va poindre au céleste séjour,
Quand la nuit n'est plus, quand le jour
      N'est pas encore!

Ce ciel terne, où manque un soleil,
N'est jamais bleu, jamais vermeil;
Jamais brise, dans ce sommeil
      De la nature,
N'agita d'un frémissement
La torpeur de ce lac dormant,
Dont l'eau n'a point de mouvement,
      Point de murmure.

L'air n'entr'ouvre sous sa tiédeur
Que fleurs qui, presque sans odeur,
Comme les lis ont la candeur
      De l'innocence;

Sur leur sein pâle et sans reflets
Languissent des oiseaux muets :
Dans le ciel, l'onde et les forêts,
    Tout est silence.

Loin de Dieu, là, sont renfermés
Les milliers d'êtres tant aimés,
Qu'en ces bosquets inanimés
    La tombe envoie.
Le calme d'un vague loisir,
Sans regret comme sans désir,
Sans peine comme sans plaisir,
    C'est là leur joie.

Là, ni veille ni lendemain :
Ils n'ont sur un bonheur prochain,
Sur celui qu'on rappelle en vain,
    Rien à se dire.
Leurs sanglots ne troublent jamais
De l'air l'inaltérable paix;
Mais aussi leur rire jamais
    N'est qu'un sourire.

Sur leurs doux traits que de pâleur!
Adieu cette fraîche couleur
Qui de baiser leur joue en fleur
    Donnait l'envie!
De leurs yeux qui charment d'abord,
Mais dont aucun éclair ne sort,
Le morne éclat n'est pas la mort,
    N'est pas la vie.

Rien de bruyant, rien d'agité
Dans leur triste félicité!
Ils se couronnent sans gaîté
    De fleurs nouvelles
Ils se parlent, mais c'est tout bas;
Ils marchent, mais c'est pas à pas;
Ils volent, mais on n'entend pas
    Battre leurs ailes.

AUX RUINES DE LA GRÈCE PAIENNE

. . . . . .
Eurotas, Eurotas, que font ces lauriers-roses
Sur ton rivage en deuil, par la mort habité ?
Est-ce pour faire ombrage à ta captivité,
   Que ces nobles fleurs sont écloses ?
Non, ta gloire n'est plus ; non, d'un peuple puissant
Tu ne reverras plus la jeunesse héroïque
Laver parmi tes lis ses bras couverts de sang,
Et dans ton cristal pur, sous ses pas jaillissant,
   Secouer la poudre olympique
. . . . . .

ALFRED DE VIGNY

1797-1863

ALFRED DE VIGNY

MOISE

. . . . . .

« Sitôt que votre souffle a rempli le berger,
« Les hommes se sont dit : « Il nous est étranger. »
« Et leurs yeux se baissaient devant mes yeux de flamme,
« Car ils venaient, hélas! d'y voir plus que mon âme.
« J'ai vu l'amour s'éteindre et l'amitié tarir;
« Les vierges se voilaient et craignaient de mourir.
« M'enveloppant alors de la colonne noire,
« J'ai marché devant tous, triste et seul dans ma gloire,
« Et j'ai dit dans mon cœur : « Que vouloir à présent ? »
« Pour dormir sur un sein mon front est trop pesant,
« Ma main laisse l'effroi sur la main qu'elle touche,
« L'orage est dans ma voix, l'éclair est sur ma bouche;
« Aussi, loin de m'aimer, voilà qu'ils tremblent tous,
« Et, quand j'ouvre les bras, on tombe à mes genoux.
« O Seigneur! j'ai vécu puissant et solitaire,
« Laissez-moi m'endormir du sommeil de la terre! »

. . . . . .

Poèmes antiques et modernes. Livre mystique

ÉLOA

. . . . . .

Comme un cygne endormi qui seul, loin de la rive,
Livre son aile blanche à l'onde fugitive,
Le jeune homme inconnu mollement s'appuyait
Sur ce lit de vapeurs qui sous ses bras fuyait.

Sa robe était de pourpre, et, flamboyante ou pâle,
Enchantait les regards des teintes de l'opale.
Ses cheveux étaient noirs, mais pressés d'un bandeau;
C'était une couronne ou peut-être un fardeau :
L'or en était vivant comme ces feux mystiques
Qui, tournoyants, brûlaient sur les trépieds antiques.
Son aile était ployée, et sa faible couleur
De la brume des soirs imitait la pâleur.
Des diamants nombreux rayonnent avec grâce
Sur ses pieds délicats qu'un cercle d'or embrasse;
Mollement entourés d'anneaux mystérieux,
Ses bras et tous ses doigts éblouissent les yeux.
Il agite sa main d'un sceptre d'or armée,
Comme un roi qui d'un mont voit passer son armée,
Et, craignant que ses vœux ne s'accomplissent pas,
D'un geste impatient accuse tous ses pas :
Son front est inquiet; mais son regard s'abaisse,
Soit que, sachant des yeux la force enchanteresse,
Il veuille ne montrer d'abord que par degrés
Leurs rayons caressants encor mal assurés,
Soit qu'il redoute aussi l'involontaire flamme
Qui dans un seul regard révèle l'âme à l'âme.
Tel que dans la forêt le doux vent du matin
Commence ses soupirs par un bruit incertain
Qui réveille la terre et fait palpiter l'onde...
. . . . . .

Poèmes antiques et modernes. Livre mystique

LA MAISON DU BERGER

A Éva

. . . . . .
La Nature t'attend dans un silence austère;
L'herbe élève à tes pieds son nuage des soirs,
Et le soupir d'adieu du soleil à la terre
Balance les beaux lis comme des encensoirs.
La forêt a voilé ses colonnes profondes,
La montagne se cache, et sur les pâles ondes
Le saule a suspendu ses chastes reposoirs.

Le crépuscule ami s'endort dans la vallée,
Sur l'herbe d'émeraude et sur l'or du gazon,
Sous les timides joncs de la source isolée
Et sous le bois rêveur qui tremble à l'horizon,
Se balance en fuyant dans les grappes sauvages,
Jette son manteau gris sur le bord des rivages
Et des fleurs de la nuit entr'ouvre la prison.

Il est sur ma montagne une épaisse bruyère
Où les pas du chasseur ont peine à se plonger,
Qui plus haut que nos fronts lève sa tête altière,
Et garde dans la nuit le pâtre et l'étranger.
Viens y cacher l'amour et ta divine faute;
Si l'herbe est agitée ou n'est pas assez haute,
J'y roulerai pour toi la Maison du Berger.
. . . . . .

On n'entendra jamais piaffer sur une route
Le pied vif du cheval sur les pavés en feu :
Adieu, voyages lents, bruits lointains qu'on écoute,
Le rire du passant, les retards de l'essieu,
Les détours imprévus des pentes variées,
Un ami rencontré, les heures oubliées,
L'espoir d'arriver tard dans un sauvage lieu.
. . . . . .

Eva, qui donc es-tu ? Sais-tu bien ta nature ?
Sais-tu quel est ici ton but et ton devoir ?
Sais-tu que, pour punir l'homme, sa créature,
D'avoir porté la main sur l'arbre du savoir,
Dieu permit qu'avant tout, de l'amour de soi-même,
En tous temps, à tout âge, il fît son bien suprême,
Tourmenté de s'aimer, tourmenté de se voir ?
. . . . . .

Ta pensée a des bonds comme ceux des gazelles,
Mais ne saurait marcher sans guide et sans appui.
Le sol meurtrit ses pieds, l'air fatigue ses ailes,
Son œil se ferme au jour dès que le jour a lui;
Parfois, sur les hauts lieux d'un seul élan posée,
Troublée au bruit des vents, ta mobile pensée
Ne peut seule y veiller sans crainte et sans ennui.
. . . . . .

« Avant vous, j'étais belle et toujours parfumée,
J'abandonnais au vent mes cheveux tout entiers,
Je suivais dans les cieux ma route accoutumée,
Sur l'axe harmonieux des divins balanciers.
Après vous, traversant l'espace où tout s'élance,
J'irai seule et sereine, en un chaste silence
Je fendrai l'air du front et de mes seins altiers. »
. . . . . .

Vivez, froide Nature, et revivez sans cesse
Sur nos pieds, sur nos fronts, puisque c'est votre loi;
Vivez, et dédaignez, si vous êtes déesse,
L'homme, humble passager, qui dut vous être un roi;
Plus que tout votre règne et que ses splendeurs vaines,
J'aime la majesté des souffrances humaines;
Vous ne recevrez pas un cri d'amour de moi.

Mais toi, ne veux-tu pas, voyageuse indolente,
Rêver sur mon épaule, en y posant ton front ?
Viens du paisible seuil de la maison roulante
Voir ceux qui sont passés et ceux qui passeront.
Tous les tableaux humains qu'un Esprit pur m'apporte
S'animeront pour toi quand devant notre porte,
Les grands pays muets longuement s'étendront.

Nous marcherons ainsi, ne laissant que notre ombre
Sur cette terre ingrate où les morts ont passé;
Nous nous parlerons d'eux à l'heure où tout est sombre,
Où tu te plais à suivre un chemin effacé,
A rêver, appuyée aux branches incertaines,
Pleurant, comme Diane au bord de ses fontaines,
Ton amour taciturne et toujours menacé.

Les Destinées

LA COLÈRE DE SAMSON

. . . . . .

« Une lutte éternelle, en tout temps, en tout lieu,
Se livre sur la terre, en présence de Dieu,
Entre la bonté d'Homme et la ruse de Femme,
Car la femme est un être impur de corps et d'âme.

« L'Homme a toujours besoin de caresse et d'amour,
Sa mère l'en abreuve alors qu'il vient au jour,
Et ce bras le premier l'engourdit, le balance
Et lui donne un désir d'amour et d'indolence.
Troublé dans l'action, troublé dans le dessein,
Il rêvera partout à la chaleur du sein,
Aux chansons de la nuit, aux baisers de l'aurore,
A la lèvre de feu que sa lèvre dévore,
Aux cheveux dénoués qui roulent sur son front,
Et les regrets du lit, en marchant, le suivront.
Il ira dans la ville, et, là, les vierges folles
Le prendront dans leurs lacs aux premières paroles.
Plus fort il sera né, mieux il sera vaincu,
Car plus le fleuve est grand et plus il est ému.
Quand le combat que Dieu fit pour la créature
Et contre son semblable et contre la nature
Force l'Homme à chercher un sein où reposer,
Quand ses yeux sont en pleurs, il lui faut un baiser.
Mais il n'a pas encor fini toute sa tâche :
Vient un autre combat plus secret, traître et lâche;
Sous son bras, sur son cœur se livre celui-là;
Et, plus ou moins, la Femme est toujours DALILA.
. . . . . .

La Femme est, à présent, pire que dans ces temps
Où, voyant les humains, Dieu dit : « Je me repens! »
Bientôt, se retirant dans un hideux royaume,
La femme aura Gomorrhe et l'Homme aura Sodome;
Et, se jetant, de loin, un regard irrité,
Les deux sexes mourront chacun de son côté.

« Éternel! Dieu des forts! vous savez que mon âme
N'avait pour aliment que l'amour d'une femme,
Puisant dans l'amour seul plus de sainte vigueur
Que mes cheveux divins n'en donnaient à mon cœur.
— Jugez-nous. — La voilà sur mes pieds endormie.
Trois fois elle a vendu mes secrets et ma vie,
Et trois fois a versé des pleurs fallacieux
Qui n'ont pu me cacher la rage de ses yeux;
Honteuse qu'elle était plus encor qu'étonnée,
De se voir découverte ensemble et pardonnée;
Car la bonté de l'Homme est forte et sa douceur
Écrase, en l'absolvant, l'être faible et menteur.

« Mais enfin je suis las. J'ai l'âme si pesante,
Que mon corps gigantesque et ma tête puissante
Qui soutiennent le poids des colonnes d'airain
Ne la peuvent porter avec tout son chagrin.
Toujours voir serpenter la vipère dorée
Qui se traîne en sa fange et s'y croit ignorée;
Toujours ce compagnon dont le cœur n'est pas sûr,
La Femme, enfant malade et douze fois impur!
Toujours mettre sa force à garder sa colère
Dans son cœur offensé, comme en un sanctuaire
D'où le feu s'échappant irait tout dévorer.
Interdire à ses yeux de voir ou de pleurer,
C'est trop! Dieu, s'il le veut, peut balayer ma cendre.
J'ai donné mon secret, Dalila va le vendre.
Qu'ils seront beaux, les pieds de celui qui viendra
Pour m'annoncer la mort! — Ce qui sera, sera! »
Il dit et s'endormit près d'elle jusqu'à l'heure
Où les guerriers, tremblant d'être dans sa demeure,
Payant au poids de l'or chacun de ses cheveux,
Attachèrent ses mains et brûlèrent ses yeux.
· · · · · ·

Terre et ciel! avez-vous tressailli d'allégresse
Lorsque vous avez vu la menteuse maîtresse
Suivre d'un œil hagard les yeux tachés de sang
Qui cherchaient le soleil d'un regard impuissant?
Et quand enfin Samson, secouant les colonnes
Qui faisaient le soutien des immenses pylônes,
Écrasa d'un seul coup, sous les débris mortels,
Ses trois mille ennemis, leurs dieux et leurs autels?

Terre et ciel! punissez par de telles justices
La trahison ourdie en des amours factices,
Et la délation du secret de nos cœurs
Arraché dans nos bras par des baisers menteurs!

Écrit à Shavington (Angleterre)
7 avril 1839.

Les Destinées

LE MONT DES OLIVIERS

Alors il était nuit et Jésus marchait seul,
Vêtu de blanc ainsi qu'un mort de son linceul;
Les disciples dormaient au pied de la colline,
Parmi les oliviers qu'un vent sinistre incline;
Jésus marche à grands pas en frissonnant comme eux,
Triste jusqu'à la mort, l'œil sombre et ténébreux,
Le front baissé, croisant les deux bras sur sa robe
Comme un voleur de nuit cachant ce qu'il dérobe,
Connaissant les rochers mieux qu'un sentier uni,
Il s'arrête en un lieu nommé Gethsémani.
Il se courbe, à genoux, le front contre la terre;
Puis regarde le ciel en appelant : « Mon père! »
— Mais le ciel reste noir, et Dieu ne répond pas.
Il se lève étonné, marche encore à grands pas,
Froissant les oliviers qui tremblent. Froide et lente
Découle de sa tête une sueur sanglante.
Il recule, il descend, il crie avec effroi :
« Ne pourriez-vous prier et veiller avec moi? »
Mais un sommeil de mort accable les apôtres.
Pierre à la voix du maître est sourd comme les autres.
Le Fils de l'Homme alors remonte lentement;
Comme un pasteur d'Égypte, il cherche au firmament
Si l'Ange ne luit pas au fond de quelque étoile.
Mais un nuage en deuil s'étend comme le voile
D'une veuve, et ses plis entourent le désert.
Jésus, se rappelant ce qu'il avait souffert
Depuis trente-trois ans, devint homme, et la crainte
Serra son cœur mortel d'une invincible étreinte.
Il eut froid. Vainement il appela trois fois :
« Mon père! » Le vent seul répondit à sa voix.

Il tomba sur le sable assis, et dans sa peine,
Eut sur le monde et l'homme une pensée humaine.
— Et la terre trembla, sentant la pesanteur
Du Sauveur qui tombait aux pieds du Créateur.
. . . . . .

S'il est vrai qu'au Jardin sacré des Écritures,
Le Fils de l'Homme ait dit ce qu'on voit rapporté
Muet, aveugle et sourd au cri des créatures,
Si le Ciel nous laissa comme un monde avorté,
Le juste opposera le dédain à l'absence
Et ne répondra plus que par un froid silence
Au silence éternel de la Divinité.

    2 avril 1862.

                                    Les Destinées

LA BOUTEILLE A LA MER

XXVI

Le vrai Dieu, le Dieu fort est le Dieu des idées.
Sur nos fronts où le germe est jeté par le sort,
Répandons le Savoir en fécondes ondées ;
Puis, recueillant le fruit tel que de l'âme il sort,
Tout empreint du parfum des saintes solitudes,
Jetons l'œuvre à la mer, la mer des multitudes :
Dieu la prendra du doigt pour la conduire au port.

    Au Maine-Giraud, octobre 1853.

                                    Les Destinées

VICTOR HUGO

1802-1885

VICTOR HUGO

A MES ODES

. . . . . .
Le poëte, inspiré lorsque la terre ignore,
Ressemble à ces grands monts que la nouvelle aurore
 Dore avant tous à son réveil,
 Et qui, longtemps vainqueurs de l'ombre,
 Gardent jusque dans la nuit sombre
 Le dernier rayon du soleil.

Odes et Ballades IV

ENTHOUSIASME

. . . . . .
Tout me fait songer : l'air, les prés, les monts, les bois.
J'en ai pour tout un jour des soupirs d'un hautbois,
 D'un bruit de feuilles remuées ;
Quand vient le crépuscule, au fond d'un vallon noir,
J'aime un grand lac d'argent, profond et clair miroir
 Où se regardent les nuées.

J'aime une lune, ardente et rouge comme l'or,
Se levant dans la brume épaisse, ou bien encor
 Blanche au bord d'un nuage sombre ;
J'aime ces chariots lourds et noirs, qui la nuit,
Passant devant le seuil des fermes avec bruit,
 Font aboyer les chiens dans l'ombre.

Les Orientales, IV

SARA LA BAIGNEUSE

SARA, belle d'indolence,
        Se balance
Dans un hamac, au-dessus
Du bassin d'une fontaine
        Toute pleine
D'eau puisée à l'Ilyssus;

Et la frêle escarpolette
        Se reflète
Dans le transparent miroir,
Avec la baigneuse blanche
        Qui se penche,
Qui se penche pour se voir.
. . . . . .

Elle est là, sous la feuillée,
        Éveillée
Au moindre bruit de malheur;
Et rouge, pour une mouche
        Qui la touche,
Comme une grenade en fleur.
. . . . . .

L'eau sur son corps qu'elle essuie
        Roule en pluie,
Comme sur un peuplier;
Comme si, gouttes à gouttes,
        Tombaient toutes
Les perles de son collier.

Mais Sara la nonchalante
        Est bien lente
A finir ses doux ébats;
Toujours elle se balance
        En silence,
Et va murmurant tout bas :

« Oh! si j'étais capitane,
          Ou sultane,
Je prendrais des bains ambrés,
Dans un bain de marbre jaune,
          Près d'un trône,
Entre deux griffons dorés!
. . . . . .

« Je pourrais folâtrer nue,
          Sous la nue,
Dans le ruisseau du jardin,
Sans craindre de voir dans l'ombre
          Du bois sombre
Deux yeux s'allumer soudain.
. . . . . .

« Puis, je pourrais, sans qu'on presse
          Ma paresse,
Laisser avec mes habits
Traîner sur les larges dalles
          Mes sandales
De drap brodé de rubis. »

Ainsi se parle en princesse,
          Et sans cesse
Se balance avec amour,
La jeune fille rieuse,
          Oublieuse
Des promptes ailes du jour.

Et cependant des campagnes
          Ses compagnes
Prennent toutes le chemin.
Voici leur troupe frivole
          Qui s'envole
En se tenant par la main.

Chacune, en chantant comme elle,
          Passe, et mêle
Ce reproche à sa chanson :
— Oh! la paresseuse fille
          Qui s'habille
Si tard un jour de moisson!

Juillet 1828.

Les Orientales, XIX

LES DJINNS

Murs, ville,
Et port,
Asile
De mort,
Mer grise
Où brise
La brise,
Tout dort.

Dans la plaine
Naît un bruit.
C'est l'haleine
De la nuit.
Elle brame
Comme une âme
Qu'une flamme
Toujours suit!

La voix plus haute
Semble un grelot.
D'un nain qui saute
C'est le galop.
Il fuit, s'élance,
Puis en cadence
Sur un pied danse
Au bout d'un flot.

La rumeur approche
L'écho la redit.
C'est comme la cloche
D'un couvent maudit;
Comme un bruit de foule,
Qui tonne et qui roule,
Et tantôt s'écroule,
Et tantôt grandit.

Dieu! la voix sépulcrale
Des Djinns!... Quel bruit ils font!

C'est la plainte,
Presque éteinte,
D'une sainte
Pour un mort.

On doute
La nuit...
J'écoute : —
Tout fuit,
Tout passe;
L'espace
Efface
Le bruit.

28 août 1828.

Les Orientales, XXVIII

RÊVERIE

OH! laissez-moi! c'est l'heure où l'horizon qui fume
Cache un front inégal sous un cercle de brume,
L'heure où l'astre géant rougit et disparaît.
Le grand bois jaunissant dore seul la colline.
On dirait qu'en ces jours où l'automne décline,
Le soleil et la pluie ont rouillé la forêt.

Oh! qui fera surgir soudain, qui fera naître,
Là-bas, — tandis que seul je rêve à la fenêtre
Et que l'ombre s'amasse au fond du corridor, —
Quelque ville mauresque, éclatante, inouïe,
Qui, comme la fusée en gerbe épanouie,
Déchire ce brouillard avec ses flèches d'or!

Qu'elle vienne inspirer, ranimer, ô génies,
Mes chansons, comme un ciel d'automne rembrunies,
Et jeter dans mes yeux son magique reflet,
Et longtemps, s'éteignant en rumeurs étouffées,
Avec les mille tours de ses palais de fées,
Brumeuse, denteler l'horizon violet!

5 septembre 1828.

Les Orientales, XXXVI

EXTASE

J'ÉTAIS seul près des flots, par une nuit d'étoiles.
Pas un nuage aux cieux, sur les mers pas de voiles.
Mes yeux plongeaient plus loin que le monde réel.
Et les bois, et les monts, et toute la nature,
Semblaient interroger dans un confus murmure
      Les flots des mers, les feux du ciel.

Et les étoiles d'or, légions infinies,
A voix haute, à voix basse, avec mille harmonies,
Disaient, en inclinant leurs couronnes de feu;
Et les flots bleus, que rien ne gouverne et n'arrête,
Disaient, en recourbant l'écume de leur crête :
      — C'est le Seigneur, le Seigneur Dieu!

25 novembre 1828.

Les Orientales, XXXVII

C E siècle avait deux ans! Rome remplaçait Sparte,
Déjà Napoléon perçait sous Bonaparte,
Et du premier consul, déjà, par maint endroit,
Le front de l'empereur brisait le masque étroit.
Alors dans Besançon, vieille ville espagnole,
Jeté comme la graine au gré de l'air qui vole,
Naquit d'un sang breton et lorrain à la fois
Un enfant sans couleur, sans regard et sans voix;
Si débile qu'il fut, ainsi qu'une chimère,
Abandonné de tous, excepté de sa mère,
Et que son cou ployé comme un frêle roseau
Fit faire en même temps sa bière et son berceau.
Cet enfant que la vie effaçait de son livre,
Et qui n'avait pas même un lendemain à vivre,
C'est moi. —
. . . . . .

Les Feuilles d'Automne I

LUI

I

Toujours lui! Lui partout! — Ou brûlante ou glacée,
Son image sans cesse ébranle ma pensée.
Il verse à mon esprit le souffle créateur.
Je tremble, et dans ma bouche abondent les paroles
Quand son nom gigantesque, entouré d'auréoles,
Se dresse dans mon vers de toute sa hauteur.
. . . . . .

Les Orientales, XL

A LA COLONNE

I

Oh! quand il bâtissait, de sa main colossale,
Pour son trône, appuyé sur l'Europe vassale,
      Ce pilier souverain,
Ce bronze, devant qui tout n'est que poudre et sable,
Sublime monument, deux fois impérissable,
      Fait de gloire et d'airain;

Quand il le bâtissait, pour qu'un jour dans la ville
Ou la guerre étrangère ou la guerre civile
      Y brisassent leur char,
Et pour qu'il fît pâlir sur nos places publiques
Les frêles héritiers de vos noms magnifiques,
      Alexandre et César!

C'était un beau spectacle! — Il parcourait la terre
Avec ses vétérans, nation militaire
      Dont il savait les noms;

Les rois fuyaient; les rois n'étaient point de sa taille;
Et, vainqueur, il allait par les champs de bataille
      Glanant tous leurs canons

Et puis, il revenait avec la grande armée,
Encombrant de butin sa France bien-aimée,
      Son Louvre de granit,
Et les Parisiens poussaient des cris de joie,
Comme font les aiglons, alors qu'avec sa proie
      L'aigle rentre à son nid!

Et lui, poussant du pied tout ce métal sonore,
Il courait à la cuve où bouillonnait encore
      Le monument promis.
Le moule en était fait d'une de ses pensées.
Dans la fournaise ardente il jetait à brassées
      Les canons ennemis!

Puis il s'en revenait gagner quelque bataille.
Il dépouillait encore à travers la mitraille
      Maints affûts dispersés;
Et, rapportant ce bronze à la Rome française,
Il disait aux fondeurs penchés sur la fournaise :
      — En avez-vous assez?

. . . . . .

Les Chants du Crépuscule, II

NAPOLÉON II

I

MIL HUIT CENT ONZE! — O temps où des peuples sans
Attendaient prosternés sous un nuage sombre   [nombre
      Que le ciel eût dit oui!
Sentaient trembler sous eux les états centenaires,
Et regardaient le Louvre entouré de tonnerres,
      Comme un mont Sinaï!

Courbés comme un cheval qui sent venir son maître,
Ils se disaient entre eux : — Quelqu'un de grand va
L'immense empire attend un héritier demain.   [naître!
Qu'est-ce que le Seigneur va donner à cet homme
Qui, plus grand que César, plus grand même que Rome,
Absorbe dans son sort le sort du genre humain ? —

Comme ils parlaient, la nue éclatante et profonde
S'entr'ouvrit, et l'on vit se dresser sur le monde
          L'homme prédestiné,
Et les peuples béants ne purent que se taire,
Car ses deux bras levés présentaient à la terre
          Un enfant nouveau-né.

Au souffle de l'enfant, dôme des Invalides,
Les drapeaux prisonniers sous tes voûtes splendides
Frémirent, comme au vent frémissent les épis;
Et son cri, ce doux cri qu'une nourrice apaise,
Fit, nous l'avons tous vu, bondir et hurler d'aise
Les canons monstrueux à ta porte accroupis!

Et lui! l'orgueil gonflait sa puissante narine;
Ses deux bras, jusqu'alors croisés sur sa poitrine,
          S'étaient enfin ouverts!
Et l'enfant, soutenu dans sa main paternelle,
Inondé des éclairs de sa fauve prunelle,
          Rayonnait au travers!

Quand il eut bien fait voir l'héritier de ses trônes
Aux vieilles nations comme aux vieilles couronnes,
Éperdu, l'œil fixé sur quiconque était roi,
Comme un aigle arrivé sur une haute cime,
Il cria tout joyeux avec un air sublime :
— L'avenir! l'avenir! l'avenir est à moi!

II

          Non, l'avenir n'est à personne!
          Sire! l'avenir est à Dieu!
          A chaque fois que l'heure sonne,
          Tout ici-bas nous dit adieu.
          L'avenir! l'avenir! mystère!

Toutes les choses de la terre,
Gloire, fortune militaire,
Couronne éclatante des rois,
Victoire aux ailes embrasées,
Ambitions réalisées,
Ne sont jamais sur nous posées
Que comme l'oiseau sur nos toits!

Non, si puissant qu'on soit, non, qu'on rie ou qu'on
Nul ne te fait parler, nul ne peut avant l'heure   [pleure,
        Ouvrir ta froide main,
O fantôme muet, ô notre ombre, ô notre hôte,
Spectre toujours masqué qui nous suit côte à côte,
        Et qu'on nomme demain!

Oh! demain, c'est la grande chose!
De quoi demain sera-t-il fait?
L'homme aujourd'hui sème la cause,
Demain Dieu fait mûrir l'effet.
Demain, c'est l'éclair dans la voile,
C'est le nuage sur l'étoile,
C'est un traître qui se dévoile,
C'est le bélier qui bat les tours,
C'est l'astre qui change de zone,
C'est Paris qui suit Babylone;
Demain, c'est le sapin du trône,
Aujourd'hui, c'en est le velours!

Demain, c'est le cheval qui s'abat blanc d'écume.
Demain, ô conquérant, c'est Moscou qui s'allume,
        La nuit, comme un flambeau.
C'est votre vieille garde au loin jonchant la plaine.
Demain, c'est Waterloo! demain, c'est Sainte-Hélène!
        Demain, c'est le tombeau!

Vous pouvez entrer dans les villes
Au galop de votre coursier,
Dénouer les guerres civiles
Avec le tranchant de l'acier;
Vous pouvez, ô mon capitaine,
Barrer la Tamise hautaine,

Rendre la victoire incertaine
Amoureuse de vos clairons,
Briser toutes portes fermées,
Dépasser toutes renommées,
Donner pour astre à des armées
L'étoile de vos éperons!

Dieu garde la durée et vous laisse l'espace;
Vous pouvez sur la terre avoir toute la place,
Être aussi grand qu'un front peut l'être sous le ciel;
Sire, vous pouvez prendre, à votre fantaisie,
L'Europe à Charlemagne, à Mahomet l'Asie; —
Mais tu ne prendras pas demain à l'Éternel!

III

O revers! ô leçon! — Quand l'enfant de cet homme
Eut reçu pour hochet la couronne de Rome;
Lorsqu'on l'eut revêtu d'un nom qui retentit;
Lorsqu'on eut bien montré son front royal qui tremble
Au peuple émerveillé qu'on puisse tout ensemble
        Être si grand et si petit;

Quand son père eut pour lui gagné bien des batailles;
Lorsqu'il eut épaissi de vivantes murailles
Autour du nouveau-né riant sur son chevet;
Quand ce grand ouvrier, qui savait comme on fonde,
Eut, à coups de cognée, à peu près fait le monde
        Selon le songe qu'il rêvait;

Quand tout fut préparé par les mains paternelles
Pour doter l'humble enfant de splendeurs éternelles;
Lorsqu'on eut de sa vie assuré les relais;
Quand, pour loger un jour ce maître héréditaire,
On eut enraciné bien avant dans la terre
        Les pieds de marbre des palais;

Lorsqu'on eut pour sa soif posé devant la France
Un vase tout rempli du vin de l'espérance, —
Avant qu'il eût goûté de ce poison doré,

Avant que de sa lèvre il eût touché la coupe,
Un cosaque survint qui prit l'enfant en croupe
   Et l'emporta tout effaré !

IV

Oui, l'aigle, un soir, planait aux voûtes éternelles,
Lorsqu'un grand coup de vent lui cassa les deux ailes ;
Sa chute fit dans l'air un foudroyant sillon ;
Tous alors sur son nid fondirent pleins de joie ;
Chacun selon ses dents se partagea la proie ;
L'Angleterre prit l'aigle, et l'Autriche l'aiglon.

Vous savez ce qu'on fit du géant historique.
Pendant six ans on vit, loin derrière l'Afrique,
   Sous le verrou des rois prudents,
— Oh ! n'exilons personne ! oh ! l'exil est impie ! —
Cette grande figure en sa cage accroupie,
   Ployée, et les genoux aux dents.

Encor si ce banni n'eût rien aimé sur terre !
Mais les cœurs de lion sont les vrais cœurs de père.
   Il aimait son fils, ce vainqueur !
Deux choses lui restaient dans sa cage inféconde,
Le portrait d'un enfant et la carte du monde,
   Tout son génie et tout son cœur !

Le soir, quand son regard se perdait dans l'alcôve,
Ce qui se remuait dans cette tête chauve,
Ce que son œil cherchait dans le passé profond,
— Tandis que ses geôliers, sentinelles placées
Pour guetter nuit et jour le vol de ses pensées,
En regardaient passer les ombres sur son front ; —

Ce n'était pas toujours, sire, cette épopée
Que vous aviez naguère écrite avec l'épée ;
   Arcole, Austerlitz, Montmirail ;
Ni l'apparition des vieilles pyramides ;
Ni le pacha du Caire et ses chevaux numides
   Qui mordaient le vôtre au poitrail ;

Ce n'était pas le bruit de bombe et de mitraille
Que vingt ans, sous ses pieds, avait fait la bataille
            Déchaînée en noirs tourbillons,
Quand son souffle poussait sur cette mer troublée
Les drapeaux frissonnants, penchés dans la mêlée
            Comme les mâts des bataillons;

Ce n'était pas Madrid, le Kremlin et le Phare,
La diane au matin fredonnant sa fanfare,
Le bivouac sommeillant dans les feux étoilés,
Les dragons chevelus, les grenadiers épiques,
Et les rouges lanciers fourmillant dans les piques,
Comme des fleurs de pourpre en l'épaisseur des blés :

Non, ce qui l'occupait, c'est l'ombre blonde et rose
D'un bel enfant qui dort la bouche demi-close,
            Gracieux comme l'orient,
Tandis qu'avec amour sa nourrice enchantée
D'une goutte de lait au bout du sein restée
            Agace sa lèvre en riant.

Le père alors posait ses coudes sur sa chaise,
Son cœur plein de sanglots se dégonflait à l'aise,
            Il pleurait, d'amour éperdu... —
Sois béni, pauvre enfant, tête aujourd'hui glacée,
Seul être qui pouvais distraire sa pensée
            Du trône du monde perdu !

                        V

Tous deux sont morts. — Seigneur, votre droite est
Vous avez commencé par le maître invincible,   [terrible!
            Par l'homme triomphant;
Puis vous avez enfin complété l'ossuaire;
Dix ans vous ont suffi pour filer le suaire
            Du père et de l'enfant !

Gloire, jeunesse, orgueil, biens que la tombe emporte !
L'homme voudrait laisser quelque chose à la porte,
            Mais la mort lui dit non !

Chaque élément retourne où tout doit redescendre.
L'air reprend la fumée, et la terre la cendre.
          L'oubli reprend le nom.

                            VI

          O révolutions! j'ignore,
          Moi, le moindre des matelots,
          Ce que Dieu dans l'ombre élabore
          Sous le tumulte de vos flots.
          La foule vous hait et vous raille.
          Mais qui sait comment Dieu travaille?
          Qui sait si l'onde qui tressaille,
          Si le cri des gouffres amers,
          Si la trombe aux ardentes serres,
          Si les éclairs et les tonnerres,
          Seigneur, ne sont pas nécessaires
          A la perle que font les mers!

          Pourtant cette tempête est lourde
          Aux princes comme aux nations;
          Oh! quelle mer aveugle et sourde
          Qu'un peuple en révolutions!
          Que sert ta chanson, ô poëte?
          Ces chants que ton génie émiette
          Tombent à la vague inquiète
          Qui n'a jamais rien entendu!
          Ta voix s'enroue en cette brume,
          Le vent disperse au loin ta plume,
          Pauvre oiseau chantant dans l'écume
          Sur le mât d'un vaisseau perdu!

          Longue nuit! tourmente éternelle!
          Le ciel n'a pas un coin d'azur.
          Hommes et choses, pêle-mêle,
          Vont roulant dans l'abîme obscur.
          Tout dérive et s'en va sous l'onde,
          Rois au berceau, maîtres du monde,
          Le front chauve et la tête blonde,
          Grand et petit Napoléon!

Tout s'efface, tout se délie,
Le flot sur le flot se replie,
Et la vague qui passe oublie
Léviathan comme Alcyon!

Août 1832.

Les Chants du Crépuscule, V

Puisque j'ai mis ma lèvre à ta coupe encor pleine,
Puisque j'ai dans tes mains posé mon front pâli,
Puisque j'ai respiré parfois la douce haleine
De ton âme, parfum dans l'ombre enseveli,
. . . . . .

Je puis maintenant dire aux rapides années :
— Passez! passez toujours! je n'ai plus à vieillir!
Allez-vous en avec vos fleurs toutes fanées;
J'ai dans l'âme une fleur que nul ne peut cueillir.

Votre aile en le heurtant ne fera rien répandre
Du vase où je m'abreuve et que j'ai bien rempli.
Mon âme a plus de feu que vous n'avez de cendre!
Mon cœur a plus d'amour que vous n'avez d'oubli!

1er janvier 1835. Minuit et demi.

Les Chants du Crépuscule, XXV

Puisqu'ici-bas toute âme
Donne à quelqu'un
Sa musique, sa flamme,
Ou son parfum;

Puisqu'ici toute chose
Donne toujours
Son épine ou sa rose
À ses amours;

Puisqu'avril donne aux chênes
Un bruit charmant;
Que la nuit donne aux peines
L'oubli dormant;

Puisque l'air à la branche
Donne l'oiseau;
Que l'aube à la pervenche
Donne un peu d'eau;

Puisque, lorsqu'elle arrive
S'y reposer,
L'onde amère à la rive
Donne un baiser;

Je te donne à cette heure,
Penché sur toi,
La chose la meilleure
Que j'aie en moi!

Reçois donc ma pensée,
Triste d'ailleurs,
Qui, comme une rosée,
T'arrive en pleurs!
. . . . . .
Reçois, mon bien céleste,
O ma beauté,
Mon cœur, dont rien ne reste,
L'amour ôté!

19 mai 1836.

Les Voix intérieures, XI

SOIRÉE EN MER

Près du pêcheur qui ruisselle,
Quand tous deux, au jour baissant,
Nous errons dans la nacelle,
Laissant chanter l'homme frêle
Et gémir le flot puissant;

Sous l'abri que font les voiles
Lorsque nous nous asseyons;
Dans cette ombre où tu te voiles
Quand ton regard aux étoiles
Semble cueillir des rayons;

Quand tous deux nous croyons lire
Ce que la nature écrit,
Réponds, ô toi que j'admire,
D'où vient que mon cœur soupire?
D'où vient que ton front sourit?

Dis, d'où vient qu'à chaque lame,
Comme une coupe de fiel,
La pensée emplit mon âme?
C'est que moi je vois la rame
Tandis que tu vois le ciel!

C'est que je vois les flots sombres,
Toi, les astres enchantés!
C'est que, perdu dans leurs nombres,
Hélas! je compte les ombres
Quand tu comptes les clartés!

Chacun, c'est la loi suprême,
Rame, hélas! jusqu'à la fin.
Pas d'homme, ô fatal problème!
Qui ne laboure ou ne sème
Sur quelque chose de vain!

L'homme est sur un flot qui gronde.
L'ouragan tord son manteau.
Il rame en la nuit profonde,
Et l'espoir s'en va dans l'onde
Par les fentes du bateau.

Sa voile que le vent troue
Se déchire à tout moment,
De sa route l'eau se joue,
Les obstacles sur sa proue
Écument incessamment.

Hélas! hélas! tout travaille
Sous tes yeux, ô Jéhova!
De quelque côté qu'on aille,
Partout un flot qui tressaille,
Partout un homme qui va!

Où vas-tu? — Vers la nuit noire.
Où vas-tu? — Vers le grand jour.
Toi? — Je cherche s'il faut croire.
Et toi? — Je vais à la gloire.
Et toi? — Je vais à l'amour.

Vous allez tous à la tombe!
Vous allez à l'inconnu!
Aigle, vautour ou colombe,
Vous allez où tout retombe
Et d'où rien n'est revenu!

Vous allez où vont encore
Ceux qui font le plus de bruit!
Où va la fleur qu'avril dore!
Vous allez où va l'aurore!
Vous allez où va la nuit!

A quoi bon toutes ces peines?
Pourquoi tant de soins jaloux?
Buvez l'onde des fontaines,
Secouez le gland des chênes,
Aimez, et rendormez-vous!

Lorsqu'ainsi que des abeilles
On a travaillé toujours;
Qu'on a rêvé des merveilles;
Lorsqu'on a sur bien des veilles
Amoncelé bien des jours,

Sur votre plus belle rose,
Sur votre lys le plus beau,
Savez-vous ce qui se pose?
C'est l'oubli pour toute chose,
Pour tout homme le tombeau!

Car le Seigneur nous retire
Les fruits à peine cueillis.
Il dit : Échoue! au navire.
Il dit à la flamme : Expire!
Il dit à la fleur : Pâlis!

Il dit au guerrier qui fonde :
— Je garde le dernier mot.
Monte, monte, ô roi du monde!
La chute la plus profonde
Pend au sommet le plus haut. —

Il a dit à la mortelle :
— Vite! éblouis ton amant.
Avant de mourir sois belle.
Sois un instant étincelle,
Puis cendre éternellement! —

Cet ordre auquel tu t'opposes
T'enveloppe et t'engloutit.
Mortel, plains-toi, si tu l'oses,
Au Dieu qui fit ces deux choses,
Le ciel grand, l'homme petit!

Chacun, qu'il doute ou qu'il nie,
Lutte en frayant son chemin;
Et l'éternelle harmonie
Pèse, comme une ironie,
Sur tout ce tumulte humain!

Tous ces faux biens qu'on envie
Passent comme un soir de mai.
Vers l'ombre, hélas! tout dévie.
Que reste-t-il de la vie,
Excepté d'avoir aimé!
. . . . . .

9 novembre 1836.

Les Voix intérieures, XVII

OCEANO NOX

Oh! combien de marins, combien de capitaines
Qui sont partis joyeux pour des courses lointaines,
Dans ce morne horizon se sont évanouis!
Combien ont disparu, dure et triste fortune!
Dans une mer sans fond, par une nuit sans lune,
Sous l'aveugle océan à jamais enfouis!

Combien de patrons morts avec leurs équipages!
L'ouragan de leur vie a pris toutes les pages
Et d'un souffle il a tout dispersé sur les flots!
Nul ne saura leur fin dans l'abîme plongée.
Chaque vague en passant d'un butin s'est chargée;
L'une a saisi l'esquif, l'autre les matelots!

Nul ne sait votre sort, pauvres têtes perdues!
Vous roulez à travers les sombres étendues,
Heurtant de vos fronts morts des écueils inconnus.
Oh! que de vieux parents, qui n'avaient plus qu'un rêve,
Sont morts en attendant tous les jours sur la grève
        Ceux qui ne sont pas revenus!

On s'entretient de vous parfois dans les veillées.
Maint joyeux cercle, assis sur des ancres rouillées,
Mêle encor quelque temps vos noms d'ombre couverts
Aux rires, aux refrains, aux récits d'aventures,
Aux baisers qu'on dérobe à vos belles futures,
Tandis que vous dormez dans les goëmons verts!

On demande: — Où sont-ils? sont-ils rois dans quelque île?
Nous ont-ils délaissés pour un bord plus fertile? —
Puis votre souvenir même est enseveli.
Le corps se perd dans l'eau, le nom dans la mémoire,
Le temps, qui sur toute ombre en verse une plus noire,
Sur le sombre océan jette le sombre oubli.

Bientôt des yeux de tous votre ombre est disparue.
L'un n'a-t-il pas sa barque et l'autre sa charrue ?
Seules, durant ces nuits où l'orage est vainqueur,
Vos veuves aux fronts blancs, lasses de vous attendre,
Parlent encor de vous en remuant la cendre
        De leur foyer et de leur cœur !

Et quand la tombe enfin a fermé leur paupière,
Rien ne sait plus vos noms, pas même une humble pierre
Dans l'étroit cimetière où l'écho nous répond,
Pas même un saule vert qui s'effeuille à l'automne,
Pas même la chanson naïve et monotone
Que chante un mendiant à l'angle d'un vieux pont !

Où sont-ils, les marins sombrés dans les nuits noires ?
O flots, que vous savez de lugubres histoires !
Flots profonds redoutés des mères à genoux !
Vous vous les racontez en montant les marées,
Et c'est ce qui vous fait ces voix désespérées
Que vous avez le soir quand vous venez vers nous !

    Juillet 1836.

                    Les Rayons et les Ombres, XLII

TRISTESSE D'OLYMPIO

. . . . . .
Que peu de temps suffit pour changer toutes choses !
Nature au front serein, comme vous oubliez !
Et comme vous brisez dans vos métamorphoses
Les fils mystérieux où nos cœurs sont liés !

. . . . . .
Toutes les passions s'éloignent avec l'âge,
L'une emportant son masque et l'autre son couteau,
Comme un essaim chantant d'histrions en voyage
Dont le groupe décroît derrière le coteau.
. . . . . .

    21 octobre 1837.

                    Les Rayons et les Ombres, XXXIV

LA FÊTE CHEZ THÉRÈSE

. . . . . .
La nuit vint; tout se tut; les flambeaux s'éteignirent;
Dans les bois assombris les sources se plaignirent;
Le rossignol, caché dans son nid ténébreux,
Chanta comme un poëte et comme un amoureux.
Chacun se dispersa sous les profonds feuillages;
Les folles en riant entraînèrent les sages;
L'amante s'en alla dans l'ombre avec l'amant;
Et, troublés comme on l'est en songe, vaguement,
Ils sentaient par degrés se mêler à leur âme,
A leurs discours secrets, à leurs regards de flamme,
A leur cœur, à leurs sens, à leur molle raison,
Le clair de lune bleu qui baignait l'horizon.

Avril 18...

Les Contemplations, Livre I, 22

TROIS ANS APRÈS

Il est temps que je me repose;
Je suis terrassé par le sort.
Ne me parlez pas d'autre chose
Que des ténèbres où l'on dort!

Que veut-on que je recommence?
Je ne demande désormais
A la création immense
Qu'un peu de silence et de paix!

Pourquoi m'appelez-vous encore?
J'ai fait ma tâche et mon devoir.
Qui travaillait avant l'aurore,
Peut s'en aller avant le soir.

. . . . . .

Novembre 1846.

Les Contemplations, Livre IV, 3

VENI, VIDI, VIXI

. . . . . .
Maintenant mon regard ne s'ouvre qu'à demi;
Je ne me tourne plus même quand on me nomme;
Je suis plein de stupeur et d'ennui, comme un homme
Qui se lève avant l'aube et qui n'a pas dormi.

Je ne daigne plus même, en ma sombre paresse,
Répondre à l'envieux dont la bouche me nuit.
O Seigneur! ouvrez-moi les portes de la nuit,
Afin que je m'en aille et que je disparaisse!

Avril 1848.

Les Contemplations, Livre IV, 13

PAROLES SUR LA DUNE

MAINTENANT que mon temps décroît comme un flambeau,
        Que mes tâches sont terminées;
Maintenant que voici que je touche au tombeau
        Par les deuils et par les années,

Et qu'au fond de ce ciel que mon essor rêva,
        Je vois fuir, vers l'ombre entraînées,
Comme le tourbillon du passé qui s'en va,
        Tant de belles heures sonnées;

Maintenant que je dis : — Un jour, nous triomphons;
        Le lendemain, tout est mensonge! —
Je suis triste, et je marche au bord des flots profonds,
        Courbé comme celui qui songe.

Je regarde, au-dessus du mont et du vallon,
        Et des mers sans fin remuées,
S'envoler, sous le bec du vautour aquilon,
        Toute la toison des nuées;

J'entends le vent dans l'air, la mer sur le récif,
              L'homme liant la gerbe mûre;
J'écoute, et je confronte en mon esprit pensif
              Ce qui parle à ce qui murmure;

Et je reste parfois couché sans me lever
              Sur l'herbe rare de la dune,
Jusqu'à l'heure où l'on voit apparaître et rêver
              Les yeux sinistres de la lune.

Elle monte, elle jette un long rayon dormant
              A l'espace, au mystère, au gouffre;
Et nous nous regardons tous les deux fixement,
              Elle qui brille et moi qui souffre.

Où donc s'en sont allés mes jours évanouis?
              Est-il quelqu'un qui me connaisse?
Ai-je encor quelque chose en mes yeux éblouis,
              De la clarté de ma jeunesse?

Tout s'est-il envolé? Je suis seul, je suis las;
              J'appelle sans qu'on me réponde;
O vents! ô flots! ne suis-je aussi qu'un souffle, hélas!
              Hélas! ne suis-je aussi qu'une onde?

Ne verrai-je plus rien de tout ce que j'aimais?
              Au dedans de moi le soir tombe.
O terre, dont la brume efface les sommets,
              Suis-je le spectre, et toi la tombe?

Ai-je donc vidé tout, vie, amour, joie, espoir?
              J'attends, je demande, j'implore;
Je penche tour à tour mes urnes pour avoir
              De chacune une goutte encore!

Comme le souvenir est voisin du remord!
              Comme à pleurer tout nous ramène!
Et que je te sens froide en te touchant, ô mort,
              Noir verrou de la porte humaine!

Et je pense, écoutant gémir le vent amer,
   Et l'onde aux plis infranchissables;
L'été rit, et l'on voit sur le bord de la mer
   Fleurir le chardon bleu des sables.

 5 août 1854,
anniversaire de mon arrivée à Jersey.

Les Contemplations, Livre V, 13

MUGITUSQUE BOUM

Mugissement des bœufs, au temps du doux Virgile,
Comme aujourd'hui, le soir, quand fuit la nue agile,
Ou, le matin, quand l'aube aux champs extasiés
Verse à flots la rosée et le jour, vous disiez :

—Mûrissez, blés mouvants! prés, emplissez-vous d'herbes!
Que la terre, agitant son panache de gerbes,
Chante dans l'onde d'or d'une riche moisson!
Vis, bête; vis, caillou; vis, homme; vis, buisson!
A l'heure où le soleil se couche, où l'herbe est pleine
Des grands fantômes noirs des arbres de la plaine
Jusqu'aux lointains coteaux rampant et grandissant,
Quand le brun laboureur des collines descend
Et retourne à son toit d'où sort une fumée,
Que la soif de revoir sa femme bien-aimée
Et l'enfant qu'en ses bras hier il réchauffait,
Que ce désir, croissant à chaque pas qu'il fait,
Imite dans son cœur l'allongement de l'ombre!
Êtres! choses! vivez! sans peur, sans deuil, sans nombre!
Que tout s'épanouisse en sourire vermeil!
Que l'homme ait le repos et le bœuf le sommeil!
Vivez! croissez! semez le grain à l'aventure!
Qu'on sente frissonner dans toute la nature,
Sous la feuille des nids, au seuil blanc des maisons,
Dans l'obscur tremblement des profonds horizons,
Un vaste emportement d'aimer, dans l'herbe verte,
Dans l'antre, dans l'étang, dans la clairière ouverte,

D'aimer sans fin, d'aimer toujours, d'aimer encor,
Sous la sérénité des sombres astres d'or!
Faites tressaillir l'air, le flot, l'aile, la bouche,
O palpitations du grand amour farouche!
Qu'on sente le baiser de l'être illimité!
Et, paix, vertu, bonheur, espérance, bonté,
O fruits divins, tombez des branches éternelles! —

Ainsi vous parliez, voix, grandes voix solennelles;
Et Virgile écoutait comme j'écoute, et l'eau
Voyait passer le cygne auguste, et le bouleau
Le vent, et le rocher l'écume, et le ciel sombre
L'homme... — O nature! abîme! immensité de l'ombre!

Marine-Terrace, juillet 1855.

Les Contemplations, Livre V, 17

APPARITION

Je vis un ange blanc qui passait sur ma tête;
Son vol éblouissant apaisait la tempête,
Et faisait taire au loin la mer pleine de bruit.
— Qu'est-ce que tu viens faire, ange, dans cette nuit?
Lui dis-je. — Il répondit : — Je viens prendre ton âme —
Et j'eus peur, car je vis que c'était une femme;
Et je lui dis, tremblant et lui tendant les bras :
— Que me restera-t-il? car tu t'envoleras. —
Il ne répondit pas; le ciel que l'ombre assiège
S'éteignait... — Si tu prends mon âme, m'écriai-je,
Où l'emporteras-tu? montre-moi dans quel lieu —
Il se taisait toujours. — O passant du ciel bleu,
Es-tu la mort? lui dis-je, ou bien es-tu la vie? —
Et la nuit augmentait sur mon âme ravie,
Et l'ange devint noir, et dit : — Je suis l'amour.
Mais son front sombre était plus charmant que le jour,
Et je voyais, dans l'ombre où brillaient ses prunelles,
Les astres à travers les plumes de ses ailes.

Jersey, septembre 1855.

Les Contemplations, Livre V, 18

CÉRIGO

Tout homme qui vieillit est ce roc solitaire
Et triste, Cérigo, qui fut jadis Cythère,
Cythère aux nids charmants, Cythère aux myrtes verts,
La conque de Cypris sacrée au sein des mers.
La vie auguste, goutte à goutte, heure par heure,
S'épand sur ce qui passe et sur ce qui demeure;
Là-bas, la Grèce brille agonisante, et l'œil
S'emplit en la voyant de lumière et de deuil;
La terre luit; la nue est de l'encens qui fume;
Des vols d'oiseau de mer se mêlent à l'écume;
L'azur frissonne; l'eau palpite; et les rumeurs
Sortent des vents, des flots, des barques, des rameurs;
Au loin court quelque voile hellène ou candiote.
Cythère est là, lugubre, épuisée, idiote,
Tête de mort du rêve amour, et crâne nu
Du plaisir, ce chanteur masqué, spectre inconnu.
C'est toi? qu'as-tu donc fait de ta blanche tunique?
Cache ta gorge impure et ta laideur cynique,
O sirène ridée et dont l'hymne s'est tu!
Où donc êtes-vous, âme? étoile, où donc es-tu?
L'île qu'on adorait de Lemnos à Lépante,
Où se tordait d'amour la chimère rampante,
Où la brise baisait les arbres frémissants,
Où l'ombre disait : j'aime! où l'herbe avait des sens,
Qu'en a-t-on fait? Où donc sont-ils, où donc sont-elles,
Eux, les olympiens, elles, les immortelles?
Où donc est Mars? où donc Éros? où donc Psyché?
Où donc le doux oiseau bonheur, effarouché?
Qu'en as-tu fait, rocher, et qu'as-tu fait des roses?
Qu'as-tu fait des chansons dans les soupirs écloses,
Des danses, des gazons, des bois mélodieux,
De l'ombre que faisait le passage des dieux?
Plus d'autels; ô passé! splendeurs évanouies!
Plus de vierges au seuil des antres éblouies;
Plus d'abeilles buvant la rosée et le thym.
Mais toujours le ciel bleu. C'est-à-dire, ô destin!
Sur l'homme, jeune ou vieux, harmonie ou souffrance,
Toujours la même mort et la même espérance.

Cérigo, qu'as-tu fait de Cythère ? Nuit! deuil!
L'éden s'est éclipsé, laissant à nu l'écueil.
O naufragée, hélas! c'est donc là que tu tombes!
Les hiboux même ont peur de l'île des colombes.
Ile, ô toi qu'on cherchait, ô toi que nous fuyons,
O spectre des baisers, masure des rayons,
Tu t'appelles oubli! tu meurs, sombre captive!
Et, tandis qu'abritant quelque yole furtive,
Ton cap, où rayonnaient les temples fabuleux,
Voit passer à son ombre et sur les grands flots bleus
Le pirate qui guette ou le pêcheur d'éponges
Qui rôde, à l'horizon Vénus fuit dans les songes.
. . . . . .

1855   *Les Contemplations, Livre V, 20*

J'ai cueilli cette fleur pour toi sur la colline.
Dans l'âpre escarpement qui sur le flot s'incline,
Que l'aigle connaît seul et peut seul approcher,
Paisible, elle croissait aux fentes du rocher.
L'ombre baignait les flancs du morne promontoire;
Je voyais, comme on dresse au lieu d'une victoire
Un grand arc de triomphe éclatant et vermeil,
A l'endroit où s'était englouti le soleil,
La sombre nuit bâtir un porche de nuées.
Des voiles s'enfuyaient, au loin diminuées;
Quelques toits, s'éclairant au fond d'un entonnoir,
Semblaient craindre de luire et de se laisser voir.
J'ai cueilli cette fleur pour toi, ma bien-aimée.
Elle est pâle, et n'a pas de corolle embaumée.
Sa racine n'a pris sur la crête des monts
Que l'amère senteur des glauques goëmons;
Moi, j'ai dit : Pauvre fleur, du haut de cette cime,
Tu devais t'en aller dans cet immense abîme
Où l'algue et le nuage et les voiles s'en vont.
Va mourir sur un cœur, abîme plus profond.
Fane-toi sur ce sein en qui palpite un monde.
Le ciel, qui te créa pour t'effeuiller dans l'onde,
Te fit pour l'océan, je te donne à l'amour. —
Le vent mêlait les flots; il ne restait du jour

Qu'une vague lueur, lentement effacée.
Oh! comme j'étais triste au fond de ma pensée,
Tandis que je songeais, et que le gouffre noir
M'entrait dans l'âme avec tous les frissons du soir!

Ile de Serk, août 1855.

Les Contemplations, Livre V, 24

LES MALHEUREUX

. . . . . .
J'ai souvent, à genoux que je suis sur les tombes,
La grande vision du sort; et par moment
Le destin m'apparaît, ainsi qu'un firmament
Où l'on verrait, au lieu des étoiles, des âmes.
Tout ce qu'on nomme angoisse, adversité, les flammes,
Les brasiers, les billots, bien souvent tout cela
Dans mon noir crépuscule, enfants, étincela.
J'ai vu, dans cette obscure et morne transparence,
Passer l'homme de Rome et l'homme de Florence,
Caton au manteau blanc, et Dante au fier sourcil,
L'un ayant le poignard au flanc, l'autre l'exil;
Caton était joyeux et Dante était tranquille.
J'ai vu Jeanne au poteau qu'on brûlait dans la ville,
Et j'ai dit : Jeanne d'Arc, ton noir bûcher fumant
A moins de flamboiement que de rayonnement.
J'ai vu Campanella songer dans la torture,
Et faire à sa pensée une âpre nourriture
Des chevalets, des crocs, des pinces, des réchauds,
Et de l'horreur qui flotte au plafond des cachots.
J'ai vu Thomas Morus, Lavoisier, Loiserolle,
Jane Grey, bouche ouverte ainsi qu'une corolle,
Toi, Charlotte Corday, vous, madame Roland,
Camille Desmoulins, saignant et contemplant,
Robespierre à l'œil froid, Danton aux cris superbes;
J'ai vu Jean qui parlait au désert, Malesherbes,
Egmont, André Chénier, rêveur des purs sommets,
Et mes yeux resteront éblouis à jamais
Du sourire serein de ces têtes coupées.
Coligny, sous l'éclair farouche des épées.

Resplendissait devant mon regard éperdu.
Livide et radieux, Socrate m'a tendu
Sa coupe en me disant : As-tu soif ? bois la vie.
Huss, me voyant pleurer, m'a dit : Est-ce d'envie ?
Et Thraséas, s'ouvrant les veines dans son bain,
Chantait : — Rome est le fruit du vieux rameau sabin;
Le soleil est le fruit de ces branches funèbres
Que la nuit sur nous croise et qu'on nomme ténèbres,
Et la joie est le fruit du grand arbre douleur. —
Colomb, l'envahisseur des vagues, l'oiseleur
Du sombre aigle Amérique, et l'homme que Dieu mène,
Celui qui donne un monde et reçoit une chaîne,
Colomb aux fers criait : Tout est bien. En avant!
Saint-Just sanglant m'a dit : Je suis libre et vivant.
Phocion m'a jeté, mourant, cette parole :
— Je crois, et je rends grâce aux dieux! — Savonarole,
Comme je m'approchais du brasier d'où sa main
Sortait, brûlée et noire et montrant le chemin,
M'a dit, en faisant signe aux flammes de se taire :
— Ne crains pas de mourir. Qu'est-ce que cette terre ?
Est-ce ton corps qui fait ta joie et qui t'est cher ?
La véritable vie est où n'est plus la chair.
Ne crains pas de mourir. Créature plaintive
Ne sens-tu pas en toi comme une aile captive ?
Sous ton crâne, caveau muré, ne sens-tu pas
Comme un ange enfermé qui sanglote tout bas ?
Qui meurt, grandit. Le corps, époux impur de l'âme,
Plein des vils appétits d'où naît le vice infâme,
Pesant, fétide, abject, malade à tous moments,
Branlant sur sa charpente affreuse d'ossements,
Gonflé d'humeurs, couvert d'une peau qui se ride,
Souffrant le froid, le chaud, la faim, la soif aride,
Traîne un ventre hideux, s'assouvit, mange et dort.
Mais il vieillit enfin, et, lorsque vient la mort,
L'âme, vers la lumière éclatante et dorée,
S'envole, de ce monstre horrible délivrée. —

Une nuit que j'avais, devant mes yeux obscurs,
Un fantôme de ville et des spectres de murs,
J'ai, comme au fond d'un rêve où rien n'a plus de forme,
Entendu, près des tours d'un temple au dôme énorme,
Une voix qui sortait de dessous un monceau
De blocs noirs d'où le sang coulait en long ruisseau;

Cette voix murmurait des chants et des prières.
C'était le lapidé qui bénissait les pierres;
Étienne le martyr, qui disait : — O mon front,
Rayonne! Désormais les hommes s'aimeront;
Jésus règne. O mon Dieu, récompensez les hommes!
Ce sont eux qui nous font les élus que nous sommes.
Joie! amour! pierre à pierre, ô Dieu, je vous le dis,
Mes frères m'ont jeté le seuil du paradis!

*

Elle était là debout, la mère douloureuse.
L'obscurité farouche, aveugle, sourde, affreuse,
Pleurait de toutes parts autour du Golgotha.
Christ, le jour devint noir quand on vous en ôta,
Et votre dernier souffle emporta la lumière.
Elle était là debout près du gibet, la mère!
Et je me dis : Voilà la douleur! et je vins.
—Qu'avez-vous donc, lui dis-je, entre vos doigts divins ? —
Alors, aux pieds du fils saignant du coup de lance,
Elle leva sa droite et l'ouvrit en silence,
Et je vis dans sa main l'étoile du matin.

. . . . . .
Un invisible doigt caressant se promène
Sous chacun des chaînons de la misère humaine.
. . . . . .

*

Aux premiers jours du monde, alors que la nuée,
Surprise, contemplait chaque chose créée,
Alors que sur le globe où le mal avait crû,
Flottait une lueur de l'éden disparu,
Quand tout encor semblait être rempli d'aurore,
Quand sur l'arbre du temps les ans venaient d'éclore,
Sur la terre, où la chair avec l'esprit se fond,
Il se faisait le soir un silence profond,
Et le désert, les bois, l'onde aux vastes rivages,
Et les herbes des champs, et les bêtes sauvages,
Émus, et les rochers, ces ténébreux cachots,
Voyaient, d'un antre obscur couvert d'arbres si hauts

Que nos chênes auprès sembleraient des arbustes,
Sortir deux grands vieillards, nus, sinistres, augustes.
C'étaient Ève aux cheveux blanchis, et son mari,
Le pâle Adam, pensif, par le travail meurtri,
Ayant la vision de Dieu sous sa paupière.
Ils venaient tous les deux s'asseoir sur une pierre,
En présence des monts fauves et soucieux,
Et de l'éternité formidable des cieux.
Leur œil triste rendait la nature farouche;
Et là, sans qu'il sortît un souffle de leur bouche,
Les mains sur leurs genoux, et se tournant le dos,
Accablés comme ceux qui portent des fardeaux,
Sans autre mouvement de vie extérieure
Que de baisser plus bas la tête d'heure en heure,
Dans une stupeur morne et fatale absorbés,
Froids, livides, hagards, ils regardaient, courbés
Sous l'être illimité sans figure et sans nombre,
L'un, décroître le jour, et l'autre, grandir l'ombre.
Et, tandis que montaient les constellations,
Et que la première onde aux premiers alcyons
Donnait sous l'infini le long baiser nocturne,
Et qu'ainsi que des fleurs tombant à flots d'une urne,
Les astres fourmillants emplissaient le ciel noir,
Ils songeaient, et, rêveurs, sans entendre, sans voir,
Sourds aux rumeurs des mers d'où l'ouragan s'élance,
Toute la nuit, dans l'ombre, ils pleuraient en silence;
Ils pleuraient tous les deux, aïeux du genre humain,
Le père sur Abel, la mère sur Caïn.

Marine-Terrace, septembre 1855.

Les Contemplations, Livre V, 26

CLAIRE

. . . . . .
Ils sont partis, pareils au bruit qui sort des lyres.
Et nous restons là, seuls, près du gouffre où tout fuit,
Tristes; et la lueur de leurs charmants sourires
Parfois nous apparaît vaguement dans la nuit.

Car ils sont revenus, et c'est là le mystère;
Nous entendons quelqu'un flotter, un souffle errer,
Des robes effleurer notre seuil solitaire,
Et cela fait alors que nous pouvons pleurer.

Nous sentons frissonner leurs cheveux dans notre ombre;
Nous sentons, lorsqu'ayant la lassitude en nous,
Nous nous levons après quelque prière sombre,
Leurs blanches mains toucher doucement nos genoux.

Ils nous disent tout bas de leur voix la plus tendre :
— Mon père, encore un peu! Ma mère, encore un jour!
M'entends-tu? Je suis là. Je reste pour t'attendre
Sur l'échelon d'en bas de l'échelle d'amour.

Je t'attends pour pouvoir nous en aller ensemble.
Cette vie est amère, et tu vas en sortir.
Pauvre cœur, ne crains rien, Dieu vit! la mort rassemble.
Tu redeviendras ange ayant été martyr. —

Oh! quand donc viendrez-vous? Vous retrouver, c'est
Quand verrons-nous, ainsi qu'un idéal flambeau, (naître.
La douce étoile mort, rayonnante, apparaître
A ce noir horizon qu'on nomme le tombeau?

Quand nous en irons-nous où vous êtes, colombes!
Où sont les enfants morts et les printemps enfuis,
Et tous les chers amours dont nous sommes les tombes,
Et toutes les clartés dont nous sommes les nuits?
. . . . . .

Décembre 1846.

Les Contemplations, Livre VI, 8

LES MAGES

. . . . . .
    Quand les cigognes du Caystre
    S'envolent aux souffles des soirs;
    Quand la lune apparaît sinistre
    Derrière les grands dômes noirs;

Quand la trombe aux vagues s'appuie,
Quand l'orage, l'horreur, la pluie,
Que tordent les bises d'hiver,
Répandent avec des huées
Toutes les larmes des nuées
Sur tous les sanglots de la mer.

Quand dans les tombeaux les vents jouent
Avec les os des rois défunts;
Quand les hautes herbes secouent
Leur chevelure de parfums;
Quand sur nos deuils et sur nos fêtes
Toutes les cloches des tempêtes
Sonnent au suprême beffroi;
Quand l'aube étale ses opales
C'est pour ces contemplateurs pâles
Penchés dans l'éternel effroi!

. . . . . .

Janvier 1856.

Les Contemplations, Livre VI, 23

A THÉOPHILE GAUTIER

. . . . . .
Je te salue au seuil sévère du tombeau!
Va chercher le vrai, toi qui sus trouver le beau.
Monte l'âpre escalier. Du haut des sombres marches,
Du noir pont de l'abîme on entrevoit les arches;
Va! meurs! la dernière heure est le dernier degré!
Pars, aigle, tu vas voir des gouffres à ton gré;
Tu vas voir l'absolu, le réel, le sublime.
Tu vas sentir le vent sinistre de la cime
Et l'éblouissement du prodige éternel.
Ton olympe, tu vas le voir du haut du ciel;
Tu vas, du haut du vrai, voir l'humaine chimère,
Même celle de Job, même celle d'Homère,
Ame, et du haut de Dieu tu vas voir Jéhovah.
Monte! esprit! Grandis, plane, ouvre tes ailes, va!

Lorsqu'un vivant nous quitte, ému, je le contemple;
Car, entrer dans la mort, c'est entrer dans le temple;
Et, quand un homme meurt, je vois distinctement
Dans son ascension mon propre avènement.
Ami, je sens du sort la sombre plénitude;
J'ai commencé la mort par de la solitude;
Je vois mon profond soir vaguement s'étoiler;
Voici l'heure où je vais aussi, moi, m'en aller,
Mon fil, trop long, frissonne et touche presque au glaive;
Le vent qui t'emporta doucement me soulève,
Et je vais suivre ceux qui m'aimaient, moi, banni.
Leur œil fixe m'attire au fond de l'infini.
J'y cours. Ne fermez pas la porte funéraire.

Passons, car c'est la loi; nul ne peut s'y soustraire;
Tout penche, et ce grand siècle, avec tous ses rayons,
Entre en cette ombre immense où, pâles, nous fuyons.
Oh! quel farouche bruit font dans le crépuscule
Les chênes qu'on abat pour le bûcher d'Hercule!
Les chevaux de la Mort se mettent à hennir
Et sont joyeux, car l'âge éclatant va finir;
Ce siècle altier, qui sut dompter le vent contraire,
Expire... O Gautier! toi, leur égal et leur frère,
Tu pars après Dumas, Lamartine et Musset.
L'onde antique est tarie où l'on rajeunissait;
Comme il n'est plus de Styx, il n'est plus de Jouvence.
Le dur faucheur avec sa large lame avance,
Pensif et pas à pas, vers le reste du blé;
C'est mon tour; et la nuit emplit mon œil troublé
Qui, devinant, hélas! l'avenir des colombes,
Pleure sur des berceaux et sourit à des tombes.

Hauteville-House,
novembre 1872, jour des Morts.

Toute la Lyre, Livre IV, 34

Lᴇ vieillard chaque jour dans plus d'ombre s'éveille;
A chaque aube il est mort un peu plus que la veille.
   La vie humaine, ce nœud vil,
Se défait lentement, rongé par l'âme ailée;
Le sombre oiseau lié veut prendre sa volée
   Et casse chaque jour un fil.

O front blanc qu'envahit la grande nuit tombante,
Meurs! tour à tour ta voix, ta face succombante,
   Ton œil où décroît l'horizon
S'éteignent — ce sera mon destin et le vôtre —
Comme on voit se fermer le soir l'une après l'autre
   Les fenêtres d'une maison.

1878.

Toute la Lyre, Livre V, 42

LE SACRE DE LA FEMME

. . . . . .
Chair de la femme! argile idéale! ô merveille!
O pénétration sublime de l'esprit
Dans le limon que l'Être ineffable pétrit!
Matière où l'âme brille à travers son suaire!
Boue où l'on voit les doigts du divin statuaire!
Fange auguste appelant le baiser et le cœur,
Si sainte, qu'on ne sait, tant l'amour est vainqueur,
Tant l'âme est vers ce lit mystérieux poussée,
Si cette volupté n'est pas une pensée,
Et qu'on ne peut, à l'heure où les sens sont en feu,
Étreindre la beauté sans croire embrasser Dieu!
. . . . . .

La Légende des Siècles

LE SATYRE

PROLOGUE

Un satyre habitait l'Olympe, retiré
Dans le grand bois sauvage au pied du mont sacré;
Il vivait là, chassant, rêvant, parmi les branches;
Nuit et jour, poursuivant les vagues formes blanches,
Il tenait à l'affût les douze ou quinze sens
Qu'un faune peut braquer sur les plaisirs passants.
Qu'était-ce que ce faune? On l'ignorait; et Flore
Ne le connaissait point, ni Vesper, ni l'Aurore
Qui sait tout, surprenant le regard du réveil.
On avait beau parler à l'églantier vermeil,
Interroger le nid, questionner le souffle,
Personne ne savait le nom de ce maroufle.
Les sorciers dénombraient presque tous les sylvains;
Les ægipans étant fameux comme les vins,
En voyant la colline on nommait le satyre;
On connaissait Stulcas, faune de Pallantyre,
Gès, qui le soir riait, sur le Ménale assis,
Bos, l'ægipan de Crète; on entendait Chrysis,
Sylvain du Ptyx que l'homme appelle Janicule,
Qui jouait de la flûte au fond du crépuscule;
Anthrops, faune du Pinde, était cité partout;
Celui-ci, nulle part; les uns le disaient loup;
D'autres le disaient dieu, prétendant s'y connaître;
Mais, en tout cas, qu'il fût tout ce qu'il pouvait être,
C'était un garnement de dieu fort mal famé.

Tout craignait ce sylvain à toute heure allumé;
La bacchante elle-même en tremblait; les napées
S'allaient blottir aux trous des roches escarpées;
Echo barricadait son antre trop peu sûr;
Pour ce songeur velu, fait de fange et d'azur,
L'andryade en sa grotte était dans une alcôve;
De la forêt profonde il était l'amant fauve;
Sournois, pour se jeter sur elle, il profitait
Du moment où la nymphe, à l'heure où tout se tait,

Éclatante, apparaît dans le miroir des sources ;
Il arrêtait Lycère et Chloé dans leurs courses ;
Il guettait, dans les lacs qu'ombrage le bouleau,
La naïade qu'on voit radieuse sous l'eau
Comme une étoile ayant la forme d'une femme ;
Son œil lascif errait la nuit comme une flamme ;
Il pillait les appâts splendides de l'été ;
Il adorait la fleur, cette naïveté ;
Il couvait d'une tendre et vaste convoitise
Le muguet, le troëne embaumé, le cytise,
Et ne s'endormait pas même avec le pavot ;
Ce libertin était à la rose dévot ;
Il était fort infâme au mois de mai ; cet être
Traitait, regardant tout comme par la fenêtre,
Flore de mijaurée et Zéphir de marmot ;
Si l'eau murmurait : J'aime ! il la prenait au mot,
Et saisissait l'Ondée en fuite sous les herbes ;
Ivre de leurs parfums, vautré parmi leurs gerbes,
Il faisait une telle orgie avec les lys,
Les myrtes, les sorbiers de ses baisers pâlis,
Et de telles amours, que, témoin du désordre,
Le chardon, ce jaloux, s'efforçait de le mordre ;
Il s'était si crûment dans les excès plongé
Qu'il était dénoncé par la caille et le geai ;
Son bras, toujours tendu vers quelque blonde tresse,
Traversait l'ombre ; après les mois de sécheresse,
Les rivières, qui n'ont qu'un voile de vapeur,
Allant remplir leur urne à la pluie, avaient peur
De rencontrer sa face effrontée et cornue ;
Un jour, se croyant seule et s'étant mise nue
Pour se baigner au flot d'un ruisseau clair, Psyché
L'aperçut tout à coup dans les feuilles caché,
Et s'enfuit, et s'alla plaindre dans l'empyrée ;
Il avait l'innocence impudique de Rhée ;
Son caprice, à la fois divin et bestial,
Montait jusqu'au rocher sacré de l'idéal,
Car partout où l'oiseau vole, la chèvre y grimpe ;
Ce faune débraillait la forêt de l'Olympe ;
Et, de plus, il était voleur, l'aventurier.

Hercule l'alla prendre au fond de son terrier,
Et l'amena devant Jupiter par l'oreille.

I

LE BLEU

Quand le satyre fut sur la cime vermeille,
Quand il vit l'escalier céleste commençant,
On eût dit qu'il tremblait, tant c'était ravissant!
Et que, rictus ouvert au vent, tête éblouie
A la fois par les yeux, l'odorat et l'ouïe,
Faune ayant de la terre encore à ses sabots,
Il frissonnait devant les cieux sereins et beaux;
Quoique à peine fût-il au seuil de la caverne
De rayons et d'éclairs que Jupiter gouverne,
Il contemplait l'azur, des pléiades voisin;
Béant, il regardait passer, comme un essaim
De molles nudités sans fin continuées,
Toutes ces déités que nous nommons nuées.
C'était l'heure où sortaient les chevaux du soleil;
Le ciel, tout frémissant du glorieux réveil,
Ouvrait les deux battants de sa porte sonore;
Blancs, ils apparaissaient formidables d'aurore;
Derrière eux, comme un orbe effrayant, couvert d'yeux,
Éclatait la rondeur du grand char radieux;
On distinguait le bras du dieu qui les dirige;
Aquilon achevait d'atteler le quadrige;
Les quatre ardents chevaux dressaient leur poitrail d'or;
Faisant leurs premiers pas, ils se cabraient encor
Entre la zone obscure et la zone enflammée;
De leurs crins, d'où semblait sortir une fumée
De perles, de saphirs, d'onyx, de diamants,
Dispersée et fuyante au fond des éléments,
Les trois premiers, l'œil fier, la narine embrasée,
Secouaient dans le jour des gouttes de rosée;
Le dernier secouait des astres dans la nuit.

. . . . . .

Au-dessus de l'Olympe éclatant, au delà
Du nouveau ciel qui naît et du vieux qui croula,
Plus loin que les chaos, prodigieux décombres,
Tournait la roue énorme aux douze cages sombres,

Le Zodiaque, ayant autour de ses essieux
Douze spectres tordant leur chaîne dans les cieux;
Ouverture du puits de l'infini sans borne;
Cercle horrible où le chien fuit près du capricorne;
Orbe inouï, mêlant dans l'azur nébuleux
Aux lions constellés les sagittaires bleus.

Jadis, longtemps avant que la lyre thébaine
Ajoutât des clous d'or à sa conque d'ébène,
Ces êtres merveilleux que le Destin conduit,
Étaient tout noirs, ayant pour mère l'âpre Nuit;
Lorsque le Jour parut, il leur livra bataille;
Lutte affreuse! il vainquit; l'Ombre encore en tressaille;
De sorte que, percés des flèches d'Apollon,
Tous ces monstres, partout, de la tête au talon,
En souvenir du sombre et lumineux désastre,
Ont maintenant la plaie incurable d'un astre.

. . . . . .
L'humble ægipan, figure à l'ombre habituée,
Alla s'asseoir rêveur derrière une nuée,
Comme si, moins voisin des rois, il était mieux,
Et se mit à chanter un chant mystérieux.

. . . . . .
La flûte que, parmi des mouvements de fièvre,
Il prenait et quittait, importunait sa lèvre;
Le faune la jeta sur le sacré sommet;
Sa paupière était close, on eût dit qu'il dormait,
Mais ses cils roux laissaient passer de la lumière.
. . . . . .

« Toute la force obscure et vague de la terre
Est dans la brute, larve auguste et solitaire;
La sibylle au front gris le sait, et les devins
Le savent, ces rôdeurs des sauvages ravins;
Et c'est là ce qui fait que la thessalienne
Prend des touffes de poil aux cuisses de l'hyène,
Et qu'Orphée écoutait, hagard, presque jaloux,
Le chant sombre qui sort du hurlement des loups. »

. . . . . .
Tout en parlant ainsi, le satyre devint
Démesuré; plus grand d'abord que Polyphème,
Puis plus grand que Typhon qui hurle et qui blasphème
Et qui heurte ses poings ainsi que des marteaux,
Puis plus grand que Titan, puis plus grand que l'Athos
L'espace immense entra dans cette forme noire;
Et, comme le marin voit croître un promontoire,
Les dieux dressés voyaient grandir l'être effrayant;
Sur son front blêmissait un étrange orient;
Sa chevelure était une forêt; des ondes,
Fleuves, lacs, ruisselaient de ses hanches profondes;
Ses deux cornes semblaient le Caucase et l'Atlas;
Les foudres l'entouraient avec de sourds éclats;
Sur ses flancs palpitaient des prés et des campagnes,
Et ses difformités s'étaient faites montagnes;
Les animaux qu'avaient attirés ses accords,
Daims et tigres, montaient tout le long de son corps;
Des avrils tout en fleurs verdoyaient sur ses membres;
Le pli de son aisselle abritait des décembres;
Et des peuples errants demandaient leur chemin,
Perdus au carrefour des cinq doigts de sa main;
Des aigles tournoyaient dans sa bouche béante;
La lyre, devenue en le touchant géante,
Chantait, pleurait, grondait, tonnait, jetait des cris,
Les ouragans étaient dans les sept cordes pris
Comme des moucherons dans de lugubres toiles;
Sa poitrine terrible était pleine d'étoiles.

Il cria :

              « L'avenir, tel que les cieux le font,
C'est l'élargissement dans l'infini sans fond,
C'est l'esprit pénétrant de toutes parts la chose!
On mutile l'effet en limitant la cause;
Monde, tout le mal vient de la forme des dieux.
On fait du ténébreux avec le radieux :
Pourquoi mettre, au-dessus de l'Être, des fantômes ?
Les clartés, les éthers, ne sont pas des royaumes.
Place au fourmillement éternel des cieux noirs,
Des cieux bleus, des midis, des aurores, des soirs!
Place à l'atome saint, qui brûle ou qui ruisselle!
Place au rayonnement de l'âme universelle!

Un roi c'est de la guerre, un dieu c'est de la nuit.
Liberté, vie et foi, sur le dogme détruit!
Partout une lumière et partout un génie!
Amour! tout s'entendra, tout étant l'harmonie!
L'azur du ciel sera l'apaisement des loups.
Place à Tout! Je suis Pan; Jupiter! à genoux. »

La Légende des Siècles

LES SEPT MERVEILLES DU MONDE

. . . . . .
Le granit cherche à voir son maître, le rocher
Sent la statue en lui frémir et s'ébaucher,
Le marbre obscur s'émeut dans la nuit infinie
Sous la parenté sombre et sainte du génie,
Et l'albâtre enfoui ne veut plus être noir;
Le sol tressaille, il sent là-haut l'homme vouloir :
Et voilà que, sous l'œil de ce passant qui crée,
Des sourdes profondeurs de la terre sacrée,
Tout à coup, étageant ses murs, ses escaliers,
Sa façade, et ses rangs d'arches et de piliers,
Fier, blanchissant, cherchant le ciel avec sa cime,
Monte et sort lentement l'édifice sublime,
Composé de la terre et de l'homme, unissant
Ce que dans sa racine a le chêne puissant
Et ce que rêve Euclide aidé de Praxitèle,
Mêlant l'éternel bloc à l'idée immortelle!

Mon frontispice appuie au calme entablement
Ses deux plans lumineux inclinés mollement,
Si doux qu'il semble fait pour coucher des déesses;
Parfois, comme un sein nu sous l'or des blondes tresses,
Je me cache parmi les nuages d'azur;
Trois sculpteurs sur ma frise, un volsque, Albus d'Anxur,
Un mède, Ajax de Suze, un grec, Phtos de Mégare,
Ont ciselé les monts où la meute s'égare,
Et la pudeur sauvage, et les dieux de la paix,
Des Triptolèmes nus parmi les blés épais,
Et des Cérès foulant sous leurs pieds des Bellones;
Cent vingt-sept rois ont fait mes cent vingt-sept colonnes;

Je suis l'art radieux, saint, jamais abattu;
Ma symétrie auguste est sœur de la vertu;
Mon resplendissement couvre toute la Grèce;
Le rocher qui me porte est rempli d'allégresse,
Et la ville à mes pieds adore avec ferveur.
Sparte a reçu sa loi de Lycurgue rêveur,
Mantinée a reçu sa loi de Nicodore,
Athènes, qu'un reflet de divinité dore
De Solon, grand pasteur des hommes convaincus,
La Crète de Minos, Locre de Séleucus,
Moi, le temple, je suis législateur d'Ephèse;
Le peuple en me voyant comprend l'ordre et s'apaise;
Mes degrés sont les mots d'un code, mon fronton
Pense comme Thalès, parle comme Platon,
Mon portique serein, pour l'âme qui sait lire,
A la vibration pensive d'une lyre,
Mon péristyle semble un précepte des cieux;
Toute loi vraie étant un rythme harmonieux,
Nul homme ne me voit sans qu'un dieu l'avertisse;
Mon austère équilibre enseigne la justice;
Je suis la vérité bâtie en marbre blanc,

. . . . . .

Mon fronton n'a pas plus la crainte du hibou
Que Calliope n'a la crainte de Minerve.
Tous ceux que Sybaris voluptueuse énerve
N'ont qu'à franchir mon seuil d'austérité vêtu
Pour renaître, étonnés, à la forte vertu.
Sous ma crypte on entend chuchoter la sibylle;
Parfois, troublé soudain dans sa brume immobile,
Le plafond, où des mots de l'ombre sont écrits,
Tremble à l'explosion tragique de ses cris;
Sur ma paroi secrète et terrible, l'augure
Du souriant Olympe entrevoit la figure,
Et voit des mouvements confus et radieux
De visages qui sont les visages des dieux;
De vagues aboiements sous ma voûte se mêlent;
Et des voix de passants invisibles s'appellent;
Et le prêtre, épiant mon redoutable mur,
Croit par moments qu'au fond du sanctuaire obscur,
Assise près d'un chien qui sous ses pieds se couche,
La grande chasseresse, éclatante et farouche,
Songe, ayant dans les yeux la lueur des forêts.

O temps, je te défie. Est-ce que tu pourrais
Quelque chose sur moi, l'édifice suprême ?
Un siècle sur un siècle accroît mon diadème ;
J'entends autour de moi les peuples s'écrier :
Tu nous fais admirer et tu nous fais prier ;
Nos fils t'adoreront comme nous t'adorâmes,
Chef-d'œuvre pour les yeux et temple pour les âmes !

La Légende des Siècles

BOOZ ENDORMI

. . . . . .
Pendant qu'il sommeillait, Ruth, une Moabite,
S'était couchée aux pieds de Booz, le sein nu,
Espérant on ne sait quel rayon inconnu,
Quand viendrait du réveil la lumière subite.

Booz ne savait point qu'une femme était là,
Et Ruth ne savait point ce que Dieu voulait d'elle.
Un frais parfum sortait des touffes d'asphodèle ;
Les souffles de la nuit flottaient sur Galgala.

L'ombre était nuptiale, auguste et solennelle ;
Les anges y volaient sans doute obscurément,
Car on voyait passer dans la nuit, par moment,
Quelque chose de bleu qui paraissait une aile.

La respiration de Booz qui dormait
Se mêlait au bruit sourd des ruisseaux sur la mousse.
On était dans le mois où la nature est douce,
Les collines ayant des lis sur leur sommet.

Ruth songeait et Booz dormait ; l'herbe était noire ;
Les grelots des troupeaux palpitaient vaguement ;
Une immense bonté tombait du firmament ;
C'était l'heure tranquille où les lions vont boire.

Tout reposait dans Ur et dans Jérimadeth;
Les astres émaillaient le ciel profond et sombre;
Le croissant fin et clair parmi ces fleurs de l'ombre
Brillait à l'occident, et Ruth se demandait,

Immobile, ouvrant l'œil à moitié sous ses voiles,
Quel dieu, quel moissonneur de l'éternel été
Avait, en s'en allant, négligemment jeté
Cette faucille d'or dans le champ des étoiles.

La Légende des Siècles

L'EXPIATION

I

Il neigeait. On était vaincu par sa conquête.
Pour la première fois l'aigle baissait la tête.
Sombres jours! l'empereur revenait lentement,
Laissant derrière lui brûler Moscou fumant.
Il neigeait. L'âpre hiver fondait en avalanche.
Après la plaine blanche une autre plaine blanche.
On ne connaissait plus les chefs ni le drapeau.
Hier la grande armée, et maintenant troupeau.
On ne distinguait plus les ailes ni le centre.
Il neigeait. Les blessés s'abritaient dans le ventre
Des chevaux morts; au seuil des bivouacs désolés
On voyait des clairons à leur poste gelés,
Restés debout en selle et muets, blancs de givre,
Collant leur bouche en pierre aux trompettes de cuivre.
Boulets, mitraille, obus, mêlés aux flocons blancs,
Pleuvaient; les grenadiers, surpris d'être tremblants,
Marchaient pensifs, la glace à leur moustache grise.
Il neigeait, il neigeait toujours! La froide bise
Sifflait; sur le verglas, dans des lieux inconnus,
On n'avait pas de pain et l'on allait pieds nus.
Ce n'étaient plus des cœurs vivants, des gens de guerre,
C'était un rêve errant dans la brume, un mystère,
Une procession d'ombres sous le ciel noir.
La solitude, vaste, épouvantable à voir,
Partout apparaissait, muette vengeresse.

Le ciel faisait sans bruit avec la neige épaisse
Pour cette immense armée un immense linceul;
Et, chacun se sentant mourir, on était seul.
— Sortira-t-on jamais de ce funeste empire ?
Deux ennemis! le czar, le nord. Le nord est pire.
On jetait les canons pour brûler les affûts.
Qui se couchait, mourait. Groupe morne et confus,
Ils fuyaient; le désert dévorait le cortège.
On pouvait, à des plis qui soulevaient la neige,
Voir que des régiments s'étaient endormis là.
O chutes d'Annibal! lendemains d'Attila!
Fuyards, blessés, mourants, caissons, brancards, civières,
On s'écrasait aux ponts pour passer les rivières,
On s'endormait dix mille, on se réveillait cent.
Ney, que suivait naguère une armée, à présent
S'évadait, disputant sa montre à trois cosaques.
Toutes les nuits, qui vive! alerte! assauts! attaques!
Ces fantômes prenaient leur fusil, et sur eux
Ils voyaient se ruer, effrayants, ténébreux,
Avec des cris pareils aux voix des vautours chauves,
D'horribles escadrons, tourbillons d'hommes fauves.
Toute une armée ainsi dans la nuit se perdait.
L'empereur était là, debout, qui regardait.
Il était comme un arbre en proie à la cognée.
Sur ce géant, grandeur jusqu'alors épargnée,
Le malheur, bûcheron sinistre, était monté;
Et lui, chêne vivant, par la hache insulté,
Tressaillant sous le spectre aux lugubres revanches,
Il regardait tomber autour de lui ses branches.
Chefs, soldats, tous mouraient. Chacun avait son tour.
Tandis qu'environnant sa tente avec amour,
Voyant son ombre aller et venir sur la toile,
Ceux qui restaient, croyant toujours à son étoile,
Accusaient le destin de lèse-majesté,
Lui se sentit soudain dans l'âme épouvanté.
Stupéfait du désastre et ne sachant que croire,
L'empereur se tourna vers Dieu; l'homme de gloire
Trembla; Napoléon comprit qu'il expiait
Quelque chose peut-être, et, livide, inquiet,
Devant ses légions sur la neige semées :
— Est-ce le châtiment, dit-il, Dieu des armées ? —
Alors il s'entendit appeler par son nom
Et quelqu'un qui parlait dans l'ombre lui dit : Non.

II

Waterloo! Waterloo! Waterloo! morne plaine!
Comme une onde qui bout dans une urne trop pleine,
Dans ton cirque de bois, de coteaux, de vallons,
La pâle mort mêlait les sombres bataillons.
D'un côté c'est l'Europe et de l'autre la France.
Choc sanglant! des héros Dieu trompait l'espérance;
Tu désertais, victoire, et le sort était las.
O Waterloo! je pleure et je m'arrête, hélas!
Car ces derniers soldats de la dernière guerre
Furent grands; ils avaient vaincu toute la terre,
Chassé vingt rois, passé les Alpes et le Rhin,
Et leur âme chantait dans les clairons d'airain!

Le soir tombait; la lutte était ardente et noire.
Il avait l'offensive et presque la victoire;
Il tenait Wellington acculé sur un bois.
Sa lunette à la main, il observait parfois
Le centre du combat, point obscur où tressaille
La mêlée, effroyable et vivante broussaille,
Et parfois l'horizon, sombre comme la mer.
Soudain, joyeux, il dit: Grouchy! — C'était Blücher.
L'espoir changea de camp, le combat changea d'âme,
La mêlée en hurlant grandit comme une flamme.
La batterie anglaise écrasa nos carrés.
La plaine où frissonnaient les drapeaux déchirés,
Ne fut plus, dans les cris des mourants qu'on égorge,
Qu'un gouffre flamboyant, rouge comme une forge;
Gouffre où les régiments comme des pans de murs
Tombaient, où se couchaient comme des épis mûrs
Les hauts tambours-majors aux panaches énormes,
Où l'on entrevoyait des blessures difformes!
Carnage affreux! moment fatal! L'homme inquiet
Sentit que la bataille entre ses mains pliait.
Derrière un mamelon la garde était massée.
La garde, espoir suprême et suprême pensée!
— Allons! faites donner la garde! — cria-t-il.
Et, lanciers, grenadiers aux guêtres de coutil,
Dragons que Rome eût pris pour des légionnaires,
Cuirassiers, canonniers qui traînaient des tonnerres,
Portant le noir colback ou le casque poli,

Tous, ceux de Friedland et ceux de Rivoli,
Comprenant qu'ils allaient mourir dans cette fête,
Saluèrent leur dieu, debout dans la tempête.
Leur bouche, d'un seul cri, dit : vive l'empereur!
Puis, à pas lents, musique en tête, sans fureur,
Tranquille, souriant à la mitraille anglaise,
La garde impériale entra dans la fournaise.
Hélas! Napoléon, sur sa garde penché,
Regardait, et, sitôt qu'ils avaient débouché
Sous les sombres canons crachant des jets de soufre,
Voyait, l'un après l'autre, en cet horrible gouffre,
Fondre ces régiments de granit et d'acier
Comme fond une cire au souffle d'un brasier.
Ils allaient, l'arme au bras, front haut, graves, stoïques
Pas un ne recula. Dormez, morts héroïques!
Le reste de l'armée hésitait sur leurs corps
Et regardait mourir la garde. — C'est alors
Qu'élevant tout à coup sa voix désespérée,
La Déroute, géante à la face effarée,
Qui, pâle, épouvantant les plus fiers bataillons,
Changeant subitement les drapeaux en haillons,
A de certains moments, spectre fait de fumées,
Se lève grandissante au milieu des armées,
La Déroute apparut au soldat qui s'émeut,
Et, se tordant les bras, cria : Sauve qui peut!
Sauve qui peut! — affront! horreur! — toutes les bouches
Criaient; à travers champs, fous, éperdus, farouches,
Comme si quelque souffle avait passé sur eux,
Parmi les lourds caissons et les fourgons poudreux,
Roulant dans les fossés, se cachant dans les seigles,
Jetant shakos, manteaux, fusils, jetant les aigles,
Sous les sabres prussiens, ces vétérans, ô deuil!
Tremblaient, hurlaient, pleuraient, couraient! — En un
Comme s'envole au vent une paille enflammée, [clin d'œil,
S'évanouit ce bruit qui fut la grande armée,
Et cette plaine, hélas! où l'on rêve aujourd'hui,
Vit fuir ceux devant qui l'univers avait fui!
Quarante ans sont passés, et ce coin de la terre,
Waterloo, ce plateau funèbre et solitaire,
Ce champ sinistre où Dieu mêla tant de néants,
Tremble encor d'avoir vu la fuite des géants!
· · · · · ·

LE CHEVAL

Je l'avais saisi par la bride;
Je tirais, les poings dans les nœuds,
Ayant dans les sourcils la ride
De cet effort vertigineux.

C'était le grand cheval de gloire,
Né de la mer comme Astarté,
A qui l'aurore donne à boire
Dans les urnes de la clarté;

L'alérion aux bonds sublimes,
Qui se cabre, immense, indompté,
Plein du hennissement des cimes,
Dans la bleue immortalité.

. . . . . .

Chansons des Rues et des Bois

II

Orphée, au bois de Caystre,
Écoutait, quand l'astre luit,
Le rire obscur et sinistre
Des inconnus de la nuit.

Phtas, la sibylle thébaine,
Voyait près de Phygalé
Danser des formes d'ébène
Sur l'horizon étoilé.

Eschyle errait à la brune
En Sicile, et s'enivrait
Des flûtes du clair de lune
Qu'on entend dans la forêt.

. . . . . .
O feuillage, tu m'attires;
Un Dieu t'habite; et je crois
Que la danse des satyres
Tourne encore au fond des bois.

Chansons des Rues et des Bois, Livre I, 2

L'HOMME étant la souris dont le diable est le chat,
On appelle ceci Rédemption, Rachat,
Salut du monde; et, Christ est mort, donc l'homme est
Et tout est désormais fondé sur l'équilibre   [libre
D'un vol de pomme avec l'assassinat de Dieu;
Soit. Mais ne rions plus quand Thor, à coups d'épieu,
Cherche à tuer Matchi, le grand tigre invisible;
Ni quand l'archer Zuvoch prend l'astre Aleph pour cible;
Ne raillons plus Horus qui trompe Hermès l'expert;
Ni Sog qui joue aux dés la lune et qui la perd;
Ni la tortue ayant sur son écaille ronde
Huit grands éléphants blancs qui soutiennent le monde;
Ne raillons plus ces dieux étranges de Délos,
Ailés, palmés, sachant les noms de tous les flots,
Dont la nuit on voyait confusément les trônes
Luire aux pâles sommets des monts Acrocéraunes;
Et cessons de hausser les épaules devant
Les hottentots prenant dans leurs poings noirs le vent,
Devant les grecs faisant, dans un luncheon nocturne,
Manger ses petits fils au grand-père Saturne,
Et ne bafouons plus le nègre et son tabou,
Ni ce temple meublé d'idoles en bambou
Où les sauvages vont avec les sauvagesses.

O religions, dieux, certitudes, sagesses!

Religions et Religion, VIII

L'ANGE

. . . . . .
Fouille l'air, l'onde, l'herbe; écoute l'affreux bruit
Des broussailles, le cri des Alpes dans la nuit,
Le hurlement sans nom des jungles tropicales;
Quelle vaste douleur! Les hyènes bancales
Rôdent; sur la perdrix le milan tombe à pic;
La martre infâme mord le flanc du porc-épic;
La chèvre, les deux pieds de devant dans la haie,
Voit la couleuvre et bêle avec terreur, l'orfraie
S'agite dans l'effroi du problème inconnu;
Sur le crâne pelé du mont sinistre et nu
Le trou de l'aigle est plein de carnage et de fiente;
La chouette, en qui vit la nuit terrifiante,
Tout en broyant du bec l'oiseau qu'elle surprit,
Songe; le vautour blanc lui prend sa proie, et rit;
L'éléphant marche avec un fracas d'épouvante;
L'affreux jararrara, comme une onde vivante,
Autour des hauts bambous et des joncs tortueux
Se roule et les roseaux deviennent monstrueux;
Le museau de la fouine au poulailler se plonge;
Sur la biche aux yeux bleus le léopard s'allonge;
Le bison sur son dos emporte le conquard
Qui lui suce le sang pendant qu'il fuit hagard;
La baudroie erre et semble un monstre chimérique;
Quand le grand-duc cornu dans les bois d'Amérique
Plane, l'essaim fuyard des ramiers prend son vol.
Vois. L'oblique hibou guette le rossignol.
Le loup montre sa gueule, et l'homme son visage,
Le désert frémit. Vois, les pigeons de passage
Qui vont, pillant le houx et le genévrier,
L'ours qui sort de son antre au mois de février,
Le phoque au poil luisant qui semble frotté d'huile,
Tout le fourmillement des brutes, le reptile,
Le nid, le scorpion tapis dans les lieux frais,
Le renard, le puma, ce grand chat des forêts
Qui fait en miaulant le bruit d'un bœuf qui gronde,
Le lynx, l'impur condor à la prunelle ronde,
Brigands que la nuit cache en son vaste recel,
Le jaguar à l'affût près des sources de sel,

Les files de chameaux des horizons arabes,
L'ibis mangeur de vers, le rat mangeur de crabes,
Les musquas rongeurs, pris au fond des lacs vitreux
Par la glace, et, l'hiver, se dévorant entre eux,
Et les boas nageurs et les boas énygres,
Et tous les crânes plats des serpents et des tigres,
Le mulot, la bigaille, et, sortant du ruisseau,
L'horrible caïman à tête de pourceau,
Méduse, cachalot, orphe, requin, marbrée,
Baleine à la mâchoire infecte et délabrée,
Mouches s'engloutissant au gouffre engoulevent,
L'unau, le fourmilier traître, lent et bavant,
L'once au jurement fauve, aux moustaches roidies,
Bêtes de l'ombre errant comme des Canidies,
Tout souffre; grand, petit, le hardi, le prudent,
Tout rencontre un chasseur, une griffe, une dent!
Une sorte d'horreur implacable enveloppe
L'aigle et le colibri, le tigre et l'antilope.
L'eau noire fait songer le grave pélican.
Partout la gueule s'ouvre à côté du volcan;
Partout les bois ont peur, partout la bête tremble
D'un frisson de colère ou d'épouvante; il semble
A celui qui ne voit l'être que d'un côté
Qu'une haine inouïe emplit l'immensité.
. . . . . .

Dieu, Livre II, 7

LE CANTIQUE DE BETHPHAGÉ

. . . . . .
Par l'ouverture de ma porte
Mon bien-aimé passa sa main,
Et je me réveillai, de sorte
Que nous nous marions demain.
Mon bien-aimé passa sa main
Par l'ouverture de ma porte.

De la montagne de l'encens
A la colline de la myrrhe,
C'est lui que souhaitent mes sens,

Et c'est lui que mon âme admire
De la colline de la myrrhe
A la montagne de l'encens.

Je ne sais comment le lui dire,
J'ai dépouillé mes vêtements;
Dites-le lui, cieux! il soupire,
Et moi je brûle, ô firmaments!
J'ai dépouillé mes vêtements;
Je ne sais comment le lui dire.

. . . . . .

La fin de Satan, Livre II

Pygmalion s'éprend de sa pâle statue;
L'horrible amour du spectre et du marbre le tue;
L'aigle que fait Dédale et qu'il livre aux éclairs
Lui prend son cœur et jette Icare aux sombres mers;
Un lion est créé par Barjesus, et l'ombre
Fait dévorer au fond de sa caverne sombre
Le père monstrueux par le monstrueux fils;
Car l'être universel punit de tels défis;
Le chaos venge l'ordre; et la nature insurge
Le miracle indigné contre le thaumaturge.

. . . . . .

Reliquat de *Dieu*

. . . . . .

Quand les nuages lourds et noirs où les tempêtes
Enfoncent les éclairs comme des éperons,
Quand les farouches vents, embouchant leurs clairons,
Des porches inconnus sortent le soir en foule,
Quand une telle foudre en leurs rangs brille et roule,
Que ce tas de dragons et d'hydres par moment
A l'air de se mouvoir dans un embrasement,
Et qu'il semble qu'un feu prodigieux allume
Leurs crinières de pluie et leurs croupes de brume,
Quand ils planent hagards, hennissant à grand bruit,
Qui donc pousse, à travers le combat de la nuit,
Cette cavalerie ailée et formidable?

. . . . .

Reliquat de *Dieu*

PAROLES DE L'ARCHANGE

. . . . . .
« Une étoile est un astre entouré d'autres astres,
Terres, lunes, Vénus, Saturnes, Jupiters;
Tout cela tourne au fond des sublimes éthers;
Et ces mondes portés par rien jamais ne croulent;
Et la rapidité des planètes qui roulent
Dans l'empyrée autour de leur centre vermeil,
Est telle que, pour Dieu rêveur, chaque soleil
Semble avoir des colliers de perles lumineuses.
. . . . . .

Reliquat de *Dieu*

L'ENFER

. . . . . .
On entend rugir des étables
Pleines de monstres dont l'œil luit,
Et dans ces gouffres redoutables,
Des naufragés épouvantables
Mordent des barques dans la nuit.
. . . . . .

Reliquat de *Dieu*

AUGUSTE BARBIER

1805-1882

AUGUSTE BARBIER

LA CURÉE

III

C'est que la Liberté n'est pas une comtesse
    Du noble faubourg Saint-Germain.
Une femme qu'un cri fait tomber en faiblesse,
    Qui met du blanc et du carmin :
C'est une forte femme aux puissantes mamelles,
    A la voix rauque, aux durs appas,
Qui, du brun sur la peau, du feu dans les prunelles,
    Agile et marchant à grands pas,
Se plaît aux cris du peuple, aux sanglantes mêlées,
    Aux longs roulements des tambours,
A l'odeur de la poudre, aux lointaines volées
    Des cloches et des canons sourds;
Qui ne prend ses amours que dans la populace;
    Qui ne prête son large flanc
Qu'à des gens forts comme elle, et qui veut qu'on l'embrasse
    Avec des bras rouges de sang.

IV

C'est la vierge fougueuse, enfant de la Bastille,
    Qui jadis, lorsqu'elle apparut
Avec son air hardi, ses allures de fille,
    Cinq ans mit tout le peuple en rut;
Qui, plus tard, entonnant une marche guerrière,
    Lasse de ses premiers amants,
Jeta là son bonnet, et devint vivandière
    D'un capitaine de vingt ans :

C'est cette femme, enfin, qui, toujours belle et nue,
    Avec l'écharpe aux trois couleurs
Dans nos murs mitraillés tout à coup reparue,
    Vient de sécher nos yeux en pleurs,
De remettre en trois jours une haute couronne
    Aux mains des Français soulevés,
D'écraser une armée et de broyer un trône
    Avec quelques tas de pavés.

. . . . . .

VI

Ainsi, quand désertant sa bauge solitaire,
    Le sanglier, frappé de mort,
Est là, tout palpitant, étendu sur la terre
    Et sous le soleil qui le mord;
Lorsque, blanchi de bave et la langue tirée,
    Ne bougeant plus en ses liens,
Il meurt, et que la trompe a sonné la curée
    A toute la meute des chiens,
Toute la meute, alors, comme une vague immense,
    Bondit; alors chaque mâtin
Hurle en signe de joie, et prépare d'avance
    Ses larges crocs pour le festin;
Et puis vient la cohue, et les abois féroces
    Roulent de vallons en vallons;
Chiens courants et limiers, et dogues, et molosses,
    Tout s'élance, et tout crie : Allons!
Quand le sanglier tombe et roule sur l'arène,
    Allons, allons! les chiens sont rois!
Le cadavre est à nous; payons-nous notre peine,
    Nos coups de dents et nos abois.
Allons! nous n'avons plus de valet qui nous fouaille
    Et qui se pende à notre cou :
Du sang chaud, de la chair, allons, faisons ripaille,
    Et gorgeons-nous tout notre soûl!
Et tous, comme ouvriers que l'on met à la tâche,
    Fouillent ses flancs à plein museau,
Et de l'ongle et des dents travaillent sans relâche,
    Car chacun en veut un morceau;
Car il faut au chenil que chacun d'eux revienne
    Avec un os demi-rongé,

Et que, trouvant au seuil son orgueilleuse chienne,
      Jalouse et le poil allongé,
Il lui montre sa gueule encor rouge, et qui grogne,
      Son os dans les dents arrêté,
Et lui crie, en jetant son quartier de charogne :
      « Voici ma part de royauté! »

Août 1830.

L'IDOLE

III

O corse à cheveux plats! que ta France était belle
      Au grand soleil de messidor!
C'était une cavale indomptable et rebelle,
      Sans frein d'acier ni rênes d'or;
Une jument sauvage à la croupe rustique,
      Fumante encore du sang des rois,
Mais fière, et d'un pied fort heurtant le sol antique,
      Libre pour la première fois.
Jamais aucune main n'avait passé sur elle
      Pour la flétrir et l'outrager;
Jamais ses larges flancs n'avaient porté la selle
      Et le harnais de l'étranger;
Tout son poil était vierge, et, belle vagabonde,
      L'œil haut, la croupe en mouvement,
Sur ses jarrets dressée, elle effrayait le monde
      Du bruit de son hennissement.
Tu parus, et sitôt que tu vis son allure,
      Ses reins si souples et dispos,
Dompteur audacieux, tu pris sa chevelure,
      Tu montas botté sur son dos.
Alors, comme elle aimait les rumeurs de la guerre,
      La poudre, les tambours battants,
Pour champ de course, alors tu lui donnas la terre
      Et des combats pour passe-temps :
Alors, plus de repos, plus de nuits, plus de sommes,
      Toujours l'air, toujours le travail,

Toujours comme du sable écraser des corps d'hommes,
      Toujours du sang jusqu'au poitrail.
Quinze ans son dur sabot, dans sa course rapide,
      Broya les générations;
Quinze ans elle passa, fumante, à toute bride,
      Sur le ventre des nations;
Enfin, lasse d'aller sans finir sa carrière,
      D'aller sans user son chemin,
De pétrir l'univers, et comme une poussière
      De soulever le genre humain;
Les jarrets épuisés, haletante, sans force
      Et fléchissant à chaque pas,
Elle demanda grâce à son cavalier corse;
      Mais, bourreau, tu n'écoutas pas!
Tu la pressas plus fort de ta cuisse nerveuse,
      Pour étouffer ses cris ardents,
Tu retournas le mors dans sa bouche baveuse,
      De fureur tu brisas ses dents;
Elle se releva : mais un jour de bataille,
      Ne pouvant plus mordre ses freins,
Mourante, elle tomba sur un lit de mitraille
      Et du coup te cassa les reins.

. . . . . .

LE CAMPO SANTO

. . . . . .
Heureux, oh! bien heureux qui, dans un jour d'ivresse,
A pu faire au Seigneur le don de sa jeunesse,
Et qui, prenant la foi comme un bâton noueux,
A gravi loin du monde un sentier montueux!
Heureux l'homme isolé qui met toute sa gloire
Au bonheur ineffable, au seul bonheur de croire,
Et qui, tout jeune encor, s'est crevé les deux yeux,
Afin d'avoir toujours à désirer les cieux!
Heureux seul le croyant, car il a l'âme pure,
Il comprend sans effort la mystique nature;
Il a, sans la chercher, la parfaite beauté,
Et les trésors divins de la sérénité.

Puis il voit devant lui sa vie immense et pleine
Comme un pieux soupir s'écouler d'une haleine;
Et lorsque sur son front la Mort pose ses doigts,
Les anges près de lui descendent à la fois;
Au sortir de sa bouche ils recueillent son âme,
Et, croisant par-dessus leurs deux ailes de flamme,
L'emportent toute blanche au céleste séjour,
Comme un petit enfant qui meurt sitôt le jour.

. . . . . .

GÉRARD DE NERVAL

1808-1855

GÉRARD DE NERVAL

DAPHNÉ

Jam redit et virgo...

LA connais-tu, Daphné, cette ancienne romance,
Au pied du sycomore, ou sous les lauriers blancs,
Sous l'olivier, le myrte, ou les saules tremblants,
Cette chanson d'amour, qui toujours recommence ?

Reconnais-tu le Temple au péristyle immense,
Et les citrons amers où s'imprimaient tes dents,
Et la grotte, fatale aux hôtes imprudents,
Où du dragon vaincu dort l'antique semence ?...

Ils reviendront, ces Dieux, que tu pleures toujours,
Le temps va ramener l'ordre des anciens jours,
La terre a tressailli d'un souffle prophétique :

Cependant la sibylle, au visage latin,
Est endormie encor sous l'arc de Constantin...
Et rien n'a dérangé le sévère Portique.

Les Chimères

EL DESDICHADO

Je suis le ténébreux, — le veuf, — l'inconsolé,
Le prince d'Aquitaine à la tour abolie :
Ma seule *étoile* est morte, — et mon luth constellé
Porte le *soleil noir* de la *Mélancolie*.

Dans la nuit du tombeau, toi qui m'as consolé,
Rends-moi le Pausilippe et la mer d'Italie,
La *fleur* qui plaisait tant à mon cœur désolé,
Et la treille où le pampre à la rose s'allie.

Suis-je Amour ou Phébus, Lusignan ou Biron ?
Mon front est rouge encor du baiser de la reine;
J'ai rêvé dans la grotte où nage la sirène...

Et j'ai deux fois vainqueur traversé l'Achéron :
Modulant tour à tour sur la lyre d'Orphée
Les soupirs de la sainte et les cris de la fée.

Les Chimères

ALFRED DE MUSSET

1810-1857

ALFRED DE MUSSET

ROLLA

I

Regrettez-vous le temps où le ciel sur la terre
Marchait et respirait dans un peuple de dieux,
Où Vénus Astarté, fille de l'onde amère,
Secouait, vierge encor, les larmes de sa mère,
Et fécondait le monde en tordant ses cheveux ?
Regrettez-vous le temps où les Nymphes lascives
Ondoyaient au soleil parmi les fleurs des eaux,
Et d'un éclat de rire agaçaient sur les rives
Les Faunes indolents couchés dans les roseaux ;
Où les sources tremblaient des baisers de Narcisse ;
Où du nord au midi, sur la création,
Hercule promenait l'éternelle justice,
Sous son manteau sanglant taillé dans un lion ;
Où les Sylvains moqueurs, dans l'écorce des chênes,
Avec les rameaux verts se balançaient au vent,
Et sifflaient dans l'écho la chanson du passant ;
Où tout était divin, jusqu'aux douleurs humaines ;
Où le monde adorait ce qu'il tue aujourd'hui ;
Où quatre mille dieux n'avaient pas un athée ;
Où tout était heureux excepté Prométhée,
Frère aîné de Satan, qui tomba comme lui ?

. . . . . .
Regrettez-vous le temps où d'un siècle barbare
Naquit un siècle d'or, plus fertile et plus beau ;
Où le vieil univers fendit avec Lazare
De son front rajeuni la pierre du tombeau ?
Regrettez-vous le temps où nos vieilles romances
Ouvraient leurs ailes d'or vers leur monde enchanté ;
Où tous nos monuments et toutes nos croyances
Portaient le manteau blanc de leur virginité ;

Où, sous la main du Christ, tout venait de renaître;
Où le palais du prince et la maison du prêtre,
Portant la même croix sur leur front radieux,
Sortaient de la montagne en regardant les cieux;
Où Cologne et Strasbourg, Notre-Dame et Saint-Pierre
S'agenouillant au loin dans leurs robes de pierre,
Sur l'orgue universel des peuples prosternés
Entonnaient l'hosanna des siècles nouveau-nés;
Le temps où se faisait tout ce qu'a dit l'histoire;
Où sur les saints autels les crucifix d'ivoire
Ouvraient des bras sans tache et blancs comme le lait;
Où la Vie était jeune, — où la Mort espérait?

O Christ! je ne suis pas de ceux que la prière
Dans tes temples muets amène à pas tremblants;
Je ne suis pas de ceux qui vont à ton Calvaire,
En se frappant le cœur, baiser tes pieds sanglants;
Et je reste debout sous tes sacrés portiques,
Quand ton peuple fidèle, autour des noirs arceaux,
Se courbe en murmurant sous le vent des cantiques,
Comme au souffle du nord un peuple de roseaux.
Je ne crois pas, ô Christ! à ta parole sainte :
Je suis venu trop tard dans un monde trop vieux.
D'un siècle sans espoir naît un siècle sans crainte;
Les comètes du nôtre ont dépeuplé les cieux.

. . . . . .

II

. . . . . .
Lorsque dans le désert la cavale sauvage,
Après trois jours de marche, attend un jour d'orage
Pour boire l'eau du ciel sur ses palmiers poudreux,
Le soleil est de plomb, les palmiers en silence
Sous leur ciel embrasé penchent leurs longs cheveux;
Elle cherche son puits dans le désert immense,
Le soleil l'a séché; sur le rocher brûlant,
Les lions hérissés dorment en grommelant.
Elle se sent fléchir; ses narines qui saignent
S'enfoncent dans le sable, et le sable altéré
Vient boire avidement son sang décoloré;
Alors elle se couche, et ses grands yeux s'éteignent,
Et le pâle désert roule sur son enfant
Les flots silencieux de son linceul mouvant.

Elle ne savait pas, lorsque les caravanes
Avec leurs chameliers passaient sous les platanes,
Qu'elle n'avait qu'à suivre et qu'à baisser le front,
Pour trouver à Bagdad de fraîches écuries,
Des râteliers dorés, des luzernes fleuries,
Et des puits dont le ciel n'a jamais vu le fond.

. . . . . .

Poésies Nouvelles

LETTRE A M. DE LAMARTINE

. . . . . .

Lorsque le laboureur, regagnant sa chaumière,
Trouve le soir son champ rasé par le tonnerre,
Il croit d'abord qu'un rêve a fasciné ses yeux,
Et, doutant de lui-même, interroge les cieux.
Partout la nuit est sombre, et la terre enflammée.
Il cherche autour de lui la place accoutumée
Où sa femme l'attend sur le seuil entr'ouvert;
Il voit un peu de cendre au milieu d'un désert.
Ses enfants demi-nus sortent de la bruyère,
Et viennent lui conter comme leur pauvre mère
Est morte sous le chaume avec des cris affreux;
Mais maintenant, au loin, tout est silencieux.
Le misérable écoute et comprend sa ruine.
Il serre, désolé, ses fils sur sa poitrine;
Il ne lui reste plus, s'il ne tend pas la main,
Que la faim pour ce soir et la mort pour demain.
Pas un sanglot ne sort de sa gorge oppressée;
Muet et chancelant, sans force et sans pensée,
Il s'assoit à l'écart, les yeux sur l'horizon,
Et, regardant s'enfuir sa moisson consumée,
Dans les noirs tourbillons de l'épaisse fumée
L'ivresse du malheur emporte sa raison.

. . . . . .

Créature d'un jour qui t'agites une heure,
De quoi viens-tu te plaindre, et qui te fait gémir ?
Ton âme t'inquiète, et tu crois qu'elle pleure :
Ton âme est immortelle, et tes pleurs vont tarir.

Tu te sens le cœur pris d'un caprice de femme,
Et tu dis qu'il se brise à force de souffrir.
Tu demandes à Dieu de soulager ton âme :
Ton âme est immortelle, et ton cœur va guérir.

Le regret d'un instant te trouble et te dévore;
Tu dis que le passé te voile l'avenir.
Ne te plains pas d'hier; laisse venir l'aurore :
Ton âme est immortelle, et le temps va s'enfuir.

Ton corps est abattu du mal de ta pensée;
Tu sens ton front peser et tes genoux fléchir.
Tombe, agenouille-toi, créature insensée :
Ton âme est immortelle, et la mort va venir.

Tes os dans le cercueil vont tomber en poussière,
Ta mémoire, ton nom, ta gloire vont périr,
Mais non pas ton amour, si ton amour t'est chère :
Ton âme est immortelle et va s'en souvenir.

Poésies Nouvelles

A LA MALIBRAN

. . . . . .
O Maria-Felicia! le peintre et le poète
Laissent, en expirant, d'immortels héritiers;
Jamais l'affreuse nuit ne les prend tout entiers.
A défaut d'action, leur grande âme inquiète
De la mort et du temps entreprend la conquête,
Et, frappés dans la lutte, ils tombent en guerriers.

Celui-là sur l'airain a gravé sa pensée;
Dans un rythme doré l'autre l'a cadencée;
Du moment qu'on l'écoute, on lui devient ami.
Sur sa toile, en mourant, Raphaël l'a laissée;
Et, pour que le néant ne touche point à lui,
C'est assez d'un enfant sur sa mère endormi.

Comme dans une lampe une flamme fidèle,
Au fond du Parthénon le marbre inhabité
Garde de Phidias la mémoire éternelle,
Et la jeune Vénus, fille de Praxitèle,
Sourit encor, debout dans sa divinité,
Aux siècles impuissants qu'a vaincus sa beauté.

. . . . . .

Poésies Nouvelles

A LA MI-CARÊME

I

Le carnaval s'en va, les roses vont éclore;
Sur les flancs des coteaux déjà court le gazon.
Cependant du plaisir la frileuse saison
Sous ses grelots légers rit et voltige encore,
Tandis que, soulevant les voiles de l'aurore,
Le Printemps inquiet paraît à l'horizon.

II

Du pauvre mois de mars il ne faut pas médire,
Bien que le laboureur le craigne justement;
L'univers y renaît; il est vrai que le vent,
La pluie et le soleil s'y disputent l'empire.
Qu'y faire? Au temps des fleurs, le monde est un enfant;
C'est sa première larme et son premier sourire.

III

C'est dans le mois de mars que tente de s'ouvrir
L'anémone sauvage aux corolles tremblantes.
Les femmes et les fleurs appellent le zéphyr;
Et du fond des boudoirs les belles indolentes,
Balançant mollement leurs tailles nonchalantes,
Sous les vieux marronniers commencent à venir.

IV

C'est alors que les bals, plus joyeux et plus rares,
Prolongent plus longtemps leurs dernières fanfares;
A ce bruit qui nous quitte, on court avec ardeur,
La valseuse se livre avec plus de langueur;
Les yeux sont plus hardis, les lèvres moins avares,
La lassitude enivre, et l'amour vient au cœur.

V

S'il est vrai qu'ici-bas l'adieu de ce qu'on aime
Soit un si doux chagrin qu'on en voudrait mourir,
C'est dans le mois de mars, c'est à la mi-carême
Qu'au sortir d'un souper un enfant du plaisir
Sur la valse et l'amour devrait faire un poème,
Et saluer gaîment ses dieux prêts à partir.

VI

Mais qui saura chanter tes pas pleins d'harmonie,
Et tes secrets divins, du vulgaire ignorés,
Belle Nymphe allemande aux brodequins dorés?
O Muse de la valse! ô fleur de poésie!
Où sont, de notre temps, les buveurs d'ambroisie
Dignes de s'étourdir dans tes bras adorés?

VII

Quand, sur le Cithéron, la Bacchanale antique
Des filles de Cadmus dénouait les cheveux,
On laissait la beauté danser devant les dieux;
Et si quelque profane, au son de la musique,
S'élançait dans les chœurs, la prêtresse impudique
De son thyrse de fer frappait l'audacieux.

. . . . . .

Poésies Nouvelles

IMPROMPTU

EN RÉPONSE A CETTE QUESTION :

QU'EST-CE QUE LA POÉSIE?

Chasser tout souvenir et fixer la pensée,
Sur un bel axe d'or la tenir balancée,
Incertaine, inquiète, immobile pourtant;
Éterniser peut-être un rêve d'un instant;
Aimer le vrai, le beau, chercher leur harmonie;
Écouter dans son cœur l'écho de son génie;
Chanter, rire, pleurer, seul, sans but, au hasard;
D'un sourire, d'un mot, d'un soupir, d'un regard
Faire un travail exquis, plein de crainte et de charme;
    Faire une perle d'une larme :
Du poète ici-bas voilà la passion,
Voilà son bien, sa vie, et son ambition.

Poésies Nouvelles

CHANSON DE FORTUNIO

Si vous croyez que je vais dire
    Qui j'ose aimer,
Je ne saurais, pour un empire,
    Vous la nommer.

Nous allons chanter à la ronde,
    Si vous voulez,
Que je l'adore et qu'elle est blonde
    Comme les blés.

Je fais ce que sa fantaisie
    Veut m'ordonner,
Et je puis, s'il lui faut ma vie,
    La lui donner.

Du mal qu'une amour ignorée
Nous fait souffrir,
J'en porte l'âme déchirée
Jusqu'à mourir.

Mais j'aime trop pour que je die
Qui j'ose aimer,
Et je veux mourir pour ma mie
Sans la nommer.

1836.   *Poésies Nouvelles*

THÉOPHILE GAUTIER

1811-1872

THÉOPHILE GAUTIER

AFFINITÉS SECRÈTES

Madrigal panthéiste

Dans le fronton d'un temple antique,
Deux blocs de marbre ont, trois mille ans,
Sur le fond bleu du ciel attique,
Juxtaposé leurs rêves blancs;

Dans la même nacre figées,
Larmes des flots pleurant Vénus,
Deux perles au gouffre plongées
Se sont dit des mots inconnus;

Au frais Généralife écloses,
Sous le jet d'eau toujours en pleurs,
Du temps de Boabdil, deux roses
Ensemble ont fait jaser leurs fleurs;

Sur les coupoles de Venise
Deux ramiers blancs aux pieds rosés,
Au nid où l'amour s'éternise
Un soir de mai se sont posés.

Marbre, perle, rose, colombe,
Tout se dissout, tout se détruit;
La perle fond, le marbre tombe,
La fleur se fane et l'oiseau fuit.

En se quittant, chaque parcelle
S'en va dans le creuset profond
Grossir la pâte universelle
Faite des formes que Dieu fond.

Par de lentes métamorphoses,
Les marbres blancs en blanches chairs,
Les fleurs roses en lèvres roses
Se refont dans des corps divers.

Les ramiers de nouveau roucoulent
Au cœur de deux jeunes amants,
Et les perles en dents se moulent
Pour l'écrin des rires charmants.

De là naissent ces sympathies
Aux impérieuses douceurs,
Par qui les âmes averties
Partout se reconnaissent sœurs.

Docile à l'appel d'un arome,
D'un rayon ou d'une couleur,
L'atome vole vers l'atome
Comme l'abeille vers la fleur.

L'on se souvient des rêveries
Sur le fronton ou dans la mer,
Des conversations fleuries
Près de la fontaine au flot clair,

Des baisers et des frissons d'ailes
Sur les dômes aux boules d'or,
Et les molécules fidèles
Se cherchent et s'aiment encor.

L'amour oublié se réveille,
Le passé vaguement renaît,
La fleur sur la bouche vermeille
Se respire et se reconnaît.

Dans la nacre où le rire brille,
La perle revoit sa blancheur;
Sur une peau de jeune fille,
Le marbre ému sent sa fraîcheur.

Le ramier trouve une voix douce,
Écho de son gémissement,
Toute résistence s'émousse
Et l'inconnu devient l'amant.

Vous devant qui je brûle et tremble,
Quel flot, quel fronton, quel rosier,
Quel dôme nous connut ensemble,
Perle ou marbre, fleur ou ramier ?

Émaux et Camées

BUCHERS ET TOMBEAUX

Le squelette était invisible
Au temps heureux de l'art païen;
L'homme, sous la forme sensible,
Content du beau, ne cherchait rien.

Pas de cadavre sous la tombe,
Spectre hideux de l'être cher,
Comme d'un vêtement qui tombe
Se déshabillant de sa chair,

Et, quand la pierre se lézarde,
Parmi les épouvantements,
Montrant à l'œil qui s'y hasarde
Une armature d'ossements;

Mais au feu du bûcher ravie
Une pincée entre les doigts,
Résidu léger de la vie,
Qu'enserrait l'urne aux flancs étroits

Ce que le papillon de l'âme
Laisse de poussière après lui,
Et ce qui reste de la flamme
Sur le trépied, quand elle a lui!

Entre les fleurs et les acanthes,
Dans le marbre joyeusement,
Amours, ægipans et bacchantes
Dansaient autour du monument;

Tout au plus un petit génie
Du pied éteignait un flambeau ;
Et l'art versait son harmonie
Sur la tristesse du tombeau.

Les tombes étaient attrayantes ;
Comme on fait d'un enfant qui dort,
D'images douces et riantes
La vie enveloppait la mort ;

La Mort dissimulait sa face
Aux trous profonds, au nez camard,
Dont la hideur railleuse efface
Les chimères du cauchemar.

Le monstre, sous la chair splendide
Cachait son fantôme inconnu,
Et l'œil de la vierge candide
Allait au bel éphèbe nu.

Seulement pour pousser à boire,
Au banquet de Trimalcion,
Une larve, joujou d'ivoire,
Faisait son apparition ;

Des dieux que l'art toujours révère
Trônaient au ciel marmoréen ;
Mais l'Olympe cède au Calvaire,
Jupiter au Nazaréen ;

Une voix dit : Pan est mort ! —L'ombre
S'étend. — Comme sur un drap noir,
Sur la tristesse immense et sombre
Le blanc squelette se fait voir ;

Il signe des pierres funèbres
De son paraphe de fémurs,
Pend son chapelet de vertèbres
Dans les charniers, le long des murs ;

Des cercueils lève le couvercle
Avec ses bras aux os pointus ;
Dessine ses côtes en cercle
Et rit de son large rictus ;

Il pousse à la danse macabre,
L'empereur, le pape et le roi,
Et de son cheval qui se cabre
Jette bas le preux plein d'effroi;

Il entre chez la courtisane
Et fait des mines au miroir,
Du malade il boit la tisane,
De l'avare ouvre le tiroir;

Piquant l'attelage qui rue
Avec un os pour aiguillon,
Du laboureur à la charrue
Termine en fosse le sillon;

Et, parmi la foule priée,
Hôte inattendu, sous le banc,
Vole à la pâle mariée
Sa jarretière de ruban.

A chaque pas grossit la bande
Le jeune au vieux donne la main;
L'irrésistible sarabande
Met en branle le genre humain.

Le spectre en tête se déhanche,
Dansant et jouant du rebec,
Et sur fond noir, en couleur blanche,
Holbein l'esquisse d'un trait sec.

Quand le siècle devient frivole
Il suit la mode, en tonnelet
Retrousse son linceul et vole
Comme un Cupidon de ballet,

Au tombeau-sofa des marquises
Qui reposent, lasses d'amour,
En des attitudes exquises,
Dans les chapelles Pompadour.

Mais voile-toi, masque sans joues,
Comédien que le ver mord,
Depuis assez longtemps tu joues
Le mélodrame de la Mort.

Reviens, reviens, bel art antique,
De ton paros étincelant
Couvrir ce squelette gothique;
Dévore-le, bûcher brûlant!

Si nous sommes une statue
Sculptée à l'image de Dieu,
Quand cette image est abattue,
Jetons-en les débris au feu.

Toi, forme immortelle, remonte
Dans la flamme aux sources du beau,
Sans que ton argile ait la honte
Et les misères du tombeau!

Émaux et Camées

A ZURBARAN

Moines de Zurbaran, blancs chartreux qui, dans l'ombre,
Glissez silencieux sur les dalles des morts,
Murmurant des *Pater* et des *Ave* sans nombre,

Quel crime expiez-vous par de si grands remords?
Fantômes tonsurés, bourreaux à face blême,
Pour le traiter ainsi, qu'a donc fait votre corps?

Votre corps, modelé par le doigt de Dieu même,
Que Jésus-Christ, son fils, a daigné revêtir,
Vous n'avez pas le droit de lui dire : Anathème!

Je conçois les tourments et la foi du martyr,
Les jets de plomb fondu, les bains de poix liquide,
La gueule des lions prête à vous engloutir,

Sur un rouet de fer les boyaux qu'on dévide,
Toutes les cruautés des empereurs romains;
Mais je ne comprends pas ce morne suicide!

Pourquoi donc, chaque nuit, pour vous seuls inhumains,
Déchirer votre épaule à coups de discipline,
Jusqu'à ce que le sang ruisselle sur vos reins?

Pourquoi ceindre toujours la couronne d'épine,
Que Jésus sur son front ne mit que pour mourir,
Et frapper à plein poing votre maigre poitrine?

Croyez-vous donc que Dieu s'amuse à voir souffrir;
Et que ce meurtre lent, cette froide agonie,
Fasse pour vous le ciel plus facile à s'ouvrir?
. . .

MADAME ACKERMANN

1813-1890

*Les **extraits** de Louise Ackermann qui suivent sont reproduits avec l'autorisation de la Librairie Alphonse Lemerre*

MADAME ACKERMANN

L'AMOUR ET LA MORT

III

Éternité de l'homme, illusion! chimère!
Mensonge de l'amour et de l'orgueil humain.
Il n'a point eu d'hier, ce fantôme éphémère,
        Il lui faut un demain!

Pour cet éclair de vie et pour cette étincelle
Qui brûle une minute en vos cœurs étonnés,
Vous oubliez soudain la fange maternelle
        Et vos destins bornés.

Vous échapperiez donc, ô rêveurs téméraires!
Seuls au pouvoir fatal qui détruit en créant?
Quittez un tel espoir; tous les limons sont frères
        En face du néant.

Vous dites à la Nuit qui passe dans ses voiles :
J'aime et j'espère voir expirer tes flambeaux.
La Nuit ne répond rien, mais demain ses étoiles
        Luiront sur vos tombeaux.

Vous croyez que l'Amour dont l'âpre feu vous presse
A réservé pour vous sa flamme et ses rayons;
La fleur que vous brisez soupire avec ivresse :
        Nous aussi nous aimons.

Heureux, vous aspirez la grande âme invisible
Qui remplit tout, les bois, les champs de ses ardeurs;
La Nature sourit, mais elle est insensible;
        Que lui font vos bonheurs?

Elle n'a qu'un désir, la marâtre immortelle,
C'est d'enfanter toujours, sans fin, sans trêve, encor.
Mère avide, elle a pris l'éternité pour elle,
          Et vous laisse la mort.

Toute sa prévoyance est pour ce qui va naître;
Le reste est confondu dans un suprême oubli.
Vous, vous avez aimé, vous pouvez disparaître :
          Son vœu s'est accompli.

Quand un souffle d'amour traverse vos poitrines,
Sur des flots de bonheur vous tenant suspendus,
Aux pieds de la Beauté lorsque des mains divines
          Vous jettent éperdus,

Quand, pressant sur ce cœur qui va bientôt s'éteindre
Un autre objet souffrant, forme vaine ici-bas,
Il vous semble, mortels, que vous allez étreindre
          L'Infini dans vos bras,

Ces délires sacrés, ces désirs sans mesure
Déchaînés dans vos flancs comme d'ardents essaims,
Ces transports, c'est déjà l'Humanité future
          Qui s'agite en vos seins.

Elle se dissoudra, cette argile légère
Qu'ont émue un instant la joie et la douleur;
Les vents vont disperser cette noble poussière
          Qui fut jadis un cœur.

Mais d'autres cœurs naîtront qui renoûront la trame
De vos espoirs brisés, de vos amours éteints,
Perpétuant vos pleurs, vos rêves, votre flamme
          Dans les âges lointains.

Tous les êtres, formant une chaîne éternelle,
Se passent, en courant, le flambeau de l'Amour.
Chacun rapidement prend la torche immortelle,
          Et la rend à son tour.

Aveuglés par l'éclat de sa lumière errante,
Vous jurez, dans la nuit où le sort vous plongea,
De la tenir toujours; à votre main mourante
       Elle échappe déjà.

Du moins vous aurez vu luire un éclair sublime;
Il aura sillonné votre vie un moment;
En tombant vous pourrez emporter dans l'abîme
       Votre éblouissement.

Et quand il régnerait au fond du ciel paisible
Un être sans pitié qui contemplât souffrir,
Si son œil éternel considère, impassible
       Le naître et le mourir,

Sur le bord de la tombe, et sous ce regard même,
Qu'un mouvement d'amour soit encor votre adieu,
Oui, faites voir combien l'homme est grand lorsqu'il aime,
       Et pardonnez à Dieu!

LECONTE DE LISLE

1818-1894

Les extraits de Leconte de Lisle qui suivent sont reproduits avec l'autorisation de la Librairie Alphonse Lemerre

LECONTE DE LISLE

LE NAZARÉEN

Quand le Nazaréen, en croix les mains clouées,
Sentit venir son heure et but le vin amer,
Plein d'angoisse il cria vers les sourdes nuées,
Et la sueur de sang ruissela de sa chair.

Mais dans le ciel muet de l'infâme colline
Nul n'ayant entendu ce lamentable cri,
Comme un dernier sanglot soulevait sa poitrine,
L'homme désespéré courba son front meurtri.

Toi qui mourais ainsi dans ces jours implacables,
Plus tremblant mille fois et plus épouvanté,
O vivante Vertu! que les deux misérables
Qui, sans penser à rien, râlaient à ton côté;

Que pleurais-tu, grande âme, avec ton agonie?
Ce n'était pas ton corps sur la croix desséché;
La jeunesse et l'amour, ta force et ton génie,
Ni l'empire du siècle à tes mains arraché.

Non! Une voix parlait dans ton rêve, ô Victime!
La voix d'un monde entier, immense désaveu,
Qui te disait : — Descends de ton gibet sublime,
Pâle crucifié, tu n'étais pas un Dieu!

Tu n'étais ni le pain céleste, ni l'eau vive!
Inhabile pasteur, ton joug est délié!
Dans nos cœurs épuisés, sans que rien lui survive,
Le Dieu s'est refait homme, et l'homme est oublié!

Cadavre suspendu vingt siècles sur nos têtes,
Dans ton sépulcre vide il faut enfin rentrer.
Ta tristesse et ton sang assombrissent nos fêtes;
L'humanité virile est lasse de pleurer. —

Voilà ce que disait, à ton heure suprême,
L'écho des temps futurs, de l'abîme sorti;
Mais tu sais aujourd'hui ce que vaut ce blasphème;
O fils du charpentier, tu n'avais pas menti!

Tu n'avais pas menti! Ton Église et ta gloire
Peuvent, ô Rédempteur, sombrer aux flots mouvants;
L'homme peut sans frémir rejeter ta mémoire,
Comme on livre une cendre inerte aux quatre vents;

Tu peux, sur les débris des saintes cathédrales,
Entendre et voir, livide et le front ceint de fleurs,
Se ruer le troupeau des folles saturnales,
Et son rire insulter tes divines douleurs!

Car tu sièges auprès de tes Égaux antiques,
Sous tes longs cheveux roux, dans ton ciel chaste et bleu;
Les âmes, en essaims de colombes mystiques,
Vont boire la rosée à tes lèvres de Dieu!

Et comme aux temps altiers de la force romaine,
Comme au déclin d'un siècle aveugle et révolté,
Tu n'auras pas menti, tant que la race humaine
Pleurera dans le temps et dans l'éternité.

Poèmes barbares

MIDI

Midi, roi des étés, épandu sur la plaine,
Tombe en nappes d'argent des hauteurs du ciel bleu.
Tout se tait. L'air flamboie et brûle sans haleine;
La terre est assoupie en sa robe de feu.

L'étendue est immense, et les champs n'ont point d'om-
Et la source est tarie où buvaient les troupeaux;   [bre,
La lointaine forêt, dont la lisière est sombre,
Dort là-bas, immobile, en un pesant repos.

Seuls, les grands blés mûris, tels qu'une mer dorée,
Se déroulent au loin, dédaigneux du sommeil;
Pacifiques enfants de la terre sacrée,
Ils épuisent sans peur la coupe du soleil.

Parfois, comme un soupir de leur âme brûlante,
Du sein des épis lourds qui murmurent entre eux,
Une ondulation majestueuse et lente
S'éveille, et va mourir à l'horizon poudreux.

Non loin, quelques bœufs blancs, couchés parmi les
Bavent avec lenteur sur leurs fanons épais,   [herbes,
Et suivent de leurs yeux languissants et superbes
Le songe intérieur qu'ils n'achèvent jamais.

Homme, si, le cœur plein de joie ou d'amertume,
Tu passais vers midi dans les champs radieux,
Fuis! la nature est vide et le soleil consume :
Rien n'est vivant ici, rien n'est triste ou joyeux.

Mais si, désabusé des larmes et du rire,
Altéré de l'oubli de ce monde agité,
Tu veux, ne sachant plus pardonner ou maudire,
Goûter une suprême et morne volupté,

Viens! Le soleil te parle en paroles sublimes;
Dans sa flamme implacable absorbe-toi sans fin;
Et retourne à pas lents vers les cités infimes,
Le cœur trempé sept fois dans le néant divin.

Poèmes antiques

CHARLES BAUDELAIRE

1821-1867

CHARLES BAUDELAIRE

BÉNÉDICTION

. . . . . .

Vers le Ciel, où son œil voit un trône splendide,
Le Poëte serein lève ses bras pieux,
Et les vastes éclairs de son esprit lucide
Lui dérobent l'aspect des peuples furieux :

— « Soyez béni, mon Dieu, qui donnez la souffrance
Comme un divin remède à nos impuretés
Et comme la meilleure et la plus pure essence
Qui prépare les forts aux saintes voluptés !

Je sais que vous gardez une place au Poëte
Dans les rangs bienheureux des saintes Légions,
Et que vous l'invitez à l'éternelle fête
Des Trônes, des Vertus, des Dominations.

Je sais que la douleur est la noblesse unique
Où ne mordront jamais la terre et les enfers,
Et qu'il faut pour tresser ma couronne mystique
Imposer tous les temps et tous les univers.

Mais les bijoux perdus de l'antique Palmyre,
Les métaux inconnus, les perles de la mer,
Par votre main montés, ne pourraient pas suffire
A ce beau diadème éblouissant et clair;

Car il ne sera fait que de pure lumière,
Puisée au foyer saint des rayons primitifs,
Et dont les yeux mortels, dans leur splendeur entière,
Ne sont que des miroirs obscurcis et plaintifs ! »

Les Fleurs du Mal, Spleen et Idéal

ÉLÉVATION

. . . . . .

Mon esprit, tu te meus avec agilité,
Et, comme un bon nageur qui se pâme dans l'onde,
Tu sillonnes gaiement l'immensité profonde
Avec une indicible et mâle volupté.

. . . . . .

Les Fleurs du Mal, Spleen et Idéal

CORRESPONDANCES

LA Nature est un temple où de vivants piliers
Laissent parfois sortir de confuses paroles;
L'homme y passe à travers des forêts de symboles
Qui l'observent avec des regards familiers.

Comme de longs échos qui de loin se confondent
Dans une ténébreuse et profonde unité,
Vaste comme la nuit et comme la clarté,
Les parfums, les couleurs et les sons se répondent.

Il est des parfums frais comme des chairs d'enfants,
Doux comme les hautbois, verts comme les prairies,
— Et d'autres, corrompus, riches et triomphants,

Ayant l'expansion des choses infinies,
Comme l'ambre, le musc, le benjoin et l'encens,
Qui chantent les transports de l'esprit et des sens.

Les Fleurs du Mal, Spleen et Idéal

LES PHARES

RUBENS, fleuve d'oubli, jardin de la paresse,
Oreiller de chair fraîche où l'on ne peut aimer,
Mais où la vie afflue et s'agite sans cesse,
Comme l'air dans le ciel et la mer dans la mer;

— Maint joyau dort enseveli
Dans les ténèbres et l'oubli,
Bien loin des pioches et des sondes;

Mainte fleur épanche à regret
Son parfum doux comme un secret
Dans les solitudes profondes.

Les Fleurs du Mal, Spleen et Idéal

LA VIE ANTÉRIEURE

J'AI longtemps habité sous de vastes portiques
Que les soleils marins teignaient de mille feux,
Et que leurs grands piliers, droits et majestueux,
Rendaient pareils, le soir, aux grottes basaltiques.

Les houles, en roulant les images des cieux,
Mêlaient d'une façon solennelle et mystique
Les tout-puissants accords de leur riche musique
Aux couleurs du couchant reflété par mes yeux.

C'est là que j'ai vécu dans les voluptés calmes,
Au milieu de l'azur, des vagues, des splendeurs
Et des esclaves nus, tout imprégnés d'odeurs,

Qui me rafraîchissaient le front avec des palmes,
Et dont l'unique soin était d'approfondir
Le secret douloureux qui me faisait languir.

Les Fleurs du Mal, Spleen et Idéal

PARFUM EXOTIQUE

QUAND, les deux yeux fermés, en un soir chaud d'automne,
Je respire l'odeur de ton sein chaleureux,
Je vois se dérouler des rivages heureux
Qu'éblouissent les feux d'un soleil monotone;

Une île paresseuse où la nature donne
Des arbres singuliers et des fruits savoureux;
Des hommes dont le corps est mince et vigoureux,
Et des femmes dont l'œil par sa franchise étonne.

Guidé par ton odeur vers de charmants climats,
Je vois un port rempli de voiles et de mâts
Encor tout fatigués par la vague marine,

Pendant que le parfum des verts tamariniers,
Qui circule dans l'air et m'enfle la narine,
Se mêle dans mon âme au chant des mariniers.

Les Fleurs du Mal, Spleen et Idéal

LA CHEVELURE

O TOISON, moutonnant jusque sur l'encolure!
O boucles! O parfum chargé de nonchaloir!
Extase! Pour peupler ce soir l'alcôve obscure
Des souvenirs dormant dans cette chevelure,
Je la veux agiter dans l'air comme un mouchoir!

La langoureuse Asie et la brûlante Afrique,
Tout un monde lointain, absent, presque défunt,
Vit dans tes profondeurs, forêt aromatique!
Comme d'autres esprits voguent sur la musique,
Le mien, ô mon amour! nage sur ton parfum.

J'irai là-bas où l'arbre et l'homme, pleins de sève,
Se pâment longuement sous l'ardeur des climats;
Fortes tresses, soyez la houle qui m'enlève!
Tu contiens, mer d'ébène, un éblouissant rêve
De voiles, de rameurs, de flammes et de mâts :

Un port retentissant où mon âme peut boire
A grands flots le parfum, le son et la couleur;
Où les vaisseaux, glissant dans l'or et dans la moire,
Ouvrent leurs vastes bras pour embrasser la gloire
D'un ciel pur où frémit l'éternelle chaleur.

Je plongerai ma tête amoureuse d'ivresse
Dans ce noir océan où l'autre est enfermé;
Et mon esprit subtil que le roulis caresse
Saura vous retrouver, ô féconde paresse!
Infinis bercements du loisir embaumé!

Cheveux bleus, pavillon de ténèbres tendues,
Vous me rendez l'azur du ciel immense et rond;
Sur les bords duvetés de vos mèches tordues
Je m'enivre ardemment des senteurs confondues
De l'huile de coco, du musc et du goudron.

Longtemps! toujours! ma main dans ta crinière lourde
Sèmera le rubis, la perle et le saphir,
Afin qu'à mon désir tu ne sois jamais sourde!
N'es-tu pas l'oasis où je rêve, et la gourde
Où je hume à longs traits le vin du souvenir?

Les Fleurs du Mal, Spleen et Idéal

LE SERPENT QUI DANSE

Que j'aime voir, chère indolente,
    De ton corps si beau,
Comme une étoffe vacillante,
    Miroiter la peau!

Sur ta chevelure profonde
    Aux âcres parfums,
Mer odorante et vagabonde
    Aux flots bleus et bruns,

Comme un navire qui s'éveille
    Au vent du matin,
Mon âme rêveuse appareille
    Pour un ciel lointain.

Tes yeux, où rien ne se révèle
    De doux ni d'amer,
Sont deux bijoux froids où se mêle
    L'or avec le fer.

A te voir marcher en cadence,
    Belle d'abandon,
On dirait un serpent qui danse
    Au bout d'un bâton.

Sous le fardeau de ta paresse
    Ta tête d'enfant
Se balance avec la mollesse
    D'un jeune éléphant,

Et ton corps se penche et s'allonge
    Comme un fin vaisseau
Qui roule bord sur bord et plonge
    Ses vergues dans l'eau.

Comme un flot grossi par la fonte
    Des glaciers grondants,
Quand l'eau de ta bouche remonte
    Au bord de tes dents,

Je crois boire un vin de Bohême,
    Amer et vainqueur,
Un ciel liquide qui parsème
    D'étoiles mon cœur!

Les Fleurs du Mal, Spleen et Idéal

LE VAMPIRE

Toi qui, comme un coup de couteau,
Dans mon cœur plaintif es entrée;
Toi qui, forte comme un troupeau
De démons, vins, folle et parée,

De mon esprit humilié
Faire ton lit et ton domaine;
— Infâme à qui je suis lié
Comme le forçat à la chaîne,

Comme au jeu le joueur têtu,
Comme à la bouteille l'ivrogne,
Comme aux vermines la charogne
— Maudite, maudite sois-tu!

J'ai prié le glaive rapide
De conquérir ma liberté,
Et j'ai dit au poison perfide
De secourir ma lâcheté.

Hélas! le poison et le glaive
M'ont pris en dédain et m'ont dit :
« Tu n'es pas digne qu'on t'enlève
A ton esclavage maudit,

Imbécile! — de son empire
Si nos efforts te délivraient,
Tes baisers ressusciteraient
Le cadavre de ton vampire! »

Les Fleurs du Mal, Spleen et Idéal

LE BALCON

Mère des souvenirs, maîtresse des maîtresses,
O toi, tous mes plaisirs! ô toi, tous mes devoirs!
Tu te rappelleras la beauté des caresses,
La douceur du foyer et le charme des soirs,
Mère des souvenirs, maîtresse des maîtresses!

Les soirs illuminés par l'ardeur du charbon,
Et les soirs au balcon, voilés de vapeurs roses.
Que ton sein m'était doux! que ton cœur m'était bon!
Nous avons dit souvent d'impérissables choses
Les soirs illuminés par l'ardeur du charbon.

Que les soleils sont beaux dans les chaudes soirées!
Que l'espace est profond! que le cœur est puissant!
En me penchant vers toi, reine des adorées,
Je croyais respirer le parfum de ton sang.
Que les soleils sont beaux dans les chaudes soirées!

La nuit s'épaississait ainsi qu'une cloison,
Et mes yeux dans le noir devinaient tes prunelles,
Et je buvais ton souffle, ô douceur! ô poison!
Et tes pieds s'endormaient dans mes mains fraternelles.
La nuit s'épaississait ainsi qu'une cloison.

Je sais l'art d'évoquer les minutes heureuses,
Et revis mon passé blotti dans tes genoux.
Car à quoi bon chercher tes beautés langoureuses
Ailleurs qu'en ton cher corps et qu'en ton cœur si doux ?
Je sais l'art d'évoquer les minutes heureuses!

Ces serments, ces parfums, ces baisers infinis,
Renaîtront-ils d'un gouffre interdit à nos sondes,
Comme montent au ciel les soleils rajeunis
Après s'être lavés au fond des mers profondes ?
— O serments! ô parfums! ô baisers infinis!

Les Fleurs du Mal, Spleen et Idéal

L'INVITATION AU VOYAGE

Mon enfant, ma sœur,
Songe à la douceur
D'aller là-bas vivre ensemble!
Aimer à loisir,
Aimer et mourir
Au pays qui te ressemble!
Les soleils mouillés
De ces ciels brouillés
Pour mon esprit ont les charmes
Si mystérieux
De tes traîtres yeux,
Brillant à travers leurs larmes.

Là, tout n'est qu'ordre et beauté,
Luxe, calme et volupté.

Des meubles luisants,
Polis par les ans,

Décoreraient notre chambre;
Les plus rares fleurs
Mêlant leurs odeurs
Aux vagues senteurs de l'ambre,
Les riches plafonds,
Les miroirs profonds,
La splendeur orientale,
Tout y parlerait
A l'âme en secret
Sa douce langue natale.

Là, tout n'est qu'ordre et beauté,
Luxe, calme et volupté.

Vois sur ces canaux
Dormir ces vaisseaux
Dont l'humeur est vagabonde;
C'est pour assouvir
Ton moindre désir
Qu'ils viennent du bout du monde.
— Les soleils couchants
Revêtent les champs,
Les canaux, la ville entière,
D'hyacinthe et d'or;
Le monde s'endort
Dans une chaude lumière.

Là, tout n'est qu'ordre et beauté,
Luxe, calme et volupté.

Les Fleurs du Mal, Spleen et Idéal

Je te donne ces vers afin que si mon nom
Aborde heureusement aux époques lointaines,
Et fait rêver un soir les cervelles humaines,
Vaisseau favorisé par un grand aquilon,

Ta mémoire, pareille aux fables incertaines,
Fatigue le lecteur ainsi qu'un tympanon,
Et par un fraternel et mystique chaînon
Reste comme pendue à mes rimes hautaines.
. . . . . .

Les Fleurs du Mal, Spleen et Idéal

L'IRRÉPARABLE

. . . . . .
— J'ai vu parfois, au fond d'un théâtre banal
     Qu'enflammait l'orchestre sonore,
Une fée allumer dans un ciel infernal
     Une miraculeuse aurore;
J'ai vu parfois au fond d'un théâtre banal

Un être, qui n'était que lumière, or et gaze,
     Terrasser l'énorme Satan;
Mais mon cœur, que jamais ne visite l'extase,
     Est un théâtre où l'on attend
Toujours, toujours en vain, l'Être aux ailes de gaze!

Les Fleurs du Mal, Spleen et Idéal

CHANT D'AUTOMNE

I

Bientôt nous plongerons dans les froides ténèbres;
Adieu, vive clarté de nos étés trop courts!
J'entends déjà tomber avec des chocs funèbres
Le bois retentissant sur le pavé des cours.

Tout l'hiver va rentrer dans mon être : colère,
Haine, frissons, horreur, labeur dur et forcé,
Et, comme le soleil dans son enfer polaire,
Mon cœur ne sera plus qu'un bloc rouge et glacé.

J'écoute en frémissant chaque bûche qui tombe;
L'échafaud qu'on bâtit n'a pas d'écho plus sourd.
Mon esprit est pareil à la tour qui succombe
Sous les coups du bélier infatigable et lourd.

Il me semble, bercé par ce choc monotone,
Qu'on cloue en grande hâte un cercueil quelque part.
Pour qui ? — C'était hier l'été; voici l'automne!
Ce bruit mystérieux sonne comme un départ.

II

J'aime de vos longs yeux la lumière verdâtre,
Douce beauté, mais tout aujourd'hui m'est amer,
Et rien, ni votre amour, ni le boudoir, ni l'âtre,
Ne me vaut le soleil rayonnant sur la mer.

Et pourtant aimez-moi, tendre cœur! soyez mère,
Même pour un ingrat, même pour un méchant;
Amante ou sœur, soyez la douceur éphémère
D'un glorieux automne ou d'un soleil couchant.

Courte tâche! La tombe attend; elle est avide!
Ah! laissez-moi, mon front posé sur vos genoux,
Goûter, en regrettant l'été blanc et torride,
De l'arrière-saison le rayon jaune et doux!

Les Fleurs du Mal, Spleen et Idéal

MŒSTA ET ERRABUNDA

Dis-moi, ton cœur, parfois, s'envole-t-il, Agathe,
Loin du noir océan de l'immonde cité,
Vers un autre océan où la splendeur éclate,
Bleu, clair, profond, ainsi que la virginité?
Dis-moi, ton cœur, parfois, s'envole-t-il, Agathe?

La mer, la vaste mer, console nos labeurs!
Quel démon a doté la mer, rauque chanteuse
Qu'accompagne l'immense orgue des vents grondeurs,
De cette fonction sublime de berceuse?
La mer, la vaste mer, console nos labeurs!

Emporte-moi, wagon! enlève-moi, frégate!
Loin! loin! ici la boue est faite de nos pleurs!
— Est-il vrai que parfois le triste cœur d'Agathe
Dise: Loin des remords, des crimes, des douleurs,
Emporte-moi, wagon, enlève-moi, frégate?

Comme vous êtes loin, paradis parfumé,
Où sous un clair azur tout n'est qu'amour et joie,
Où tout ce que l'on aime est digne d'être aimé!
Où dans la volupté pure le cœur se noie!
Comme vous êtes loin, paradis parfumé!

Mais le vert paradis des amours enfantines,
Les courses, les chansons, les baisers, les bouquets,
Les violons vibrant derrière les collines,
Avec les brocs de vin, le soir, dans les bosquets,
— Mais le vert paradis des amours enfantines,

L'innocent paradis, plein de plaisirs furtifs,
Est-il déjà plus loin que l'Inde et que la Chine?
Peut-on le rappeler avec des cris plaintifs,
Et l'animer encor d'une voix argentine,
L'innocent paradis plein de plaisirs furtifs?

Les Fleurs du Mal, Spleen et Idéal

LES CHATS

L<small>ES</small> amoureux fervents et les savants austères
Aiment également, dans leur mûre saison,
Les chats puissants et doux, orgueil de la maison,
Qui comme eux sont frileux et comme eux sédentaires.

Amis de la science et de la volupté,
Ils cherchent le silence et l'horreur des ténèbres;
L'Érèbe les eût pris pour ses coursiers funèbres,
S'ils pouvaient au servage incliner leur fierté.

Ils prennent en songeant les nobles attitudes
Des grands sphinx allongés au fond des solitudes,
Qui semblent s'endormir dans un rêve sans fin;

Leurs reins féconds sont pleins d'étincelles magiques,
Et des parcelles d'or, ainsi qu'un sable fin,
Étoilent vaguement leurs prunelles mystiques.

Les Fleurs du Mal, Spleen et Idéal

LES HIBOUX

Sous les ifs noirs qui les abritent,
Les hiboux se tiennent rangés,
Ainsi que des dieux étrangers,
Dardant leur œil rouge. Ils méditent.

Sans remuer ils se tiendront
Jusqu'à l'heure mélancolique
Où, poussant le soleil oblique,
Les ténèbres s'établiront.

Cette attitude au sage enseigne
Qu'il faut par dessus tout qu'il craigne
Le tumulte et le mouvement.

L'homme, ivre d'une ombre qui passe
Porte toujours le châtiment
D'avoir voulu changer de place.

Les Fleurs du Mal, Spleen et Idéal

LA MUSIQUE

La Musique souvent me prend comme une mer!
     Vers ma pâle étoile,
Sous un plafond de brume ou dans un vaste éther,
     Je mets à la voile;

La poitrine en avant et les poumons gonflés
     Comme de la toile,
J'escalade le dos des flots amoncelés
     Que la nuit me voile;

Je sens vibrer en moi toutes les passions
     D'un vaisseau qui souffre;
Le bon vent, la tempête et ses convulsions

     Sur l'immense gouffre
Me bercent. D'autres fois, calme plat, grand miroir
     De mon désespoir!

Les Fleurs du Mal, Spleen et Idéal

LA CLOCHE FÊLÉE

Il est amer et doux, pendant les nuits d'hiver,
D'écouter, près du feu qui palpite et qui fume,
Les souvenirs lointains lentement s'élever
Au bruit des carillons qui chantent dans la brume.

Bienheureuse la cloche au gosier vigoureux
Qui, malgré sa vieillesse, alerte et bien portante,
Jette fidèlement son cri religieux,
Ainsi qu'un vieux soldat qui veille sous la tente!

Moi, mon âme est fêlée, et lorsqu'en ses ennuis
Elle veut de ses chants peupler l'air froid des nuits,
Il arrive souvent que sa voix affaiblie

Semble le râle épais d'un blessé qu'on oublie
Au bord d'un lac de sang, sous un grand tas de morts,
Et qui meurt, sans bouger, dans d'immenses efforts.

Les Fleurs du Mal, Spleen et Idéal

SPLEEN

Pluviôse, irrité contre la ville entière,
De son urne à grands flots verse un froid ténébreux
Aux pâles habitants du voisin cimetière
Et la mortalité sur les faubourgs brumeux.

Mon chat sur le carreau cherchant une litière
Agite sans repos son corps maigre et galeux;
L'âme d'un vieux poëte erre dans la gouttière
Avec la triste voix d'un fantôme frileux.

Le bourdon se lamente, et la bûche enfumée
Accompagne en fausset la pendule enrhumée,
Cependant qu'en un jeu plein de sales parfums,

Héritage fatal d'une vieille hydropique,
Le beau valet de cœur et la dame de pique
Causent sinistrement de leurs amours défunts.

Les Fleurs du Mal, Spleen et Idéal

SPLEEN

. . . . . .
Rien n'égale en longueur les boiteuses journées,
Quand sous les lourds flocons des neigeuses années
L'ennui, fruit de la morne incuriosité,
Prend les proportions de l'immortalité.
. . . . . .

Les Fleurs du Mal, Spleen et Idéal

L'IRRÉMÉDIABLE

Une Idée, une Forme, un Être
Parti de l'azur et tombé
Dans un Styx bourbeux et plombé
Où nul œil du Ciel ne pénètre;

Un Ange, imprudent voyageur
Qu'a tenté l'amour du difforme,
Au fond d'un cauchemar énorme
Se débattant comme un nageur,

Et luttant, angoisses funèbres!
Contre un gigantesque remous
Qui va chantant comme les fous
Et pirouettant dans les ténèbres;

Un malheureux ensorcelé
Dans ses tâtonnements futiles,
Pour fuir d'un lieu plein de reptiles,
Cherchant la lumière et la clé;

Un damné descendant sans lampe,
Au bord d'un gouffre dont l'odeur
Trahit l'humide profondeur,
D'éternels escaliers sans rampe,

Où veillent des monstres visqueux
Dont les larges yeux de phosphore
Font une nuit plus noire encore
Et ne rendent visibles qu'eux;

Un navire pris dans le pôle,
Comme en un piège de cristal,
Cherchant par quel détroit fatal
Il est tombé dans cette geôle;

— Emblèmes nets, tableau parfait
D'une fortune irrémédiable,
Qui donne à penser que le Diable
Fait toujours bien tout ce qu'il fait!
. . . . . .

Les Fleurs du Mal, Spleen et Idéal

PAYSAGE

Je veux, pour composer chastement mes églogues,
Coucher auprès du ciel, comme les astrologues,
Et, voisin des clochers, écouter en rêvant
Leurs hymnes solennels emportés par le vent.
Les deux mains au menton, du haut de ma mansarde,
Je verrai l'atelier qui chante et qui bavarde;
Les tuyaux, les clochers, ces mâts de la cité,
Et les grands ciels qui font rêver d'éternité.

Il est doux, à travers les brumes, de voir naître
L'étoile dans l'azur, la lampe à la fenêtre,
Les fleuves de charbon monter au firmament
Et la lune verser son pâle enchantement.
Je verrai les printemps, les étés, les automnes;
Et quand viendra l'hiver aux neiges monotones,
Je fermerai partout portières et volets
Pour bâtir dans la nuit mes féeriques palais.
Alors je rêverai des horizons bleuâtres,
Des jardins, des jets d'eau pleurant dans les albâtres,
Des baisers, des oiseaux chantant soir et matin,
Et tout ce que l'Idylle a de plus enfantin.
L'Émeute, tempêtant vainement à ma vitre,
Ne fera pas lever mon front de mon pupitre;

Car je serai plongé dans cette volupté
D'évoquer le Printemps avec ma volonté,
De tirer un soleil de mon cœur, et de faire
De mes pensers brûlants une tiède atmosphère.

Les Fleurs du Mal, Tableaux Parisiens

LE CYGNE

. . . . . .
Aussi devant ce Louvre une image m'opprime :
Je pense à mon grand cygne, avec ses gestes fous,
Comme les exilés, ridicule et sublime,
Et rongé d'un désir sans trêve! et puis à vous,

Andromaque, des bras d'un grand époux tombée,
Vil bétail, sous la main du superbe Pyrrhus,
Auprès d'un tombeau vide en extase courbée;
Veuve d'Hector, hélas! et femme d'Hélénus!

Je pense à la négresse, amaigrie et phtisique,
Piétinant dans la boue, et cherchant, l'œil hagard,
Les cocotiers absents de la superbe Afrique
Derrière la muraille immense du brouillard;

A quiconque a perdu ce qui ne se retrouve
Jamais, jamais! à ceux qui s'abreuvent de pleurs
Et tettent la Douleur comme une bonne louve!
Aux maigres orphelins séchant comme des fleurs!

Ainsi dans la forêt où mon esprit s'exile
Un vieux Souvenir sonne à plein souffle du cor!
Je pense aux matelots oubliés dans une île,
Aux captifs, aux vaincus!... à bien d'autres encor!

Les Fleurs du Mal, Tableaux Parisiens

L'AMOUR DU MENSONGE

Quand je te vois passer, ô ma chère indolente,
Au chant des instruments qui se brise au plafond
Suspendant ton allure harmonieuse et lente,
Et promenant l'ennui de ton regard profond;

Quand je contemple, aux feux du gaz qui le colore,
Ton front pâle, embelli par un morbide attrait,
Où les torches du soir allument une aurore,
Et tes yeux attirants comme ceux d'un portrait,

Je me dis : Qu'elle est belle! et bizarrement fraîche!
Le souvenir massif, royale et lourde tour,
La couronne, et son cœur, meurtri comme une pêche,
Est mûr, comme son corps, pour le savant amour.

Es-tu le fruit d'automne aux saveurs souveraines?
Es-tu vase funèbre attendant quelques pleurs,
Parfum qui fait rêver aux oasis lointaines,
Oreiller caressant, ou corbeille de fleurs?

Je sais qu'il est des yeux, des plus mélancoliques,
Qui ne recèlent point de secrets précieux;
Beaux écrins sans joyaux, médaillons sans reliques,
Plus vides, plus profonds que vous-mêmes, ô Cieux!

Mais ne suffit-il pas que tu sois l'apparence,
Pour réjouir un cœur qui fuit la vérité?
Qu'importe ta bêtise ou ton indifférence?
Masque ou décor, salut! J'adore ta beauté.

Les Fleurs du Mal, Tableaux Parisiens

LA servante au grand cœur dont vous étiez jalouse,
Et qui dort son sommeil sous une humble pelouse,
Nous devrions pourtant lui porter quelques fleurs.
Les morts, les pauvres morts, ont de grandes douleurs,
Et quand Octobre souffle, émondeur des vieux arbres,
Son vent mélancolique à l'entour de leurs marbres,
Certe, ils doivent trouver les vivants bien ingrats,
A dormir, comme ils font, chaudement dans leurs draps,
Tandis que, dévorés de noires songeries,
Sans compagnon de lit, sans bonnes causeries,
Vieux squelettes gelés travaillés par le ver,
Ils sentent s'égoutter les neiges de l'hiver
Et le siècle couler, sans qu'amis ni famille
Remplacent les lambeaux qui pendent à leur grille.

Lorsque la bûche siffle et chante, si le soir,
Calme, dans le fauteuil je la voyais s'asseoir,
Si, par une nuit bleue et froide de décembre,
Je la trouvais tapie dans un coin de ma chambre,
Grave, et venant du fond de son lit éternel
Couver l'enfant grandi de son œil maternel,
Que pourrais-je répondre à cette âme pieuse,
Voyant tomber des pleurs de sa paupière creuse ?

Les Fleurs du Mal, Tableaux Parisiens

RÊVE PARISIEN

A Constantin Guys

I

DE ce terrible paysage,
Tel que jamais mortel n'en vit,
Ce matin encore l'image,
Vague et lointaine, me ravit.

Le sommeil est plein de miracles!
Par un caprice singulier,
J'avais banni de ces spectacles
Le végétal irrégulier,

Et, peintre fier de mon génie,
Je savourais dans mon tableau
L'enivrante monotonie
Du métal, du marbre et de l'eau.

Babel d'escaliers et d'arcades,
C'était un palais infini,
Plein de bassins et de cascades
Tombant dans l'or mat ou bruni;

Et des cataractes pesantes,
Comme des rideaux de cristal,
Se suspendaient, éblouissantes,
A des murailles de métal.

Non d'arbres, mais de colonnades
Les étangs dormants s'entouraient,
Où de gigantesques naïades,
Comme des femmes, se miraient.

Des nappes d'eau s'épanchaient, bleues,
Entre des quais roses et verts,
Pendant des millions de lieues,
Vers les confins de l'univers;

C'étaient des pierres inouïes
Et des flots magiques; c'étaient
D'immenses glaces éblouies
Par tout ce qu'elles reflétaient!

Insouciants et taciturnes,
Des Ganges, dans le firmament,
Versaient le trésor de leurs urnes
Dans des gouffres de diamant.

Architecte de mes féeries,
Je faisais, à ma volonté,
Sous un tunnel de pierreries
Passer un océan dompté;

Et tout, même la couleur noire,
Semblait fourbi, clair, irisé;
Le liquide enchâssait sa gloire
Dans le rayon cristallisé.

Nul astre d'ailleurs, nuls vestiges
De soleil, même au bas du ciel,
Pour illuminer ces prodiges,
Qui brillaient d'un feu personnel!

Et sur ces mouvantes merveilles
Planait (terrible nouveauté!
Tout pour l'œil, rien pour les oreilles!)
Un silence d'éternité.

II

En rouvrant mes yeux pleins de flamme
J'ai vu l'horreur de mon taudis,
Et senti, rentrant dans mon âme,
La pointe des soucis maudits;

La pendule aux accents funèbres
Sonnait brutalement midi,
Et le ciel versait des ténèbres
Sur le triste monde engourdi.

Les Fleurs du Mal, Tableaux Parisiens

LE CRÉPUSCULE DU MATIN

La diane chantait dans les cours des casernes,
Et le vent du matin soufflait sur les lanternes.

C'était l'heure où l'essaim des rêves malfaisants
Tord sur leurs oreillers les bruns adolescents;
Où, comme un œil sanglant qui palpite et qui bouge,
La lampe sur le jour fait une tache rouge;
Où l'âme, sous le poids du corps revêche et lourd,
Imite les combats de la lampe et du jour.
Comme un visage en pleurs que les brises essuient,
L'air est plein du frisson des choses qui s'enfuient,
Et l'homme est las d'écrire et la femme d'aimer.

Les maisons çà et là commençaient à fumer.
Les femmes de plaisir, la paupière livide,
Bouche ouverte, dormaient de leur sommeil stupide;
Les pauvresses, traînant leurs seins maigres et froids,
Soufflaient sur leurs tisons et soufflaient sur leurs doigts.
C'était l'heure où parmi le froid et la lésine
S'aggravent les douleurs des femmes en gésine;
Comme un sanglot coupé par un sang écumeux
Le chant du coq au loin déchirait l'air brumeux;
Une mer de brouillards baignait les édifices,
Et les agonisants dans le fond des hospices
Poussaient leur dernier râle en hoquets inégaux.
Les débauchés rentraient, brisés par leurs travaux.

L'aurore grelottante en robe rose et verte
S'avançait lentement sur la Seine déserte,
Et le sombre Paris, en se frottant les yeux,
Empoignait ses outils, vieillard laborieux.

Les Fleurs du Mal, Tableaux Parisiens

UNE MARTYRE

DESSIN D'UN MAITRE INCONNU

Au milieu des flacons, des étoffes lamées
    Et des meubles voluptueux,
Des marbres, des tableaux, des robes parfumées
    Qui traînent à plis somptueux,

Dans une chambre tiède où, comme en une serre,
    L'air est dangereux et fatal,
Où des bouquets mourants dans leurs cercueils de verre
    Exhalent leur soupir final,

Un cadavre sans tête épanche, comme un fleuve,
    Sur l'oreiller désaltéré
Un sang rouge et vivant, dont la toile s'abreuve
    Avec l'avidité d'un pré.

Semblable aux visions pâles qu'enfante l'ombre
    Et qui nous enchaînent les yeux,
La tête, avec l'amas de sa crinière sombre
    Et de ses bijoux précieux,

Sur la table de nuit, comme une renoncule,
    Repose; et, vide de pensers,
Un regard vague et blanc comme le crépuscule
    S'échappe des yeux révulsés.

Sur le lit, le tronc nu sans scrupules étale
    Dans le plus complet abandon
La secrète splendeur et la beauté fatale
    Dont la nature lui fit don;

Un bas rosâtre, orné de coins d'or, à la jambe,
    Comme un souvenir est resté;
La jarretière, ainsi qu'un œil secret qui flambe,
    Darde un regard diamanté.

Le singulier aspect de cette solitude
      Et d'un grand portrait langoureux,
Aux yeux provocateurs comme son attitude,
      Révèle un amour ténébreux,

Une coupable joie et des fêtes étranges
      Pleines de baisers infernaux,
Dont se réjouissait l'essaim de mauvais anges
      Nageant dans les plis des rideaux;

Et cependant, à voir la maigreur élégante
      De l'épaule au contour heurté,
La hanche un peu pointue et la taille fringante
      Ainsi qu'un reptile irrité,

Elle est bien jeune encor! — Son âme exaspérée
      Et ses sens par l'ennui mordus
S'étaient-ils entr'ouverts à la meute altérée
      Des désirs errants et perdus?

L'homme vindicatif que tu n'as pu, vivante,
      Malgré tant d'amour, assouvir,
Combla-t-il sur ta chair inerte et complaisante
      L'immensité de son désir?

Réponds, cadavre impur! et par tes tresses roides
      Te soulevant d'un bras fiévreux,
Dis-moi, tête effrayante, a-t-il sur tes dents froides
      Collé les suprêmes adieux?

— Loin du monde railleur, loin de la foule impure,
      Loin des magistrats curieux,
Dors en paix, dors en paix, étrange créature,
      Dans ton tombeau mystérieux;

Ton époux court le monde, et ta forme immortelle
      Veille près de lui quand il dort;
Autant que toi sans doute il te sera fidèle,
      Et constant jusques à la mort.

Les Fleurs du Mal, Fleurs du Mal

UN VOYAGE A CYTHÈRE

Mon cœur, comme un oiseau, voltigeait tout joyeux
Et planait librement à l'entour des cordages;
Le navire roulait sous un ciel sans nuages,
Comme un ange enivré d'un soleil radieux.

Quelle est cette île triste et noire? — C'est Cythère,
Nous dit-on, un pays fameux dans les chansons,
Eldorado banal de tous les vieux garçons.
Regardez, après tout, c'est une pauvre terre.

— Ile des doux secrets et des fêtes du cœur!
De l'antique Vénus le superbe fantôme
Au-dessus de tes mers plane comme un arome,
Et charge les esprits d'amour et de langueur.

Belle île aux myrtes verts, pleine de fleurs écloses,
Vénérée à jamais par toute nation,
Où les soupirs des cœurs en adoration
Roulent comme l'encens sur un jardin de roses

Ou le roucoulement éternel d'un ramier!
— Cythère n'était plus qu'un terrain des plus maigres,
Un désert rocailleux troublé par des cris aigres.
J'entrevoyais pourtant un objet singulier!

Ce n'était pas un temple aux ombres bocagères,
Où la jeune prêtresse, amoureuse des fleurs,
Allait, le corps brûlé de secrètes chaleurs,
Entre-bâillant sa robe aux brises passagères;

Mais voilà qu'en rasant la côte d'assez près
Pour troubler les oiseaux avec nos voiles blanches,
Nous vîmes que c'était un gibet à trois branches,
Du ciel se détachant en noir, comme un cyprès.

De féroces oiseaux perchés sur leur pâture
Détruisaient avec rage un pendu déjà mûr,
Chacun plantant, comme un outil, son bec impur
Dans tous les coins saignants de cette pourriture;

Les yeux étaient deux trous, et du ventre effondré
Les intestins pesants lui coulaient sur les cuisses,
Et ses bourreaux, gorgés de hideuses délices,
L'avaient à coups de bec absolument châtré.

Sous les pieds, un troupeau de jaloux quadrupèdes,
Le museau relevé, tournoyait et rôdait;
Une plus grande bête au milieu s'agitait
Comme un exécuteur entouré de ses aides.

Habitant de Cythère, enfant d'un ciel si beau,
Silencieusement tu souffrais ces insultes
En expiation de tes infâmes cultes
Et des péchés qui t'ont interdit le tombeau.

Ridicule pendu, tes douleurs sont les miennes!
Je sentis, à l'aspect de tes membres flottants,
Comme un vomissement, remonter vers mes dents
Le long fleuve de fiel des douleurs anciennes;

Devant toi, pauvre diable au souvenir si cher,
J'ai senti tous les becs et toutes les mâchoires
Des corbeaux lancinants et des panthères noires
Qui jadis aimaient tant à triturer ma chair.

— Le ciel était charmant, la mer était unie;
Pour moi tout était noir et sanglant désormais,
Hélas! et j'avais, comme en un suaire épais,
Le cœur enseveli dans cette allégorie.

Dans ton île, ô Vénus! je n'ai trouvé debout
Qu'un gibet symbolique où pendait mon image...
— Ah! Seigneur! donnez-moi la force et le courage
De contempler mon cœur et mon corps sans dégoût!

Les Fleurs du Mal, Fleurs du Mal

LA MORT DES AMANTS

Nous aurons des lits pleins d'odeurs légères,
Des divans profonds comme des tombeaux,
Et d'étranges fleurs sur des étagères,
Écloses pour nous sous des cieux plus beaux.

Usant à l'envi leurs chaleurs dernières,
Nos deux cœurs seront deux vastes flambeaux,
Qui réfléchiront leurs doubles lumières
Dans nos deux esprits, ces miroirs jumeaux.

Un soir fait de rose et de bleu mystique,
Nous échangerons un éclair unique,
Comme un long sanglot, tout chargé d'adieux;

Et plus tard un Ange, entr'ouvrant les portes,
Viendra ranimer, fidèle et joyeux,
Les miroirs ternis et les flammes mortes.

Les Fleurs du Mal, La Mort

LE VOYAGE

VIII

O Mort, vieux capitaine, il est temps! levons l'ancre!
Ce pays nous ennuie, ô Mort! Appareillons!
Si le ciel et la mer sont noirs comme de l'encre,
Nos cœurs que tu connais sont remplis de rayons!

Verse-nous ton poison pour qu'il nous réconforte!
Nous voulons, tant ce feu nous brûle le cerveau,
Plonger au fond du gouffre, Enfer ou Ciel, qu'importe?
Au fond de l'Inconnu pour trouver du *nouveau*!

Les Fleurs du Mal, La Mort

LESBOS

Mère des jeux latins et des voluptés grecques,
Lesbos, où les baisers, languissants ou joyeux,
Chauds comme les soleils, frais comme les pastèques,
Font l'ornement des nuits et des jours glorieux;
Mère des jeux latins et des voluptés grecques,

Lesbos, où les baisers sont comme les cascades
Qui se jettent sans peur dans les gouffres sans fonds,
Et courent, sanglotant et gloussant par saccades,
Orageux et secrets, fourmillants et profonds;
Lesbos, où les baisers sont comme les cascades!

Lesbos, où les Phrynés l'une l'autre s'attirent,
Où jamais un soupir ne resta sans écho,
A l'égal de Paphos les étoiles t'admirent,
Et Vénus à bon droit peut jalouser Sapho!
Lesbos, où les Phrynés l'une l'autre s'attirent,

Lesbos, terre des nuits chaudes et langoureuses,
Qui font qu'à leurs miroirs, stérile volupté!
Les filles aux yeux creux, de leurs corps amoureuses,
Caressent les fruits mûrs de leur nubilité;
Lesbos, terre des nuits chaudes et langoureuses,

Laisse du vieux Platon se froncer l'œil austère;
Tu tires ton pardon de l'excès des baisers,
Reine du doux empire, aimable et noble terre,
Et des raffinements toujours inépuisés.
Laisse du vieux Platon se froncer l'œil austère.

Tu tires ton pardon de l'éternel martyre,
Infligé sans relâche aux cœurs ambitieux,
Qu'attire loin de nous le radieux sourire
Entrevu vaguement au bord des autres cieux!
Tu tires ton pardon de l'éternel martyre!

Qui des Dieux osera, Lesbos, être ton juge
Et condamner ton front pâli dans les travaux,
Si ses balances d'or n'ont pesé le déluge
De larmes qu'à la mer ont versé tes ruisseaux?
Qui des Dieux osera, Lesbos, être ton juge!

Que nous veulent les lois du juste et de l'injuste?
Vierges au cœur sublime, honneur de l'archipel,
Votre religion comme une autre est auguste,
Et l'amour se rira de l'Enfer et du Ciel!
Que nous veulent les lois du juste et de l'injuste?

Car Lesbos entre tous m'a choisi sur la terre
Pour chanter le secret de ses vierges en fleurs,
Et je fus dès l'enfance admis au noir mystère
Des rires effrénés mêlés aux sombres pleurs;
Car Lesbos entre tous m'a choisi sur la terre.

Et depuis lors je veille au sommet de Leucate,
Comme une sentinelle à l'œil perçant et sûr,
Qui guette nuit et jour brick, tartane ou frégate,
Dont les formes au loin frissonnent dans l'azur;
Et depuis lors je veille au sommet de Leucate

Pour savoir si la mer est indulgente et bonne,
Et parmi les sanglots dont le roc retentit
Un soir ramènera vers Lesbos, qui pardonne,
Le cadavre adoré de Sapho, qui partit,
Pour savoir si la mer est indulgente et bonne!

De la mâle Sapho, l'amante et le poëte,
Plus belle que Vénus par ses mornes pâleurs!
— L'œil d'azur est vaincu par l'œil noir que tachète
Le cercle ténébreux tracé par les douleurs
De la mâle Sapho, l'amante et le poëte!

— Plus belle que Vénus se dressant sur le monde
Et versant les trésors de sa sérénité
Et le rayonnement de sa jeunesse blonde
Sur le vieil Océan de sa fille enchanté;
Plus belle que Vénus se dressant sur le monde!

— De Sapho qui mourut le jour de son blasphème,
Quand, insultant le rite et le culte inventé,
Elle fit son beau corps la pâture suprême
D'un brutal dont l'orgueil punit l'impiété
De celle qui mourut le jour de son blasphème.

Et c'est depuis ce temps que Lesbos se lamente,
Et, malgré les honneurs que lui rend l'univers,
S'enivre chaque nuit du cri de la tourmente
Que poussent vers les cieux ses rivages déserts!
Et c'est depuis ce temps que Lesbos se lamente!

Les Épaves, Pièces condamnées

LE JET D'EAU

Tes beaux yeux sont las, pauvre amante !
Reste longtemps, sans les rouvrir,
Dans cette pose nonchalante
Où t'a surprise le plaisir.
Dans la cour le jet d'eau qui jase
Et ne se tait ni nuit ni jour,
Entretient doucement l'extase
Où ce soir m'a plongé l'amour.

La gerbe épanouie
En mille fleurs,
Où Phœbé réjouie
Met ses couleurs,
Tombe comme une pluie
De larges pleurs.

Ainsi ton âme qu'incendie
L'éclair brûlant des voluptés
S'élance, rapide et hardie,
Vers les vastes cieux enchantés.
Puis, elle s'épanche, mourante,
En un flot de triste langueur,
Qui par une invisible pente
Descend jusqu'au fond de mon cœur.

La gerbe épanouie
En mille fleurs,
Où Phœbé réjouie
Met ses couleurs,
Tombe comme une pluie
De larges pleurs.

O toi, que la nuit rend si belle,
Qu'il m'est doux, penché vers tes seins,
D'écouter la plainte éternelle
Qui sanglote dans les bassins !
Lune, eau sonore, nuit bénie,
Arbres qui frissonnez autour,
Votre pure mélancolie
Est le miroir de mon amour.

La gerbe épanouie
En mille fleurs,
Où Phœbé réjouie
Met ses couleurs,
Tombe comme une pluie
De larges pleurs.

Les Épaves, Galanteries

LES YEUX DE BERTHE

Vous pouvez mépriser les yeux les plus célèbres,
Beaux yeux de mon enfant, par où filtre et s'enfuit
Je ne sais quoi de bon, de doux comme la Nuit !
Beaux yeux, versez sur moi vos charmantes ténèbres !

Grands yeux de mon enfant, arcanes adorés,
Vous ressemblez beaucoup à ces grottes magiques
Où, derrière l'amas des ombres léthargiques,
Scintillent vaguement des trésors ignorés !

Mon enfant a des yeux obscurs, profonds et vastes,
Comme toi, Nuit immense, éclairés comme toi !
Leurs feux sont ces pensers d'Amour, mêlés de Foi,
Qui pétillent au fond, voluptueux ou chastes.

Les Épaves, Galanteries

RECUEILLEMENT

Sois sage, ô ma Douleur, et tiens-toi plus tranquille.
Tu réclamais le Soir ; il descend ; le voici :
Une atmosphère obscure enveloppe la ville,
Aux uns portant la paix, aux autres le souci.

Pendant que des mortels la multitude vile,
Sous le fouet du Plaisir, ce bourreau sans merci,
Va cueillir des remords dans la fête servile,
Ma Douleur, donne-moi la main; viens par ici,

Loin d'eux. Vois se pencher les défuntes Années,
Sur les balcons du ciel, en robes surannées;
Surgir du fond des eaux le Regret souriant;

Le Soleil moribond s'endormir sous une arche,
Et, comme un long linceul traînant à l'Orient,
Entends, ma chère, entends la douce Nuit qui marche.

Nouvelles Fleurs du Mal

LES PLAINTES D'UN ICARE

Les amants des prostituées
Sont heureux, dispos et repus;
Quant à moi, mes bras sont rompus
Pour avoir étreint des nuées.

C'est grâce aux astres nonpareils,
Qui tout au fond du ciel flamboient,
Que mes yeux consumés ne voient
Que des souvenirs de soleils.

En vain j'ai voulu de l'espace
Trouver la fin et le milieu;
Sous je ne sais quel œil de feu
Je sens mon aile qui se casse;

Et brûlé par l'amour du beau,
Je n'aurai pas l'honneur sublime
De donner mon nom à l'abîme
Qui me servira de tombeau.

Nouvelles Fleurs du Mal

LOUIS MÉNARD

1822-1901

LOUIS MÉNARD

CIRCÉ

Douce comme un rayon de lune, un son de lyre,
Pour dompter les plus forts, elle n'a qu'à sourire.
Les magiques lueurs de ses yeux caressants
Versent l'ardente extase à tout ce qui respire.

Les grands ours, les lions fauves et rugissants
Lèchent ses pieds d'ivoire; un nuage d'encens
L'enveloppe; elle chante, elle enchaîne, elle attire,
La Volupté sinistre, aux philtres tout-puissants.

Sous le joug du désir, elle traîne à sa suite
L'innombrable troupeau des êtres, les charmant
Par son regard de vierge et sa bouche qui ment,

Tranquille, irrésistible. Ah! maudite, maudite!
Puisque tu changes l'homme en bête, au moins endors
Dans nos cœurs pleins de toi la honte et le remords.

Rêveries d'un Païen Mystique

LE RISHI

Dans la sphère du nombre et de la différence,
Enchaînés à la vie, il faut que nous montions,
Par l'échelle sans fin des transmigrations,
Tous les degrés de l'être et de l'intelligence.

Grâce, ô vie infinie, assez d'illusions !
Depuis l'éternité ce rêve recommence.
Quand donc viendra la paix, la mort sans renaissance ?
N'est-il pas bientôt temps que nous nous reposions ?

Le silence, l'oubli, le néant qui délivre,
Voilà ce qu'il me faut ; je voudrais m'affranchir
Du mouvement, du lieu, du temps, du devenir ;

Je suis las, rien ne vaut la fatigue de vivre,
Et pas un paradis n'a de bonheur pareil,
Nuit calme, nuit bénie, à ton divin sommeil.

Rêveries d'un Païen Mystique

THÉODORE DE BANVILLE

1823-1891

THÉODORE DE BANVILLE

Oh! quand la Mort, que rien ne saurait apaiser,
Nous prendra tous les deux dans un dernier baiser
Et jettera sur nous le manteau de ses ailes,
Puissions-nous reposer sous deux pierres jumelles!
Puissent les fleurs de rose aux parfums embaumés
Sortir de nos deux corps qui se sont tant aimés,
Et nos âmes fleurir ensemble, et sur nos tombes
Se becqueter longtemps d'amoureuses colombes!

Avril 1845.

Les Stalactites

Sculpteur, cherche avec soin, en attendant l'extase,
Un marbre sans défaut pour en faire un beau vase;
Cherche longtemps sa forme et n'y retrace pas
D'amours mystérieux ni de divins combats.
Pas d'Héraklès vainqueur du monstre de Némée,
Ni de Cypris naissant sur la mer embaumée;
Pas de Titans vaincus dans leurs rébellions,
Ni de riant Bacchus attelant les lions
Avec un frein tressé de pampres et de vignes;
Pas de Léda jouant dans la troupe des cygnes
Sous l'ombre des lauriers en fleurs, ni d'Artémis
Surprise au sein des eaux dans sa blancheur de lys.
Qu'autour du vase pur, trop beau pour la Bacchante,
La verveine mêlée à des feuilles d'acanthe
Fleurisse, et que plus bas des vierges lentement
S'avancent deux à deux, d'un pas sûr et charmant,
Les bras pendant le long de leurs tuniques droites
Et les cheveux tressés sur leurs têtes étroites.

Février 1846.

Les Stalactites

L'INVINCIBLE

Pris sous la griffe des vautours,
Cœur meurtri que leur bec entame!
Vas-tu te plaindre d'une femme?
Non! je veux boire à ses amours!
Je boirai le vin et la lie,
O Furie aux cheveux flottants!
Pour mieux pouvoir en même temps
Trouver la haine et la folie.

Dans mon verre entouré de fleurs
S'il tombe une larme brûlante,
Rassurez ma main chancelante
Et faites-moi boire mes pleurs.
Assez de plaintes sérieuses
Quand le bourgogne a ruisselé,
Sang vermeil du raisin foulé
Par des Bacchantes furieuses.

Pour former la chaude liqueur,
Elles n'ont pas, dans leurs victoires,
Déchiré mieux les grappes noires
Qu'elle n'a déchiré mon cœur.
Amis, vous qui buvez en foule
Le poison de l'amour jaloux,
Mon cœur se brise; enivrez-vous,
Puisque la poésie en coule!

C'est dans ce calice profond
Que l'infidèle aimait à boire :
Puisqu'au fond reste sa mémoire,
Noble vin, cache-m'en le fond!
J'y jetterai les rêveries
Et l'amour que j'avais jadis,
Comme autrefois ses mains de lys
Y jetaient des roses fleuries!

Et vous, mes yeux, que pour miroir
Prenait cette ingrate maîtresse,
Extasiez-vous dans l'ivresse
Pour lui cacher mon désespoir.
Ces lèvres, qu'elle a tant baisées,
Me trahiraient par leur pâleur;
Je vais leur rendre leur couleur
Dans le sang des grappes brisées.

Je noierai dans ce flot divin
Le feu vivant qui me dévore.
Mais non! Elle apparaît encore
Sous les douces pourpres du vin!
Oui, voilà sa grâce inhumaine!
Et cette coupe est une mer
D'où naît, comme du flot amer,
L'invincible Anadyomène.

Novembre 1849.

Le Sang de la Coupe

Vous en qui je salue une nouvelle aurore,
          Vous tous qui m'aimerez,
Jeunes hommes des temps qui ne sont pas encore,
          O bataillons sacrés!

Et vous, poètes, pleins comme moi de tendresse,
          Qui relirez mes vers
Sur l'herbe, en regardant votre jeune maîtresse
          Et les feuillages verts!

Vous les lirez, enfants à chevelure blonde,
          Cœurs tout extasiés,
Quand mon cœur dormira sous la terre féconde
          Au milieu des rosiers.

Mais moi, vêtu de pourpre, en d'éternelles fêtes
          Dont je prendrai ma part,
Je boirai le nectar au séjour des poëtes,
          A côté de Ronsard.

. . . . . .

CHARLES CROS

1842-1888

CHARLES CROS

NOCTURNE

A Arsène Houssaye

Bois frissonnants, ciel étoilé,
Mon bien-aimé s'en est allé,
Emportant mon cœur désolé!

Vents, que vos plaintives rumeurs,
Que vos chants, rossignols charmeurs,
Aillent lui dire que je meurs!

Le premier soir qu'il vint ici
Mon âme fut à sa merci.
De fierté je n'eus plus souci.

Mes regards étaient pleins d'aveux.
Il me prit dans ses bras nerveux
Et me baisa près des cheveux.

J'en eus un grand frémissement;
Et puis, je ne sais plus comment
Il est devenu mon amant.

Et, bien qu'il me fût inconnu,
Je l'ai pressé sur mon sein nu
Quand dans ma chambre il est venu.

*

Je lui disais : « Tu m'aimeras
Aussi longtemps que tu pourras! »
Je ne dormais bien qu'en ses bras.

Mais lui, sentant son cœur éteint,
S'en est allé l'autre matin,
Sans moi, dans un pays lointain.

*

Puisque je n'ai plus mon ami,
Je mourrai dans l'étang, parmi
Les fleurs, sous le flot endormi.

Au bruit du feuillage et des eaux,
Je dirai ma peine aux oiseaux
Et j'écarterai les roseaux.

Sur le bord arrêtée, au vent
Je dirai son nom, en rêvant
Que là je l'attendis souvent.

Et comme en un linceul doré,
Dans mes cheveux défaits, au gré
Du flot je m'abandonnerai.

*

Les bonheurs passés verseront
Leur douce lueur sur mon front :
Et les joncs verts m'enlaceront.

Et mon sein croira, frémissant,
Sous l'enlacement caressant,
Subir l'étreinte de l'absent.

*

Que mon dernier souffle, emporté
Dans les parfums du vent d'été,
Soit un soupir de volupté !

Qu'il vole, papillon charmé
Par l'attrait des roses de mai,
Sur les lèvres du bien-aimé !

Le Coffret de Santal : Chansons Perpétuelles

JOSÉ-MARIA DE HEREDIA

1842-1905

JOSÉ-MARIA DE HEREDIA

LE CHEVRIER

O BERGER, ne suis pas dans cet âpre ravin
Les bonds capricieux de ce bouc indocile;
Aux pentes du Ménale, où l'été nous exile,
La nuit monte trop vite et ton espoir est vain.

Restons ici, veux-tu? j'ai des figues, du vin.
Nous attendrons le jour en ce sauvage asile.
Mais parle bas. Les Dieux sont partout, ô Mnasyle,
Hécate nous regarde avec son œil divin.

Ce trou d'ombre là-bas est l'antre où se retire
Le démon familier des hauts lieux, le Satyre;
Peut-être il sortira, si nous ne l'effrayons.

Entends-tu le pipeau qui chante sur ses lèvres?
C'est lui! Sa double corne accroche les rayons,
Et, vois, au clair de lune il fait danser mes chèvres.

Les Trophées, la Grèce et la Sicile

LE RÉCIF DE CORAIL

LE soleil sous la mer, mystérieuse aurore,
Éclaire la forêt des coraux abyssins
Qui mêle, aux profondeurs de ses tièdes bassins,
La bête épanouie et la vivante flore.

Et tout ce que le ciel ou l'iode colore,
Mousse, algue chevelue, anémones, oursins,
Couvre de pourpre sombre en somptueux dessins,
Le fond vermiculé du pâle madrépore.

De sa splendide écaille éteignant les émaux,
Un grand poisson navigue à travers les rameaux.
Dans l'onde transparente indolemment il rôde;

Et, brusquement, d'un coup de sa nageoire en feu
Il fait, par le cristal morne, immobile et bleu,
Courir un frisson d'or, de nacre et d'émeraude.

Les Trophées, l'Orient et les Tropiques

LES CONQUÉRANTS

COMME un vol de gerfauts hors du charnier natal,
Fatigués de porter leurs misères hautaines,
De Palos de Moguer, routiers et capitaines
Partaient, ivres d'un rêve héroïque et brutal.

Ils allaient conquérir le fabuleux métal
Que Cipango mûrit dans ses mines lointaines,
Et les vents alizés inclinaient leurs antennes
Aux bords mystérieux du monde occidental.

Chaque soir, espérant des lendemains épiques,
L'azur phosphorescent de la mer des Tropiques
Enchantait leur sommeil d'un mirage doré;

Ou, penchés à l'avant de blanches caravelles,
Ils regardaient monter en un ciel ignoré
Du fond de l'Océan des étoiles nouvelles.

Les Trophées, le Moyen Age et la Renaissance

STÉPHANE MALLARMÉ

1842-1898

STÉPHANE MALLARMÉ

APPARITION

La lune s'attristait. Des séraphins en pleurs
Rêvant, l'archet aux doigts, dans le calme des fleurs
Vaporeuses, tiraient de mourantes violes
De blancs sanglots glissant sur l'azur des corolles.
— C'était le jour béni de ton premier baiser.
Ma songerie, aimant à me martyriser,
S'enivrait savamment du parfum de tristesse
Que même sans regret et sans déboire laisse
La cueillaison d'un Rêve au cœur qui l'a cueilli.
J'errais donc, l'œil rivé sur le pavé vieilli,
Quand avec du soleil aux cheveux, dans la rue
Et dans le soir, tu m'es en riant apparue
Et j'ai cru voir la fée au chapeau de clarté
Qui jadis sur mes beaux sommeils d'enfant gâté
Passait, laissant toujours de ses mains mal fermées
Neiger de blancs bouquets d'étoiles parfumées.

ANGOISSE

Je ne viens pas ce soir vaincre ton corps, ô bête
En qui vont les péchés d'un peuple, ni creuser
Dans tes cheveux impurs une triste tempête
Sous l'incurable ennui que verse mon baiser :

Je demande à ton lit le lourd sommeil sans songes
Planant sous les rideaux inconnus du remords,
Et que tu peux goûter après tes noirs mensonges
Toi qui sur le néant en sais plus que les morts.

Car le Vice, rongeant ma native noblesse,
M'a comme toi marqué de sa stérilité,
Mais tandis que ton sein de pierre est habité

Par un cœur que la dent d'aucun crime ne blesse,
Je fuis, pâle, défait, hanté par mon linceul,
Ayant peur de mourir lorsque je couche seul.

BRISE MARINE

La chair est triste, hélas! et j'ai lu tous les livres.
Fuir! là-bas fuir! Je sens que des oiseaux sont ivres
D'être parmi l'écume inconnue et les cieux!
Rien, ni les vieux jardins reflétés par les yeux
Ne retiendra ce cœur qui dans la mer se trempe
O nuits! ni la clarté déserte de ma lampe
Sur le vide papier que la blancheur défend
Et ni la jeune femme allaitant son enfant.
Je partirai! Steamer balançant ta mâture,
Lève l'ancre pour une exotique nature!
Un Ennui, désolé par les cruels espoirs,
Croit encore à l'adieu suprême des mouchoirs!
Et, peut-être, les mâts, invitant les orages
Sont-ils de ceux qu'un vent penche sur les naufrages
Perdus, sans mâts, sans mâts, ni fertiles îlots...
Mais, ô mon cœur, entends le chant des matelots!

DON DU POËME

Je t'apporte l'enfant d'une nuit d'Idumée!
Noire, à l'aile saignante et pâle, déplumée,
Par le verre brûlé d'aromates et d'or,
Par les carreaux glacés, hélas! mornes encor
L'aurore se jeta sur la lampe angélique,
Palmes! et quand elle a montré cette relique
A ce père essayant un sourire ennemi,
La solitude bleue et stérile a frémi.

O la berceuse, avec ta fille et l'innocence
De vos pieds froids, accueille une horrible naissance
Et ta voix rappelant viole et clavecin,
Avec le doigt fané presseras-tu le sein
Par qui coule en blancheur sibylline la femme
Pour les lèvres que l'air du vierge azur affame ?

HÉRODIADE

. . . . . .
Assez! Tiens devant moi ce miroir.

                              O miroir!
Eau froide par l'ennui dans ton cadre gelée
Que de fois et pendant des heures, désolée
Des songes et cherchant mes souvenirs qui sont
Comme des feuilles sous ta glace au trou profond,
Je m'apparus en toi comme une ombre lointaine,
Mais, horreur! des soirs, dans ta sévère fontaine,
J'ai de mon rêve épars connu la nudité!
. . . . . .
Oui, c'est pour moi, pour moi, que je fleuris, déserte!
Vous le savez, jardins d'améthyste, enfouis
Sans fin dans de savants abîmes éblouis,
Ors ignorés, gardant votre antique lumière
Sous le sombre sommeil d'une terre première,
Vous pierres où mes yeux comme de purs bijoux
Empruntent leur clarté mélodieuse, et vous
Métaux qui donnez à ma jeune chevelure
Une splendeur fatale et sa massive allure!
Quant à toi, femme née en des siècles malins
Pour la méchanceté des antres sibyllins,
Qui parles d'un mortel! selon qui, des calices
De mes robes, arôme aux farouches délices,
Sortirait le frisson blanc de ma nudité,
Prophétise que si le tiède azur d'été,
Vers lui nativement la femme se dévoile,
Me voit dans ma pudeur grelottante d'étoile,
Je meurs!

              J'aime l'horreur d'être vierge et je veux
Vivre parmi l'effroi que me font mes cheveux

Pour, le soir, retirée en ma couche, reptile
Inviolé sentir en la chair inutile
Le froid scintillement de ta pâle clarté
Toi qui te meurs, toi qui brûles de chasteté,
Nuit blanche de glaçons et de neige cruelle!

Et ta sœur solitaire, ô ma sœur éternelle
Mon rêve montera vers toi : telle déjà
Rare limpidité d'un cœur qui le songea,
Je me crois seule en ma monotone patrie
Et tout, autour de moi, vit dans l'idolâtrie
D'un miroir qui reflète en son calme dormant
Hérodiade au clair regard de diamant..
O charme dernier, oui! je le sens, je suis seule.

LA NOURRICE

Madame, allez-vous donc mourir ?

HÉRODIADE

Non, pauvre aïeule,
Sois calme et, t'éloignant, pardonne à ce cœur dur
Mais avant, si tu veux, clos les volets, l'azur
Séraphique sourit dans les vitres profondes,
Et je déteste, moi, le bel azur !

Des ondes
Se bercent et, là-bas, sais-tu pas un pays
Où le sinistre ciel ait les regards haïs
De Vénus qui, le soir, brûle dans le feuillage;
J'y partirais.

Allume encore, enfantillage
Dis-tu, ces flambeaux où la cire au feu léger
Pleure parmi l'or vain quelque pleur étranger
Et..

LA NOURRICE

Maintenant ?

HÉRODIADE

Adieu.
Vous mentez, ô fleur nue

De mes lèvres.
J'attends une chose inconnue

Ou peut-être, ignorant le mystère et vos cris,
Jetez-vous les sanglots suprêmes et meurtris
D'une enfance sentant parmi les rêveries
Se séparer enfin ses froides pierreries.

L'APRÈS-MIDI D'UN FAUNE

Églogue

LE FAUNE

Ces nymphes, je les veux perpétuer.

                        Si clair,
Leur incarnat léger, qu'il voltige dans l'air
Assoupi de sommeils touffus.

                       Aimai-je un rêve?
Mon doute, amas de nuit ancienne, s'achève
En maint rameau subtil, qui, demeuré les vrais
Bois mêmes, prouve, hélas! que bien seul je m'offrais
Pour triomphe la faute idéale de roses.
Réfléchissons..

             ou si les femmes dont tu gloses
Figurent un souhait de tes sens fabuleux!
Faune, l'illusion s'échappe des yeux bleus
Et froids, comme une source en pleurs, de la plus chaste:
Mais, l'autre tout soupirs, dis-tu qu'elle contraste
Comme brise du jour chaude dans ta toison!
Que non! par l'immobile et lasse pâmoison
Suffoquant de chaleurs le matin frais s'il lutte,
Ne murmure point d'eau que ne verse ma flûte
Au bosquet arrosé d'accords; et le seul vent
Hors des deux tuyaux prompt à s'exhaler avant

Qu'il disperse le son dans une pluie aride,
C'est, à l'horizon pas remué d'une ride,
Le visible et serein souffle artificiel
De l'inspiration, qui regagne le ciel.
O bords siciliens d'un calme marécage
Qu'à l'envi des soleils ma vanité saccage,
Tacite sous les fleurs d'étincelles, CONTEZ
« *Que je coupais ici les creux roseaux domptés*
« *Par le talent ; quand, sur l'or glauque de lointaines*
« *Verdures dédiant leur vigne à des fontaines,*
« *Ondoie une blancheur animale au repos :*
« *Et qu'au prélude lent où naissent les pipeaux*
« *Ce vol de cygnes, non ! de naïades se sauve*
« *Ou plonge.. »*

               Inerte, tout brûle dans l'heure fauve
Sans marquer par quel art ensemble détala
Trop d'hymen souhaité de qui cherche le *la* :
Alors m'éveillerai-je à la ferveur première,
Droit et seul, sous un flot antique de lumière,
Lys! et l'un de vous tous pour l'ingénuité.
Autre que ce doux rien par leur lèvre ébruité,
Le baiser, qui tout bas des perfides assure,
Mon sein, vierge de preuve, atteste une morsure
Mystérieuse, due à quelque auguste dent;
Mais, bast! arcane tel élut pour confident
Le jonc vaste et jumeau dont sous l'azur on joue :
Qui, détournant à soi le trouble de la joue
Rêve, dans un solo long, que nous amusions
La beauté d'alentour par des confusions
Fausses entre elle-même et notre chant crédule;
Et de faire aussi haut que l'amour se module
Évanouir du songe ordinaire de dos
Ou de flanc pur suivis avec mes regards clos,
Une sonore, vaine et monotone ligne.

Tâche donc, instrument des fuites, ô maligne
Syrinx, de refleurir aux lacs où tu m'attends!
Moi, de ma rumeur fier, je vais parler longtemps
Des déesses; et par d'idolâtres peintures,
A leur ombre enlever encore des ceintures :
Ainsi, quand des raisins j'ai sucé la clarté,
Pour bannir un regret par ma feinte écarté,

Rieur, j'élève au ciel d'été la grappe vide
Et, soufflant dans ses peaux lumineuses, avide
D'ivresse, jusqu'au soir je regarde au travers.

O nymphes, regonflons des SOUVENIRS divers.
« Mon œil, trouant les joncs, dardait chaque encolure
« Immortelle, qui noie en l'onde sa brûlure
« Avec un cri de rage au ciel de la forêt ;
« Et le splendide bain de cheveux disparaît
« Dans les clartés et les frissons, ô pierreries !
« J'accours ; quand, à mes pieds, s'entrejoignent (meurtries
« De la langueur goûtée à ce mal d'être deux)
« Des dormeuses parmi leurs seuls bras hasardeux ;
« Je les ravis, sans les désenlacer, et vole
« A ce massif, haï par l'ombrage frivole,
« De roses tarissant tout parfum au soleil,
« Où notre ébat au jour consumé soit pareil. »
Je t'adore, courroux des vierges, ô délice
Farouche du sacré fardeau nu qui se glisse
Pour fuir ma lèvre en feu buvant, comme un éclair
Tressaille ! la frayeur secrète de la chair :
Des pieds de l'inhumaine au cœur de la timide
Que délaisse à la fois une innocence, humide
De larmes folles ou de moins tristes vapeurs.
« Mon crime, c'est d'avoir, gai de vaincre ces peurs
« Traîtresses, divisé la touffe échevelée
« De baisers que les dieux gardaient si bien mêlée :
« Car, à peine j'allais cacher un rire ardent
« Sous les replis heureux d'une seule (gardant
« Par un doigt simple, afin que sa candeur de plume
« Se teignît à l'émoi de sa sœur qui s'allume,
« La petite, naïve et ne rougissant pas) :
« Que de mes bras, défaits par de vagues trépas,
« Cette proie, à jamais ingrate se délivre
« Sans pitié du sanglot dont j'étais encore ivre. »

Tant pis ! vers le bonheur d'autres m'entraîneront
Par leur tresse nouée aux cornes de mon front :
Tu sais, ma passion, que, pourpre et déjà mûre,
Chaque grenade éclate et d'abeilles murmure ;
Et notre sang, épris de qui le va saisir,
Coule pour tout l'essaim éternel du désir.

A l'heure où ce bois d'or et de cendres se teinte
Une fête s'exalte en la feuillée éteinte :
Etna! c'est parmi toi visité de Vénus
Sur ta lave posant ses talons ingénus,
Quand tonne un somme triste ou s'épuise la flamme.
Je tiens la reine!

                O sûr châtiment..

                                    Non, mais l'âme
De paroles vacante et ce corps alourdi
Tard succombent au fier silence de midi :
Sans plus il faut dormir en l'oubli du blasphème,
Sur le sable altéré gisant et comme j'aime
Ouvrir ma bouche à l'astre efficace des vins!

Couple, adieu; je vais voir l'ombre que tu devins.

TOAST FUNÈBRE

O DE NOTRE BONHEUR, toi, le fatal emblème!

Salut de la démence et libation blême,
Ne crois pas qu'au magique espoir du corridor
J'offre ma coupe vide où souffre un monstre d'or!
Ton apparition ne va pas me suffire :
Car je t'ai mis, moi-même, en un lieu de porphyre.
Le rite est pour les mains d'éteindre le flambeau
Contre le fer épais des portes du tombeau :
Et l'on ignore mal, élu pour notre fête
Très simple de chanter l'absence du poète,
Que ce beau monument l'enferme tout entier.
Si ce n'est que la gloire ardente du métier,
Jusqu'à l'heure commune et vile de la cendre,
Par le carreau qu'allume un soir fier d'y descendre,
Retourne vers les feux du pur soleil mortel!

. . . . . .

AUTRE ÉVENTAIL

DE MADEMOISELLE MALLARMÉ

O RÊVEUSE, pour que je plonge
Au pur délice sans chemin,
Sache, par un subtil mensonge,
Garder mon aile dans ta main.

Une fraîcheur de crépuscule
Te vient à chaque battement
Dont le coup prisonnier recule
L'horizon délicatement.

Vertige! voici que frissonne
L'espace comme un grand baiser
Qui, fou de naître pour personne
Ne peut jaillir ni s'apaiser.

Sens-tu le paradis farouche
Ainsi qu'un rire enseveli
Se couler du coin de ta bouche
Au fond de l'unanime pli!

Le sceptre des rivages roses
Stagnants sur les soirs d'or, ce l'est,
Ce blanc vol fermé que tu poses
Contre le feu d'un bracelet.

CHANSONS BAS

Le Savetier

HORS de la poix rien à faire,
Le lys naît blanc, comme odeur
Simplement je le préfère
A ce bon raccommodeur.

Il va de cuir à ma paire
Adjoindre plus que je n'eus
Jamais, cela désespère
Un besoin de talons nus.

Son marteau qui ne dévie
Fixe de clous gouailleurs
Sur la semelle l'envie
Toujours conduisant ailleurs.

Il recréerait des souliers,
O pieds! si vous le vouliez.

SONNETS

I

Quand l'ombre menaça de la fatale loi
Tel vieux Rêve, désir et mal de mes vertèbres,
Affligé de périr sous les plafonds funèbres
Il a ployé son aile indubitable en moi.

Luxe, ô salle d'ébène où, pour séduire un roi
Se tordent dans leur mort des guirlandes célèbres,
Vous n'êtes qu'un orgueil menti par les ténèbres
Aux yeux du solitaire ébloui de sa foi.

Oui, je sais qu'au lointain de cette nuit, la Terre
Jette d'un grand éclat l'insolite mystère
Sous les siècles hideux qui l'obscurcissent moins.

L'espace à soi pareil qu'il s'accroisse ou se nie
Roule dans cet ennui des feux vils pour témoins
Que s'est d'un astre en fête allumé le génie.

II

Le vierge, le vivace et le bel aujourd'hui
Va-t-il nous déchirer avec un coup d'aile ivre
Ce lac dur oublié que hante sous le givre
Le transparent glacier des vols qui n'ont pas fui!

Un cygne d'autrefois se souvient que c'est lui
Magnifique mais qui sans espoir se délivre
Pour n'avoir pas chanté la région où vivre
Quand du stérile hiver a resplendi l'ennui.

Tout son col secouera cette blanche agonie
Par l'espace infligée à l'oiseau qui le nie,
Mais non l'horreur du sol où le plumage est pris.

Fantôme qu'à ce lieu son pur éclat assigne,
Il s'immobilise au songe froid de mépris
Que vêt parmi l'exil inutile le Cygne.

Mes bouquins refermés sur le nom de Paphos,
Il m'amuse d'élire avec le seul génie
Une ruine, par mille écumes bénie
Sous l'hyacinthe, au loin, de ses jours triomphaux.

Coure le froid avec ses silences de faux,
Je n'y hululerai pas de vide nénie
Si ce très blanc ébat au ras du sol dénie
A tout site l'honneur du paysage faux.

Ma faim qui d'aucuns fruits ici ne se régale
Trouve en leur docte manque une saveur égale :
Qu'un éclate de chair humain et parfumant!

Le pied sur quelque givre où notre amour tisonne
Je pense plus longtemps peut-être éperdument
A l'autre, au sein brûlé d'une antique amazone.

A LA NUE accablante tu
Basse de basalte et de laves
A même les échos esclaves
Par une trompe sans vertu

Quel sépulcral naufrage (tu
Le sais, écume, mais y baves)
Suprême une entre les épaves
Abolit le mât dévêtu

Ou cela que furibond faute
De quelque perdition haute
Tout l'abîme vain éployé

Dans le si blanc cheveu qui traîne
Avarement aura noyé
Le flanc enfant d'une sirène.

M'INTRODUIRE dans ton histoire
C'est en héros effarouché
S'il a du talon nu touché
Quelque gazon de territoire

A des glaciers attentatoire
Je ne sais le naïf péché
Que tu n'auras pas empêché
De rire très haut sa victoire

Dis si je ne suis pas joyeux
Tonnerre et rubis aux moyeux
De voir en l'air ce que feu troue

Avec des royaumes épars
Comme mourir pourpre la roue
Du seul vespéral de mes chars.

LE TOMBEAU D'EDGAR POE

TEL qu'en Lui-même enfin l'éternité le change,
Le Poète suscite avec un glaive nu
Son siècle épouvanté de n'avoir pas connu
Que la mort triomphait dans cette voix étrange !

Eux, comme un vil sursaut d'hydre oyant jadis l'ange
Donner un sens plus pur aux mots de la tribu,
Proclamèrent très haut le sortilège bu
Dans le flot sans honneur de quelque noir mélange

Du sol et de la nue hostiles, ô grief!
Si notre idée avec ne sculpte un bas-relief
Dont la tombe de Poe éblouissante s'orne

Calme bloc ici-bas chu d'un désastre obscur
Que ce granit du moins montre à jamais sa borne
Aux noirs vols du Blasphème épars dans le futur.

TOMBEAU DE VERLAINE

LE noir roc courroucé que la bise le roule
Ne s'arrêtera ni sous de pieuses mains
Tâtant sa ressemblance avec les maux humains
Comme pour en bénir quelque funeste moule.

Ici presque toujours si le ramier roucoule
Cet immatériel deuil opprime de maints
Nubiles plis l'astre mûri des lendemains
Dont un scintillement argentera la foule.

Qui cherche, parcourant le solitaire bond
Tantôt extérieur de notre vagabond —
Verlaine? Il est caché parmi l'herbe, Verlaine

A ne surprendre que naïvement d'accord
La lèvre sans y boire ou tarir son haleine
Un peu profond ruisseau calomnié la mort.

Janvier 1897.

PAUL VERLAINE

1844-1896

PAUL VERLAINE

MON RÊVE FAMILIER

Je fais souvent ce rêve étrange et pénétrant
D'une femme inconnue, et que j'aime, et qui m'aime,
Et qui n'est, chaque fois, ni tout à fait la même
Ni tout à fait une autre, et m'aime et me comprend.

Car elle me comprend, et mon cœur, transparent
Pour elle seule, hélas! cesse d'être un problème
Pour elle seule, et les moiteurs de mon front blême,
Elle seule les sait rafraîchir, en pleurant.

Est-elle brune, blonde ou rousse? — Je l'ignore.
Son nom? Je me souviens qu'il est doux et sonore
Comme ceux des aimés que la Vie exila.

Son regard est pareil au regard des statues,
Et, pour sa voix, lointaine, et calme, et grave, elle a
L'inflexion des voix chères qui se sont tues.

Poèmes saturniens

CHANSON D'AUTOMNE

Les sanglots longs
Des violons
    De l'automne
Blessent mon cœur
D'une langueur
    Monotone.

Tout suffocant
Et blême, quand
  Sonne l'heure,
Je me souviens
Des jours anciens
  Et je pleure;

Et je m'en vais
Au vent mauvais
  Qui m'emporte
Deçà, delà.
Pareil à la
  Feuille morte.

Poèmes saturniens

CLAIR DE LUNE

Votre âme est un paysage choisi
Que vont charmant masques et bergamasques,
Jouant du luth, et dansant, et quasi
Tristes sous leurs déguisements fantasques.

Tout en chantant sur le mode mineur
L'amour vainqueur et la vie opportune,
Ils n'ont pas l'air de croire à leur bonheur
Et leur chanson se mêle au clair de lune,

Au calme clair de lune triste et beau,
Qui fait rêver les oiseaux dans les arbres
Et sangloter d'extase les jets d'eau,
Les grands jets d'eau sveltes parmi les marbres.

Fêtes galantes

LES INGÉNUS

Les hauts talons luttaient avec les longues jupes,
En sorte que, selon le terrain et le vent,
Parfois luisaient des bas de jambes, trop souvent
Interceptés! — et nous aimions ce jeu de dupes.

Parfois aussi le dard d'un insecte jaloux
Inquiétait le col des belles sous les branches,
Et c'était des éclairs soudains de nuques blanches,
Et ce régal comblait nos jeunes yeux de fous.

Le soir tombait, un soir équivoque d'automne :
Les belles, se pendant rêveuses à nos bras,
Dirent alors des mots si spécieux, tout bas,
Que notre âme depuis ce temps tremble et s'étonne.

Fêtes galantes

MANDOLINE

Les donneurs de sérénades
Et les belles écouteuses
Échangent des propos fades
Sous les ramures chanteuses.

C'est Tircis et c'est Aminte,
Et c'est l'éternel Clitandre,
Et c'est Damis qui pour mainte
Cruelle fait maint vers tendre.

Leurs courtes vestes de soie,
Leurs longues robes à queues,
Leur élégance, leur joie
Et leurs molles ombres bleues

Tourbillonnent dans l'extase
D'une lune rose et grise,
Et la mandoline jase
Parmi les frissons de brise.

Fêtes galantes

A CLYMÈNE

Mystiques barcarolles,
Romances sans paroles,
Chère, puisque tes yeux,
        Couleur des cieux,

Puisque ta voix, étrange
Vision qui dérange
Et trouble l'horizon
        De ma raison,

Puisque l'arome insigne
De ta pâleur de cygne
Et puisque la candeur
        De ton odeur,

Ah! puisque tout ton être,
Musique qui pénètre,
Nimbes d'anges défunts,
        Tons et parfums,

A, sur d'almes cadences,
En ses correspondances
Induit mon cœur subtil,
        Ainsi soit-il!

Fêtes galantes

EN SOURDINE

Calmes dans le demi-jour
Que les branches hautes font,
Pénétrons bien notre amour
De ce silence profond.

Fondons nos âmes, nos cœurs
Et nos sens extasiés,
Parmi les vagues langueurs
Des pins et des arbousiers.

Ferme tes yeux à demi,
Croise tes bras sur ton sein,
Et de ton cœur endormi
Chasse à jamais tout dessein.

Laissons-nous persuader
Au souffle berceur et doux
Qui vient à tes pieds rider
Les ondes de gazon roux.

Et quand, solennel, le soir
Des chênes noirs tombera,
Voix de notre désespoir,
Le rossignol chantera.

Fêtes galantes

COLLOQUE SENTIMENTAL

Dans le vieux parc solitaire et glacé
Deux formes ont tout à l'heure passé.

Leurs yeux sont morts et leurs lèvres sont molles,
Et l'on entend à peine leurs paroles.

Dans le vieux parc solitaire et glacé
Deux spectres ont évoqué le passé.

— Te souvient-il de notre extase ancienne ?
— Pourquoi voulez-vous donc qu'il m'en souvienne ?

— Ton cœur bat-il toujours à mon seul nom ?
Toujours vois-tu mon âme en rêve ? — Non.

— Ah ! les beaux jours de bonheur indicible
Où nous joignions nos bouches ! — C'est possible.

— Qu'il était bleu, le ciel, et grand, l'espoir !
— L'espoir a fui, vaincu, vers le ciel noir.

Tels ils marchaient dans les avoines folles,
Et la nuit seule entendit leurs paroles.

Fêtes galantes

Avant que tu ne t'en ailles,
Pâle étoile du matin,
— Mille cailles
Chantent, chantent dans le thym. —

Tourne devers le poète,
Dont les yeux sont pleins d'amour,
— L'alouette
Monte au ciel avec le jour. —

Tourne ton regard que noie
L'aurore dans son azur ;
— Quelle joie
Parmi les champs de blé mûr ! —

Puis fais luire ma pensée
Là-bas, — bien loin, oh ! bien loin ;
— La rosée
Gaîment brille sur le foin. —

Dans le doux rêve où s'agite
Ma mie endormie encor...
    — Vite, vite,
Car voici le soleil d'or! —

La Bonne Chanson

La lune blanche
Luit dans les bois;
De chaque branche
Part une voix
Sous la ramée...

O bien-aimée.

L'étang reflète,
Profond miroir,
La silhouette
Du saule noir
Où le vent pleure...

Rêvons, c'est l'heure.

Un vaste et tendre
Apaisement
Semble descendre
Du firmament
Que l'astre irise...

C'est l'heure exquise.

La Bonne Chanson

Il pleut doucement sur la ville
ARTHUR RIMBAUD

Il pleure dans mon cœur
Comme il pleut sur la ville.
Quelle est cette langueur
Qui pénètre mon cœur?

O bruit doux de la pluie
Par terre et sur les toits!
Pour un cœur qui s'ennuie,
O le chant de la pluie!

Il pleure sans raison
Dans ce cœur qui s'écœure.
Quoi! nulle trahison?
Ce deuil est sans raison.

C'est bien la pire peine
De ne savoir pourquoi,
Sans amour et sans haine,
Mon cœur a tant de peine.

Romances sans Paroles

O TRISTE, triste était mon âme
A cause, à cause d'une femme.

Je ne me suis pas consolé
Bien que mon cœur s'en soit allé,

Bien que mon cœur, bien que mon âme
Eussent fui loin de cette femme.

Je ne me suis pas consolé,
Bien que mon cœur s'en soit allé.

Et mon cœur, mon cœur trop sensible
Dit à mon âme : Est-il possible,

Est-il possible, — le fût-il, —
Ce fier exil, ce triste exil?

Mon âme dit à mon cœur : Sais-je
Moi-même, que nous veut ce piège

D'être présents bien qu'exilés,
Encore que loin en allés?

Romances sans Paroles

GREEN

Voici des fruits, des fleurs, des feuilles et des branches,
Et puis voici mon cœur, qui ne bat que pour vous.
Ne le déchirez pas avec vos deux mains blanches
Et qu'à vos yeux si beaux l'humble présent soit doux.

J'arrive tout couvert encore de rosée
Que le vent du matin vient glacer à mon front.
Souffrez que ma fatigue, à vos pieds reposée,
Rêve des chers instants qui la délasseront.

Sur votre jeune sein laissez rouler ma tête
Toute sonore encor de vos derniers baisers;
Laissez-la s'apaiser de la bonne tempête,
Et que je dorme un peu puisque vous reposez.

Romances sans Paroles

A POOR YOUNG SHEPHERD

J'ai peur d'un baiser
Comme d'une abeille.
Je souffre et je veille
Sans me reposer.
J'ai peur d'un baiser!

Pourtant j'aime Kate
Et ses yeux jolis.
Elle est délicate
Aux longs traits pâlis.
Oh! que j'aime Kate!

C'est Saint-Valentin!
Je dois et je n'ose
Lui dire au matin...
La terrible chose
Que Saint-Valentin!

Elle m'est promise,
Fort heureusement!
Mais quelle entreprise
Que d'être un amant
Près d'une promise!

J'ai peur d'un baiser
Comme d'une abeille.
Je souffre et je veille
Sans me reposer.
J'ai peur d'un baiser!

Romances sans Paroles

BEAMS

Elle voulut aller sur les flots de la mer,
Et comme un vent bénin soufflait une embellie,
Nous nous prêtâmes tous à sa belle folie,
Et nous voilà marchant par le chemin amer.

Le soleil luisait haut dans le ciel calme et lisse,
Et dans ses cheveux blonds c'étaient des rayons d'or,
Si bien que nous suivions son pas plus calme encor
Que le déroulement des vagues, ô délice!

Des oiseaux blancs volaient alentour mollement,
Et des voiles au loin s'inclinaient toutes blanches.
Parfois de grands varechs filaient en longues branches,
Nos pieds glissaient d'un pur et large mouvement.

Elle se retourna, doucement inquiète
De ne nous croire pas pleinement rassurés;
Mais nous voyant joyeux d'être ses préférés,
Elle reprit sa route et portait haut sa tête.

Douvres-Ostende,
à bord de la « Comtesse-de-Flandre »,
4 avril 1873.

Romances sans Paroles

Sagesse d'un Louis Racine, je t'envie!
O n'avoir pas suivi les leçons de Rollin,
N'être pas né dans le grand siècle à son déclin,
Quand le soleil couchant, si beau, dorait la vie,

Quand Maintenon jetait sur la France ravie
L'ombre douce et la paix de ses coiffes de lin,
Et, royale, abritait la veuve et l'orphelin,
Quand l'étude de la prière était suivie,

Quand poète et docteur, simplement, bonnement,
Communiaient avec des ferveurs de novices,
Humbles servaient la Messe et chantaient aux offices,

Et, le printemps venu, prenaient un soin charmant
D'aller dans les Auteuils cueillir lilas et roses
En louant Dieu, comme Garo, de toutes choses!

Sagesse

Non. Il fut gallican, ce siècle, et janséniste!
C'est vers le Moyen âge, énorme et délicat,
Qu'il faudrait que mon cœur en panne naviguât,
Loin de nos jours d'esprit charnel et de chair triste.

Roi, politicien, moine, artisan, chimiste,
Architecte, soldat, médecin, avocat,
Quel temps! Oui, que mon cœur naufragé rembarquât
Pour toute cette force ardente, souple, artiste!

Et là que j'eusse part — quelconque, chez les rois
Ou bien ailleurs, n'importe, — à la chose vitale,
Et que je fusse un saint, actes bons, pensers droits,

Haute théologie et solide morale,
Guidé par la folie unique de la Croix,
Sur tes ailes de pierre, ô folle Cathédrale!

Sagesse

Vous reviendrez bientôt, les bras pleins de pardons,
　　　Selon votre coutume,
O Pères excellents qu'aujourd'hui nous perdons
　　　Pour comble d'amertume.

Vous reviendrez, vieillards exquis, avec l'honneur,
　　　Avec la Fleur chérie,
Et que de pleurs joyeux, et quels cris de bonheur
　　　Dans toute la patrie!

Vous reviendrez, après ces glorieux exils,
　　　Après des moissons d'âmes,
Après avoir prié pour ceux-ci, fussent-ils
　　　Encore plus infâmes,

Après avoir couvert les îles et la mer
　　　De votre ombre si douce
Et réjoui le ciel et consterné l'enfer,
　　　Béni qui vous repousse,

Béni qui vous dépouille au cri de liberté,
　　　Béni l'impie en armes,
Et l'enfant qu'il vous prend des bras, — et racheté
　　　Nos crimes par vos larmes!

Proscrits des jours, vainqueurs des temps, non point
　　　Vous êtes l'espérance.　　　　　　　[adieu,
A tantôt, Pères saints, qui nous vaudrez de Dieu
　　　Le salut pour la France!

Sagesse

Écoutez la chanson bien douce
Qui ne pleure que pour vous plaire.
Elle est discrète, elle est légère :
Un frisson d'eau sur de la mousse!

La voix vous fut connue (et chère?)
Mais à présent elle est voilée
Comme une veuve désolée,
Pourtant comme elle encore fière,

Et dans les longs plis de son voile
Qui palpite aux brises d'automne,
Cache et montre au cœur qui s'étonne
La vérité comme une étoile.

Elle dit, la voix reconnue,
Que la bonté c'est notre vie,
Que de la haine et de l'envie
Rien ne reste, la mort venue.

Elle parle aussi de la gloire
D'être simple sans plus attendre,
Et de noces d'or et du tendre
Bonheur d'une paix sans victoire.

Accueillez la voix qui persiste
Dans son naïf épithalame.
Allez, rien n'est meilleur à l'âme
Que de faire une âme moins triste!

Elle est *en peine* et *de passage*,
L'âme qui souffre sans colère,
Et comme sa morale est claire!...
Écoutez la chanson bien sage.

Sagesse

L'AME antique était rude et vaine,
Et ne voyait dans la douleur
Que l'acuité de la peine
Ou l'étonnement du malheur.

L'art, sa figure la plus claire,
Traduit ce double sentiment
Par deux grands types de la Mère
En proie au suprême tourment.

C'est la vieille reine de Troie;
Tous ses fils sont morts par le fer.
Alors ce deuil brutal aboie
Et glapit au bord de la mer.

Elle court le long du rivage,
Bavant vers le flot écumant,
Hirsute, criarde, sauvage,
La chienne littéralement!...

Et c'est Niobé, qui s'effare
Et garde fixement des yeux
Sur les dalles de pierre rare
Ses enfants tués par les dieux.

Le souffle expire sur sa bouche,
Elle meurt dans un geste fou,
Ce n'est plus qu'un marbre farouche
Là transporté nul ne sait d'où!...

La douleur chrétienne est immense,
Elle, comme le cœur humain;
Elle souffre, puis elle pense,
Et calme poursuit son chemin.

Elle est *debout* sur le Calvaire
Pleine de larmes et sans cris.
C'est également une Mère,
Mais quelle Mère de quel Fils!

Elle participe au Supplice
Qui sauve toute nation,
Attendrissant le sacrifice
Par sa vaste *compassion*.

Et comme tous sont les fils d'Elle,
Sur le monde et sur sa langueur
Toute la Charité ruisselle
Des sept Blessures de son cœur!

Au jour qu'il faudra, pour la gloire,
Des cieux enfin tout grands ouverts,
Ceux qui surent et purent croire,
Bons et doux, sauf au Seul Pervers,

Ceux-là vers la joie infinie
Sur la colline de Sion,
Monteront, d'une aile bénie,
Aux plis de son assomption.

Sagesse

L'ESPOIR luit comme un brin de paille dans l'étable.
Que crains-tu de la guêpe ivre de son vol fou ?
Vois, le soleil toujours poudroie à quelque trou.
Que ne t'endormais-tu, le coude sur la table ?

Pauvre âme pâle, au moins cette eau du puits glacé,
Bois-la. Puis dors après. Allons, tu vois, je reste,
Et je dorloterai les rêves de ta sieste,
Et tu chantonneras comme un enfant bercé.

Midi sonne. De grâce, éloignez-vous, madame.
Il dort. C'est étonnant comme les pas de femme
Résonnent au cerveau des pauvres malheureux.

Midi sonne. J'ai fait arroser dans la chambre.
Va, dors ! L'espoir luit comme un caillou dans un creux.
Ah ! quand refleuriront les roses de septembre !

Sagesse

Gaspard Hauser chante :

JE suis venu, calme orphelin,
Riche de mes seuls yeux tranquilles,
Vers les hommes des grandes villes :
Ils ne m'ont pas trouvé malin.

A vingt ans un trouble nouveau,
Sous le nom d'amoureuses flammes,
M'a fait trouver belles les femmes :
Elles ne m'ont pas trouvé beau.

Bien que sans patrie et sans roi
Et très brave ne l'étant guère,
J'ai voulu mourir à la guerre :
La mort n'a pas voulu de moi.

Suis-je né trop tôt ou trop tard ?
Qu'est-ce que je fais en ce monde ?
O vous tous, ma peine est profonde :
Priez pour le pauvre Gaspard !

Sagesse

LE ciel est, par-dessus le toit,
    Si bleu, si calme !
Un arbre, par-dessus le toit,
    Berce sa palme.

La cloche, dans le ciel qu'on voit,
    Doucement tinte.
Un oiseau sur l'arbre qu'on voit
    Chante sa plainte.

Mon Dieu, mon Dieu, la vie est là,
    Simple et tranquille.
Cette paisible rumeur-là
    Vient de la ville.

— Qu'as-tu fait, ô toi que voilà
    Pleurant sans cesse,
Dis, qu'as-tu fait, toi que voilà,
    De ta jeunesse ?

Sagesse

JE ne sais pourquoi
    Mon esprit amer
D'une aile inquiète et folle vole sur la mer.
    Tout ce qui m'est cher,
    D'une aile d'effroi
Mon amour le couve au ras des flots. Pourquoi, pourquoi ?

Mouette à l'essor mélancolique,
Elle suit la vague, ma pensée,
A tous les vents du ciel balancée,
Et biaisant quand la marée oblique,
Mouette à l'essor mélancolique.

Ivre de soleil
Et de liberté,
Un instinct la guide à travers cette immensité.
La brise d'été
Sur le flot vermeil
Doucement la porte en un tiède demi-sommeil.

Parfois si tristement elle crie
Qu'elle alarme au lointain le pilote,
Puis au gré du vent se livre et flotte
Et plonge, et l'aile toute meurtrie
Revole, et puis si tristement crie!

Je ne sais pourquoi
Mon esprit amer
D'une aile inquiète et folle vole sur la mer.
Tout ce qui m'est cher,
D'une aile d'effroi
Mon amour le couve au ras des flots. Pourquoi, pourquoi ?

Sagesse

KALÉIDOSCOPE

A Germain Nouveau

Dans une rue, au cœur d'une ville de rêve,
Ce sera comme quand on a déjà vécu :
Un instant à la fois très vague et très aigu...
O ce soleil parmi la brume qui se lève !

O ce cri sur la mer, cette voix dans les bois !
Ce sera comme quand on ignore des causes ;
Un lent réveil après bien des métempsychoses :
Les choses seront plus les mêmes qu'autrefois

Dans cette rue, au cœur de la ville magique
Où des orgues moudront des gigues dans les soirs,
Où les cafés auront des chats sur les dressoirs,
Et que traverseront des bandes de musique.

Ce sera si fatal qu'on en croira mourir :
Des larmes ruisselant douces le long des joues,
Des rires sanglotés dans le fracas des roues,
Des invocations à la mort de venir,

Des mots anciens comme un bouquet de fleurs fanées !
Les bruits aigres des bals publics arriveront,
Et des veuves avec du cuivre après leur front,
Paysannes, fendront la foule des traînées

Qui flânent là, causant avec d'affreux moutards
Et des vieux sans sourcils que la dartre enfarine,
Cependant qu'à deux pas, dans des senteurs d'urine,
Quelque fête publique enverra des pétards.

Ce sera comme quand on rêve et qu'on s'éveille,
Et que l'on se rendort et que l'on rêve encor
De la même féerie et du même décor,
L'été, dans l'herbe, au bruit moiré d'un vol d'abeille.

Jadis et Naguère

ART POÉTIQUE

A Charles Morice

De la musique avant toute chose,
Et pour cela préfère l'Impair
Plus vague et plus soluble dans l'air,
Sans rien en lui qui pèse ou qui pose.

Il faut aussi que tu n'ailles point
Choisir tes mots sans quelque méprise :
Rien de plus cher que la chanson grise
Où l'Indécis au Précis se joint.

C'est des beaux yeux derrière des voiles,
C'est le grand jour tremblant de midi,
C'est, par un ciel d'automne attiédi,
Le bleu fouillis des claires étoiles !

Car nous voulons la Nuance encor,
Pas la Couleur, rien que la nuance !
Oh ! la nuance seule fiance
Le rêve au rêve et la flûte au cor !

Fuis du plus loin la Pointe assassine,
L'Esprit cruel et le Rire impur,
Qui font pleurer les yeux de l'Azur,
Et tout cet ail de basse cuisine !

Prends l'éloquence et tords-lui son cou !
Tu feras bien, en train d'énergie,
De rendre un peu la Rime assagie.
Si l'on n'y veille, elle ira jusqu'où ?

O qui dira les torts de la Rime ?
Quel enfant sourd ou quel nègre fou
Nous a forgé ce bijou d'un sou
Qui sonne creux et faux sous la lime ?

De la musique encore et toujours !
Que ton vers soit la chose envolée
Qu'on sent qui fuit d'une âme en allée
Vers d'autres cieux à d'autres amours.

Que ton vers soit la bonne aventure
Éparse au vent crispé du matin
Qui va fleurant la menthe ou le thym...
Et tout le reste est littérature.

Jadis et Naguère

CRIMEN AMORIS

A Villiers de l'Isle-Adam

Dans un palais, soie et or, dans Ecbatane,
De beaux démons, des satans adolescents,
Au son d'une musique mahométane,
Font litière aux Sept Péchés de leurs cinq sens.

C'est la fête aux Sept Péchés : ô qu'elle est belle !
Tous les Désirs rayonnaient en feux brutaux;
Les Appétits, pages prompts que l'on harcèle,
Promenaient des vins roses dans des cristaux.

Des danses sur des rhythmes d'épithalames
Bien doucement se pâmaient en longs sanglots
Et de beaux chœurs de voix d'hommes et de femmes
Se déroulaient, palpitaient comme des flots,

Et la bonté qui s'en allait de ces choses
Était puissante et charmante tellement
Que la campagne autour se fleurit de roses
Et que la nuit paraissait en diamant.

Or, le plus beau d'entre tous ces mauvais anges
Avait seize ans sous sa couronne de fleurs.
Les bras croisés sur les colliers et les franges,
Il rêve, l'œil plein de flammes et de pleurs.

En vain la fête autour se faisait plus folle,
En vain les satans, ses frères et ses sœurs,
Pour l'arracher au souci qui le désole,
L'encourageaient d'appels de bras caresseurs :

Il résistait à toutes câlineries,
Et le chagrin mettait un papillon noir
A son cher front tout brûlant d'orfèvreries.
O l'immortel et terrible désespoir !

Il leur disait : « O vous, laissez-moi tranquille! »
Puis, les ayant baisés tous bien tendrement,
Il s'évada d'avec eux d'un geste agile,
Leur laissant aux mains des pans de vêtement.

Le voyez-vous sur la tour la plus céleste
Du haut palais avec une torche au poing ?
Il la brandit comme un héros fait d'un ceste :
D'en bas on croit que c'est une aube qui point.

Qu'est-ce qu'il dit de sa voix profonde et tendre
Qui se marie au claquement clair du feu
Et que la lune est extatique d'entendre ?
« Oh! je serai celui-là qui créera Dieu!

« Nous avons tous trop souffert, anges et hommes,
« De ce conflit entre le Pire et le Mieux.
« Humilions, misérables que nous sommes,
« Tous nos élans dans le plus simple des vœux.

« O vous tous, ô nous tous, ô les pécheurs tristes,
« O les gais Saints, pourquoi ce schisme têtu ?
« Que n'avons-nous fait, en habiles artistes,
« De nos travaux la seule et même vertu!

« Assez et trop de ces luttes trop égales!
« Il va falloir qu'enfin se rejoignent les
« Sept Péchés aux Trois Vertus Théologales!
« Assez et trop de ces combats durs et laids!

« Et pour réponse à Jésus qui crut bien faire
« En maintenant l'équilibre de ce duel,
« Par moi l'enfer dont c'est ici le repaire
« Se sacrifie à l'Amour universel! »

La torche tombe de sa main éployée,
Et l'incendie alors hurla s'élevant,
Querelle énorme d'aigles rouges noyée
Au remous noir de la fumée et du vent.

L'or fond et coule à flots et le marbre éclate;
C'est un brasier tout splendeur et tout ardeur.
La soie en courts frissons comme de l'ouate
Vole à flocons tout ardeur et tout splendeur.

Et les satans mourants chantaient dans les flammes,
Ayant compris, comme ils s'étaient résignés.
Et de beaux chœurs de voix d'hommes et de femmes
Montaient parmi l'ouragan des bruits ignés.

Et lui, les bras croisés d'une sorte fière,
Les yeux au ciel où le feu monte en léchant,
Il dit tout bas une espèce de prière,
Qui va mourir dans l'allégresse du chant.

Il dit tout bas une espèce de prière,
Les yeux au ciel où le feu monte en léchant...
Quand retentit un affreux coup de tonnerre,
Et c'est la fin de l'allégresse et du chant.

On n'avait pas agréé le sacrifice :
Quelqu'un de fort et de juste assurément
Sans peine avait su démêler la malice
Et l'artifice en un orgueil qui se ment.

Et du palais aux cent tours aucun vestige,
Rien ne resta dans ce désastre inouï,
Afin que par le plus effrayant prodige
Ceci ne fût qu'un vain rêve évanoui...

Et c'est la nuit, la nuit bleue aux mille étoiles ;
Une campagne évangélique s'étend.
Sévère et douce, et, vagues comme des voiles,
Les branches d'arbre ont l'air d'ailes s'agitant.

De froids ruisseaux courent sur un lit de pierre ;
Les doux hiboux nagent vaguement dans l'air
Tout embaumé de mystère et de prière ;
Parfois un flot qui saute lance un éclair.

La forme molle au loin monte des collines
Comme un amour encore mal défini,
Et le brouillard qui s'essore des ravines
Semble un effort vers quelque but réuni.

Et tout cela comme un cœur et comme une âme,
Et comme un verbe, et d'un amour virginal
Adore, s'ouvre en une extase et réclame
Le Dieu clément qui nous gardera du mal.

Jadis et Naguère

*

CES passions qu'eux seuls nomment encore amours
Sont des amours aussi, tendres et furieuses,
Avec des particularités curieuses
Que n'ont pas les amours certes de tous les jours.

Même plus qu'elles et mieux qu'elles héroïques,
Elles se parent de splendeurs d'âme et de sang
Telles qu'au prix d'elles les amours dans le rang
Ne sont que Ris et Jeux ou besoins érotiques,

Que vains proverbes, que riens d'enfants trop gâtés,
— « Ah! les pauvres amours banales, animales,
Normales! Gros goûts lourds ou frugales fringales,
Sans compter la sottise et des fécondités! »

—Peuvent dire ceux-là que sacre le haut Rite,
Ayant conquis la plénitude du plaisir,
Et l'insatiabilité de leur désir
Bénissant la fidélité de leur mérite.

La plénitude! Ils l'ont superlativement :
Baisers repus, gorgés, mains privilégiées
Dans la richesse des caresses repayées,
Et ce divin final anéantissement!

Comme ce sont les forts et les forts, l'habitude
De la force les rend invaincus au déduit.
Plantureux, savoureux, débordant, le déduit!
Je le crois bien qu'ils l'ont la pleine plénitude!

Et pour combler leurs vœux, chacun d'eux tour à tour
Fait l'action suprême, a la parfaite extase,
— Tantôt la coupe ou la bouche et tantôt le vase —
Pâmé comme la nuit, fervent comme le jour.

Leurs beaux ébats sont grands et gais. Pas de ces crises :
Vapeurs, nerfs. Non, des jeux courageux, puis d'heureux
Bras las autour du cou, pour de moins langoureux
Qu'étroits sommeils à deux, tout coupés de reprises.

Dormez, les amoureux! Tandis qu'autour de vous
Le monde inattentif aux choses délicates,
Bruit ou gît en somnolences scélérates,
Sans même, il est si bête! être de vous jaloux.

Et ces réveils francs, clairs, riants, vers l'aventure
De fiers damnés d'un plus magnifique sabbat!
Et salut, témoins purs de l'âme en ce combat
Pour l'affranchissement de la lourde nature!

Parallèlement

LÆTI ET ERRABUNDI

Les courses furent intrépides
(Comme aujourd'hui le repos pèse!)
Par les steamers et les rapides.
(Que me veut cet at home obèse?)

Nous allions, — vous en souvient-il,
Voyageur où ça disparu? —
Filant légers dans l'air subtil,
Deux spectres joyeux, on eût cru!

Car les passions satisfaites
Insolemment outre mesure
Mettaient dans nos têtes des fêtes
Et dans nos sens, que tout rassure,

Tout, la jeunesse, l'amitié,
Et nos cœurs, ah! que dégagés
Des femmes prises en pitié
Et du dernier des préjugés,

Laissant la crainte de l'orgie
Et le scrupule au bon ermite,
Puisque quand la borne est franchie
Ponsard ne veut plus de limite.

Entre autres blâmables excès,
Je crois que nous bûmes de tout,
Depuis les grands vins français
Jusqu'à ce faro, jusqu'au stout,

Coi dans l'orgueil d'être plus libres
Que les plus libres de ce monde,
Sourd aux gros mots de tous calibres,
Inaccessible au rire immonde.

Nous avions laissé sans émoi
Tous impédiments dans Paris,
Lui quelques sots bernés, et moi
Certaine princesse Souris,

Une sotte qui tourna pire...
Puis soudain tomba notre gloire,
Tels, nous, des maréchaux d'Empire
Déchus en brigands de la Loire,

Mais déchus volontairement!
C'était une permission,
Pour parler militairement,
Que notre séparation,

Permission sous nos semelles,
Et depuis combien de campagnes!
Pardonnâtes-vous aux femelles?
Moi, j'ai peu revu ces compagnes,

Assez toutefois pour souffrir.
Ah! quel cœur faible que mon cœur!
Mais mieux vaut souffrir que mourir
Et surtout mourir de langueur.

On vous dit mort, vous. Que le diable
Emporte avec qui la colporte
La nouvelle irrémédiable
Qui vient ainsi battre ma porte!

Je n'y veux rien croire. Mort, vous,
Toi, dieu parmi les demi-dieux!
Ceux qui le disent sont des fous!
Mort, mon grand péché radieux,

Tout ce passé brûlant encore
Dans mes veines et ma cervelle
Et qui rayonne et qui fulgore
Sur ma ferveur toujours nouvelle!

Mort, tout ce triomphe inouï
Retentissant sans frein ni fin
Sur l'air jamais évanoui
Que bat mon cœur qui fut divin!

Quoi, le miraculeux poème
Et la toute-philosophie,
Et ma patrie et ma bohème
Morts? Allons donc! tu vis ma vie!

Parallèlement

AGNUS DEI

L'AGNEAU cherche l'amère bruyère,
C'est le sel et non le sucre qu'il préfère,
Son pas fait le bruit d'une averse sur la poussière.

Quand il veut un but, rien ne l'arrête,
Brusque, il fonce avec de grands coups de sa tête,
Puis il bêle vers sa mère accourue inquiète...

Agneau de Dieu, qui sauves les hommes,
Agneau de Dieu, qui nous comptes et nous nommes,
Agneau de Dieu, vois, prends pitié de ce que nous
[sommes,

Donne-nous la paix et non la guerre,
O l'agneau terrible en ta juste colère,
O toi, seul Agneau, Dieu le seul fils de Dieu le Père.

Liturgies intimes

VÊPRES RUSTIQUES

Le dernier coup de vêpres a sonné : l'on tinte.
Entrons donc dans l'Église et couvrons-nous d'eau sainte.

Il y a peu de monde encore. Qu'il fait frais !
C'est bon par ces temps lourds, ça semble fait exprès.

On allume les six grands cierges, l'on apporte
Le ciboire pour le Salut. Voici la porte

De la sacristie entr'ouverte, et l'on voit bien
S'habiller les enfants de chœur et le doyen.

Voici venir le court cortège et les deux chantres
Tiennent de gros antiphonaires sur leurs ventres.

Une clochette retentit et le clergé
S'agenouille devant l'autel, dûment rangé.

Une prière est murmurée à voix si basse
Qu'on entend comme un vol de bons anges qui passe.

Le prêtre, se signant, adjure le Seigneur,
Et les clercs, se signant, appellent le Seigneur.

Et chacun exaltant la Trinité, commence,
Prophète-roi, David, ta psalmodie immense :

« Le Seigneur dit... » « Je vous louerai... » « Qu'heureux
                                                   [les saints... »
« Fils, louez le Seigneur... » et, vibrant par essaims,

Les versets de ce chant militaire et mystique :
« Quand Israël sortit d'Égypte... » Et la musique

Du grêle harmonium et du vaste plain-chant!
L'Église s'est remplie. Il fait tiède. L'argent

Pour le culte et celui du denier de Saint-Pierre
Et des pauvres tombe à bruit doux dans l'aumônière.

L'hymne propre et *Magnificat* aux flots d'encens!
Une langueur céleste envahit tous les sens.

Au court sermon qui suit, sur un thème un peu rance,
On somnole sans trop pourtant d'irrévérence.

Le soleil lui faisant un nimbe mordoré,
Le vieux saint du village est tout transfiguré.

Ça sent bon. On dirait que des fleurs très anciennes
S'exhalent, lentes, dans le latin des antiennes.

Et le Salut ayant béni l'humble troupeau
Des fidèles, on rejoint meilleurs le hameau.

Le soir on soupe mieux et, quand la nuit invite
Au sommeil, on s'endort bien à l'aise et plus vite.

Liturgies intimes

J'ADMIRE l'ambition du Vers Libre,
— Et moi-même que fais-je en ce moment
Que d'essayer d'émouvoir l'équilibre
D'un nombre ayant deux rhythmes seulement ?

Il est vrai que je reste dans ce nombre
Et dans la rime, un abus que je sais
Combien il pèse et combien il encombre,
Mais indispensable à notre art français.

Autrement muet dans la poésie,
Puisque le langage est sourd à l'accent.
Qu'y voulez-vous faire ? Et la fantaisie
Ici perd ses droits : rimer est pressant.

Que l'ambition du Vers Libre hante
De jeunes cerveaux épris de hasards !
C'est l'ardeur d'une illusion touchante.
On ne peut que sourire à leurs écarts.

Gais poulains qui vont gambadant sur l'herbe
Avec une sincère gravité !
Leur cas est fou, mais leur âge est superbe.
Gentil vraiment, le Vers Libre tenté !

Épigrammes

TRISTAN CORBIÈRE

1845-1875

TRISTAN CORBIÈRE

RONDEL

Il fait noir, enfant, voleur d'étincelles!
Il n'est plus de nuits, il n'est plus de jours;
Dors... en attendant venir toutes celles
Qui disaient : Jamais! Qui disaient : Toujours!

Entends-tu leurs pas ?... Ils ne sont pas lourds :
Oh! les pieds légers! — l'Amour a des ailes...
Il fait noir, enfant, voleur d'étincelles!

Entends-tu leurs voix ?... Les caveaux sont sourds.
Dors : Il pèse peu, ton faix d'immortelles;
Ils ne viendront pas, tes amis les ours,
Jeter leur pavé sur tes demoiselles...
Il fait noir, enfant, voleur d'étincelles!

Les Amours jaunes

MIRLITON

Dors d'amour, méchant ferreur de cigales!
Dans le chiendent qui te couvrira
La cigale aussi pour toi chantera,
Joyeuse, avec ses petites cymbales.

La rosée aura des pleurs matinales;
Et le muguet blanc fait un joli drap...
Dors d'amour, méchant ferreur de cigales!
Pleureuses en troupeaux passeront les rafales

La Muse camarde ici posera,
Sur ta bouche noire encore elle aura
Ces rimes qui vont aux moelles des pâles...
Dors d'amour, méchant ferreur de cigales.

Les Amours jaunes

PETIT MORT POUR RIRE

Va vite, léger peigneur de comètes!
Les herbes au vent seront tes cheveux;
De ton œil béant jailliront les feux
Follets, prisonniers dans les pauvres têtes.

Les fleurs de tombeau qu'on nomme Amourettes
Foisonneront plein ton rire terreux...
Et les myosotis, ces fleurs d'oubliettes...

Ne fais pas le lourd : cercueils de poètes
Pour les croque-morts sont de simples jeux,
Boîtes à violon qui sonnent le creux...
Ils te croiront mort — les bourgeois sont bêtes —
Va vite, léger peigneur de comètes!

Les Amours jaunes

ARTHUR RIMBAUD

1854-1891

ARTHUR RIMBAUD

LE DORMEUR DU VAL

C'est un trou de verdure, où chante une rivière
Accrochant follement aux herbes des haillons
D'argent; où le soleil, de la montagne fière,
Luit : c'est un petit val qui mousse de rayons.

Un soldat jeune, bouche ouverte, tête nue,
Et la nuque baignant dans le frais cresson bleu,
Dort; il est étendu dans l'herbe, sous la nue,
Pâle dans son lit vert où la lumière pleut.

Les pieds dans les glaïeuls, il dort. Souriant comme
Sourirait un enfant malade, il fait un somme :
Nature, berce-le chaudement : il a froid.

Les parfums ne font pas frissonner sa narine;
Il dort dans le soleil, la main sur sa poitrine
Tranquille. Il a deux trous rouges au côté droit.

Premiers Vers

LES PREMIÈRES COMMUNIONS

II

. . . . . .
Adonaï!... — Dans les terminaisons latines,
Des cieux moirés de vert baignent les Fronts vermeils,
Et, tachés du sang pur des célestes poitrines
De grands linges neigeux tombent sur les soleils!

— Pour ses virginités présentes et futures
Elle mord aux fraîcheurs de ta Rémission,
Mais plus que les lys d'eau, plus que les confitures,
Tes pardons sont glacés, ô Reine de Sion!
. . . . . .

VIII

. . . . . .
« Sais-tu que je t'ai fait mourir ? J'ai pris ta bouche,
Ton cœur, tout ce qu'on a, tout ce que vous avez;
Et moi, je suis malade : Oh! je veux qu'on me couche
Parmi les Morts des eaux nocturnes abreuvés!

« J'étais bien jeune, et Christ a souillé mes haleines.
Il me bonda jusqu'à la gorge de dégoûts !
Tu baisais mes cheveux profonds comme les laines,
Et je me laissais faire... Ah! va, c'est bon pour vous,

Hommes! qui songez peu que la plus amoureuse
Est, sous sa conscience aux ignobles terreurs,
La plus prostituée et la plus douloureuse,
Et que tous nos élans vers Vous sont des erreurs !

« Car ma Communion première est bien passée.
Tes baisers, je ne puis jamais les avoir sus :
Et mon cœur et ma chair par ta chair embrassée
Fourmillent du baiser putride de Jésus! »

IX

Alors l'âme pourrie et l'âme désolée
Sentiront ruisseler tes malédictions.
— Ils auront couché sur ta Haine inviolée,
Échappés, pour la mort, des justes passions,

Christ! ô Christ, éternel voleur des énergies,
Dieu qui pour deux mille ans voué à ta pâleur,
Cloués au sol, de honte et de céphalalgies,
Ou renversés, les fronts des femmes de douleur.

Premiers Vers

LES POËTES DE SEPT ANS

A M. P. Demeny

. . . . .
Tout le jour il suait d'obéissance; très
Intelligent; pourtant des tics noirs, quelques traits
Semblaient prouver en lui d'âcres hypocrisies!
Dans l'ombre des couloirs aux tentures moisies,
En passant il tirait la langue, les deux poings
A l'aine, et dans ses yeux fermés voyait des points.
Une porte s'ouvrait sur le soir : à la lampe
On le voyait, là-haut, qui râlait sur la rampe,
Sous un golfe de jour pendant du toit. L'été
Surtout, vaincu, stupide, il était entêté
A se renfermer dans la fraîcheur des latrines :
Il pensait là, tranquille et livrant ses narines.

Quand, lavé des odeurs du jour, le jardinet
Derrière la maison, en hiver, s'illunait,
Gisant au pied d'un mur, enterré dans la marne
Et pour des visions écrasant son œil darne,
Il écoutait grouiller les galeux espaliers.
. . . . . .

Il craignait les blafards dimanches de décembre,
Où, pommadé, sur un guéridon d'acajou,
Il lisait une Bible à la tranche vert-chou;
Des rêves l'oppressaient chaque nuit dans l'alcôve.
Il n'aimait pas Dieu; mais les hommes, qu'au soir fauve,
Noirs, en blouse, il voyait rentrer dans le faubourg
Où les crieurs, en trois roulements de tambour,
Font autour des édits rire et gronder les foules.
— Il rêvait la prairie amoureuse, où des houles
Lumineuses, parfums sains, pubescences d'or,
Font leur remuement calme et prennent leur essor!

Et comme il savourait surtout les sombres choses,
Quand, dans la chambre nue aux persiennes closes,
Haute et bleue, âcrement prise d'humidité,
Il lisait son roman sans cesse médité,

Plein de lourds ciels ocreux et de forêts noyées,
De fleurs de chair au bois sidéral déployées,
Vertige, écroulements, déroutes et pitié !
— Tandis que se faisait la rumeur du quartier,
En bas, — seul et couché sur des pièces de toile
Écrue, et pressentant violemment la voile !

Premiers Vers

LE BATEAU IVRE

COMME je descendais des Fleuves impassibles,
Je ne me sentis plus guidé par les haleurs :
Des Peaux-Rouges criards les avaient pris pour cibles,
Les ayant cloués nus aux poteaux de couleurs.

J'étais insoucieux de tous les équipages,
Porteur de blés flamands ou de cotons anglais.
Quand avec mes haleurs ont fini ces tapages,
Les Fleuves m'ont laissé descendre où je voulais.

Dans les clapotements furieux des marées,
Moi, l'autre hiver, plus sourd que les cerveaux d'enfants,
Je courus ! Et les Péninsules démarrées
N'ont pas subi tohu-bohus plus triomphants.

La tempête a béni mes éveils maritimes.
Plus léger qu'un bouchon j'ai dansé sur les flots
Qu'on appelle rouleurs éternels de victimes,
Dix nuits, sans regretter l'œil niais des falots !

Plus douce qu'aux enfants la chair des pommes sures,
L'eau verte pénétra ma coque de sapin
Et des taches de vins bleus et des vomissures
Me lava, dispersant gouvernail et grappin.

Et dès lors, je me suis baigné dans le Poème
De la Mer, infusé d'astres, et lactescent,
Dévorant les azurs verts ; où, flottaison blême
Et ravie, un noyé pensif parfois descend ;

Où, teignant tout à coup les bleuités, délires
Et rhythmes lents sous les rutilements du jour,
Plus fortes que l'alcool, plus vastes que nos lyres,
Fermentent les rousseurs amères de l'amour !

Je sais les cieux crevant en éclairs, et les trombes
Et les ressacs et les courants : je sais le soir,
L'Aube exaltée ainsi qu'un peuple de colombes,
Et j'ai vu quelquefois ce que l'homme a cru voir !

J'ai vu le soleil bas, taché d'horreurs mystiques,
Illuminant de longs figements violets,
Pareils à des acteurs de drames très-antiques
Les flots roulant au loin leurs frissons de volets !

J'ai rêvé la nuit verte aux neiges éblouies,
Baiser montant aux yeux des mers avec lenteurs,
La circulation des sèves inouïes,
Et l'éveil jaune et bleu des phosphores chanteurs !

J'ai suivi, des mois pleins, pareille aux vacheries
Hystériques, la houle à l'assaut des récifs,
Sans songer que les pieds lumineux des Maries
Pussent forcer le mufle aux Océans poussifs !

J'ai heurté, savez-vous, d'incroyables Florides
Mêlant aux fleurs des yeux de panthères à peaux
D'hommes ! Des arcs-en-ciel tendus comme des brides
Sous l'horizon des mers, à de glauques troupeaux !

J'ai vu fermenter les marais énormes, nasses
Où pourrit dans les joncs tout un Léviathan !
Des écroulements d'eaux au milieu des bonaces,
Et les lointains vers les gouffres cataractant !

Glaciers, soleils d'argent, flots nacreux, cieux de braises !
Échouages hideux au fond des golfes bruns
Où les serpents géants dévorés des punaises
Choient, des arbres tordus, avec de noirs parfums !

J'aurais voulu montrer aux enfants ces dorades
Du flot bleu, ces poissons d'or, ces poissons chantants.
— Des écumes de fleurs ont bercé mes dérades
Et d'ineffables vents m'ont ailé par instants.

Parfois, martyr lassé des pôles et des zones,
La mer dont le sanglot faisait mon roulis doux
Montait vers moi ses fleurs d'ombre aux ventouses jaunes
Et je restais, ainsi qu'une femme à genoux...

Presque île, ballottant sur mes bords les querelles
Et les fientes d'oiseaux clabaudeurs aux yeux blonds.
Et je voguais, lorsqu'à travers mes liens frêles
Des noyés descendaient dormir, à reculons !...

Or moi, bateau perdu sous les cheveux des anses,
Jeté par l'ouragan dans l'éther sans oiseau,
Moi dont les Monitors et les voiliers des Hanses
N'auraient pas repêché la carcasse ivre d'eau ;

Libre, fumant, monté de brumes violettes,
Moi qui trouais le ciel rougeoyant comme un mur
Qui porte, confiture exquise aux bons poëtes,
Des lichens de soleil et des morves d'azur ;

Qui courais, taché de lunules électriques,
Planche folle, escorté des hippocampes noirs,
Quand les juillets faisaient crouler à coups de triques
Les cieux ultramarins aux ardents entonnoirs ;

Moi qui tremblais, sentant geindre à cinquante lieues
Le rut des Béhémots et les Maelstroms épais,
Fileur éternel des immobilités bleues,
Je regrette l'Europe aux anciens parapets !

J'ai vu des archipels sidéraux ! et des îles
Dont les cieux délirants sont ouverts au vogueur :
— Est-ce en ces nuits sans fond que tu dors et t'exiles,
Million d'oiseaux d'or, ô future Vigueur ? —

Mais, vrai, j'ai trop pleuré ! Les Aubes sont navrantes.
Toute lune est atroce et tout soleil amer :
L'âcre amour m'a gonflé de torpeurs enivrantes.
O que ma quille éclate ! O que j'aille à la mer !

Si je désire une eau d'Europe, c'est la flache
Noire et froide où vers le crépuscule embaumé
Un enfant accroupi, plein de tristesses, lâche
Un bateau frêle comme un papillon de mai.

Je ne puis plus, baigné de vos langueurs, ô lames,
Enlever leur sillage aux porteurs de cotons,
Ni traverser l'orgueil des drapeaux et des flammes,
Ni nager sous les yeux horribles des pontons.

Premiers Vers

LES CHERCHEUSES DE POUX

QUAND le front de l'enfant, plein de rouges tourmentes,
Implore l'essaim blanc des rêves indistincts,
Il vient près de son lit deux grandes sœurs charmantes
Avec de frêles doigts aux ongles argentins.

Elles assoient l'enfant devant une croisée
Grande ouverte où l'air bleu baigne un fouillis de fleurs,
Et dans ses lourds cheveux où tombe la rosée
Promènent leurs doigts fins, terribles et charmeurs.

Il écoute chanter leurs haleines craintives
Qui fleurent de longs miels végétaux et rosés,
Et qu'interrompt parfois un sifflement, salives
Reprises sur la lèvre ou désirs de baisers.

Il entend leurs cils noirs battant sous les silences
Parfumés; et leurs doigts électriques et doux
Font crépiter, parmi ses grises indolences
Sous leurs ongles royaux la mort des petits poux.

Voilà que monte en lui le vin de la Paresse,
Soupir d'harmonica qui pourrait délirer :
L'enfant se sent, selon la lenteur des caresses,
Sourdre et mourir sans cesse un désir de pleurer.

Premiers Vers

VOYELLES

A noir, E blanc, I rouge, U vert, O bleu : voyelles,
Je dirai quelque jour vos naissances latentes :
A, noir corset velu des mouches éclatantes
Qui bombinent autour des puanteurs cruelles,

Golfes d'ombre ; E, candeurs des vapeurs et des tentes,
Lances des glaciers fiers, rois blancs, frissons d'ombelles ;
I, pourpres, sang craché, rire des lèvres belles
Dans la colère ou les ivresses pénitentes ;

U, cycles, vibrements divins des mers virides,
Paix des pâtis semés d'animaux, paix des rides
Que l'alchimie imprime aux grands fronts studieux ;

O, suprême Clairon plein de strideurs étranges,
Silences traversés des Mondes et des Anges :
— O l'Oméga, rayon violet de Ses Yeux !

Premiers Vers

COMÉDIE DE LA SOIF

I

LES PARENTS

Nous sommes tes Grands-Parents.
        Les Grands !
Couverts des froides sueurs
De la lune et des verdures.
Nos vins secs avaient du cœur !
Au soleil sans imposture
Que faut-il à l'homme ? boire.

Moi — Mourir aux fleuves barbares.

Nous sommes tes Grands-Parents
      Des champs.
L'eau est au fond des osiers :
Vois le courant du fossé
Autour du château mouillé.
Descendons en nos celliers;
Après, le cidre et le lait...

Moi — Aller où boivent les vaches.

Nous sommes tes Grands-Parents;
      Tiens, prends
Les liqueurs dans nos armoires;
Le Thé, le Café, si rares,
Frémissent dans les bouilloires.
— Vois les images, les fleurs.
Nous rentrons du cimetière.

Moi — Ah! tarir toutes les urnes !

III

LES AMIS

Viens, les Vins vont aux plages,
Et les flots par millions!
Vois le Bitter sauvage
Rouler du haut des monts!

Gagnons, pèlerins sages,
L'Absinthe aux verts piliers...

Moi — Plus ces paysages.
    Qu'est l'ivresse, Amis ?

J'aime autant, mieux, même,
Pourrir dans l'étang,
Sous l'affreuse crème,
Près des bois flottants.

IV

LE PAUVRE SONGE

Peut-être un Soir m'attend
Où je boirai tranquille
En quelque vieille Ville,
Et mourrai plus content :
Puisque je suis patient !

Si mon mal se résigne,
Si j'ai jamais quelque or,
Choisirai-je le Nord
Ou le Pays des Vignes ?...
— Ah, songer est indigne

Puisque c'est pure perte !
Et si je redeviens
Le voyageur ancien,
Jamais l'auberge verte
Ne peut bien m'être ouverte.

V

CONCLUSION

Les pigeons qui tremblent dans la prairie,
Le gibier, qui court et qui voit la nuit,
Les bêtes des eaux, la bête asservie,
Les derniers papillons !... ont soif aussi.
. . . . . .

Derniers Vers

HONTE

Tant que la lame n'aura
Pas coupé cette cervelle,
Ce paquet blanc, vert et gras,
A vapeur jamais nouvelle,

(Ah! Lui, devrait couper son
Nez, sa lèvre, ses oreilles,
Son ventre! et faire abandon
De ses jambes! ô merveille!)

Mais, non; vrai, je crois que tant
Que pour sa tête la lame,
Que les cailloux pour son flanc,
Que pour ses boyaux la flamme,

N'auront pas agi, l'enfant
Gêneur, la si sotte bête,
Ne doit cesser un instant
De ruser et d'être traître,

Comme un chat des Monts-Rocheux,
D'empuantir toutes sphères!
Qu'à sa mort pourtant, ô mon Dieu!
S'élève quelque prière!

Fêtes de la Patience

CHANSON DE LA PLUS HAUTE TOUR

Oisive jeunesse
A tout asservie,
Par délicatesse
J'ai perdu ma vie.
Ah! Que le temps vienne
Où les cœurs s'éprennent.

Je me suis dit : laisse,
Et qu'on ne te voie :
Et sans la promesse
De plus hautes joies.
Que rien ne t'arrête,
Auguste retraite.

J'ai tant fait patience
Qu'à jamais j'oublie;
Craintes et souffrances
Aux cieux sont parties.
Et la soif malsaine
Obscurcit mes veines.

Ainsi la Prairie
A l'oubli livrée,
Grandie, et fleurie
D'encens et d'ivraies
Au bourdon farouche
De cent sales mouches.

Ah ! Mille veuvages
De la si pauvre âme
Qui n'a que l'image
De la Notre-Dame!
Est-ce que l'on prie
La Vierge Marie?

Oisive jeunesse
A tout asservie,
Par délicatesse
J'ai perdu ma vie.
Ah! Que le temps vienne
Où les cœurs s'éprennent!

Fêtes de la Patience

ALCHIMIE DU VERBE

LOIN des oiseaux, des troupeaux, des villageoises,
Que buvais-je, à genoux dans cette bruyère
Entourée de tendres bois de noisetiers,
Dans un brouillard d'après-midi tiède et vert?

Que pouvais-je boire dans cette jeune Oise,
— Ormeaux sans voix, gazon sans fleurs, ciel couvert! —
Boire à ces gourdes jaunes, loin de ma case
Chérie? Quelque liqueur d'or qui fait suer.

Je faisais une louche enseigne d'auberge.
— Un orage vint chasser le ciel. Au soir
L'eau des bois se perdait sur les sables vierges,
Le vent de Dieu jetait des glaçons aux mares;

Pleurant, je voyais de l'or — et ne pus boire.

Une Saison en Enfer

FAIM

Si j'ai du goût, ce n'est guère
Que pour la terre et les pierres.
Je déjeune toujours d'air,
De roc, de charbons, de fer.

Mes faims, tournez. Paissez, faims,
    Le pré des sons.
Attirez le gai venin
    Des liserons.

Mangez les cailloux qu'on brise,
Les vieilles pierres d'églises;
Les galets des vieux déluges,
Pains semés dans les vallées grises.

*

Le loup criait sous les feuilles
En crachant les belles plumes
De son repas de volailles :
Comme lui je me consume.

Les salades, les fruits
N'attendent que la cueillette;
Mais l'araignée de la haie
Ne mange que des violettes.

Que je dorme! que je bouille
Aux autels de Salomon.
Le bouillon court sur la rouille,
Et se mêle au Cédron.

Une Saison en Enfer

EMILE VERHAEREN

1855-1915

ÉMILE VERHAEREN

UN MATIN

Dès le matin, par mes grand'routes coutumières
    Qui traversent champs et vergers,
    Je suis parti clair et léger,
Le corps enveloppé de vent et de lumière.

Je vais, je ne sais où. Je vais, je suis heureux;
    C'est fête et joie en ma poitrine :
    Que m'importent droits et doctrines,
Le caillou sonne et luit, sous mes talons poudreux;

Je marche avec l'orgueil d'aimer l'air et la terre
    Et d'être immense et d'être fou
    Et de mêler le monde et tout
A cet enivrement de vie élémentaire.

Oh les pas voyageurs et clairs des anciens dieux!
    Je m'enfouis dans l'herbe sombre
    Où les chênes versent leurs ombres
Et je baise les fleurs sur leurs bouches de feu.

Les bras fluides et doux des rivières m'accueillent;
    Je me repose et je repars,
    Avec mon guide : le hasard,
Par des sentiers sous bois dont je mâche les feuilles.

Il me semble jusqu'à ce jour n'avoir vécu
    Que pour mourir et non pour vivre :
    Oh quels tombeaux creusent les livres
Et que de fronts armés y descendent vaincus!

Dites, est-il vrai qu'hier il existât des choses,
   Et que des yeux quotidiens
   Aient regardé, avant les miens,
Les vignes s'empourprer et s'exalter les roses ?

Pour la première fois, je vois les vents vermeils
   Briller dans la mer des branchages,
   Mon âme humaine n'a point d'âge;
Tout est jeune, tout est nouveau, sous le soleil.

J'aime mes bras, mes mains, mes épaules, mon torse
   Et mes cheveux amples et blonds
   Et je voudrais, par mes poumons,
Boire l'espace entier pour en gonfler ma force.

Oh ces marches à travers bois, plaines, fossés,
   Où l'être chante et pleure et crie
   Et se dépense avec furie
Et s'enivre de soi ainsi qu'un insensé !

Les Forces tumultueuses

VOUS m'avez dit, tel soir, des paroles si belles
Que sans doute les fleurs qui se penchaient vers nous
Soudain nous ont aimés et que l'une d'entre elles,
Pour nous toucher tous deux, tomba sur nos genoux.

Vous me parliez des temps prochains où nos années,
Comme des fruits trop mûrs, se laisseraient cueillir;
Comment éclaterait le glas des destinées,
Et comme on s'aimerait, en se sentant vieillir.

Votre voix m'enlaçait comme une chère étreinte,
Et votre cœur brûlait si tranquillement beau
Qu'en ce moment j'aurais pu voir s'ouvrir sans crainte
Les tortueux chemins qui vont vers le tombeau.
. . . . . .

Les Heures d'Après-Midi

LES PÊCHEURS

Sur le fleuve couleur de fiel
Passent en lamentable escorte
Mille amas pestilentiels;
Et la lune semble une morte
Qu'on enfouit au bout du ciel.

Seules, en des barques, quelques lumières
Illuminent et grandissent les dos
Obstinément courbés sur l'eau,
Des vieux pêcheurs de la rivière,

Qui longuement, depuis hier soir,
Pour on ne sait quelle pêche nocturne,
Ont descendu leur filet noir
Dans l'eau mauvaise et taciturne.

Au fond de l'eau, sans qu'on les voie,
Sont réunis les mauvais sorts
Qui les guettent, comme des proies,
Et qu'ils pêchent, à longs efforts,
Croyant au travail simple et méritoire,
La nuit, sous des signes contradictoires.

Les minuits lourds sonnent là-bas,
A battants lents, comme des glas;
De tour en tour, les minuits sonnent,
Les minuits lourds des nuits d'automne
Les minuits las.

Les villages sont engourdis,
Les villages et leurs taudis
Et les saules et les noyers
Où les vents d'Ouest ont guerroyé.
Aucun aboi ne vient des bois
Ni aucun cri, par à travers le minuit vide,
Qui s'imbibe de cendre humide.

Sans qu'ils s'aident, sans qu'ils se hèlent,
En leurs besognes fraternelles,

N'accomplissant que ce qu'il doit,
Chaque pêcheur pêche pour soi :
Et le premier recueille, en les mailles qu'il serre,
Tout le fretin de sa misère;
Et celui-ci ramène, à l'étourdie,
Le fond vaseux des maladies;
Et tel ouvre ses nasses
Aux désespoirs qui le menacent;
Et celui-là recueille au long des bords,
Les épaves de son remords.

Dans leurs barques, où rien ne bouge,
Pas même la flamme d'un falot rouge
Trouant, de grand halos de sang,
Le feutre épais du brouillard blanc,
La mort couvre de son silence
Les vieux pêcheurs de la démence.

Ils sont les isolés au fond des brumes,
Côte à côte, mais ne se voyant pas :
Et leurs deux bras sont las;
Et leur travail, c'est leur ruine.

Dites, si dans la nuit, ils s'appelaient
Et si leurs voix se consolaient!

Mais ils restent mornes et gourds,
Le dos voûté et le front lourd,
Avec, à côté d'eux, leur petite lumière
Immobile, sur la rivière.
Comme des blocs d'ombre, ils sont là,
Sans que leurs yeux, par au delà
Des bruines âpres et spongieuses,
Ne se doutent qu'il est, au firmament,
Attirantes comme un aimant,
Des étoiles prodigieuses.

Les pêcheurs noirs du noir tourment
Sont les perdus, immensément,
Parmi les loins, parmi les glas
Et les périls qu'ils ne voient pas;
Et l'humide minuit d'automne
Pleut en leur âme monotone.

Les Villages illusoires

LE MENUISIER

Le menuisier du vieux savoir
Fait des cercles et des carrés,
Tenacement, pour démontrer
Comment l'âme doit concevoir
Les lois indubitables et profondes
Qui sont la règle et la clarté du monde.

A son enseigne, au coin du bourg, là-bas,
Les branches d'or d'un grand compas
— Comme un blason, sur sa maison —
Semblent deux rais pris au soleil.
Le menuisier construit ses appareils
Avec des mains prestes et nettes
Et des regards, sous ses lunettes,
Aigus et droits, sur son travail
Tout en détails.

Ses fenêtres à gros barreaux
Ne voient le ciel que par petits carreaux;
Et sa boutique, autant que lui,
Est vieille et vit d'ennui.

Il est l'homme de l'habitude
Qu'en son cerveau tissa l'étude,
Au long des temps de ses cent ans
Monotones et végétants.

Grâce à de pauvres mécaniques
Et des signes talismaniques
Et des cônes de bois et des segments de cuivre
Et le texte d'un pieux livre
Traçant la croix, par au travers,
Le menuisier dit l'univers.
Matin et soir, il a peiné,
Les yeux vieillots, l'esprit cerné,
Imaginant des coins et des annexes
Et des ressorts malicieux
A son travail terriblement complexe,
Où, sur le faîte, il dressa Dieu.

Il rabote ses arguments
Et coupe en deux toutes répliques;
Et ses raisons hyperboliques
Semblent régler le firmament.

Il explique, par des sentences,
Le problème des existences
Et discute sur la substance.

Il s'éblouit du grand mystère,
Lui donne un nom complémentaire
Et croit avoir instruit la terre.

Il est le maître en controverses.
L'esprit humain qu'il bouleverse,
Il l'a coupé en facultés adverses.

Il fourre l'homme qu'il étrique,
A coups de preuves excentriques,
En son système symétrique.

Le menuisier a pour voisins
Le curé et le médecin
Qui retirent de ses travaux pourtant irréductibles,
Chacun pour soi, des arguments irrésistibles.

Ses scrupules n'ont rien laissé
D'impossible, qu'il n'ait placé,
D'après un morne rigorisme,
Sur les trois plans d'un syllogisme.

Ses plus graves et assidus clients ?
Les gens branlants, les gens bêlants
Qui achètent leur viatique,
Pour quelques sous, dans sa boutique.

Il vit de son enseigne, au coin du bourg,
— Biseaux dorés et compas lourd —
Et n'écoute que l'aigre serinette,
A sa porte, de la sonnette.

Il a taillé, limé, sculpté
Une science d'entêté,
Une science de paroisse,
Sans lumière, ni sans angoisse.

Aussi le jour qu'il s'en ira,
Son appareil se cassera;
Et ses enfants feront leur jouet,
De cette éternité qu'il avait faite,
A coups d'équerre et de réglette.

Les Villages illusoires

DIALOGUE RUSTIQUE III

. . . . .

JEAN

Mes coqs sont beaux comme des fleurs
Où le soleil met des lueurs :
Un glaïeul d'or se courbe en crête
Et se hérisse sur leur tête.

PIERRE

Mes deux pigeons me font songer
A deux sabots de bois léger
Qu'on aurait peints de couleurs claires,
Et qui trottent au long du jour
Dans la cuisine et dans la cour
Et sur le seuil plein de lumière.

JEAN

Mes coqs sont nés dans mon fournil,
Au creux du mur, sous la grande arche :
Ils étaient vifs, mais si petits
Qu'on aurait dit des œufs qui marchent.
Ils grandirent dans le soleil
D'un avril clair à juin pareil;
Bientôt, sur leur patte menue,
Ils étiraient leur aile nue.

Leur coup de bec précis et dur
Happait l'insecte au coin du mur,
Et dès qu'ils en eurent la taille,
Un beau matin, dans un fossé,
Face à face, le col dressé,
Ils livrèrent, entre eux, bataille.

PIERRE

Mes pigeons, doux et familiers,
Furent nourris au colombier
Avec du vrai maïs d'Espagne.
Si je sème, dans la campagne,
Toujours je reconnais leur vol
Rien qu'à son ombre, au ras du sol;
Dès que l'autan quitte les terres
Ils repeuplent mon toit moussu
D'amours roucoulants et pansus,
Et dans le creux de ma gouttière,
Joignant leurs becs courts, mais vermeils,
Ils s'accouplent dans le soleil.

. . . . . .

Les Blés mouvants

JEAN MORÉAS

1856-1910

JEAN MORÉAS

Je naquis au bord d'une mer dont la couleur passe
En douceur le saphir oriental. Des lys
Y poussent dans le sable, ah, n'est-ce ta face
Triste, les pâles lys de la mer natale;
N'est-ce ton corps délié, la tige allongée
　　　Des lys de la mer natale!

O amour, tu n'eusses souffert qu'un désir joyeux
Nous gouvernât; ah, n'est-ce tes yeux,
　　　Le tremblement de la mer natale!

Le Pèlerin passionné, Le Bocage

CHANSON

Les courlis dans les roseaux!
(Faut-il que je vous en parle,
Des courlis dans les roseaux?)
O vous joli' Fée des eaux.

Le porcher et les pourceaux!
(Faut-il que je vous en parle,
Du porcher et des pourceaux?)
O vous joli' Fée des eaux.

Mon cœur pris en vos réseaux!
(Faut-il que je vous en parle,
De mon cœur en vos réseaux?)
O vous joli' Fée des eaux.

Le Pèlerin passionné

Que faudra-t-il à ce cœur qui s'obstine;
Cœur sans souci, ah, qui le ferait battre!
Il lui faudrait la reine Cléopâtre,
Il lui faudrait Hélie et Mélusine,
Et celle-là nommée Aglaure, et celle
Que le Soudan emporte en sa nacelle.

Puisque Suzon s'en vient, allons
Sous la feuillée où s'aiment les coulombs.

Que faudra-t-il à ce cœur qui se joue;
Ce belliqueur, ah! qui ferait qu'il plie!
Il lui faudrait la princesse Aurélie,
Il lui faudrait Ismène dont la joue
Passe la neige et la couleur rosine
Que le matin laisse sur la colline.

Puisque Alison s'en vient, allons
Sous la feuillée où s'aiment les coulombs.

Le Pèlerin passionné. Le Bocage

ÉNONE AU CLAIR VISAGE

Sœur de Phébus charmante,
Qui veilles sur les flots, je pleure et je lamente,
Et je me suis meurtri avec mes propres traits.
Qu'avais-je à m'enquérir d'Eros, fils de la terre!
Eros, fils de Vénus, me possède à jamais.

Guidant ta course solitaire,
Lune, tu compatis à mon triste souci.
O Lune, je le sais, non, tu n'as pas, vénale,
A Pan barbu livré ta couche virginale,
Mais les feux doux-amers te renflammant aussi
Par les yeux d'un berger dans sa jeunesse tendre
Sur le mont carien tu as voulu descendre.

De ta douce lueur, ô Phébé, favorise
Ma plaintive chanson qu'emporte au loin la brise,
Et fais que mes soupirs, de l'écho répétés,
Étonnent la frayeur des antres redoutés.

PROSERPINE CUEILLANT DES VIOLETTES

Dans ce riant vallon, cependant que tu cueilles
La douce violette aux délicates feuilles,
O fille de Cérès, hélas! tu ne sais pas
Que le sombre Pluton poursuit partout tes pas.
Il ne supporte plus d'être nommé stérile,
Car Vénus l'a blessé soudain des mêmes traits
Dont elle abuse, au fond des antiques forêts,
La race des oiseaux et le beau cerf agile.
Entends les cris du dieu! sous son bras redouté
Se cabrent les chevaux qui craignent la clarté,
Rompant sous leurs sabots le roseau qui s'incline
Aux marais paresseux que nourrit Camarine.
Dans ses grottes gémit Henna, mère des fleurs,
Et Cyane ses eaux fait croître de ses pleurs.
Parmi les pâles morts bientôt tu seras reine,
O fille de Cérès, et Junon souterraine.
Ainsi, toujours la vie et ses tristes travaux
Troubleront le Néant dans la paix des tombeaux,
Et désormais en vain les Ombres malheureuses
Puiseront du Léthé les ondes oublieuses.

Sylves nouvelles

STANCES

Je me compare aux morts, à la source tarie,
                    A l'obscur horizon,
A la fleur effeuillée, à la feuille pourrie
                    Sur un pâle gazon,

A l'arbre qu'on abat dans un bois sans verdure
        Pour former un cercueil,
Aux brouillards de l'hiver, à toute la nature
        De tristesse et de deuil.

Mais ne suis-je plutôt à l'Océan semblable,
        Qui, toujours florissant,
Laisse le vol du temps passer, et sur le sable
        Écume en gémissant ?

Troisième Livre, XIII

Compagne de l'éther, indolente fumée,
        Je te ressemble un peu :
Ta vie est d'un instant, la mienne est consumée,
        Mais nous sortons du feu.

L'homme, pour subsister, en recueillant la cendre,
        Qu'il use ses genoux !
Sans plus nous soucier et sans jamais descendre,
        Évanouissons-nous !

Quatrième Livre, VII

Je te sens sur mes yeux, lune, lune brillante
        Dans cette nuit d'été ;
Mon cœur de tes rayons distille l'attrayante
        Et froide volupté.

Si tu n'es plus Diane, et quand tu serais morte,
        Tu guides bien mes pas
Dans l'ombre et sur le bord de la tombe, et qu'importe
        La vie ou le trépas !

Quatrième Livre, XIII

Quand je viendrai m'asseoir dans le vent, dans la nuit,
          Au bout du rocher solitaire,
Que je n'entendrai plus, en t'écoutant, le bruit
          Que fait mon cœur sur cette terre,

Ne te contente pas, Océan, de jeter
          Sur mon visage un peu d'écume :
D'un coup de lame alors il te faut m'emporter
          Pour dormir dans ton amertume.

Cinquième Livre, XII

L'insidieuse nuit m'a grisé trop longtemps !
          Pensif à ma fenêtre,
O suave matin, je veille et je t'attends ;
          Hâte-toi de paraître.

Viens ! au dedans de moi s'épandra ta clarté
          En élément tranquille :
Ainsi l'eau te reçoit, ainsi l'obscurité
          Des feuilles te distille.

O jour, ô frais rayons, immobilisez-vous,
          Mirés dans mes yeux sombres,
Maintenant que mon cœur à chacun de ses coups
          Se rapproche des ombres.

Sixième Livre, VIII

Hélas ! cœur trop humain, homme de peu de foi,
Aux regards éblouis d'une lumière en fête,
Tu ne sauras jamais comme elle éclaire en moi,
L'ombre que cette allée au noir feuillage jette !

Sixième Livre, XII

JULES LAFORGUE

1860-1887

JULES LAFORGUE

COMPLAINTE
DES DÉBATS MÉLANCOLIQUES
ET LITTÉRAIRES

*On peut encore aimer, mais confier toute son
âme est un bonheur qu'on ne retrouvera plus.*

CORINNE OU L'ITALIE.

Le long d'un ciel crépusculâtre,
Une cloche angéluse en paix
L'air exilescent et marâtre
Qui ne pardonnera jamais.

Paissant des débris de vaisselle,
Là-bas, au talus des remparts,
Se profile une haridelle
Convalescente; il se fait tard.

Qui m'aima jamais? Je m'entête
Sur ce refrain bien impuissant,
Sans songer que je suis bien bête
De me faire du mauvais sang.

Je possède un propre physique,
Un cœur d'enfant bien élevé,
Et pour un cerveau magnifique
Le mien n'est pas mal, vous savez.

Eh bien, ayant pleuré l'Histoire,
J'ai voulu vivre un brin heureux;
C'était trop demander, faut croire;
J'avais l'air de parler hébreux.

Ah! tiens, mon cœur, de grâce, laisse!
Lorsque j'y songe, en vérité,
J'en ai des sueurs de faiblesse,
A choir dans la malpropreté.

Le cœur me piaffe de génie
Éperdument pourtant, mon Dieu!
Et si quelqu'une veut ma vie,
Moi je ne demande pas mieux!

Eh va, pauvre âme véhémente!
Plonge, être, en leurs Jourdains blasés,
Deux frictions de vie courante
T'auront bien vite exorcisé.

Hélas, qui peut m'en répondre!
Tenez, peut-être savez-vous
Ce que c'est qu'une âme hypocondre?
J'en suis une dans les prix doux.

O Hélène, j'erre en ma chambre;
Et tandis que tu prends le thé,
Là-bas, dans l'or d'un fier septembre,

Je frissonne de tous mes membres,
En m'inquiétant de ta santé.

Tandis que, d'un autre côté...

Berlin.

Complaintes

COMPLAINTE DE LA LUNE
EN PROVINCE

Ah! la belle pleine lune,
Grosse comme une fortune!

La retraite sonne au loin,
Un passant, monsieur l'adjoint;

SOLO DE LUNE

Je fume, étalé face au ciel,
Sur l'impériale de la diligence,
Ma carcasse est cahotée, mon âme danse
Comme un Ariel;
Sans miel, sans fiel, ma belle âme danse,
O routes, coteaux, ô fumées; ô vallons,
Ma belle âme, ah! récapitulons.

Nous nous aimions comme deux fous,
On s'est quitté sans en parler,
Un spleen me tenait exilé,
Et ce spleen me venait de tout. Bon.

Ses yeux disaient : « Comprenez-vous ?
Pourquoi ne comprenez-vous pas ? »
Mais nul n'a voulu faire le premier pas,
Voulant trop tomber *ensemble* à genoux.
(Comprenez-vous ?)

Où est-elle à cette heure ?
Peut-être qu'elle pleure...
Où est-elle à cette heure ?
Oh! du moins, soigne-toi, je t'en conjure!

O fraîcheur des bois le long de la route,
O châle de mélancolie, toute âme est un peu aux écoutes,
Que ma vie
Fait envie!
Cette impériale de diligence tient de la magie.

Accumulons l'irréparable!
Renchérissons sur notre sort!
Les étoiles sont plus nombreuses que le sable
Des mers où d'autres ont vu se baigner son corps;
Tout n'en va pas moins à la mort.
Y a pas de port.

Un clavecin joue en face,
Un chat traverse la place :

La province qui s'endort!
Plaquant un dernier accord,

Le piano clôt sa fenêtre.
Quelle heure peut-il bien être?

Calme Lune, quel exil!
Faut-il dire : ainsi soit-il?

Lune, ô dilettante Lune,
A tous les climats commune,

Tu vis hier le Missouri,
Et les remparts de Paris,

Les fiords bleus de la Norvège,
Les pôles, les mers, que sais-je?

Lune heureuse! ainsi tu vois,
A cette heure, le convoi

De son voyage de noce!
Ils sont partis pour l'Écosse.

Quel panneau, si, cet hiver,
Elle eût pris au mot mes vers!

Lune, vagabonde Lune,
Faisons cause et mœurs communes?

O riches nuits! je me meurs,
La province dans le cœur!

Et la lune a, bonne vieille,
Du coton dans les oreilles.

Cassel, juillet 1884.

Complaintes

Des ans vont passer là-dessus,
On s'endurcira chacun pour soi,
Et bien souvent et déjà je m'y vois,
On se dira : « Si j'avais su... »
Mais mariés de même, ne se fût-on pas dit :
« Si j'avais su, si j'avais su!... » ?
Ah! rendez-vous maudit!
Ah! mon cœur sans issue!...
Je me suis mal conduit.

Maniaques de bonheur,
Donc, que ferons-nous ? Moi de mon âme
Elle de sa faillible jeunesse ?
O vieillissante pécheresse,
Oh! que de soirs je vais me rendre infâme
En ton honneur!

Ses yeux clignaient : « Comprenez-vous ?
Pourquoi ne comprenez-vous pas ? »
Mais nul n'a fait le premier pas
Pour tomber ensemble à genoux. Ah!...

La lune se lève,
O route en grand rêve!...
On a dépassé les filatures, les scieries,
Plus que les bornes kilométriques,
De petits nuages d'un rose de confiserie,
Cependant qu'un fin croissant de lune se lève,
O route de rêve, ô nulle musique...
Dans ces bois de pins où depuis
Le commencement du monde
Il fait toujours nuit,
Que de chambres propres et profondes!
Oh! pour un soir d'enlèvement!
Et je les peuple et je m'y vois,
Et c'est un beau couple d'amants,
Qui gesticulent hors la loi.

Et je passe et les abandonne,
Et me recouche face au ciel.
La route tourne, je suis Ariel,
Nul ne m'attend, je ne vais chez personne.
Je n'ai que l'amitié des chambres d'hôtel.

La lune se lève,
O route en grand rêve,
O route sans terme,
Voici le relais,
Où l'on allume les lanternes,
Où l'on boit un verre de lait,
Et fouette postillon,
Dans le chant des grillons,
Sous les étoiles de juillet.

O clair de lune,
Noce de feux de Bengale noyant mon infortune,
Les ombres des peupliers sur la route...
Le gave qui s'écoute...
Qui s'écoute chanter...
Dans ces inondations du fleuve du Léthé...

O Solo de lune,
Vous défiez ma plume,
Oh! cette nuit sur la route;
O Étoiles, vous êtes à faire peur,
Vous y êtes toutes! toutes!
O fugacité de cette heure...
Oh! qu'il y eût moyen
De m'en garder l'âme pour l'automne qui vient!...

Voici qu'il fait très, très frais,
Oh! si à la même heure,
Elle va de même le long des forêts,
Noyer son infortune
Dans les noces du clair de lune!...
(Elle aime tant errer tard!)
Elle aura oublié son foulard,
Elle va prendre mal, vu la beauté de l'heure!
Oh! soigne-toi, je t'en conjure!
Oh! je ne veux plus entendre cette toux!

Ah! que ne suis-je tombé à tes genoux!
Ah! que n'as-tu défailli à mes genoux!
J'eusse été le modèle des époux!
Comme le frou-frou de ta robe est le modèle des frou-frou.

Derniers Vers

LES CHAUVES-SOURIS

C'est qu'elles m'ont l'air bien folles, ce soir,
Les cloches du couvent des Carmélites!
Et je me demande au nom de quels rites...
        Allons, montons voir.

Oh! parmi les poussiéreuses poutrelles,
Ce sont de jeunes chauves-souris
Folles d'essayer enfin hors du nid
        Leurs vieillottes ailes!

Elles s'en iront désormais aux soirs,
Chasser les moustiques sur la rivière,
A l'heure où les diurnes lavandières
        Ont tu leurs battoirs.

Et ces couchants seront tout solitaires,
Tout quotidiens et tout supra-Védas,
Tout aussi vrais que si je n'étais pas,
        Tout à leur affaire.

Ah! ils seront tout aussi quotidiens
Qu'aux temps où la planète à la dérive
En ses langes de vapeur primitive
        Ne savait rien d'rien.

Ils seront tout aussi à leur affaire
Quand je ne viendrai plus crier bravo!
Aux assortiments de mourants joyaux
        De leur éventaire,

Qu'aux jours où certain bohême filon
Du commun néant n'avait pas encore
Pris un accès d'existence pécore
        Sous mon pauvre nom.

Des Fleurs de Bonne Volonté

CHARLES
VAN LERBERGHE

1861-1907

CHARLES VAN LERBERGHE

DE mon mystérieux voyage
Je ne t'ai gardé qu'une image,
Et qu'une chanson, les voici :
Je ne t'apporte pas de roses,
Car je n'ai pas touché aux choses,
Elles aiment à vivre aussi.

Mais pour toi, de mes yeux ardents,
J'ai regardé dans l'air et l'onde,
Dans le feu clair et dans le vent,
Dans toutes les splendeurs du monde,
Afin d'apprendre à mieux te voir
Dans toutes les ombres du soir.

Afin d'apprendre à mieux t'entendre
J'ai mis l'oreille à tous les sons,
Écouté toutes les chansons,
Tous les murmures, et la danse
De la clarté dans le silence.

Afin d'apprendre comme on touche
Ton sein qui frissonne ou ta bouche,
Comme en un rêve, j'ai posé
Sur l'eau qui brille, et la lumière,
Ma main légère, et mon baiser.

La Chanson d'Ève

Le Seigneur a dit à son enfant :
Va, par le clair jardin innocent
Des anges, où brillent les pommes
Et les roses. Il est à toi. C'est ton royaume.
Mais ne cueille des choses
Que la fleur ;
Laisse le fruit aux branches,
N'approfondis pas le bonheur.

Ne cherche pas à connaître
Le secret de la terre
Et l'énigme des êtres.
N'écoute pas la voix qui attire
Au fond de l'ombre, la voix qui tente,
La voix du serpent, ou la voix des sirènes,
Ou celle des colombes ardentes
Aux bosquets sombres de l'Amour.
Reste ignorante.
Ne pense pas ; chante.
Toute science est vaine,
N'aime que la beauté.
Et qu'elle soit pour toi toute la vérité.

La Chanson d'Ève

O beau rosier du Paradis,
Beau rosier aux milliers de roses,
Qui dans les parfums resplendis,
Et dans la lumière reposes ;

O beau rosier du jardin clos,
Beau rosier aux roses altières,
Qui sur l'herbe étends les réseaux
Que font tes Ombres familières ;

Autour de qui, toutes tremblantes,
De l'Occident à l'Orient,
Ces humbles et douces servantes
Glissent et tournent lentement.

Jusques à l'heure solennelle
Où la nuit, à pas clandestins,
Étendant ses voiles sur elles,
Les confond toutes dans son sein.

La Chanson d'Ève

PARDONNE-MOI, ô mon Amour,
Si mes yeux pleins de toi ne te voient pas encore,
Si je m'éveille en ta splendeur,
Sans la comprendre, comme une fleur
S'éveille dans l'aurore;

Pardonne-moi si mes yeux aujourd'hui
Ne te distinguent de la lumière,
S'ils ne séparent ton sourire
De leurs pleurs éblouis.

Pardonne-moi, si je t'écoute
Sans t'entendre, et ne sais pas
Si c'est toi, mon amour, qui parles,
Ou mon cœur qui gémit tout bas;
Pardonne-moi, si tes paroles
Autour de mes oreilles volent,
Comme des chants dans les airs bleus,
Ou l'aile du vent dans mes cheveux.

Pardonne-moi, si je te touche
Dans le soleil, ou si ma bouche
En souriant, sans le savoir,
T'atteint dans la fraîcheur du soir;
Pardonne-moi, si je crois être
Près de toi-même où tu n'es pas,
Si je te cherche, lorsque peut-être
C'est toi qui reposes dans mes bras.

La Chanson d'Ève

HENRI DE RÉGNIER

1864-1936

HENRI DE RÉGNIER

Ils ont heurté les portes d'or
Du pommeau rude de leurs glaives
Et leurs lèvres étaient encor
Amères de l'embrun des grèves.

Ils entrèrent comme des rois
En la ville où la torche fume
Au trot sonnant des palefrois
Dont la crinière est une écume.

On les reçut en des palais
Et des jardins où les dallages
Sont des saphirs et des galets
Comme on en trouve sur les plages;

On les abreuva de vin clair,
De louanges et de merveilles;
Et l'écho grave de la mer
Bourdonnait seul à leurs oreilles.

Poèmes anciens et romanesques

SCÈNES AU CRÉPUSCULE

II

Eₙ allant vers la Ville où l'on monte aux terrasses
Sous les arbres en fleur comme des bouquets de fiancées,
En allant vers la Ville où le pavé des places
Vibre au soir rose et bleu d'un silence de danses lassées.
Nous avons rencontré les filles de la plaine
Qui s'en venaient à la fontaine,
Qui s'en venaient à perdre haleine,
Et nous avons passé.
. . . . . .

Poèmes anciens et romanesques

ODELETTE

Uɴ petit roseau m'a suffi
Pour faire frémir l'herbe haute
        Et tout le pré
        Et les doux saules
Et le ruisseau qui chante aussi;
Un petit roseau m'a suffi
A faire chanter la forêt.

Ceux qui passent l'ont entendu
Au fond du soir, en leurs pensées,
Dans le silence et dans le vent,
        Clair ou perdu,
        Proche ou lointain...
Ceux qui passent, en leurs pensées,
En écoutant au fond d'eux-mêmes
L'entendront encore et l'entendent
        Toujours qui chante.

Il m'a suffi
De ce petit roseau cueilli
A la fontaine où vint l'Amour
Mirer, un jour,
Sa face grave
Et qui pleurait,
Pour faire pleurer ceux qui passent
Et trembler l'herbe et frémir l'eau;
Et j'ai, du souffle d'un roseau,
Fait chanter toute la forêt.

Les Jeux rustiques et divins

LE VISITEUR

La maison calme avec la clef à la serrure,
La table où les fruits doux et la coupe d'eau pure
Se miraient, côte à côte, en l'ébène profond;
Les deux chemins qui vont tous deux vers l'horizon
Des collines derrière qui l'on sait la Mer,
Et tout ce qui m'a fait le rire simple et clair
De ceux qui n'ont jamais désiré d'autres choses
Qu'une fontaine bleue entre de hautes roses,
Qu'une grappe à leur vigne et qu'un soir à leur vie
Avec un peu de joie et de mélancolie
Et des jours ressemblant, heure à heure, à tous leurs jours.
J'ai compris tout cela quand je t'ai vu, Amour,
Entrer dans ma maison où t'attendait mon âme,
Et mordre les fruits mûrs de ta bouche de femme,
Et boire l'eau limpide, et t'asseoir, et ployer
Ta grande aile divine aux pierres du foyer.

Les Jeux rustiques et divins

LE VISITEUR

PAUL-JEAN TOULET

1867-1920

PAUL-JEAN TOULET

CONTRERIMES

IX

Nocturne

O MER, toi que je sens frémir
  A travers la nuit creuse,
Comme le sein d'une amoureuse
  Qui ne peut pas dormir;

Le vent lourd frappe la falaise...
  Quoi! si le chant moqueur
D'une sirène est dans mon cœur —
  O cœur, divin malaise.

Quoi, plus de larmes, ni d'avoir
  Personne qui vous plaigne...
Tout bas comme d'un flanc qui saigne,
  Il s'est mis à pleuvoir.

X

Fô a dit...

« CE tapis que nous tissons comme
  Le ver dans son linceul
Dont on ne voit que l'envers seul :
  C'est le destin de l'homme.

Mais peut-être qu'à d'autres yeux,
  L'autre côté déploie
Le rêve, et les fleurs, et la joie
  D'un dessin merveilleux. »

Tel Fô, que l'or noir des tisanes
  Enivre, ou bien ses vers,
Chante et s'en va tout de travers
  Entre deux courtisanes.

XII

Le Garno

L'HIVER bat la vitre et le toit.
  Il fait bon dans la chambre,
A part cette sale odeur d'ambre
  Et de plaisir. Mais toi,

Les roses naissent sur ta face
  Quand tu ris près du feu...
Ce soir tu me diras adieu
  Ombre, que l'ombre efface.

XXXV

UN Jurançon 93
  Aux couleurs du maïs,
Et ma mie, et l'air du pays :
  Que mon cœur était aise.

Ah, les vignes de Jurançon,
  Se sont-elles fanées,
Comme ont fait mes belles années,
  Et mon bel échanson ?

Dessous les tonnelles fleuries
  Ne reviendrez-vous point
A l'heure où Pau blanchit au loin
  Par delà les prairies ?

XL

L'IMMORTELLE et l'œillet de mer
  Qui pousse dans le sable,
La pervenche trop périssable,
  Ou ce fenouil amer

Qui craquait sous la dent des chèvres,
　　Ne vous en souvient-il,
Ni de la brise au sel subtil
　　Qui nous brûlait aux lèvres?

XLV

Molle rive dont le dessin
　　Est d'un bras qui se plie,
Colline de brume embellie
　　Comme se voile un sein,

Filaos au chantant ramage —
　　Que je meure et, demain,
Vous ne serez plus, si ma main
　　N'a fixé votre image.

XLVI

Douce plage où naquit mon âme,
　　Et toi, savane en fleurs
Que l'océan trempe de pleurs
　　Et le soleil de flamme;

Douce aux ramiers, douce aux amants,
　　Toi de qui la ramure
Nous charmait d'ombre et de murmure,
　　Et de roucoulements;

Où j'écoute frémir encore
　　Un aveu tendre et fier —
Tandis qu'au loin riait la mer
　　Sur le corail sonore.

L

J'ai vu le diable, l'autre nuit;
　　Et, dessous sa pelure,
Il n'est pas aisé de conclure
　　S'il faut dire: Elle, ou: Lui.

Sa gorge, — avait l'air sous la faille,
    De trembler de désir :
Tel, aux mains près de le saisir,
    Un bel oiseau défaille.

Telle, à la soif, dans Blidah bleu,
    S'offre la pomme douce;
Ou bien l'orange, sous la mousse,
    Lorsque tout bas il pleut.

— « Ah! » dit Satan, et le silence
    Frémissait à sa voix,
« Ils ne tombent pas tous, tu vois,
    Les fruits de la Science. »

LIII

— « ENFIN, puisque c'est Sa demeure,
    Le bon Dieu, où est-Y ?
— Chut, me dit-elle : Il est sorti,
    On ne sait à quelle heure. »

« Et de nous tous le plus calé,
    Je dis : Satan Lui-même,
Ne sait en ce désordre extrême
    Où diable il est allé. »

LXIII

TOUTE allégresse a son défaut
    Et se brise elle-même.
Si vous voulez que je vous aime,
    Ne riez pas trop haut.

C'est à voix basse qu'on enchante
    Sous la cendre d'hiver
Ce cœur, pareil au feu couvert,
    Qui se consume et chante.

LXIV

TOI pour qui les dieux du mystère
    Sont restés étrangers,
J'ai vu ta mâne aux pieds légers,
    Descendre sous la terre,

Comme en un songe où tu te vois
    A toi-même inconnue,
Tu n'étais plus, — errante et nue, —
    Qu'une image sans voix;

Et la source, noire, où t'accueille
    Une fauve clarté,
Une étrange félicité,
    Un rosier qui s'effeuille...

LXX

LA vie est plus vaine une image
    Que l'ombre sur le mur.
Pourtant l'hiéroglyphe obscur
    Qu'y trace ton passage

M'enchante, et ton rire pareil
    Au vif éclat des armes;
Et jusqu'à ces menteuses larmes
    Qui miraient le soleil.

Mourir non plus n'est ombre vaine,
    La nuit, quand tu as peur,
N'écoute pas battre ton cœur :
    C'est une étrange peine.

CHANSONS

En Arles

Dans Arle, où sont les Aliscans,
Quand l'ombre est rouge, sous les roses,
Et clair le temps.

Prends garde à la douceur des choses,
Lorsque tu sens battre sans cause
Ton cœur trop lourd;

Et que se taisent les colombes :
Parle tout bas, si c'est d'amour,
Au bord des tombes.

COPLES

I

Le sable où nos pas ont crié, l'or, ni la gloire,
Qu'importe, et de l'hiver le funèbre décor.
Mais que l'amour demeure, et me sourie encor
Comme une rose rouge à travers l'ombre noire.

XV

Boy, une pipe encor. Douce m'en soit l'aubaine
Et l'or aérien où s'étouffent les pas
Du sommeil. Mais non, reste, ô boy, n'entends-tu pas
Le dieu muet qui heurte à la porte d'ébène ?

XXIX

Paradis d'ombre fraîche et de chaleur extrême,
Où mûrit la grenade, et, non loin du jasmin,
Cette double pastèque agréable à la main;
Badoure, il n'est jardin que des fleurs où l'on aime.

LX

Sur un tableau de Vinci

Ah, mon frère aux beaux yeux, ce n'est pas sans douceur,
Ce n'est pas sans péril, que tu serais ma sœur.

LXIV

Que je t'aime au temps chaud, la sœur et bientôt mûre
D'un fruit couleur de feu sous la verte ramure.

LXX

Va, laisse notre amour en paix! du feu de joie
Mourant, n'agite pas la cendre qui rougeoie.

LXII

Il n'est plus ce jour bleu — ni ses blanches colombes —
Ce jour brûlant, où tu m'aimas parmi les tombes.

LXLVII

Le parc ruisselle encore, où l'averse a passé,
Badoure. Approche-toi. Non, laisse que je goûte
Ce bruit voluptueux d'un orme qui s'égoutte!
Tel est le pleur furtif d'un plaisir effacé.

LXLVIII

J'ai connu dans Séville, une enfant brune et tendre.
Nous n'eûmes aucun mal, hélas! à nous entendre.

CVII

C'est Dimanche aujourd'hui. L'air est couleur de miel,
Le rire d'un enfant perce la cour aride :
On dirait un glaïeul élancé vers le ciel,
Un orgue au loin se tait. L'heure est plate et sans ride.

POÈMES INACHEVÉS

14

CE n'est pas drôle de mourir
Et d'aimer tant de choses :
La nuit bleue et les matins roses,
 Les fruits lents à mûrir.

 Ni que tourne en fumée
Mainte chose jadis aimée,
 Tant de sources tarir...

O France, et vous Ile de France,
 Fleurs de pourpre, fruits d'or,
 L'été lorsque tout dort,
Pas légers dans le corridor.

Le Gave où l'on allait nager
 Enfants sous l'arche fraîche
Et le verger rose de pêches.

Vers inédits

FRANCIS JAMMES

1868-1938

FRANCIS JAMMES

LE PAUVRE PION...

LE pauvre pion doux si sale m'a dit : j'ai
Bien mal aux yeux et le bras droit paralysé.

Bien sûr que le pauvre diable n'a pas de mère
Pour le consoler doucement de sa misère.

Il vit comme cela, pion dans une boîte,
Et passe parfois sur son front froid sa main moite.

Avec ses bras il fait un coussin sur un banc
Et s'assoupit un peu comme un petit enfant.

Mais au lieu de traversin bien blanc, sa vareuse
Se mêle à sa barbe dure, grise et crasseuse.

Il économise pour se faire soigner.
Il a des douleurs. C'est trop cher de se doucher.

Alors il enveloppe dans un pauvre linge
Tout son pauvre corps misérable de grand singe.

Le pauvre pion doux si sale m'a dit : j'ai
Bien mal aux yeux et le bras droit paralysé.

1888.

De l'Angélus de l'Aube à l'Angélus du Soir

J'AIME L'ANE...

J'aime l'âne si doux
Marchant le long des houx.

Il prend garde aux abeilles
Et bouge ses oreilles;

. . . . . .
Il va, près des fossés,
D'un petit pas cassé.

Mon amie le croit bête
Parce qu'il est poète.

Il réfléchit toujours.
Ses yeux sont en velours.

Jeune fille au doux cœur,
Tu n'as pas sa douceur :

Car il est devant Dieu
L'âne doux du ciel bleu.

Et il reste à l'étable,
Fatigué, misérable,

Ayant bien fatigué
Ses pauvres petits pieds.

Il a fait son devoir
Du matin jusqu'au soir.

. . . . . .
Il a tant travaillé
Que ça vous fait pitié.

. . . . . .
Va trouver le vieil âne,
Et dis-lui que mon âme

Est sur les grands chemins,
Comme lui le matin.

Demande-lui, chérie,
Si je pleure ou je ris ?

Je doute qu'il réponde :
Il marchera dans l'ombre,

Crevé par la douceur,
Sur le chemin en fleurs.

De l' Angélus de l' Aube à l' Angélus du Soir

L'APRÈS-MIDI...

L'APRÈS-MIDI d'un dimanche je voudrais bien,
Quand il fait chaud et qu'il y a de gros raisins,
Dîner chez une vieille fille en une grande
Maison de campagne chaude, fraîche, où l'on tend du
Du linge propre, à des cordes, des liens.   [linge,
Dans la cour il y aurait des petits poussins,
Qui iraient près du puits — et une jeune fille
Dînerait avec nous deux seuls comme en famille.
Nous ferions un dîner lourd, et le vol-au-vent
Serait sucré avec deux gros pigeons dedans.
Nous prendrions le café tous les trois, et ensuite
Nous plierions notre serviette très vite,
Pour aller voir dans le jardin plein de choux bleus.
La vieille nous laisserait au jardin tous deux.
Nous nous embrasserions longtemps, laissant nos bouches
Rouges collées auprès des coquelicots rouges.
Puis les vêpres sonneraient doucement, alors
Elle et moi nous nous presserions encore plus fort.

1889.

De l' Angélus de l' Aube à l' Angélus du Soir

AVEC TON PARAPLUIE...

Avec ton parapluie bleu et tes brebis sales,
Avec tes vêtements qui sentent le fromage,
Tu t'en vas vers le ciel du coteau, appuyé
Sur ton bâton de houx, de chêne ou ne néflier.
Tu suis le chien au poil dur et l'âne portant
Les bidons ternes sur son dos saillant.
Tu passeras devant les forgerons des villages,
Puis tu regagneras la balsamique montagne
Où ton troupeau paîtra comme des buissons blancs.
Là, des vapeurs cachent les pics en se traînant.
Là, volent des vautours au col pelé et s'allument
Des fumées rouges dans des brumes nocturnes.
Là tu regarderas avec tranquillité,
L'esprit de Dieu planer sur cette immensité.

1887.

De l'Angélus de l'Aube à l'Angélus du Soir

DANS LE VERGER...

Dans le Verger où sont les arbres de lumière,
La pulpe des fruits lourds pleure ses larmes d'or,
Et l'immense Bagdad s'alanguit et s'endort
Sous le ciel étouffant qui bleuit la rivière.

Il est deux heures. Les palais silencieux
Ont des repas au fond des grandes salles froides
Et Sindbad le marin, sous les tentures roides,
Passe l'alcarazas d'un air sentencieux.

Mangeant l'agneau rôti, puis les pâtes d'amandes,
Tous laissent fuir la vie en écoutant pleuvoir
Les seaux d'eau qu'au seuil blanc jette un esclave noir.
Les passants curieux lui posent des demandes.

C'est Sindbad le marin qui donne un grand repas
C'est Sindbad, l'avisé marin dont l'opulence
Est renommée et que l'on écoute en silence.
Sa galère était belle et s'en allait là-bas !

Il sent très bon le camphre et les rares aromes.
Sa tête est parfumée et son nez aquilin
Tombe railleusement sur sa barbe de lin :
Il a la connaissance et le savoir des hommes.

Il parle, et le soleil oblique sur Bagdad
Jette une braise immense où s'endorment les palmes,
Et les convives, tous judicieux et calmes,
Écoutent gravement ce que leur dit Sindbad.

De l'Angélus de l'Aube à l'Angélus du Soir

IL S'OCCUPE...

A Marcel Schwob

Il s'occupe des travaux de la terre et taille
Les haies, ramasse le blé et les figues qui bâillent.
Il a un pavillon dans sa vigne, et il goûte
Le vin en bois aigre qu'il examine au jour.
Un lièvre lui mange les choux de son jardin
Où quelques rosiers sont lourds de pluie, le matin.
Parfois on lui porte un acte notarié,
Un paysan, pour savoir comment être payé.
Il nettoie son fusil et couche avec sa bonne.
L'existence lui est douce, calme et bonne.
Il fit son droit jadis.   Une photographie
Nous le montre triste, pommadé et jauni,
A l'époque de son duel pour une femme,
Il tient un journal à la main et regarde
Devant lui.

        Que c'est triste, que c'est triste,
Je trouve, ce temps où on se nommait Évariste.
Le vieux père et la mère étaient au désespoir...
On avait surpris une lettre de femme, un soir...

Un jour, il est revenu de la capitale
Avec un chou de cheveux sur son front pâle.

On a enterré les vieux parents qu'il aimait,
Et dont il parle avec un touchant respect.
Il n'a pas d'héritiers et sa succession,
Qui sera belle, sera partagée, dit-on,
Entre les Dumouras et les Cosset. Qui sait ?

Il vit ainsi, auprès des chênes, et c'est
De longues veillées qu'il passe à la cuisine
Où dort le chien rose de feu, où les mouches
Salissent de cacas tout ce qu'elles touchent.

Parfois, le matin, il s'essaye à un trombone
Triste auquel est habituée sa bonne.
Il vit ainsi doucement, sans savoir pourquoi.
Il est né un jour. Un autre jour il mourra.

De l'Angélus de l'Aube à l'Angélus du Soir

IL VA NEIGER...

A Léopold Bauby

Il va neiger dans quelques jours. Je me souviens
De l'an dernier. Je me souviens de mes tristesses
Au coin du feu. Si l'on m'avait demandé : qu'est-ce ?
J'aurais dit : laissez-moi tranquille. Ce n'est rien.

J'ai bien réfléchi, l'année avant, dans ma chambre,
Pendant que la neige lourde tombait dehors.
J'ai réfléchi pour rien. A présent comme alors
Je fume une pipe en bois avec un bout d'ambre.

Ma vieille commode en chêne sent toujours bon.
Mais moi j'étais bête parce que ces choses
Ne pouvaient pas changer et que c'est une pose
De vouloir chasser les choses que nous savons.

Pourquoi donc pensons-nous et parlons-nous ? C'est drôle ;
Nos larmes et nos baisers, eux, ne parlent pas
Et cependant nous les comprenons, et les pas
D'un ami sont plus doux que de douces paroles.

On a baptisé les étoiles sans penser
Qu'elles n'avaient pas besoin de nom, et les nombres
Qui prouvent que les belles comètes dans l'ombre
Passeront, ne les forceront pas à passer.

Et maintenant même, où sont mes vieilles tristesses
De l'an dernier ? A peine si je m'en souviens.
Je dirais : laissez-moi tranquille, ce n'est rien,
Si dans ma chambre on venait me demander : qu'est-ce ?

1888.

De l'Angélus de l'Aube à l'Angélus du Soir

QUAND VERRAI-JE LES ILES...

Quand verrai-je les îles où furent des parents ?
Le soir, devant la porte et devant l'océan
On fumait des cigares en habit bleu barbeau.
Une guitare de nègre ronflait, et l'eau
De pluie dormait dans les cuves de la cour.
L'océan était comme des bouquets en tulle
Et le soir triste comme l'Été et une flûte.
On fumait des cigares noirs et leurs points rouges
S'allumaient comme ces oiseaux aux nids de mousse
Dont parlent certains poètes de grand talent.
O Père de mon Père, tu étais là, devant
Mon âme qui n'était pas née, et sous le vent
Les avisos glissaient dans la nuit coloniale.
Quand tu pensais en fumant ton cigare,
Et qu'un nègre jouait d'une triste guitare,
Mon âme qui n'était pas née existait-elle ?
Était-elle la guitare ou l'aile de l'aviso ?
Était-elle le mouvement d'une tête d'oiseau
Caché lors au fond des plantations,
Ou le vol d'un insecte lourd dans la maison ?

Chou, Mai 1895.

De l'Angélus de l'Aube à l'Angélus du Soir

ÉLÉGIE TROISIÈME

Ce pays a la fraîcheur molle des bords des eaux.
Les chemins s'enfoncent obscurément, noirs de mousses,
Vers des épaisseurs bleues pleines d'ombre d'amour.
Le ciel est trop petit sur des arbres trop hauts.
C'est ici que je viens promener ma tristesse,
Chez des amis et que, lentement, au soleil,
Le long des fleurs je m'adoucis et je me traîne.
Ils s'inquiètent de mon cœur et de sa peine,
Et je ne sais pas trop ce qu'il faut leur répondre.

Peut-être, quand je serai mort, un enfant doux
Se rappellera qu'il a vu passer dans l'allée
Un jeune homme, en chapeau de soleil, qui fumait
Sa pipe doucement dans un matin d'Été.

Et toi que j'ai quittée, tu ne m'auras pas vu,
Tu ne m'auras pas vu ici, songeant à toi
Et traînant mon ennui aussi grand que les bois...
Et d'ailleurs, toi non plus, tu ne comprendrais pas,
Car je suis loin de toi et tu es loin de moi.
Je ne regrette pas ta bouche blanche et rose.
Mais alors, pourquoi est-ce que je souffre encore ?

Si tu le sais, amie, arrive et dis-le-moi.
Dis-moi pourquoi, lorsque je suis souffrant,
Il semble que les arbres comme moi soient malades ?
Est-ce qu'ils mourront aussi en même temps que moi ?
Est-ce que le ciel mourra ? Est-ce que tu mourras ?

La Roque, Septembre 1898.

Le Deuil des Primevères

PRIÈRE POUR ÊTRE SIMPLE

Les papillons obéissent à tous les souffles,
Comme des pétales de fleurs jetés vers vous,
Aux processions, par les petits enfants doux.
Mon Dieu, c'est le matin, et, déjà, la prière
Monte vers vous avec ces papillons fleuris,
Le cri du coq et le choc des casseurs de pierres.
Sous les platanes dont les palmes vertes luisent,
Dans ce mois de juillet où la terre se craquèle,
On entend, sans les voir, les cigales grinçantes
Chanter assidûment votre Toute-Puissance.
Le merle inquiet, dans les noirs feuillages des eaux,
Essaie de siffler un peu longtemps, mais n'ose.
Il ne sait ce qu'il y a qui l'ennuie. Il se pose
Et s'envole tout à coup en filant d'un seul trait,
A ras de terre, et du côté où l'on n'est pas.

Mon Dieu, tout doucement, aujourd'hui, recommence
La vie, comme hier et comme tant de fois.
Comme ces papillons, comme ces travailleurs,
Comme ces cigales mangeuses de soleil,
Et ces merles cachés dans le froid noir des feuilles,
Laissez-moi, ô mon Dieu, continuer la vie
D'une façon aussi simple qu'il est possible.

Le Deuil des Primevères

PRIÈRE POUR ALLER AU PARADIS
AVEC LES ANES

Lorsqu'il faudra aller vers vous, ô mon Dieu, faites
Que ce soit par un jour où la campagne en fête
Poudroiera. Je désire, ainsi que je fis ici-bas,
Choisir un chemin pour aller, comme il me plaira,
Au Paradis où sont en plein jour les étoiles.

Je prendrai mon bâton et sur la grande route
J'irai, et je dirai aux ânes, mes amis :
Je suis Francis Jammes et je vais au Paradis,
Car il n'y a pas d'enfer au pays du Bon-Dieu.
Je leur dirai : Venez, doux amis du ciel bleu,   [d'oreille
Pauvres bêtes chéries qui, d'un brusque mouvement
Chassez les mouches plates, les coups et les abeilles...

Que je vous apparaisse au milieu de ces bêtes
Que j'aime tant parce qu'elles baissent la tête
Doucement, et s'arrêtent en joignant leurs petits pieds
D'une façon bien douce et qui vous fait pitié.
J'arriverai suivi de leurs milliers d'oreilles,
Suivi de ceux qui portèrent au flanc des corbeilles,
De ceux traînant des voitures de saltimbanques
Ou des voitures de plumeaux et de fer-blanc,
De ceux qui ont au dos des bidons bossués,
Des ânesses pleines comme des outres, aux pas cassés,
De ceux à qui l'on met de petits pantalons
A cause des plaies bleues et suintantes que font
Les mouches entêtées qui s'y groupent en ronds.
Mon Dieu, faites qu'avec ces ânes je vous vienne.
Faites que dans la paix, des anges nous conduisent
Vers des ruisseaux touffus où tremblent des cerises
Lisses comme la chair qui rit des jeunes filles,
Et faites que, penché dans ce séjour des âmes,
Sur vos divines eaux, je sois pareil aux ânes
Qui mireront leur humble et douce pauvreté
A la limpidité de l'amour éternel.

Le Deuil des Primevères

PRIÈRE POUR LOUER DIEU

. . . . . .
Mon Dieu, calmez mon cœur, calmez mon pauvre cœur,
Et faites qu'en ce jour d'été où la torpeur
S'étend comme de l'eau sur les choses égales,
J'aie le courage encore, comme cette cigale
Dont éclate le cri dans le sommeil du pin,
De vous louer, mon Dieu, modestement et bien.

Le Deuil des Primevères

PAUL VALÉRY

1871-1945

PAUL VALÉRY

LA FILEUSE

Lilia..., neque nent.

Assise, la fileuse au bleu de la croisée
Où le jardin mélodieux se dodeline ;
Le rouet ancien qui ronfle l'a grisée.

Lasse, ayant bu l'azur, de filer la câline
Chevelure, à ses doigts si faibles évasive,
Elle songe, et sa tête petite s'incline.

Un arbuste et l'air pur font une source vive
Qui, suspendue au jour, délicieuse arrose
De ses pertes de fleurs le jardin de l'oisive.

Une tige, où le vent vagabond se repose,
Courbe le salut vain de sa grâce étoilée,
Dédiant magnifique, au vieux rouet, sa rose.

Mais la dormeuse file une laine isolée ;
Mystérieusement l'ombre frêle se tresse
Au fil de ses doigts longs et qui dorment, filée.

Le songe se dévide avec une paresse
Angélique, et sans cesse, au doux fuseau crédule,
La chevelure ondule au gré de la caresse...

Derrière tant de fleurs, l'azur se dissimule,
Fileuse de feuillage et de lumière ceinte :
Tout le ciel vert se meurt. Le dernier arbre brûle.

Ta sœur, la grande rose où sourit une sainte,
Parfume ton front vague au vent de son haleine
Innocente, et tu crois languir... Tu es éteinte

Au bleu de la croisée où tu filais la laine.

Album de Vers Anciens

ORPHÉE

... Je compose en esprit, sous les myrtes, Orphée
L'admirable!... Le feu, des cirques purs descend;
Il change le mont chauve en auguste trophée
D'où s'exhale d'un dieu l'acte retentissant.

Si le dieu chante, il rompt le site tout-puissant;
Le soleil voit l'horreur du mouvement des pierres;
Une plainte inouïe appelle éblouissants
Les hauts murs d'or harmonieux d'un sanctuaire.

Il chante, assis au bord du ciel splendide, Orphée!
Le roc marche, et trébuche; et chaque pierre fée
Se sent un poids nouveau qui vers l'azur délire;

D'un Temple à demi nu le soir baigne l'essor,
Et soi-même il s'assemble et s'ordonne dans l'or
A l'âme immense du grand hymne sur la lyre!

Album de Vers Anciens

LE BOIS AMICAL

Nous avons pensé des choses pures
Côte à côte, le long des chemins,
Nous nous sommes tenus par les mains
Sans dire... parmi les fleurs obscures;

Nous marchions comme des fiancés
Seuls, dans la nuit verte des prairies;
Nous partagions ce fruit de féeries
La lune amicale aux insensés.

Et puis, nous sommes morts sur la mousse,
Très loin, tout seuls parmi l'ombre douce
De ce bois intime et murmurant;

Et là-haut, dans la lumière immense,
Nous nous sommes trouvés en pleurant
O mon cher compagnon de silence!

Album de Vers Anciens

AURORE

A Paul Poujaud

La confusion morose
Qui me servait de sommeil,
Se dissipe dès la rose
Apparence du soleil.
Dans mon âme je m'avance,
Tout ailé de confiance :
C'est la première oraison!
A peine sorti des sables,
Je fais des pas admirables
Dans les pas de ma raison.

Salut! encore endormies
A vos sourires jumeaux,
Similitudes amies
Qui brillez parmi les mots!
Au vacarme des abeilles
Je vous aurai par corbeilles,
Et sur l'échelon tremblant
De mon échelle dorée,
Ma prudence évaporée
Déjà pose son pied blanc.

Quelle aurore sur ces croupes
Qui commencent de frémir!
Déjà s'étirent par groupes
Telles qui semblaient dormir :
L'une brille, l'autre bâille;
Et sur un peigne d'écaille,
Égarant ses vagues doigts,
Du songe encore prochaine,
La paresseuse l'enchaîne
Aux prémisses de sa voix.

Quoi! c'est vous, mal déridées!
Que fîtes-vous, cette nuit,
Maîtresses de l'âme, Idées,
Courtisanes par ennui?
— Toujours sages, disent-elles,
Nos présences immortelles
Jamais n'ont trahi ton toit!
Nous étions non éloignées,
Mais secrètes araignées
Dans les ténèbres de toi!

Ne seras-tu pas de joie
Ivre! à voir de l'ombre issus
Cent mille soleils de soie
Sur tes énigmes tissus?
Regarde ce que nous fîmes :
Nous avons sur tes abîmes
Tendu nos fils primitifs,
Et pris la nature nue
Dans une trame ténue
De tremblants préparatifs...

Leur toile spirituelle,
Je la brise, et vais cherchant
Dans ma forêt sensuelle
Les oracles de mon chant.
Être! Universelle oreille!
Toute l'âme s'appareille
A l'extrême du désir...
Elle s'écoute qui tremble
Et parfois ma lèvre semble
Son frémissement saisir.

Voici mes vignes ombreuses,
Les berceaux de mes hasards !
Les images sont nombreuses
A l'égal de mes regards...
Toute feuille me présente
Une source complaisante
Où je bois ce frêle bruit...
Tout m'est pulpe, tout amande.
Tout calice me demande
Que j'attende pour son fruit.

Je ne crains pas les épines !
L'éveil est bon, même dur !
Ces idéales rapines
Ne veulent pas qu'on soit sûr :
Il n'est pour ravir un monde
De blessure si profonde
Qui ne soit au ravisseur
Une féconde blessure,
Et son propre sang l'assure
D'être le vrai possesseur.

J'approche la transparence
De l'invisible bassin
Où nage mon Espérance
Que l'eau porte par le sein.
Son col coupe le temps vague
Et soulève cette vague
Que fait un col sans pareil...
Elle sent sous l'onde unie
La profondeur infinie,
Et frémit depuis l'orteil.

Charmes

L'ABEILLE

A Francis de Miomandre

Quelle, et si fine, et si mortelle,
Que soit ta pointe, blonde abeille,
Je n'ai, sur ma tendre corbeille,
Jeté qu'un songe de dentelle.

Pique du sein la gourde belle,
Sur qui l'Amour meurt ou sommeille,
Qu'un peu de moi-même vermeille
Vienne à la chair ronde et rebelle!

J'ai grand besoin d'un prompt tourment :
Un mal vif et bien terminé
Vaut mieux qu'un supplice dormant!

Soit donc mon sens illuminé
Par cette infime alerte d'or
Sans qui l'Amour meurt ou s'endort!

Charmes

LA PYTHIE

A Pierre Louys

La Pythie exhalant la flamme
De naseaux durcis par l'encens,
Haletante, ivre, hurle!... l'âme
Affreuse, et les flancs mugissants!
Pâle, profondément mordue,
Et la prunelle suspendue
Au point le plus haut de l'horreur,
Le regard qui manque à son masque
S'arrache vivant à la vasque
A la fumée, à la fureur!

Sur le mur, son ombre démente
Où domine un démon majeur,
Parmi l'odorante tourmente
Prodigue un fantôme nageur,
De qui la transe colossale,
Rompant les aplombs de la salle,
Si la folle tarde à hennir,
Mime de noirs enthousiasmes,
Hâte les dieux, presse les spasmes
De s'achever dans l'avenir!

Cette martyre en sueurs froides,
Ses doigts sur mes doigts se crispant,
Vocifère entre les ruades
D'un trépied qu'étrangle un serpent :
— Ah! maudite!... Quels maux je souffre!
Toute ma nature est un gouffre!
Hélas! Entr'ouverte aux esprits,
J'ai perdu mon propre mystère!...
Une Intelligence adultère
Exerce un corps qu'elle a compris!

Don cruel! Maître immonde, cesse
Vite, vite, ô divin ferment,
De feindre une vaine grossesse
Dans ce pur ventre sans amant!
Fais finir cette horrible scène!
Vois de tout mon corps l'arc obscène
Tendre à se rompre pour darder
Comme son trait le plus infâme,
Implacablement au ciel l'âme
Que mon sein ne peut plus garder!

Qui me parle, à ma place même?
Quel écho me répond : Tu mens!
Qui m'illumine?... Qui blasphème?
Et qui, de ces mots écumants,
Dont les éclats hachent ma langue,
La fait brandir une harangue
Brisant la bave et les cheveux
Que mâche et trame le désordre
D'une bouche qui veut se mordre
Et se reprendre ses aveux?

Dieu! Je ne me connais de crime
Que d'avoir à peine vécu!...
Mais si tu me prends pour victime
Et sur l'autel d'un corps vaincu
Si tu courbes un monstre, tue
Ce monstre, et la bête abattue,
Le col tranché, le chef produit
Par les crins qui tirent les tempes,
Que cette plus pâle des lampes
Saisisse de marbre la nuit!

Alors, par cette vagabonde
Morte, errante, et lune à jamais,
Soit l'eau des mers surprise, et l'onde
Astreinte à d'éternels sommets!
Que soient les humains faits statues,
Les cœurs figés, les âmes tues,
Et par les glaces de mon œil,
Puisse un peuple de leurs paroles
Durcir en un peuple d'idoles
Muet de sottise et d'orgueil!

Eh! Quoi!... Devenir la vipère
Dont tout le ressort de frissons
Surprend la chair que désespère
Sa multitude de tronçons!...
Reprendre une lutte insensée!...
Tourne donc plutôt ta pensée
Vers la joie enfuie, et reviens,
O mémoire, à cette magie
Qui ne tirait son énergie
D'autres arcanes que des tiens!

Mon cher corps... Forme préférée,
Fraîcheur par qui ne fut jamais
Aphrodite désaltérée,
Intacte nuit, tendres sommets,
Et vos partages indicibles
D'une argile en îles sensibles,
Douce matière de mon sort,
Quelle alliance nous vécûmes,
Avant que le don des écumes
Ait fait de toi ce corps de mort!

Toi, mon épaule, où l'or se joue
D'une fontaine de noirceur,
J'aimais de te joindre ma joue
Fondue à sa même douceur!...
Ou, soulevée à mes narines,
Ouverte aux distances marines,
Les mains pleines de seins vivants,
Entre mes bras aux belles anses
Mon abîme a bu les immenses
Profondeurs qu'apportent les vents!

Hélas! ô roses, toute lyre
Contient la modulation!
Un soir, de mon triste délire
Parut la constellation!
Le temple se change dans l'antre,
Et l'ouragan des songes entre
Au même ciel qui fut si beau!
Il faut gémir, il faut atteindre
Je ne sais quelle extase, et ceindre
Ma chevelure d'un lambeau!

Ils m'ont connue aux bleus stigmates
Apparus sur ma pauvre peau;
Ils m'assoupirent d'aromates
Laineux et doux comme un troupeau;
Ils ont, pour vivant amulette,
Touché ma gorge qui halète
Sous les ornements vipérins;
Étourdie, ivre d'empyreumes,
Ils m'ont, au murmure des neumes,
Rendu des honneurs souterrains.

Qu'ai-je donc fait qui me condamne
Pure, à ces rites odieux?
Une sombre carcasse d'âne
Eût bien servi de ruche aux dieux!
Mais une vierge consacrée,
Une conque neuve et nacrée
Ne doit à la divinité
Que sacrifice et que silence,
Et cette intime violence
Que se fait la virginité!

Pourquoi, Puissance Créatrice,
Auteur du mystère animal,
Dans cette vierge pour matrice,
Semer les merveilles du mal ?
Sont-ce les dons que tu m'accordes ?
Crois-tu, quand se brisent les cordes
Que le son jaillisse plus beau ?
Ton plectre a frappé sur mon torse,
Mais tu ne lui laisses la force
Que de sonner comme un tombeau !

Sois clémente, sois sans oracles !
Et de tes merveilleuses mains,
Change en caresses les miracles,
Retiens les présents surhumains.
C'est en vain que tu communiques
A nos faibles tiges, d'uniques
Commotions de ta splendeur !
L'eau tranquille est plus transparente
Que toute tempête parente
D'une confuse profondeur !

Va, la lumière la divine
N'est pas l'épouvantable éclair
Qui nous devance et nous devine
Comme un songe cruel et clair !
Il éclate !... Il va nous instruire !...
Non !... La solitude vient luire
Dans la plaie immense des airs
Où nulle pâle architecture,
Mais la déchirante rupture
Nous imprime de purs déserts !

N'allez donc, mains universelles,
Tirer de mon front orageux
Quelques suprêmes étincelles !
Les hasards font les mêmes jeux !
Le passé, l'avenir sont frères
Et par leurs visages contraires
Une seule tête pâlit
De ne voir où qu'elle regarde
Qu'une même absence hagarde
D'îles plus belles que l'oubli.

Noirs témoins de tant de lumières
Ne cherchez plus... Pleurez, mes yeux!...
O pleurs dont les sources premières
Sont trop profondes dans les cieux!...
Jamais plus amère demande!...
Mais la prunelle la plus grande
De ténèbres se doit nourrir!...
Tenant notre race atterrée,
La distance désespérée
Nous laisse le temps de mourir!

Entends, mon âme, entends ces fleuves!
Quelles cavernes sont ici?
Est-ce mon sang?... Sont-ce les neuves
Rumeurs des ondes sans merci?
Mes secrets sonnent leurs aurores!
Tristes airains, tempes sonores,
Que dites-vous de l'avenir!
Frappez, frappez, dans une roche,
Abattez l'heure la plus proche...
Mes deux natures vont s'unir!

O formidablement gravie,
Et sur d'effrayants échelons,
Je sens dans l'arbre de ma vie
La mort monter de mes talons!
Le long de ma ligne frileuse,
Le doigt mouillé de la fileuse
Trace une atroce volonté!
Et par sanglots grimpe la crise
Jusque dans ma nuque où se brise
Une cime de volupté!

Ah! brise les portes vivantes!
Fais craquer les vains scellements,
Épais troupeau des épouvantes,
Hérissé d'étincellements!
Surgis des étables funèbres
Où te nourrissaient mes ténèbres
De leur fabuleuse foison!
Bondis, de rêves trop repue,
O horde épineuse et crépue,
Et viens fumer dans l'or, Toison!

*

Telle, toujours plus tourmentée,
Déraisonne, râle et rugit
La prophétesse fomentée
Par les souffles de l'or rougi.
Mais enfin le ciel se déclare !
L'oreille du pontife hilare
S'aventure vers le futur :
Une attente sainte la penche,
Car une voix nouvelle et blanche
Échappe de ce corps impur :

*

Honneur des Hommes, Saint LANGAGE,
Discours prophétique et paré,
Belles chaînes en qui s'engage
Le dieu dans la chair égaré,
Illumination, largesse !
Voici parler une Sagesse
Et sonner cette auguste Voix
Qui se connaît quand elle sonne
N'être plus la voix de personne
Tant que des ondes et des bois !

Charmes

L'INSINUANT

O COURBES, méandre,
Secrets du menteur,
Est-il art plus tendre
Que cette lenteur ?

Je sais où je vais,
Je t'y veux conduire,
Mon dessein mauvais
N'est pas de te nuire...

Quoique souriante
En pleine fierté,
Tant de liberté
Te désoriente?

O Courbes, méandre,
Secrets du menteur,
Je veux faire attendre
Le mot le plus tendre.

Charmes

LA FAUSSE MORTE

Humblement, tendrement, sur le tombeau charmant,
        Sur l'insensible monument,
Que d'ombres, d'abandons, et d'amour prodiguée,
        Forme ta grâce fatiguée,
Je meurs, je meurs sur toi, je tombe et je m'abats,

Mais à peine abattu sur le sépulcre bas,
Dont la close étendue aux cendres me convie,
Cette morte apparente, en qui revient la vie,
Frémit, rouvre les yeux, m'illumine et me mord,
Et m'arrache toujours une nouvelle mort
        Plus précieuse que la vie.

Charmes

ÉBAUCHE D'UN SERPENT

. . . . . .
Soleil, soleil!... Faute éclatante!
Toi qui masques la mort, Soleil,
Sous l'azur et l'or d'une tente
Où les fleurs tiennent leur conseil;

Par d'impénétrables délices,
Toi, le plus fier de mes complices,
Et de mes pièges le plus haut,
Tu gardes les cœurs de connaître
Que l'univers n'est qu'un défaut
Dans la pureté du Non-être!

Grand Soleil, qui sonnes l'éveil
A l'être, et de feux l'accompagnes,
Toi qui l'enfermes d'un sommeil
Trompeusement peint de campagnes,
Fauteur des fantômes joyeux
Qui rendent sujette des yeux
La présence obscure de l'âme,
Toujours le mensonge m'a plu
Que tu répands sur l'absolu
O roi des ombres fait de flamme

Verse-moi ta brute chaleur,
Où vient ma paresse glacée
Rêvasser de quelque malheur
Selon ma nature enlacée...
Ce lieu charmant qui vit la chair
Choir et se joindre m'est très cher!
Ma fureur, ici, se fait mûre;
Je la conseille et la recuis,
Je m'écoute, et dans mes circuits,
Ma méditation murmure...

O Vanité! Cause Première!
Celui qui règne dans les Cieux,
D'une voix qui fut la lumière
Ouvrit l'univers spacieux.
Comme las de son pur spectacle,
Dieu lui-même a rompu l'obstacle
De sa parfaite éternité;
Il se fit Celui qui dissipe
En conséquences, son Principe,
En étoiles, son Unité.

Cieux, son erreur! Temps, sa ruine!
Et l'abîme animal, béant!...
Quelle chute dans l'origine
Étincelle au lieu de néant!...

Mais, le premier mot de son Verbe,
MOI!... Des astres le plus superbe
Qu'ait parlés le fou Créateur,
Je suis!... Je serai!... J'illumine
La diminution divine
De tous les feux du Séducteur!

Objet radieux de ma haine,
Vous que j'aimais éperdument,
Vous qui dûtes de la géhenne
Donner l'empire à cet amant,
Regardez-vous dans ma ténèbre!
Devant votre image funèbre,
Orgueil de mon sombre miroir,
Si profond fut votre malaise
Que votre souffle sur la glaise
Fut un soupir de désespoir!

En vain, Vous avez, dans la fange,
Pétri de faciles enfants,
Qui de Vos actes triomphants
Tout le jour Vous fissent louange!
Sitôt pétris, sitôt soufflés,
Maître Serpent les a sifflés,
Les beaux enfants que Vous créâtes!
Holà! dit-il, nouveaux venus!
Vous êtes des hommes tout nus,
O bêtes blanches et béates!

A la ressemblance exécrée,
Vous fûtes faits, et je vous hais!
Comme je hais le Nom qui crée
Tant de prodiges imparfaits!
Je suis Celui qui modifie,
Je retouche au cœur qui s'y fie,
D'un doigt sûr et mystérieux!...
Nous changerons ces molles œuvres,
Et ces évasives couleuvres
En des reptiles furieux!
. . . . . .

Charmes

LE CIMETIÈRE MARIN

CE toit tranquille, où marchent des colombes,
Entre les pins palpite, entre les tombes;
Midi le juste y compose de feux
La mer, la mer, toujours recommencée!
O récompense après une pensée
Qu'un long regard sur le calme des dieux!

Quel pur travail de fins éclairs consume
Maint diamant d'imperceptible écume,
Et quelle paix semble se concevoir!
Quand sur l'abîme un soleil se repose,
Ouvrages purs d'une éternelle cause,
Le Temps scintille et le Songe est savoir.

Stable trésor, temple simple à Minerve,
Masse de calme, et visible réserve,
Eau sourcilleuse, Œil qui gardes en toi
Tant de sommeil sous un voile de flamme,
O mon silence!... Édifice dans l'âme,
Mais comble d'or aux mille tuiles, Toit!

Temple du Temps, qu'un seul soupir résume,
A ce point pur je monte et m'accoutume,
Tout entouré de mon regard marin;
Et comme aux dieux mon offrande suprême,
La scintillation sereine sème
Sur l'altitude un dédain souverain.

Comme le fruit se fond en jouissance,
Comme en délice il change son absence
Dans une bouche où sa forme se meurt,
Je hume ici ma future fumée,
Et le ciel chante à l'âme consumée
Le changement des rives en rumeur.

Beau ciel, vrai ciel, regarde-moi qui change !
Après tant d'orgueil, après tant d'étrange
Oisiveté, mais pleine de pouvoir,
Je m'abandonne à ce brillant espace,
Sur les maisons des morts mon ombre passe
Qui m'apprivoise à son frêle mouvoir.

L'âme exposée aux torches du solstice,
Je te soutiens, admirable justice
De la lumière aux armes sans pitié !
Je te rends pure à ta place première :
Regarde-toi !... Mais rendre la lumière
Suppose d'ombre une morne moitié.

O pour moi seul, à moi seul, en moi-même,
Auprès d'un cœur, aux sources du poème,
Entre le vide et l'événement pur,
J'attends l'écho de ma grandeur interne,
Amère, sombre et sonore citerne,
Sonnant dans l'âme un creux toujours futur !

Sais-tu, fausse captive des feuillages,
Golfe mangeur de ces maigres grillages,
Sur mes yeux clos, secrets éblouissants,
Quel corps me traîne à sa fin paresseuse,
Quel front l'attire à cette terre osseuse ?
Une étincelle y pense à mes absents.

Fermé, sacré, plein d'un feu sans matière,
Fragment terrestre offert à la lumière,
Ce lieu me plaît, dominé de flambeaux,
Composé d'or, de pierre et d'arbres sombres,
Où tant de marbre est tremblant sur tant d'ombres ;
La mer fidèle y dort sur mes tombeaux !

Chienne splendide, écarte l'idolâtre !
Quand solitaire au sourire de pâtre,
Je pais longtemps, moutons mystérieux,
Le blanc troupeau de mes tranquilles tombes,
Éloignes-en les prudentes colombes,
Les songes vains, les anges curieux !

Ici venu, l'avenir est paresse.
L'insecte net gratte la sécheresse;
Tout est brûlé, défait, reçu dans l'air
A je ne sais quelle sévère essence...
La vie est vaste, étant ivre d'absence,
Et l'amertume est douce, et l'esprit clair.

Les morts cachés sont bien dans cette terre
Qui les réchauffe et sèche leur mystère.
Midi là-haut, Midi sans mouvement
En soi se pense et convient à soi-même...
Tête complète et parfait diadème,
Je suis en toi le secret changement.

Tu n'as que moi pour contenir tes craintes!
Mes repentirs, mes doutes, mes contraintes
Sont le défaut de ton grand diamant...
Mais dans leur nuit toute lourde de marbres,
Un peuple vague aux racines des arbres
A pris déjà ton parti lentement.

Ils ont fondu dans une absence épaisse,
L'argile rouge a bu la blanche espèce,
Le don de vivre a passé dans les fleurs!
Où sont des morts les phrases familières,
L'art personnel, les âmes singulières?
La larve file où se formaient les pleurs.

Les cris aigus des filles chatouillées,
Les yeux, les dents, les paupières mouillées,
Le sein charmant qui joue avec le feu,
Le sang qui brille aux lèvres qui se rendent,
Les derniers dons, les doigts qui les défendent,
Tout va sous terre et rentre dans le jeu!

Et vous, grande âme, espérez-vous un songe
Qui n'aura plus ces couleurs de mensonge
Qu'aux yeux de chair l'onde et l'or font ici?
Chanterez-vous quand serez vaporeuse?
Allez! Tout fuit! Ma présence est poreuse,
La sainte impatience meurt aussi!

Maigre immortalité noire et dorée,
Consolatrice affreusement laurée,
Qui de la mort fais un sein maternel,
Le beau mensonge et la pieuse ruse!
Qui ne connaît, et qui ne les refuse,
Ce crâne vide et ce rire éternel!

Pères profonds, têtes inhabitées,
Qui sous le poids de tant de pelletées,
Etes la terre et confondez nos pas,
Le vrai rongeur, le ver irréfutable
N'est point pour vous qui dormez sous la table,
Il vit de vie, il ne me quitte pas!

Amour, peut-être, ou de moi-même haine?
Sa dent secrète est de moi si prochaine
Que tous les noms lui peuvent convenir!
Qu'importe! Il voit, il veut, il songe, il touche!
Ma chair lui plaît, et jusque sur ma couche,
A ce vivant je vis d'appartenir!

Zénon! Cruel Zénon! Zénon d'Élée!
M'as-tu percé de cette flèche ailée
Qui vibre, vole, et qui ne vole pas!
Le son m'enfante et la flèche me tue!
Ah! le soleil... Quelle ombre de tortue
Pour l'âme, Achille immobile à grands pas!

Non, non!... Debout! Dans l'ère successive!
Brisez, mon corps, cette forme pensive!
Buvez, mon sein, la naissance du vent!
Une fraîcheur, de la mer exhalée,
Me rend mon âme... O puissance salée!
Courons à l'onde en rejaillir vivant!

Oui! Grande mer de délires douée,
Peau de panthère et chlamyde trouée
De mille et mille idoles du soleil,
Hydre absolue, ivre de ta chair bleue,
Qui te remords l'étincelante queue
Dans un tumulte au silence pareil.

Le vent se lève!... il faut tenter de vivre!
L'air immense ouvre et referme mon livre,
La vague en poudre ose jaillir des rocs!
Envolez-vous, pages tout éblouies!
Rompez, vagues! Rompez d'eaux réjouies
Ce toit tranquille où picoraient des focs!

Charmes

PALME

A Jeannie

De sa grâce redoutable
Voilant à peine l'éclat,
Un ange met sur ma table
Le pain tendre, le lait plat;
Il me fait de la paupière
Le signe d'une prière
Qui parle à ma vision :
— Calme, calme, reste calme!
Connais le poids d'une palme
Portant sa profusion!

Pour autant qu'elle se plie
A l'abondance des biens,
Sa figure est accomplie,
Ses fruits lourds sont ses liens.
Admire comme elle vibre,
Et comme une lente fibre
Qui divise le moment,
Départage sans mystère
L'attirance de la terre
Et le poids du firmament!

Ce bel arbitre mobile
Entre l'ombre et le soleil
Simule d'une sybille
La sagesse et le sommeil

Autour d'une même place
L'ample palme ne se lasse
Des appels ni des adieux...
Qu'elle est noble, qu'elle est tendre!
Qu'elle est digne de s'attendre
A la seule main des dieux!

L'or léger qu'elle murmure
Sonne au simple doigt de l'air,
Et d'une soyeuse armure
Charge l'âme du désert.
Une voix impérissable
Qu'elle rend au vent de sable
Qui l'arrose de ses grains,
A soi-même sert d'oracle,
Et se flatte du miracle
Que se chantent les chagrins.

Cependant qu'elle s'ignore
Entre le sable et le ciel,
Chaque jour qui luit encore
Lui compose un peu de miel.
Sa douceur est mesurée
Par la divine durée
Qui ne compte pas les jours,
Mais bien qui les dissimule
Dans un suc où s'accumule
Tout l'arome des amours.

Parfois si l'on désespère,
Si l'adorable rigueur
Malgré tes larmes n'opère
Que sous ombre de langueur,
N'accuse pas d'être avare
Une Sage qui prépare
Tant d'or et d'autorité :
Par la sève solennelle
Une espérance éternelle
Monte à la maturité!

Ces jours qui te semblent vides
Et perdus pour l'univers
Ont des racines avides

Qui travaillent les déserts.
La substance chevelue
Par les ténèbres élue
Ne peut s'arrêter jamais
Jusqu'aux entrailles du monde,
De poursuivre l'eau profonde
Que demandent les sommets.

Patience, patience,
Patience dans l'azur!
Chaque atome de silence
Est la chance d'un fruit mûr!
Viendra l'heureuse surprise :
Une colombe, la brise,
L'ébranlement le plus doux,
Une femme qui s'appuie,
Feront tomber cette pluie
Où l'on se jette à genoux!

Qu'un peuple à présent s'écroule,
Palme!... irrésistiblement!
Dans la poudre qu'il se roule
Sur les fruits du firmament!
Tu n'as pas perdu ces heures
Si légère tu demeures
Après ces beaux abandons;
Pareille à celui qui pense
Et dont l'âme se dépense
A s'accroître de ses dons!

Charmes

EMMANUEL SIGNORET

1872-1900

EMMANUEL SIGNORET

PROCLAMATION

. . . . . .
Car, debout sur notre vieux monde,
Nous sommes demeurés bien peu
Qui portions en nos mains profondes
Tout l'antique ciel pris à Dieu;

. . . . . .
Si l'on nous méconnaît, qu'importe?
Nos yeux rendront — pieux flambeaux —
Les hommes doux, les femmes fortes,
Les enfants mortellement beaux!

Que, palpitants, sous nos étreintes
Les cœurs des vierges au beau front
Nous dictent les cadences saintes
Par qui nous civiliserons!

Vers dorés

CHANT HÉROIQUE

. . . . . .
— Enivrez les cieux bleus de vos profonds murmures,
O vents spirituels de la sainte raison!
. . . . . .
Quand ma nef passera près des plages obscures
A l'heure délicate où dorment les troupeaux,
Jetez aux vents des nuits, ô vierges, vos ceintures!
Sombres bergers, jetez au torrent vos pipeaux!

Et courez vers la vague où traînant l'aube grave
Le grand Vaisseau tonnant de musique s'accroît;
— La mer engloutira la plage où dort l'esclave,
— Le fruit de vie est mûr dans les jardins du Roi...

La Souffrance des Eaux

CHANT D'AMOUR

Que sous tes seins un cœur de gloire en toi bondisse,
Clair et s'enflant comme la lune sur les flots;
Délivre-nous de toute ton ombre, Eurydice,
Vers toi nos luths sont tout soulevés de sanglots!

Notre sœur souriante, hors des sombres demeures,
D'une robe de flamme environne tes flancs,
Délivre-nous du mal, délivre-nous des heures,
Porte-nous vers la tombe, ivres dans tes bras blancs.

Un sculpteur ténébreux en notre chair ébauche
La forme de ton songe, après les dieux déçus;
Viens t'asseoir à jamais près des mers, sur la roche,
Aide-nous à renaître, ô toi qui nous conçus!

Voici la triste rose et le grand lys qui garde
Le pur silence en lui des siècles de douleurs;
Eurydice, Eurydice, Eurydice, regarde!
Nous tordons ta couronne à genoux dans les fleurs.

La Souffrance des Eaux

LE VAISSEAU

. . . . . .
Seul le pilote veille et Diane éclatante
Dont le beau char d'argent fend les nocturnes airs
Guide, étendant sur eux sa torche palpitante,
L'équipage endormi qui flotte sur les mers.

La Souffrance des Eaux

AVERSE DE MAI

Les demeures du jour s'écroulent; leurs décombres
Fument sur la montagne. Ah quel affreux tison
Transforme en blocs cendreux de nuages et d'ombres,
Les temples d'or léger où riait la saison.

Bientôt sur les ormeaux, les rochers, les mers sombres,
Sur la prairie en fête et la blanche maison,
Pluie! on entend sonner ta lyre aux riches nombres
Dont les cordes sans fin traînent sur l'horizon.

Mais soudain sur ton char aux rayonnantes roues
Tu t'élances, soleil, tu bondis, tu secoues
De tes flambeaux mortels la frayeur et l'amour.

Tes coursiers de la pluie ont gonflé leurs poitrines;
Toi, le laurier au front, de tes mains purpurines,
Riant, tu rebâtis les demeures du jour.

Gênes, mai 1898.

La Souffrance des Eaux

LÉVRIERS DE SPARTE

L'ÉPAIS soleil de Sparte embrase dans la plaine
Ta vague rouge, ô mer des hauts sainfoins fleuris,
Sur leurs pointes le vent se berce, avec des cris
Et la pourpre des fleurs luit dans sa force pleine.

Sur ce tapis, couleur du sang troyen, Hélène
Fléchit et s'agenouille aux baisers de Pâris :
D'or, de marbre et d'airain leurs feux seront nourris :
Ilion déjà tremble et croule à leur haleine.

Là-bas de noirs lauriers couvrent l'Eurotas bleu;
Près d'eux, comme du sang qui fume dans du feu,
Dans les sainfoins vermeils un coquelicot bouge

Et pour boire ce sang qui rayonne à midi
Vers la mer des sainfoins roulant sa vague rouge
Des lévriers plus blancs que les lis ont bondi.

La Souffrance des Eaux

LES OLIVIERS

L'AILE en fureur, l'hiver sur les monts vole et vente;
Du sang glacé des fleurs se paissent les janviers :
Votre pleine verdure étincelle vivante,
Vous, oliviers que j'aime, oliviers, oliviers!

Votre être fortuné, c'est Pallas qui l'enfante;
Sa mamelle est d'argent, jadis vous y buviez;
Vos fruits broyés trempaient de flamme et d'épouvante
Les muscles des lutteurs par les dieux enviés.

Les siècles garderont ma voix, et d'âge en âge
Mon front resplendira sous un triple feuillage;
Car à mes beaux lauriers, à mes myrtes nouveaux,

Vous dont le sang nourrit un peuple ardent de lampes,
Sacrés oliviers d'or, vous joignez vos rameaux
Pour courber la couronne immortelle à mes tempes.

La Souffrance des Eaux

ÉLÉGIE II

Au cimetière de Tivoli.

La colonnade en marbre éclate sur le ciel :
Sur les cyprès fleuris puisant un sombre miel
Erre un troupeau léger d'abeilles rougissantes,
La source à la clarté joint ses ondes naissantes,
Où maint spectre s'assied d'eau vivante abreuvé.
Quand l'astre couronné de lis sera levé,
Diane aux voiles blancs, l'œil clos sous sa couronne,
Que la brise du fleuve en grondant t'environne !
Nous mettrons aux bergers des flambeaux dans les mains,
Nous leur dirons : « Versez, par torrents, aux chemins
La lumière opulente ! Assez d'âmes sont mortes !
De la maison sans joie allez ! brisez les portes !
L'œil de l'homme a du ciel les charmantes couleurs,
Les membres parfumés des enfants sont des fleurs
Où, du pollen des dieux, l'homme vrai fructifie !
Des sépulcres brisés jaillit l'aube de vie ! »

La Souffrance des Eaux

INSCRIPTION ANTIQUE POUR LE TOMBEAU
DE MADAME EUGÉNIE TOESCA

Vois : la lune légère
Flotte sur les cyprès ;
De ta terre étrangère
Apprends-moi les secrets !
Parle : en son ciel a-t-elle
Une lune aussi belle ?

Le vent qui par les mondes
Disperse ton esprit
Y berce-t-il des ondes
Où le soleil sourit ?
La vallée où tu veilles
A-t-elle des abeilles ?

O toi qui fus si belle,
Reçois ce monument :
Un feuillage y ruisselle;
Blanche éternellement
Une colombe folle
Sculptée en marbre y vole.

De mes tables frugales
Voici les plus beaux fruits;
Prends aussi ces cigales,
Ces rossignols et puis
Toi qui serais ma mère
Prends cette rose amère !

Lève-toi dans ta race,
Brille sur les sommets
Comme un myrte en sa grâce,
Toi que nomme à jamais
Sur ma discrète lyre
Cet immortel zéphyre!

Douze Poèmes

LA FONTAINE DES MUSES

Puisque jamais tu ne refuses
A mon cœur le choix le plus beau,
Phœbus! je veux sur ce tombeau
Bâtir la fontaine des Muses.

Un monument sans pareil naît!
L'onde qui de mes vers ruisselle
O mon cœur! est fille de celle
Qui dans Permesse bouillonnait.

Mon cœur, quel marbre tu découpes
Pour l'exilé mélodieux ?
O peuples ! c'est l'onde des dieux,
Tendez vos lèvres et vos coupes !

Flots pensants, brillez et coulez !
Bercez cette ombre bienheureuse ! —
Un profond dôme d'or se creuse
Dans les feuillages ciselés.

Un dôme splendide couronne
La fontaine au flot nourrissant :
Mon cœur ! un cercle éblouissant
De neuf colonnes l'environne.

Des tendres couleurs du sommeil
J'ai chargé les branches dorées ;
Sur les éternelles contrées
Le dôme luit plus qu'un soleil.

La colonnade dorienne
Se déploie et tourne. A son flanc
Chaque pilier de marbre blanc
Porte une Muse aérienne.

Euterpe tient un rossignol,
Uranie à son front assemble
Les sphères ; son aile qui tremble
Au ciel semble tourner son vol.

Polymnie aux lèvres fidèles
Est ceinte de verts orangers
Et tient contre ses seins légers
Les pâles œufs des hirondelles.

Clio porte un lis blanchissant ;
Une cantharide d'or glisse
Sur sa tige et de son calice
La rosée en larmes descend.

La bondissante Terpsichore
Dont l'œil fougueux verse l'été
Porte une vague de Léthé
Dans sa resplendissante amphore.

Erato porte des bluets;
Calliope, ta belle bouche
Semble un géranium farouche
Et tes clairons d'or sont muets.

Thalie à sa ceinture attache
Une branche de peuplier.
Sous des bandeaux d'épais laurier,
Melpomène, ton front se cache.

Au centre, sous le dôme d'or,
Le marbre est plus frais que la soie :
Au lieu de lumière, la joie
L'éclaire à son soleil plus fort.

Le divin marbre mortuaire
Se partage en quatre côtés;
Par sa blancheur seraient tentés
Les yeux d'Apollon statuaire.

Au sommet de ce bloc charmant
D'où la splendeur certaine émane,
Sur un chariot d'astres plane,
Grave vieillard, le Firmament.

Son pied pousse globe sur globe,
Son sein jette des univers,
Il s'élance les bras ouverts
Et des brouillards enflent sa robe.

Son œil s'ouvre et fait le matin,
La nuit, ses paupières fermées;
Son vol dirige les armées,
Son regard lance le destin.

Le front courbé du Ciel s'achève
Dans le marbre qui s'interrompt! —
L'Océan balance son front,
Son corps de vagues se soulève.

Sur la gauche du marbre amer,
Vers la tête du Ciel sa tête
Se hérisse. Ainsi se reflète
Le céleste azur dans la mer.

A droite, en un beau corps j'amasse
Bacchus épars sous tous les cieux :
Ses cheveux, trésor somptueux,
D'or en boucles voilent sa face.

Son beau front crève les raisins,
Il se cache au profond des vignes,
Son corps aux languissantes lignes
Émerge des pressoirs voisins.

Toutes les Nymphes de la terre
L'enveloppent de leurs corps blancs. —
Marbre! au troisième de tes flancs
Une grotte ouvre son mystère.

Un large bouquet de roseaux
L'ombrage; on voit fleurir un arbre.
On croit, malgré leur corps de marbre,
Entendre chanter ses oiseaux.

Grotte, qui dira tes merveilles ?
Ruches, jardins, fleuves sculptés,
Par les collines enfantés,
Tendre hameau voilé de treilles;

Volcans fumeux, lacs et sillons,
Cérès accouche dans la plaine;
De troupeaux la vallée est pleine,
Les vents s'enflent de papillons.

Prairie aux couleurs éclatantes,
Où tombent les pesants taureaux;
Troënes, rayonnants sureaux,
Grappes d'abeilles palpitantes.

Grotte ouvragée, antre divin!
L'onde y coule avec abondance;
J'achevais d'y graver la danse
Des satyres quand Vénus vint.

Elle vint du creux des mers pures;
C'était par un soir de juillet;
Un flanc de marbre encor brillait
Inerte et vide de sculptures.

Bondissant comme un vent d'été
Sur les prés légers et les sables,
Aux fontaines intarissables
Elle vint mirer sa beauté.

Dans son cœur mon cœur prit sa source,
Son astre a volé sur mon front;
La poitrine des monts se rompt,
La plaine s'enfle sous sa course.

Des colombes et des verdiers
Aux fraises de ses seins vont boire;
On voit briller leur rose ivoire
Plus que la fleur des amandiers.

Seins clairs où la coupe se moule,
Douce épaule de satin pur :
Des molles ceintures d'azur,
Un beau torrent de roses coule.

Lève encor ta voix, luth pieux!
Vénus d'une main triomphante
Pare des roses qu'elle enfante
Mes marbres, image des dieux!

La colonnade qui rayonne
En balance un pesant rideau,
L'onde même en porte un fardeau!
— Alors, tordant une couronne

Dont elle enveloppa mon front,
Vénus me soulevant de terre
M'abreuva le cœur d'un mystère
Que les siècles célébreront.

Déploie autour de moi tes tresses,
Garde-moi toujours dans tes bras :
Les cœurs mortels ne goûtent pas
Ces pures et fortes ivresses!

Mais quoi! ton astre au ciel s'éteint,
Ta forme aérienne flotte.
Reine, reine!!... Seul je sanglote
Agenouillé dans le matin.

Près des marbres aux nobles poses,
Dans l'air tendre que son vol fend,
L'aube n'éclairait qu'un enfant
Qui me riait parmi les roses.

Amour! que ta légère main
Sur cette fontaine immortelle
Dans le marbre l'inscrive telle
Qu'elle fut ce soir surhumain!

Tombeau de Stéphane Mallarmé

ÉLÉGIE III

A M. Jean Moréas

JE ne veux pas mourir, la vie est douce et grande :
J'ai vu sur l'amandier verdir la jeune amande
Et les fruits du pêcher s'enfler comme des seins.
Muses! vous soutenez mes plus hardis desseins,
Ma parole de feu vous l'avez enfantée
Pour qu'elle soit enfin des races écoutée.

Le premier Livre des Élégies

ÉLÉGIE IV

A M. Calixte Toesca

. . . . . .
O Cannes! jamais l'œil véridique des Muses
Ne t'avait éclairé pour l'immortalité. —
Tremblez sur ses deux mers, belles strophes confuses,
Comme oscille un brouillard au clair des nuits d'été.

Le 13 juillet 1897.

Le premier Livre des Élégies

ÉLÉGIE VIII

LA MÉDITATION DE DIANE

A M. Henry Roujon

Son noir attelage plane!...
Mais, tant ses yeux sont luisants,
Sur son char d'argent, Diane
Ce soir semble avoir seize ans!
Bouquet de roses, sa bouche
Céleste embrase ma couche.

Triste à l'avant de son char,
Sur son coude elle se penche :
L'onde humecte son regard,
Sa poitrine est toute blanche! —
Ma jeune lune de mai
Pitié pour ton pâtre aimé!

Le premier Livre des Élégies

ÉLÉGIE DE MAI

Destins, destins, corps bruts par l'esprit achevés!
La lune est sur les monts, les astres sont levés!
Sur la rose assoupie un beau Zéphyr nu vole;
Dans l'éclat velouté de cette lune molle
Les œufs des rossignols brillent! Soleil pieux
Bientôt tu mûriras ces fruits mélodieux;
Le chantre aux tendres yeux brisera ses demeures;
Il dira le secret rayonnement des heures,
L'eau des vallons glacés, le saphyr des bluets,
La foudre sur les lacs et les antres muets.
Les sanglots des rameaux trembleront dans sa phrase!
Et la lyre, et la lyre, et la lyre en extase
Fléchissant sous le poids de ces vaines chansons,
Regrettera l'éclat de ses antiques sons.
. . . . . .

Le premier Livre des Élégies

FRANC-NOHAIN

1873-1934

FRANC-NOHAIN

CHAMEAUX

J'ai connu dans mon enfance un vieux lapidaire
Qui avait fait emplette de trois ou quatre dromadaires,

A l'encan, — ou dans quelque liquidation,
(Ce qui, alors, simplifierait beaucoup la question);

Il faut d'ailleurs, aimable lecteur, que je le confesse,
Ce n'était pas des dromadaires de la grosse espèce,

Mais ce n'était pas de petits dromadaires non plus,
Ils étaient d'une bonne moyenne, — et même un peu plus.

Malheureusement le lapidaire dut les mettre dans sa
Les logements, à Paris, sont si incommodes; [commode:

Et alors les pauvres dromadaires
Sont morts, parce qu'ils manquaient d'air.

Le Kiosque à musique

LA COMPLAINTE DE MONSIEUR BENOIT

Dans sa coquette maison de campagne de Saint-Mandé,
Monsieur Benoît, hier matin, s'est suicidé.

On peut dire que c'est joliment désagréable pour sa famille
Et sans doute aurait-il mieux fait de rester tranquille;

Avec ça que c'est une fichue existence que je prévois,
Dès lors, pour cette bonne madame Benoît;

                                         [plaindre,
Cette pauvre mademoiselle Benoît est également bien à
Elle qui allait épouser un riche industriel de l'Indre;

Et le fils Benoît, un garçon si rangé et si travailleur...
Faut-il qu'il y ait des gens, tout de même qui ont du
                                       [malheur!
Le plus désolant, c'est que c'est encore une histoire de
                                       [femmes :
Monsieur Benoît était d'un naturel léger, Mesdames...

N'empêche que toute la famille est allée à l'enterrement :
Et il faut avouer qu'il leur était bien difficile de faire
                                       [autrement.

Le Kiosque à musique

CANTILÈNE DES TRAINS QU'ON MANQUE

Ce sont les gares, les lointaines gares,
Où l'on arrive toujours trop tard.

— Belle-maman, embrassez-moi,
Embrassez-moi encore une fois,
Et empilons-nous comme des anchois
Dans le vieil omnibus bourgeois! —

Ouf, brouf,
Waterproofs,
Cannes et parapluies,
Je ne sais plus du tout où j'en suis...

Voici venir les hommes d'équipe,
Qui regardent béatement, en fumant leurs pipes.

Le train, le train que j'entends,
Nous n'arriverons jamais à temps,
(Certainement!) —

— Monsieur, on ne peut plus enregistrer vos bagages,
C'est vraiment dommage! —

La cloche du départ, oui, j'entends la cloche :
Le mécanicien et le chauffeur ont un cœur de roche,
Alors, inutile d'agiter notre mouchoir de poche...

Ainsi les trains s'en vont, rapides et discrets,
Et l'on est très embêté, après.

Le Kiosque à musique

CHARLES GUÉRIN

1873-1907

CHARLES GUÉRIN

A José Maria de Heredia

ÊTRE le jeune Adam, grâce et force première,
Dont les yeux lourds encor s'ouvrent à la lumière.
Il s'étonne, se tait, regarde autour de lui,
Marche avec les lenteurs d'un enfant ébloui,
Se voit nu, se caresse et s'admire, et soudain,
Enivré par l'odeur des sèves de l'Éden,
Gravit d'un jarret prompt les collines bleuâtres
Parmi l'herbe mouillée et les troupeaux sans pâtres.
Il s'arrête à goûter l'ombre de la forêt,
Et, couchant, près d'une eau qui murmure en secret,
Son corps souple où la ronce inoffensive glisse,
Il respire l'air neuf de l'aube avec délice,
Chevauche le rayon, chante, éveille l'écho,
Sourit à l'inconnu qu'il voit, dans le ruisseau,
Vermeil et languissant de bonheur, lui sourire.
Un large papillon qui se pose l'attire,
Deux chevreaux affrontés le charment par leurs jeux.
Mais le rouge zénith épanouit ses feux.
Adam que le désir caresse de son aile
Étreint entre ses bras la terre maternelle,
Sa chair où le limon se mêle avec le jour
Appelle sourdement une épouse et l'amour;
Il meurtrit de baisers l'arbre, embrasse l'écorce,
S'épuise à déplorer son inutile force...
Bientôt la lente nuit, le remplissant d'horreur,
Recouvre d'une ruche obscure la rumeur
Que font les eaux des mers et le vent des ravines.
La lune, pâle encor, change sur les collines
Toute rosée en perle et toute fleur en lys,
La brise porte au loin des échos affaiblis

De ramages, d'appels amoureux, de murmures.
Le flot paresseux roule un ciel d'étoiles pures,
Et, sous les voûtes d'ombre où les grands animaux
D'un front lourd en passant écartent les rameaux,
Le jeune Adam, muet d'ivresse et d'épouvante,
Dans ses flancs douloureux sent vivre Ève naissante.

Le Cœur solitaire, XLVI

HENRY J.-M. LEVET

1874-1906

On raconte tout bas l'histoire du pauvre homme :
Sa vie fut traversée d'un fatal amour,
Et il prit la funeste manie de l'opium;
Il occupait alors le poste à Singapoore...

— Il aime à galoper par nos plaines amères,
Il jalouse la vie sauvage du gaucho,
Puis il retourne vers son palais consulaire,
Et sa tristesse le drape comme un poncho...

Il ne s'aperçoit pas, je n'en suis que trop sûre,
Que Lolita Valdez le regarde en souriant,
Malgré sa tempe qui grisonne, et sa figure
Ravagée par les fièvres d'Extrême-Orient...

Cartes Postales

MAX JACOB

1876-1944

MAX JACOB

ÉTABLISSEMENT D'UNE COMMUNAUTÉ
AU BRÉSIL

On fut reçu par la fougère et l'ananas
L'antilope craintif sous l'ipécacuanha.
Le moine enlumineur quitta son aquarelle
Et le vaisseau n'avait pas replié son aile
Que cent abris légers fleurissaient la forêt.
Les nonnes labouraient. L'une d'elles pleurait
Trouvant dans une lettre un sujet de chagrin.
Un moine intempérant s'enivrait de raisin
Et l'on priait pour le pardon de ce péché.
On cueillait des poisons à la cime des branches
Et les moines vanniers tressaient des urnes blanches.
Un forçat évadé qui vivait de la chasse
Fut guéri de ses plaies et touché de la grâce :
Devenu saint, de tous les autres adoré,
Il obligeait les fauves à leur lécher les pieds.
Et les oiseaux du ciel, les bêtes de la terre
Leur apportaient à tous les objets nécessaires.
Un jour on eut un orgue au creux des murs crépis.
Des troupeaux de moutons qui mordaient les épis.
Un moine est bourrelier, l'autre est distillateur;
Le dimanche après vêpre on herborise en chœur.

Saluez le manguier et bénissez la mangue
La flûte du crapaud vous parle dans sa langue
Les autels sont parés de fleurs vraiment étranges
Leurs parfums attiraient le sourire des anges,
Des sylphes, des esprits blottis dans la forêt
Autour des murs carrés de la communauté.
Or voici qu'un matin quand l'Aurore saignante
Fit la nuée plus pure et plus fraîche la plante

La forêt où la vigne au cèdre s'unissait,
Parut avoir la teigne. Un nègre paraissait
Puis deux, puis cent, puis mille et l'herbe en était teinte
Et le Saint qui pouvait dompter les animaux
Ne put rien sur ces gens qui furent ses bourreaux.
La tête du couvent roula dans l'herbe verte
Et des moines détruits la place fut déserte
Sans que rien dans l'azur ne frémît de la mort.

C'est ainsi que vêtu d'innocence et d'amour
J'avançais en traçant mon travail chaque jour
Priant Dieu et croyant à la beauté des choses
Mais le rire cruel, les soucis qu'on m'impose
L'argent et l'opinion, la bêtise d'autrui
On fait de moi le dur bourgeois qui signe ici.

Le Laboratoire Central

LORSQUE l'empereur qui devait renoncer à la souveraineté
Reçut le message, il prenait le thé
Dans la chambre des femmes, près de son marcassin.
Il porta la main gauche au-dessus de son sein
Et prononça tout bas, avec beaucoup de zèle,
Des paroles embarrassées et immortelles :
« J'ai mal écrit les lois, il faut les arranger,
Voici qu'il est trop tard pour les changer! »
Les flammes du foyer étaient comme des griffes,
Le papier dans le feu tordait des logogriphes,
Et le vieux roi prit le chemin du monastère.
Cette retraite stupéfia l'univers.

Le Laboratoire Central

VILLONELLE

DIS-MOI quelle fut la chanson
Que chantaient les belles sirènes
Pour faire pencher des trirèmes
Les Grecs qui lâchaient l'aviron.

Achille qui prit Troie, dit-on,
Dans un cheval bourré de son
Achille fut grand capitaine
Or, il fut pris par des chansons
Que chantaient des vierges hellènes
Dis-moi, Vénus, je t'en supplie
Ce qu'était cette mélodie.

Un prisonnier dans sa prison
En fit une en Tripolitaine
Et si belle que sans rançon
On le rendit à sa marraine
Qui pleurait contre la cloison

Nausicaa à la fontaine
Pénélope en tissant la laine
Zeuxis peignant sur les maisons
Ont chanté la faridondaine!...
Et les chansons des échansons?

Échos d'échos des longues plaines
Et les chansons des émigrants!
Où sont les refrains d'autres temps
Que l'on a chanté tant et tant?
Où sont les filles aux belles dents
Qui l'amour par les chants retiennent?
Et mes chansons? qu'il m'en souvienne!

Le Laboratoire Central

PETITE VILLE ANGLAISE LE DIMANCHE

A Georges Gabory

Sur l'antique fronton d'un antique bazar
On s'avise d'un nom *Company Balthasar*.
Sur la glace des rues glissent des messieurs veufs,
Les trottoirs rasés de la veille sont neufs.   [dimanche
On regrette que les enfants ne soient pas blonds le
On les trempe dans la farine par la jambe ou par la
On en blesse certains dans la chevelure   [manche,

On y mêle des doigts de pied
Jusque dans la figure
Les mères sont pareilles à des tulipiers
Et leurs demoiselles pareilles à des tulipes.
Les vaisseaux pavoisés battent de l'aile au port
Je n'ai plus de passion si ce n'est pour la pipe
(Ce n'est pas vrai!)
Auberge de ce jour où l'eau même s'endort
Ton spleen hyperbolique
Me rendrait alcoolique.
Nul marin sur les mâts dont les croix sont des tiges
Aux dames escogriffes ne donne le vertige.
Moi d'abord : triste échalas
Qui fais étalage de cet état-là,
Le ciel en cône, bocal, prison des anges!
O mes rêves! glissez au sommet des fleurettes.
Châteaux décrits, écrits, arcs en ciel d'insectes,
De ma tête dans l'herbe le regard oblique vous guette!
Lambris, nombrils, verdure
Où la terre met le nez dans sa fourrure
Teints du sang du soleil c'est celui de mon cœur.
Le frêle florentin de la carte postale
Porte au cœur un tambour qui bat la générale
Mais moi le receveur des impôts indirects
J'ai la tête un dimanche au niveau des insectes
Le soleil incendie ma nappe de chemise
Ce matin j'ai prié trois heures à l'église
Est-ce que je dors ou si je veille
Il y a un violon quelque part
Trois arbres qui voudraient danser, la mer approche son
Moi j'ai le ciel bleu pour miroir.   [oreille
C'est la cour de Marie qui le tient à deux mains
Des prophètes, des rois, des saints clairs et des anges
La méridienne, Greenwich et sous ton méridien
Donnez-nous aujourd'hui notre pain quotidien.

Le Laboratoire Central

PRINTEMPS ET CINÉMATOGRAPHIE MÊLÉS

Les immeubles sont neufs; les verres d'eau sont clairs.
J'endure pour guérir un régime sévère.
Allons au Bois si ça m'amuse :
J'y rencontre parfois la Muse!
Les bourgeons, c'est amer comme un lit d'hôpital
Et l'on voit la pelouse au travers d'un cristal.

Un arbre appelé paulownia
Pousse les fleurs avant les feuilles
Tout comme amandiers et pêchers,
Mais il arrive bon premier.
Sous son ombrelle en fleurs lilas
Maints oiseaux, merles et bouvreuils,
Au soleil blanc donnent le la
Et les coudriers sans lilas
Seront l'appui des chèvrefeuilles.
Ce soir, je vais au Cinéma :
Au théâtre pensé de François de Curel
Préférons le Ciné à couleurs naturelles.

Au son d'une musique absurde,
Nous verrons défiler les Kurdes,
Le fils du banquier Capulet
Amoureux fou de Juliette,
Et, si le livret est trop bête,
Les décors ne seront pas laids.
Sherlock sera propriétaire
Des secrets d'un noble déchu;
Un innocent forçat reviendra millionnaire,
Et le voleur du parachute
Du célèbre inventeur son père
Démolira les réverbères
Sans émouvoir le commissaire.

Soleil! tu fais sauter les dalles du cimetière,
Le blanc de ma baignoire et le blanc des rideaux;
Tu viens tacher aussi ma gentille volière
Et mécaniquement fais chanter les oiseaux!

Je me souviens. Je me souviens
Du printemps sur l'Océan Indien.
Je me souviens aussi, Panama, de ton isthme ;
Mais n'attendez pas que je fasse de l'exotisme !
De cafés en cafés, les autos en location
Reçoivent des pourboires comme une bonne occasion.
Aux fenêtres, le soir, les gens ont l'air de spectres
Parce qu'on ne tourne plus les boutons électriques.
Et, dans le Luxembourg qu'un blanc choral allume,
Un marchand de corsets joue du cor à la lune.
Sous les épais rideaux de l'avenue du Bois,
Un membre du Jockey apprend l'art du hautbois,
Les pieds de ses valets soulignent les cadences.

« Je n'aime pas ces vers !
« Prends un ton plus sévère !
« La Muse à te servir serait plutôt docile
« Si, beau soleil d'argent sur l'Océan d'acier,
« Tu frétais un steamer pour aller vers les îles.
— Tu voudrais, m'accordant sur un plus noble ton,
« Que je quitte Paris pour le pays breton.
« A quoi bon ? Le pommier ne fleurira qu'en mai
« Et les gens du pays ne fleurissent jamais.
« Oui, je sais que jadis, marin convalescent,
« Avec un doigt au creux d'un livre,
« J'ai vu dans un verger brillant comme le givre
« S'évader de l'école sur le gazon naissant
« Les petits paysans bleus que le soleil délivre.
« Mais les rues de Paris m'ont enseigné l'humour,
« Un enchanteur puissant transforme les faubourgs
« C'est près de lui que je veux vivre. »
Printemps ! Printemps ! l'azur est le miroir des toits ;
L'homme est suivi d'un ange et répond à ses voix :
Sur le Boulevard Saint-Martin, dans le halo d'un
J'ai vu l'ange de mon beau-frère.   [réverbère
Monsieur le directeur des Nouvelles Galeries,
Sortant avec le chef de rayons des soieries,
Voit le sien dans un arbre et lui sourit.
  . . . . . .

La Défense de Tartufe

« CONNAISSEZ-VOUS MAITRE ECKART ? »

Connaissez-vous le grand Albert ?
Joachim ? Amaury de Bène ?
à Thöss, Margareta Ebner
de Christ enceinte en chair humaine ?

Connaissez-vous Henri Suso ?
Ruysbrock surnommé l'Admirable ?
et Joseph de Cupertino
qui volait comme un dirigeable ?

Et les sermons de Jean Tauler ?
et le jeune homme des Sept Nonnes
qu'on soigna comme une amazone
débarquant des Ciels-univers ?

Connaissez-vous Jacob Boehm
et la Signatura Rerum ?
et Paracelse l'archidoxe,
le précurseur des rayons X ?

On connaît bien peu ceux qu'on aime
mais je les comprends assez bien
étant tous ces gens-là moi-même
qui ne suis pourtant qu'un babouin.

Derniers Poèmes

REPORTAGE DE JUIN 40

. . . . . .
Ici plus de nouvelles, de postes, plus d'argent.
Les magasins sont clos et la place est déserte.
On logeait le fuyard au lit de l'habitant.
On était bon pour tous ! les bontés se concertent.
J'avais passé la nuit dans l'ombre à ma fenêtre
Où montaient les pauvres voix des soldats piètres :

Une armée! elle ne savait se diriger!
D'un côté, c'est Sully! de l'autre Châteauneuf!
Où aller? des drapeaux les bataillons sont veufs.
L'aurore s'étonne d'un bruit de sabots sourds.
Des chevaux en troupeau dont la croupe était nue
Attendaient pour glisser leur fuite dans la rue
Que le fourgon laissât la place à leurs parcours.
Des chevaux en troupeau que la soif exaspère
Couronnaient la ville muette et leurs crinières
Repartirent à l'amble, entraînant des harnais
Vers quel soleil plus noir? et quel fleuve est près?
D'où venaient-ils? d'un désespoir d'artillerie?
Aux flancs d'une jument un poulain nouveau-né!
Si l'un avait l'aspect des chevaux de caserne,
L'œil gardant le souvenir des embrasements,
L'autre sentait encor le trèfle et la luzerne.
Des fontaines de sang coulaient d'un cheval blanc!
Il trottait, élevant la mort entre les dents.

Puisse, Étoile, ton sang être pluie de Sagesse
Et toi, Deucalion, le Noé de la Grèce
En ce déluge avoir semé dans les sillons
La vertu renaissant, la Foi et la Raison.

17 septembre 1940.

Derniers Poèmes

VANTARDISES
D'UN MARIN BRETON IVRE

C'est moi, c'est moi qui suis Moïse
Venez à la Terre promise
Rien à payer pour le passage,
venez car c'est votre avantage
Tous les tunnels de la mer Rouge
Je les percerai de ma gouge.

C'est moi, c'est moi qui suis Samson.
Je suis le patron des coiffeurs.
J'aurais bien dû rester garçon
ma femme a causé mon malheur.

Comme elle faisait la besogne
qu'avais-je à faire que l'ivrogne ?
C'est moi le grand roi Salomon
Pour ma guerre avec Alexandre
j'ai fourni plus de cent millions.
Quand ce grec a voulu descendre
dans la cave où est mon pognon
l'or s'est trouvé changé en cendres.

Attendez!... Dieu, c'est Jésus-Christ
C'est moi!... c'est moi!... je vous le dis.
Mon sourire est doux comme un ange
avec le vôtre je l'échange.
Je suis Dieu! écoutez mon cri :
Je vous invite au Paradis.

Derniers Poèmes

C.-F. RAMUZ

1878-1947

C.-F. RAMUZ

CHANSON DEVANT LA GUÉRITE

Fille de l'air, rêverie,
compagnonne du soldat,
le jour est long sous la pluie;
tu reviens, le jour s'en va.

*

Compagnonne, compagnonne,
Entends tousser les chevaux;
la soupe n'était pas bonne,
le rata n'était pas chaud.

*

Ceux que j'aime, est-ce qu'ils m'aiment ?
Est-ce qu'ils pensent à moi ?
Ça ranimerait quand même.
ça serait bon par ce froid.

*

Une surtout, dans sa chambre,
allant prendre mon portrait,
et, ayant été le prendre,
longtemps le regarderait....

*

Je sers le sien de ma poche,
te voilà, ma grande amour....
Mais gare si on approche,
j'en serai pour mes vingt jours.

CHANSON DES VAUDOIS

Il nous fallait des fusils :
vite, on a été les prendre;
l'ouvrier sans son outil
Ferait mieux d'aller se pendre.

On nous a dit : « La frontière,
ça n'est pas assez marqué,
faites y un mur de pierre,
cimenté, recimenté. »

Faites-y une muraille,
où il n'y ait pas de trou.... »
Dites-m'en une qui vaille
Celle de ceux de chez nous.

Cent mille hommes, deux cent mille,
trois cent mille, s'il le faut,
un joli mur de poitrines :
des poitrines, pas des dos.

Blanc ? présent, Belet ? de même,
et Belet qui touche Blanc,
ça vous a fermé la plaine,
du levant jusqu'au couchant.

Et, derrière, la montagne,
mais y en a-t-il besoin ?
Après Belet vient Chavannes
et plus loin vient Parmelin.

Et tous se sentent les coudes,
et, quand le cœur bat à un,
chez très tous le cœur leur bouge,
ayant mille cœurs chacun.

Alouette, monte vite
voir si l'ennemi viendrait;
nous, on a bourré nos pipes,
c'est vous dire qu'on est prêts.

*

Et on écrira à celles
qui restent à la maison;
Faites-vous seulement belles
pour le retour des garçons.

*

Pleurer, ça fait les yeux rouges,
les garçons seraient déçus;
gardez-nous des joues bien douces,
qu'on mette un baiser dessus.

*

Qu'on vous trouve toutes prêtes
et sentant bon le savon;
et on fera une fête
qui tiendra tout le canton.

GUILLAUME APOLLINAIRE

1880-1918

GUILLAUME APOLLINAIRE

LE CHAT

Je souhaite dans ma maison :
Une femme ayant sa raison,
Un chat passant parmi les livres,
Des amis en toute saison
Sans lesquels je ne peux pas vivre.

LA PUCE

Puces, amies, amantes même,
Qu'ils sont cruels ceux qui nous aiment!
Tout notre sang coule pour eux.
Les bien-aimés sont malheureux.

L'ÉCREVISSE

Incertitude, ô mes délices
Vous et moi nous nous en allons
Comme s'en vont les écrevisses,
A reculons, à reculons.

Le Bestiaire, ou Cortège d'Orphée

LA CHANSON DU MAL-AIMÉ

Un soir de demi-brume à Londres
Un voyou qui ressemblait à
Mon amour vint à ma rencontre
Et le regard qu'il me jeta
Me fit baisser les yeux de honte.

Je suivis ce mauvais garçon
Qui sifflotait mains dans les poches
Nous semblions entre les maisons
Onde ouverte de la mer Rouge
Lui les Hébreux moi Pharaon.
. . . .

J'ai pensé à ces rois heureux
Lorsque le faux amour et celle
Dont je suis encore amoureux
Heurtant leurs ombres infidèles
Me rendirent si malheureux.
. . . .

Adieux faux amour confondu
Avec la femme qui s'éloigne
Avec celle que j'ai perdue
L'année dernière en Allemagne
Et que je ne reverrai plus.
. . . .

Mais en vérité je l'attends
Avec mon cœur avec mon âme
Et sur le pont des Reviens-t-en
Si jamais revient cette femme
Je lui dirai je suis content.

Mon cœur et ma tête se vident
Tout le ciel s'écoule par eux
O mes tonneaux des Danaïdes
Comment faire pour être heureux
Comme un petit enfant candide.

Alcools

LES CLOCHES

Mon beau tzigane mon amant
Écoute les cloches qui sonnent
Nous nous aimions éperdument
Croyant n'être vus de personne

Mais nous étions bien mal cachés
Toutes les cloches à la ronde
Nous ont vus du haut des clochers
Et le disent à tout le monde

Demain Cyprien et Henri
Marie Ursule et Catherine
La boulangère et son mari
Et puis Gertrude ma cousine

Souriront quand je passerai
Je ne saurai plus où me mettre
Tu seras loin Je pleurerai
J'en mourrai peut-être.

Alcools

ROSEMONDE

A André Derain

Longtemps au pied du perron de
La maison où entra la dame
Que j'avais suivie pendant deux
Bonnes heures à Amsterdam
Mes doigts jetèrent des baisers

Mais le canal était désert
Le quai aussi et nul ne vit
Comment mes baisers retrouvèrent
Celle à qui j'ai donné ma vie
Un jour pendant plus de deux heures

Je la surnommai Rosemonde
Voulant pouvoir me rappeler
Sa bouche fleurie en Hollande
Puis lentement je m'en allai
Pour quêter la Rose du Monde.

Alcools

A LA SANTÉ

I

Avant d'entrer dans ma cellule
Il a fallu me mettre nu
Et quelle voix sinistre ulule
Guillaume qu'es-tu devenu

Le Lazare entrant dans la tombe
Au lieu d'en sortir comme il fit
Adieu adieu chantante ronde
O mes années ô jeunes filles

II

Non je ne me sens plus là
    Moi-même
Je suis le quinze de la
    Onzième

Le soleil filtre à travers
    Les vitres
Ses rayons font sur mes vers
    Les pitres

Et dansent sur le papier
    J'écoute
Quelqu'un qui frappe du pied
    La voûte.

III

Dans une fosse comme un ours
Chaque matin je me promène
Tournons tournons tournons toujours
Le ciel est bleu comme une chaîne
Dans une fosse comme un ours
Chaque matin je me promène

Dans la cellule d'à côté
On y fait couler la fontaine
Avec les clefs qu'il fait tinter
Que le geôlier aille et revienne
Dans la cellule d'à côté
On y fait couler la fontaine.

IV

Que je m'ennuie entre ces murs tout nus
    Et peints de couleurs pâles
Une mouche sur le papier à pas menus
    Parcourt mes lignes inégales

Que deviendrai-je ô Dieu qui connais ma douleur
    Toi qui me l'a donnée
Prends en pitié mes yeux sans larmes ma pâleur
    Le bruit de ma chaise enchaînée

Et tous ces pauvres cœurs battant dans la prison
    L'Amour qui m'accompagne
Prends en pitié surtout ma débile raison
    Et ce désespoir qui la gagne.

V

Que lentement passent les heures
Comme passe un enterrement

Tu pleureras l'heure où tu pleures
Qui passera trop vitement
Comme passent toutes les heures.

VI

J'écoute les bruits de la ville
Et prisonnier sans horizon
Je ne vois rien qu'un ciel hostile
Et les murs nus de ma prison

Le jour s'en va voici que brûle
Une lampe dans la prison
Nous sommes seuls dans ma cellule
Belle clarté Chère raison.

Septembre 1911.

Alcools

C'EST LOU QU'ON LA NOMMAIT

Il est des loups de toute sorte
Je connais le plus inhumain
Mon cœur que le diable l'emporte
Et qu'il le dépose à sa porte
N'est plus qu'un jouet dans sa main

Les loups jadis étaient fidèles
Comme sont les petits toutous
Et les soldats amants des belles
Galamment en souvenir d'elles
Ainsi que les loups étaient doux

Mais aujourd'hui les temps sont pires
Les loups sont tigres devenus
Et les Soldats et les Empires
Les Césars devenus Vampires
Sont aussi cruels que Vénus.

J'en ai pris mon parti Rouveyre
Et monté sur mon grand cheval
Je vais bientôt partir en guerre
Sans pitié chaste et l'œil sévère
Comme ces guerriers qu'Épinal

Vendait Images populaires
Que Georgin gravait dans le bois
Où sont-ils ces beaux militaires
Soldats passés Où sont les guerres
Où sont les guerres d'autrefois.

Calligrammes

L'ADIEU DU CAVALIER

Aʜ Dieu! que la guerre est jolie
Avec ses chants ses longs loisirs
Cette bague je l'ai polie
Le vent se mêle à vos soupirs

Adieu! voici le boute-selle
Il disparut dans un tournant
Et mourut là-bas tandis qu'elle
Riait au destin surprenant.

Calligrammes

CHANT DE L'HORIZON EN CHAMPAGNE

Bᴏʏᴀᴜx et rumeur du canon
Sur cette mer aux blanches vagues
Fou stoïque comme Zénon
Pilote du cœur tu zigzagues

Petites forêts de sapins
La nichée attend la becquée
Pointe-t-il des nez de lapins
Comme l'euphorbe verruquée

Ainsi que l'euphorbe d'ici
Le soleil à peine boutonne
Je l'adore comme un Parsi
Ce tout petit soleil d'automne

Un fantassin presque un enfant
Bleu comme le jour qui s'écoule
Beau comme mon cœur triomphant
Disait en mettant sa cagoule

Tandis que nous n'y sommes pas
Que de filles deviennent belles
Voici l'hiver et pas à pas
Leur beauté s'éloignera d'elles

O Lueurs soudaines des tirs
Cette beauté que j'imagine
Faute d'avoir des souvenirs
Tire de vous son origine

Car elle n'est rien que l'ardeur
De la bataille violente
Et de la terrible lueur
Il s'est fait une muse ardente.

Calligrammes

LA GRACE EXILÉE

Va-t'en va-t'en mon arc-en-ciel
Allez-vous-en couleurs charmantes
Cet exil t'est essentiel
Infante aux écharpes changeantes

Et l'arc-en-ciel est exilé
Puisqu'on exile qui l'irise
Mais un drapeau s'est envolé
Prendre ta place au vent de bise.

Calligrammes

EXERCICE

Vers un village de l'arrière
S'en allaient quatre bombardiers
Ils étaient couverts de poussière
Depuis la tête jusqu'aux pieds

Ils regardaient la vaste plaine
En parlant entre eux du passé
Et ne se retournaient qu'à peine
Quand un obus avait toussé

Tous quatre de la classe seize
Parlaient d'antan voir d'avenir
Ainsi se prolongeait l'ascèse
Qui les exerçait à mourir.

Calligrammes

CHANT DE L'HONNEUR

LE POÈTE

Je me souviens ce soir de ce drame indien
Le Chariot d'Enfant un voleur y survient
Qui pense avant de faire un trou dans la muraille
Quelle forme il convient de donner à l'entaille
Afin que la beauté ne perde pas ses droits
Même au moment d'un crime
                                        Et nous aurions je crois
A l'instant de périr nous poètes nous hommes
Un souci de même ordre à la guerre où nous sommes

Mais ici comme ailleurs je le sais la beauté
N'est la plupart du temps que la simplicité
Et combien j'en ai vu qui morts dans la tranchée
Étaient restés debout et la tête penchée
S'appuyant simplement contre le parapet

J'en vis quatre une fois qu'un même obus frappait
Ils restèrent longtemps ainsi morts et très crânes
Avec l'aspect penché de quatre tours pisanes

Depuis six jours au fond d'un couloir trop étroit
Dans les éboulements et la boue et le froid
Parmi la chair qui souffre et dans la pourriture
Anxieux nous gardons la route de Tahure

J'ai plus que les trois cœurs des poulpes pour souffrir
Vos cœurs sont tous en moi je sens chaque blessure
O mes soldats souffrants ô blessés à mourir

Cette nuit est si belle où la balle roucoule
Tout un fleuve d'obus sur nos têtes s'écoule
Parfois une fusée illumine la nuit
C'est une fleur qui s'ouvre et puis s'évanouit
La terre se lamente et comme une marée
Monte le flot chantant dans mon abri de craie
Séjour de l'insomnie incertaine maison
De l'Alerte la Mort et la Démangeaison.
. . . . . .

O poètes des temps à venir ô chanteurs
Je chante la beauté de toutes nos douleurs
J'en ai saisi des traits mais vous saurez bien mieux
Donner un sens sublime aux gestes glorieux
Et fixer la grandeur de ces trépas pieux

L'un qui détend son corps en jetant des grenades
L'autre ardent à tirer nourrit les fusillades
L'autre les bras ballants porte des seaux de vin
Et le prêtre-soldat dit le secret divin

J'interprète pour tous la douceur des trois notes
Que lance un loriot canon quand tu sanglotes

Qui donc saura jamais que de fois j'ai pleuré
Ma génération sur ton trépas sacré

Prends mes vers ô ma France Avenir Multitude
Chantez ce que je chante un chant pur le prélude
Des chants sacrés que la beauté de notre temps
Saura vous inspirer plus purs plus éclatants
Que ceux que je m'efforce à moduler ce soir
En l'honneur de l'Honneur la beauté du Devoir.

17 décembre 1915.

Calligrammes

MOURMELON-LE-GRAND

MA Lou je coucherai ce soir dans les tranchées
Qui près de nos canons ont été piochées
C'est à douze kilomètres d'ici que sont
Ces trous où dans mon manteau couleur d'horizon
Je descendrai tandis qu'éclatent les marmites
Pour y vivre parmi nos soldats troglodytes
Le train s'arrêtait à Mourmelon-le-Petit
Je suis arrivé gai comme j'étais parti
Nous irons tout à l'heure à notre batterie
En ce moment je suis parmi l'infanterie
Il siffle des obus dans le ciel gris du nord
Personne cependant n'envisage la mort
Et nous vivons ainsi sur les premières lignes
J'y chanterai tes bras comme des cols de cygnes
J'y chanterai tes seins d'une déesse dignes
Le lilas va fleurir j'y chanterai tes yeux
Où danse tout un chœur d'angelots gracieux
Le lilas va fleurir ô printemps sérieux
Mon cœur flambe pour toi comme une cathédrale
Et de l'immense amour sonne la générale
Pauvre cœur pauvre amour Daigne écouter le râle
Qui monte de ma vie à ta grande beauté
Je t'envoie un obus plein de fidélité
Et que t'atteigne ô Lou mon baiser éclaté

Mes souvenirs ce sont ces plaines éternelles
Que virgulent ô Lou les sinistres corbeaux
L'avion de l'amour a refermé ses ailes
Et partout à la ronde on trouve des tombeaux

Et ne me crois pas triste et ni surtout morose
Malgré toi malgré tout je vois la vie en rose
Je sais comment reprendre un jour mon petit Lou
Fidèle comme un dogue avec ses dents de loup
Je suis ainsi mon Lou mais plus tenace encore
Que n'est un aigle alpin sur le corps qu'il dévore

Quatre jours de voyage et je suis fatigué
Mais que je suis content d'être parti de Nîmes
Aussi mon Lou chéri je suis gai je suis gai
Et je ris de bonheur en t'envoyant ces rimes
. . . . . .

  6 avril 1915.

SI JE MOURAIS LA-BAS...

Si je mourais là-bas sur le front de l'armée
Tu pleurerais un jour ô Lou, ma bien-aimée
Et puis mon souvenir s'éteindrait comme meurt
Un obus éclatant sur le front de l'armée
Un bel obus semblable aux mimosas en fleurs

Et puis ce souvenir éclaté dans l'espace
Couvrirait de mon sang le monde tout entier
La mer les monts les vals et l'étoile qui passe
Comme font les fruits d'or autour de Baratier

Souvenir oublié vivant dans toutes choses
Je rougirais le bout de tes jolis seins roses
Je rougirais ta bouche et tes cheveux sanglants
Tu ne vieillirais point toutes ces belles choses
Rajeuniraient toujours pour leurs destins galants

Le fatal giclement de mon sang sur le monde
Donnerait au soleil plus de vive clarté
Aux fleurs plus de couleur plus de vitesse à l'onde
Un amour inouï descendrait sur le monde
L'amant serait plus fort dans ton corps écarté

Lou si je meurs là-bas souvenir qu'on oublie
— Souviens-t-en quelquefois aux instants de folie
De jeunesse et d'amour et d'éclatante ardeur —
Mon sang c'est la fontaine ardente du bonheur
Et sois la plus heureuse étant la plus jolie
O mon unique et ma grande folie!

30 janvier 1915.

JEAN-MARC BERNARD

1881-1915

Les extraits de J.-M. Bernard qui suivent sont reproduits avec l'autorisation des Éditions du Divan

JEAN-MARC BERNARD

DE PROFUNDIS

Du plus profond de la tranchée
Nous élevons les mains vers vous
Seigneur : Ayez pitié de nous
Et de notre âme desséchée !

Car plus encor que notre chair
Notre âme est lasse et sans courage.
Sur nous s'est abattu l'orage
Des eaux, de la flamme et du fer,

Vous nous voyez couverts de boue
Déchirés, haves et rendus...
Mais nos cœurs, les avez-vous vus ?
Et faut-il, mon Dieu, qu'on l'avoue,

Nous sommes si privés d'espoir
La paix est toujours si lointaine
Que parfois nous savons à peine
Où se trouve notre devoir.

Éclairez-nous dans ce marasme
Réconfortez-nous et chassez
L'angoisse des cœurs harassés
Ah ! rendez-nous l'enthousiasme !

Mais aux morts, qui ont tous été
Couchés dans la glaise et le sable
Donnez le repos ineffable,
Seigneur ! Ils l'ont bien mérité

1916.

CATHERINE POZZI

1882-1934

CATHERINE POZZI

VALE

La grande amour que vous m'aviez donnée
Le vent des jours a rompu ses rayons —
Où fut la flamme, où fut la destinée
Où nous étions, où par la main serrée
     Nous nous tenions

Notre soleil, dont l'ardeur fut pensée
L'orbe pour nous de l'être sans second
Le second ciel d'une âme divisée
Le double exil où le double se fond

Son lieu pour vous apparaît cendre et crainte,
Vos yeux vers lui ne l'ont pas reconnu
L'astre enchanté qui portait hors d'atteinte
L'extrême instant de notre seule étreinte
     Vers l'inconnu.

Mais le futur dont vous attendez vivre
Est moins présent que le bien disparu.
Toute vendange à la fin qu'il vous livre
Vous la boirez sans pouvoir être qu'ivre
     Du vin perdu.

J'ai retrouvé le céleste et sauvage
Le paradis où l'angoisse est désir
Le haut passé qui grandit d'âge en âge
Il est mon corps et sera mon partage
     Après mourir.

Quand dans mon corps ma délice oubliée
Où fut ton nom, prendra forme de cœur
Je revivrai notre grande journée,
Et cette amour que je t'avais donnée
                    Pour la douleur.

Poèmes

SCOPOLAMINE

Le vin qui coule dans ma veine
A noyé mon cœur et l'entraîne
Et je naviguerai le ciel
A bord d'un cœur sans capitaine
Où l'oubli fond comme du miel.

Mon cœur est un astre apparu
Qui nage au divin nonpareil.
Dérive, étrange devenu !
O voyage vers le Soleil —
Un son nouvel et continu
Est la trame de ton sommeil.

Mon cœur a quitté mon histoire
Adieu Forme je ne sens plus
Je suis sauvé je suis perdu
Je me cherche dans l'inconnu
Un nom libre de la mémoire.

Poèmes

NYX

A Louise aussi de Lyon et d'Italie

O vous mes nuits, ô noires attendues
O pays fier, ô secrets obstinés
O longs regards, ô foudroyantes nues
O vol permis outre les cieux fermés.

O grand désir, ô surprise épandue
O beau parcours de l'esprit enchanté
O pire mal, ô grâce descendue
O porte ouverte où nul n'avait passé.

Je ne sais pas pourquoi je meurs et noie
Avant d'entrer à l'éternel séjour.
Je ne sais pas de qui je suis la proie.
Je ne sais pas de qui je suis l'amour.

Poèmes

RAYMOND RADIGUET

1903-1923

RAYMOND RADIGUET

AMÉLIE

Vagues charmantes ô peut-être votre essaim
Mouille le ramage des vieux oiseaux moqueurs
Ils se moquent de nous qui perdîmes un cœur
Cœur d'or que l'océan veut garder en son sein

Faire entendre raison à des âmes pareilles
En vain vous gazouillez bijoux à ses oreilles
Cher René nous savons que c'est pure folie
Ce voyage au long cours à cause d'Amélie

Moissonneurs de nos mains fanées par les hivers
Les mousses se noyaient dans vos regards déserts
Auprès des matelots ce silence nous nuit
Vous devez avoir tort on ne meurt pas d'ennui

Orages sur le pont si le champagne mousse
Versons une liqueur de fantaisie au mousse
Pour nous remercier de ces verres de menthe
Il nous épellera le nom de son amante.

Devoirs de Vacances

AVEC LA MORT TU TE MARIES...

Avec la mort tu te maries
Sans le consentement des dieux;
Mais le suicide est tricherie
Qui nous rend aux joueurs odieux,
De leur ciel nous fermant la porte.

Les morts que l'on n'attendait pas
Devant le ciel font les cent pas
Et leurs âmes sont feuilles-mortes
Jouets des vents, des quatre vents.

Parce qu'au ciel on garde l'âge
Que l'on avait en arrivant
Narcisse se donne la mort.
Il n'y trouve nul avantage,
Sauf la volupté du remords.

S'il tenait tant à son visage,
Que ne pensa-t-il se noyer
Dans la fontaine de Jouvence ?
Toi, colombe dépareillée,
Explique à quoi cela t'avance
De répéter de ce nigaud
La dernière parole ? Écho
Entendons-nous sous ce bosquet,
Es-tu colombe ou perroquet ?

De ce dernier tu t'autorises,
Paresseuse, pour grimacer
Aux mots d'amour que ton Narcisse
N'eut pas souci de prononcer.

Lui, Narcisse, errant dans les vals
De la mort, et, de roche en roche,
Elle dans la vie, ils se valent.
Ce désœuvrement les rapproche ;
Qu'ils eussent fait un beau ménage !

Les Joues en Feu

TABLE DES MATIÈRES

TABLE DES MATIÈRES